HISTOIRE PARLEMENTAIRE

DE LA

RÉVOLUTION FRANÇAISE,

OU

JOURNAL DES ASSEMBLÉES NATIONALES,

DEPUIS 1789 JUSQU'EN 1815.

PARIS. — IMPRIMERIE DE FÉLIX LOCQUIN,
rue Notre-Dame-des-Victoires, n° 16.

HISTOIRE PARLEMENTAIRE

DE LA

RÉVOLUTION

FRANÇAISE,

OU

JOURNAL DES ASSEMBLÉES NATIONALES,

DEPUIS 1789 JUSQU'EN 1815,

CONTENANT

La Narration des événemens ; les Débats des Assemblées ; les Discussions des principales Sociétés populaires, et particulièrement de la Société des Jacobins ; les procès-verbaux de la commune de Paris ; les Séances du Tribunal révolutionnaire ; le Compte-rendu des principaux procès politiques ; les Détails des budgets annuels ; le Tableau du mouvement moral extrait des journaux de chaque époque, etc. ; précédée d'une Introduction sur l'histoire de France jusqu'à la convocation des États-généraux,

PAR B.-J.-B. BUCHEZ ET P.-C. ROUX.

TOME TROISIÈME.

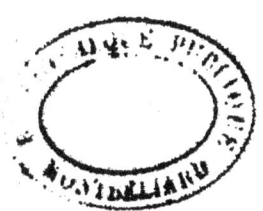

PARIS.

PAULIN, LIBRAIRE,

PLACE DE LA BOURSE, N° 31.

M DCCC XXXIV.

PRÉFACE.

Nous avons dans la préface du volume précédent fait remarquer que l'assemblée nationale n'eut point l'initiative du mouvement révolutionnaire, et nous avons appelé en témoignage les Cahiers. Ceux-ci, en effet, allaient jusqu'à donner la loi des premières démarches auxquelles se livrèrent les divers ordres dans les États-généraux. Si le Tiers-état persista avec tant de fermeté à vouloir la vérification en commun, c'est qu'il lui était prescrit d'exiger le vote par tête; si le Clergé résista moins que la noblesse aux demandes des communes, c'est qu'il y avait été autorisé; enfin, si les représentans de la noblesse montrèrent une opposition si tenace, c'est parce qu'ils furent rigoureusement fidèles à leurs mandats, autant et plus peut-être qu'à leurs intérêts personnels.

Au-delà de ces premières démarches, les Cahiers n'avaient rien prévu; ils ne s'occupaient plus que des questions d'organisation sociale que l'assemblée était appelée à décider; ils proposaient une déclaration des droits; ils demandaient une constitution dont ils fixaient les principes; ils contenaient des projets sur une réorganisation des systèmes administratif, judiciaire, financier, universitaire, etc. Les électeurs qui rédigeaient les Cahiers ne pouvaient, en effet, prévoir les tentatives de résistance que la cour manifesta, ni les conséquences que produiraient les mots abolition des droits féodaux, lorsqu'ils auraient touché le sens des masses. Or, ni l'assemblée nationale, ni le ministère ne prévirent davantage; les premiers mouvemens ne leur servirent pas même d'avertissement; en sorte que les événemens révolutionnaires les prirent presque toujours à l'improviste, et leur commandèrent, au lieu d'être conduits et dirigés par eux.

Il suffit de lire la narration contenue dans le volume précédent et dans celui qui va suivre, pour être certain de la grande influence, de l'influence presque souveraine que les nécessités du moment, et parmi elles l'insurrection, exercèrent sur les déterminations de l'assemblée nationale; il est facile de voir même que, sans l'insurrection, jamais la majorité n'eût eu assez de volonté pour opérer la réalisation des Cahiers. Ainsi, il est juste de dire que l'initiative révolutionnaire fut dans les électeurs, puis dans les masses et enfin dans le désordre même; c'est un fait: il reste à tirer l'enseignement qui y est contenu.

Il n'y a *pouvoir* parmi les hommes aussi bien que *société*, qu'à condition d'un but à atteindre, d'un but à accomplir; que ce but soit prochain ou éloigné, il faut qu'il existe pour qu'il y ait lieu à *pouvoir*. En effet, il est aussi impossible de comprendre un pouvoir sans activité, qu'une activité sans but. Or, il y a dans la succession des moyens par lesquels, d'un point donné on parvient à un résultat, une logique inflexible. Si le pouvoir manque à cette logique, il arrivera à peu près inévitablement que ceux qui attendent, se souleveront en voyant passer le moment d'une satisfaction à laquelle leur donnait droit la proclamation du but. La même chose arrivera encore si les conséquences déduites sont imparfaites.

Ainsi l'assemblée nationale était pouvoir, par ce fait seul qu'elle venait pour accomplir un but, un but bien peu étendu, sans doute, en le comprenant tel que les Cahiers l'avaient fixé, capable tout au plus de suffire à l'activité de quelques années; mais qui, tel qu'il était, renfermait une somme de conséquences nombreuses et rigoureusement déterminées. Or, elle manqua à la logique de son principe d'action, tantôt parce qu'elle temporisait, tantôt par ménagement, d'autres fois par négligence ou par oubli; en un mot, elle ne sut pas prendre en main le gouvernement du mouvement révolutionnaire; il se fit donc en grande partie sans elle. L'histoire nous montre en effet que dans les choses les plus importantes, la Constituante ne fit que sanctionner ce qui était déjà généralement accompli. Voyez entre autres les arrêtés de la nuit du 4 août, et ceux qui suivirent les 5 et 6 octobre.

Qu'on ne prenne pas ces observations pour autre chose que ce qu'elles sont. Dans ce jugement, nous ne faisons point acception des individus; nous avons trop vu comment une fraction de l'assemblée ne cessa de réclamer, et d'appeler cette inflexibilité qui doit être le caractère du pouvoir comme elle l'est de la logique; ce sont même les réclamations de ce côté gauche qui, dans l'histoire de chaque séance, marquent assez souvent le moment où la faute est commise, et qui par suite pourraient, au besoin, servir de preuve à nos raisonnemens. A nos yeux, comme à ceux de la postérité, l'assemblée, c'est la majorité qui décrétait. Nous savons d'ailleurs que les circonstances étaient difficiles : enfin, nulle expérience semblable faite dans des circonstances aussi pressantes, ne pouvait servir de guide : aussi nous ne nous occupons guère de blâmer; nous examinons afin d'en déduire un enseignement qui soit utile à d'autres s'il est possible, et s'il le mérite.

Afin de finir sur ce fait, que l'assemblée nationale n'exerça aucune initiative, nous examinerons l'un de ses actes, le plus important de tous, la *Déclaration des Droits*.

Le caractère général de cet acte est négatif, c'est-à-dire tel que devaient le produire et le produisirent en effet, des assemblées partielles qui, ne connaissant l'oppression que par ses moyens, ne savaient l'attaquer autrement qu'en les renversant. C'était une insurrection, et comme telle s'inquiétant fort peu du principe au nom duquel on voudrait opprimer, pourvu qu'on n'en eût pas les moyens ; c'était une insurrection d'individus, et comme telle ne s'inquiétant que de l'individualité et nullement de la société ; c'était une insurrection, et comme telle s'inquiétant seulement du présent, et nullement des générations à venir. L'assemblée nationale fut un fidèle interprète de ces Assemblées partielles. Cependant, sa fonction principale comme constituante, était de poser un principe socialisateur, un principe positif; elle ne le fit pas, loin de là, elle posa un principe qui n'est que négatif lorsqu'il est seul, celui du droit individuel ; un principe en vertu duquel un seul homme peut opposer son droit à toute une société. Il résulta de là que plus tard, lorsqu'il s'agit de détruire tant d'abus de toute espèce, les droits, féodaux, ecclésiastiques, judiciaires, l'assemblée pour être conséquente au principe qu'elle même avait posé, commença par traiter, d'égal à égal, avec chacun d'eux; puis poussée par l'insurrection qui faisait justice de cette erreur, elle finit par être inconséquente.

Supposons qu'au lieu de cette déclaration, elle eût proclamé le principe abstrait qui fut de tout temps, ainsi que l'histoire en fait foi, l'origine des organisations sociales, quelque variées qu'elles aient été de but et d'actes, savoir : *tout droit émane d'un devoir* : combien différente eût été sa carrière ! Alors aux opposans, quels qu'ils fussent, on eût demandé *quels devoirs ils accomplissaient*. — Aucun, auraient-ils répondu. — *Vous n'avez donc pas de droit*. Telle était la conclusion qu'on aurait présentée aussi bien au Clergé qu'à la Noblesse. En outre, en commençant par ces mots la discussion, on eût été entraîné sur un terrain riche en conséquences utiles. Pour définir les droits, il eût fallu définir les devoirs. Ainsi, pour citer un exemple, à l'occasion des droits du pouvoir, la première question à poser était de savoir quels étaient ces devoirs; et afin de connaître ceux-ci, il eût fallu déterminer quel était le but des hommes en société, etc. Telle ne fut pas malheureusement pour nos pères et pour nous, la marche que suivit l'Assemblée Nationale.

Au reste, presque tous les hommes qui se remuaient en dehors de l'Assemblée pour les affaires publiques, étaient également placés au point de vue du droit individuel, ou, en d'autres termes, en termes plus clairs, ils réclamaient au nom de leurs intérêts personnels contre des privilèges qui les offensaient. Nous avons vu long-temps avant la convocation des états-généraux l'égoïsme nobiliaire, parlementaire, ecclésiastique, embarrasser les volontés du gouvernement à ce point qu'il fut obligé de recourir à une convocation générale des trois ordres ; nous avons vu accourir nobles et parlementaires et haut clergé avec l'intention de tirer parti de cette circonstance dans l'intérêt de leurs castes. Le tiers-état, en venant à cette réunion, sentit, par une simple réflexion sur son nombre, qu'il ne pouvait tirer parti de cette circonstance qu'en réclamant une déclaration des droits qui lui donnerait l'avantage de l'égalité avec les classes privilégiées, et l'avantage d'un libre concours avec elles pour les fonctions publiques, sans lui ôter aucun de ceux qu'il possédait déjà. Ainsi chacun vint à Versailles avec une volonté plus ou moins intéressée. Comment eût-il pu arriver que cette volonté qui formait celle de la majorité de l'Assemblée, ne se fût pas témoignée dans son acte principal.

Pourrait-on douter que la pensée de l'intérêt du grand nombre ne fût accessoire ou secondaire dans l'esprit de la plupart des législateurs? il suffit de lire leur travail constitutif. Nous n'en citerons que deux articles. Voyez comment ils entendaient la propriété. Ils ne comprenaient sous ce nom que les terres, les maisons et l'argent. (Séance du 26 août, article 15.) Voyez ce qu'ils entendaient par égalité. Tous les citoyens, disaient-ils, sont également admissibles aux dignités, places et emplois, etc. (Séance du 21 août, art. 6.)

Il est évident, d'après ces articles, qu'ils voyaient la nation tout entière dans une seule classe; dans celle qui avait des propriétés, dans celle qui avait reçu l'instruction universitaire, dans celle qui pouvait prétendre aux places, etc., en un mot, dans ce que l'on appela plus tard la bourgeoisie.

Enfin, il y avait si réellement dans la nation un parti bourgeois qui tendait à se constituer, qu'après le 14 juillet il se constitua. Nous l'avons remarqué dans notre précédente préface; on verra le fait se caractériser complétement dans le volume qui va suivre.

Si le parti bourgeois eût été seul, libre de suivre sa tendance, sans que rien d'étranger troublât son allure, il est probable qu'il eût créé des circonstances telles que le pouvoir eût pu faire avorter la révolution. Voyez-le en effet agir après le 14 juillet. Supposez que les 5 et 6 octobre ne fussent pas venus mettre le roi sous sa garde, il est évident que tout était à peu près perdu : le roi allait à Metz; la guerre civile s'allumait; et ce grand commencement eût fini peut-être par un *édit de pacification*, et quelques ennoblissemens. Il est douteux que la révolution, à son début, eût été assez puissante pour résister.

Cependant la bourgeoisie avait constamment et aussi énergiquement qu'il lui était possible, travaillé à comprimer l'effervescence populaire. Il est probable que le peuple, dans lequel la doctrine du droit n'avait pas encore pénétré, et qui vivait dans la croyance du devoir, dans cette croyance, qui commande le sacrifice et enseigne à souffrir; il est probable que le peuple eût obéi à l'impulsion qu'on voulait lui donner. Mais une cause plus puissante que toute précaution humaine, lui commandait l'émeute et enfin l'insurrection : c'était la disette; cette disette terrible qui désola toute la France, et qui partout produisit quelques journées semblables à celles d'octobre à Paris.

Le *Journal des Débats*, dans son numéro du 16 décembre 1833, après avoir adopté ce que nous avons dit sur la bourgeoisie, nous demande quel principe, à notre avis, émane de la révolution française : soit le principe bourgeois, soit celui de l'insurrection. C'est ainsi du moins que les observations qu'il nous adresse nous paraissent devoir être traduites. Nous répondrons, que ce n'est ni l'un ni l'autre, attendu que l'un n'est pas plus principe que l'autre. Le commencement et la fin de la révolution, sont, suivant nous, contenus dans ces mots : liberté, égalité, fraternité, ou, en d'autres termes, dans ce but, réalisation sociale de la morale chrétienne. Aussi ce n'est point le principe causal de la révolution, ce n'est point son but que nous cherchons à reconnaître dans cette histoire ; car évidemment la cause du mouvement existait avant que ce mouvement fût. Mais nous allons, nous le répétons encore, y *chercher un enseignement.*

Nous ne sommes donc nullement tenus de penser comme ceux dont nous écrivons l'histoire; mais nous sommes tenus de n'altérer en rien la signification des faits.

Ainsi, lorsqu'on nous demande si nous croyons que l'insurrection ait été utile à la révolution, nous sommes obligés de répondre qu'évidemment sans l'insurrection la révolution n'eût pas même commencé. Mais que l'on vienne à nous interroger ensuite, afin de savoir si, suivant nous, l'insurrection est à tout jamais, le seul et le meilleur moyen de transformation sociale, nous répondrons négativement. Nous dirons que la majorité des révolutions sociales dont nous possédons l'histoire, ont été opérées par un pouvoir : en France seulement, on peut en citer plusieurs. Nous dirons que l'œuvre de cette manière est plus facile, moins douloureuse, et plus rapide. Aussi qui faut-il accuser si nos insurrections ont fait quelquefois du mal? le pouvoir de France, qui depuis un siècle et demi était en présence d'un devoir, et n'a su faire qu'œuvre d'égoïsme. Et qui faut-il accuser encore si notre révolution n'a marché que par secousses insurrectionnelles? qui? le pouvoir encore, et d'abord cette Assemblée Nationale dont nous cherchions tout à l'heure les fautes. Faut-il, parce que quelques hommes sont aveugles, ou prévenus, ou intéressés, que la société s'arrête dans la conquête de son but, là où leur intelligence et leur convenance fixent la limite de ses progrès?

La question que nous allons amener sous les yeux de nos lecteurs devra paraître tellement étrangère au sujet que nous venons de traiter, bien qu'elle ne le soit nullement à notre ouvrage et au but même de cette histoire, que nous avons hésité à l'aborder. Mais nous avons pensé que plus nous tarderions, moins peut-être cette question paraîtrait opportune. Nous voulons parler de la doctrine des *races humaines*, doctrine sur laquelle un grand nombre de nos écrivains modernes, et un plus grand nombre encore en Allemagne, basent leurs systèmes historiques. On voit qu'il s'agit de confirmer notre travail sur l'histoire de France, en attaquant le principe sur lequel d'autres ont construit.

Nous commencerons par définir les termes de la discussion. Suivant ceux que nous prenons pour adversaires, il y a dans le genre humain plusieurs *espèces* d'hommes, diverses de nature, diverses d'aptitudes, se perpétuant, sans altération, par génération, de manière à constituer des *races* dont les caractères n'ont cessé de se maintenir et d'être reconnaissables. L'origine générale des révolutions humanitaires est le contact de ces races ; le progrès, ou ce qu'ils appellent progrès, est la conséquence de la communication qui s'établit entre elles, et d'où il résulte que chacun reçoit quelque chose des découvertes opérées par les autres. Dans cette opinion, les progrès de l'esprit humain se font par un véritable *syncrétisme*, ou, si l'on nous permet cette comparaison, l'esprit humain ressemble à un vase qui se remplirait successivement, peu importe la matière.

Suivant nous, cette doctrine *des races* est rétrograde et profondément immorale. Si elle était réelle en effet, le Christianisme qui vint nier la race, la *gens*, serait un mensonge ; notre révolution française qui accomplit cette négation, notre révolution et tous ses dévouemens seraient folies ; si elle était réelle, la vertu serait une prétention, le tempérament seul serait vrai.

Mais, va-t-on nous dire, il importe peu quelles sont les conséquences morales : a-t-elle la raison de son côté ? C'est en effet à cela qu'il faut répondre ; car nos adversaires ne nous comprendraient peut-être pas, si nous nous bornions à leur affirmer que jamais la science, la vraie science n'est là où n'est point la morale.

Or, cette doctrine est une erreur grave, et facile à démontrer. Dans ce but, nous ferons l'histoire de l'erreur elle-même, puis nous l'attaquerons de front.

Le mot *race* a été emprunté aux naturalistes, et en voici l'histoire : lorsqu'on commença à s'occuper de la classification des êtres animés, il devint indispensable d'établir le principe général des rapports à l'aide desquels on déterminerait les différences, les analogies, les similitudes. Une discussion s'éleva entre *Linnée* et *Buffon* ; le premier voulait établir des espèces, des genres, des classes, etc. ; le second ne voulait reconnaître que l'espèce. Pour l'un, comme pour l'autre, il fallait un caractère certain qui, au premier coup d'œil, déterminât le principe de division des animaux entre eux : ce fut la génération qui fut choisie. Il fut établi qu'on reconnaîtrait comme formant des espèces différentes, les animaux qui par la génération ne pourraient produire des êtres susceptibles de se perpétuer. Malgré la simplicité et l'évidence de ce principe, on se disputa et on se trompa bien des fois ; car il s'agissait de problèmes à décider par expérience ; et l'expérience manquait. Aujourd'hui même il existe un grand nombre de questions indécises sur ce sujet. Dans cette discussion on dut s'occuper de l'homme ; on trouva qu'il était loin d'être le même partout : certaines différences physiques sautaient aux yeux, les différences morales n'étaient pas moins remarquables ; on n'avait pas encore

PRÉFACE. vij

alors la doctrine du progrès pour expliquer celles-ci. Cependant on ne put dire, en vertu de la loi de détermination, que ces différences entre les hommes constituaient des espèces, car ils engendraient entre eux des enfans capables de se reproduire. On établit donc qu'il y avait dans *l'espèce humaine des variétés*, et l'on s'appliqua à décrire celles-ci; quelques-uns se servirent indifféremment du mot de *race* et de celui de *variété*. Les naturalistes, en effet, n'attachaient aucune valeur particulière à ce mot *race* qu'on employait à désigner certaines successions d'animaux par génération, auxquels l'application continuée de certains soins, d'un certain exercice, d'une certaine nourriture, etc., donnait des qualités particulières.

Les naturalistes cherchèrent ensuite les causes des variétés de l'espèce humaine; un grand nombre et parmi eux des matérialistes, ce qui met hors de doute leur impartialité dans la question, les expliquèrent par la longue action des climats combinée avec la différence des civilisations.

Nous venons d'exposer l'opinion presque unanime des savans, l'opinion qui fut celle des hommes que la science vénère le plus. Mais pour être exacts, nous ajouterons que, dans ce dernier temps, quelques naturaralistes, on pourrait les nommer, adoptèrent le mot *race* comme synonyme de celui d'espèce; nos lecteurs savent contre quel principe ils péchaient. Mais ce qu'il y a de bien remarquable, c'est la cause de leur erreur. Ils se trompèrent, en effet, parce qu'ils importèrent dans une question scientifique, des préjugés philosophiques. C'était pour prouver qu'il n'y avait pas eu un premier homme, un Adam, qu'ils faussaient la loi de détermination des espèces.

Au reste, bien d'autres réponses que celles-ci, extraites du point de vue de la génération pouvaient leur être adressées. La philologie d'abord leur en présentait une invincible, en prouvant la commune origine et la filiation de toutes les langues. L'histoire naturelle en offrait une autre : elle présentait les variétés si nombreuses, si étranges, qu'on remarque dans nos animaux domestiques, variétés d'aspect, de taille, de pelage, d'aptitudes, bien plus anomales en apparence que celles observées chez les hommes.

On voit à quel point nos adversaires se sont trompés en empruntant le mot *race* aux naturalistes; ils ont, en cette circonstance, agi en jeunes gens. Mais ce qu'il y a de plus fâcheux, c'est qu'en construisant leurs édifices historiques, ils travaillaient à renverser l'idée qui leur est certainement la plus chère, celle de l'*égalité*. En effet, admettons un instant, *la doctrine de races*, et l'on nous prouvera facilement que le droit de naissance doit à tout jamais gouverner les sociétés, qu'il est le seul bon, le seul juste, le seul légitime. Nous aurions, en vérité, en tort de refuser obéissance à toutes ces races nobles qui régnaient sur nous, etc.

Le système que nous attaquons, convient complétement en Allemagne, là où règne encore le droit de la race; là où l'on ne peut mériter quelqu'un de ces titres de *conseiller*, si souvent accolé à celui de savant, qu'en se faisant le complaisant de ceux qui gouvernent; là où l'on est condamné au silence si l'on écrit quelque chose qui conclue contre quelque chose. Il faut, pour être tranquille dans cette contrée, être panthéiste, éclectique, sceptique, syncrétiste, vague, partisan enfin de quelque philosophie qui ne mène à rien.

Quant aux Allemands qui travaillent à faire sortir leur patrie de la torpeur où elle est plongée; quant aux Allemands qui souffrent et combattent pour le progrès de leur pays, ce parti, qui formera un jour la majorité en Germanie, se moque avec raison d'une philosophie antisociale; il s'indigne contre ces prédicateurs qui enlacent la jeunesse dans des doctrines stériles. Soyons au moins aussi Français qu'eux, nous que rien ne force à châtrer nos idées.

Pour nous, nous pensons avec nos maîtres, que les variétés dans l'espèce humaine résultent d'une même éducation continuée pendant un long temps, dans une succession de générations, et sous l'influence d'un milieu semblable. Nous pensons qu'un même système d'éducation suivi et transmis dans une longue suite de générations, modifie *l'instrumentalité* humaine, de manière à donner la prédominance à certaines aptitudes, et par suite à changer, jusqu'à un certain point, l'aspect physique des hommes.

Nous renvoyons à une prochaine préface la suite de notre démonstration.

HISTOIRE PARLEMENTAIRE

DE LA

RÉVOLUTION FRANÇAISE.

La narration par laquelle nous avons terminé le volume précédent, suffit pour mettre hors de doute le fait des accaparemens. Cependant elle est loin de contenir toutes les preuves possédées sur cette question. Pour compléter ce grave récit, il faudrait donner connaissance des dénonciations faites aux comités des recherches des subsistances de l'assemblée nationale ; il faudrait entrer, ainsi qu'ils furent mis à même de le faire plusieurs fois, dans le secret de sales spéculations qui duraient encore. Mais là tout était verbal, ou s'il y a eu quelque chose d'écrit, rien n'en a été publié. Nous possédons cependant quelques brochures qui nous mettent à même, non de connaître, mais de pénétrer en partie le sens de quelques-unes des dénonciations. Le baronnet Rutledge, l'auteur du premier mémoire des boulangers contre les monopoleurs de Corbeil, s'adressa deux fois à l'assemblée nationale. La première, il trouva le comité des subsistances présidé par M. Necker; la seconde, il n'eut affaire qu'à des membres pris séparément. Les différens écrits publiés par ce représentant des boulangers de Paris, les pièces du procès qu'il subit plus tard, les mémoires des sieurs Leleu, *insignes meuniers de Corbeil*, ainsi que les appelle Desmoulins, les répliques enfin peuvent nous aider à saisir quelque coin du voile qu'il est nécessaire de soulever maintenant : dans un volume prochain, lorsque le temps en sera venu, nous essayerons de le déchirer.

Rutledge insista pour que l'on mît les boulangers en état de s'approvisionner eux-mêmes, et pour qu'à cet effet on leur fournît un crédit. En effet, ils étaient intéressés plus que personne, par la terreur que leur inspirait la colère aveugle que la faim donnait au peuple, à tenir le pain abondant et à bon marché. Il demandait de plus qu'on supprimât les compagnies dont on s'était servi jusqu'à ce jour, et qui toutes, plus ou moins, exerçaient le monopole. La possession de grands capitaux les mettaient à même d'écarter toute concurrence ; elles n'étaient point en contact immédiat avec la faim, et ne la redoutaient pas. Enfin, elles couvraient leurs accaparemens ainsi que leurs emmagasinemens du prétexte de la fonction d'approvisionnement dont elles étaient chargées. Rutledge citait un arrêt du conseil, sans date, dont la compagnie de Corbeil se servait pour forcer la vente sur les marchés. Cet arrêt fut avoué par les sieurs Leleu. Il citait enfin l'accusation unanime de tous les boulangers, de laquelle il résultait qu'en se présentant sur les marchés de grains, ils avaient partout trouvé cette société, et que partout ils avaient été repoussés par ses agens.

« C'est un fait notoire, disaient les boulangers de Paris, dans un mémoire adressé au comité des subsistances, c'est un fait notoire, qu'à l'époque de l'augmentation du prix des grains, la compagnie Leleu avait ses greniers vides, cependant 900,000 liv. lui étaient soldés par le gouvernement pour qu'elle eût toujours un approvisionnement...... Il est notoire encore que les blés exportés du royaume par cette compagnie, y ont été réimportés par elle, après la prime reçue......; les blés sortis d'abord et importés ensuite ont été reconnus pour être spécifiquement les mêmes que cette compagnie avait achetés dans telle ou telle province..... Jusqu'aux sacs ont été reconnus. »

Voici d'autres faits : il fut constaté que les sieurs Leleu cachaient les grains qu'ils faisaient exporter, dans des tonneaux fabriqués tout exprès, au nombre de plusieurs milliers ; si quelquefois les sacs marqués de leurs chiffres revenaient tels qu'ils étaient partis, après avoir reçu la prime, d'autres fois aussi, ces sacs partaient pleins et revenaient vides.

Il ne sera pas inutile de raconter comment procédaient les agens des compagnies.

« Il vint à Soissons, dit une lettre citée par Desmoulins, un sieur de Bussy, qui se dit chargé par M. Necker de faire des achats de blé pour l'approvisionnement de votre capitale; il était porteur, assurait-on, d'une commission non signée de ce ministre, et comme notre municipalité était assemblée, il ne put se dispenser de s'y présenter. Lorsque les habitans eurent su l'arrivée de cet accapareur, il fut question de l'accrocher à notre lanterne, et il était réverbérisé sans faute s'il n'eût pris la fuite. Il ne lui fut pas fait une meilleure réception.... à Beaulieu...., à Vély.... etc. Maintenant, il faut vous dire pourquoi ce sieur de Bussy est si détesté dans nos cantons : c'est que dans le courant des mois de mai et juin derniers (citoyens, s'écrie Desmoulins, l'époque est bien remarquable), il vint également accaparer toujours pour l'approvisionnement de Paris; comme nous aimions déjà beaucoup la bonne ville de Paris, on le laissa accaparer, et si bien accaparer, qu'il balaya toutes nos halles, et on fut obligé de manger du seigle. — Depuis, nous avons su que ces blés soi-disant achetés pour Paris, en avaient été détournés; que d'abord on les expédiait à Compiègne, de là à Conflans-Saint-Honorine, où ils descendirent dans des bateaux à Rouen. Nous ignorons ce qu'ils sont devenus au-delà..... » Ce chevalier de Bussy tenait en société les magasins dit de Beaulieu et de l'Enfant-Jésus. » Les frères Leleu, ajoute Desmoulins, n'exigeront pas sans doute qu'on nomme un plus grand nombre de personnes, pour prouver l'existence de la compagnie de Corbeil. » (Comité des recherches. *Réplique aux deux mémoires des sieurs Leleu, en présence de M. Necker, par Desmoulins, avocat.*)

Les hommes faits aux pratiques de l'industrie usuraire, partaient de ces faits, et d'un grand nombre d'autres que l'espace ne nous permet pas de citer, pour porter leurs accusations jusque sur les hommes placés le plus haut dans l'administration. C'était ainsi, disait-on, que se formait l'approvisionnement de grains que l'on disait venir d'Amérique et que l'on achetait à un prix exagéré. Le comité de subsistance de Paris n'était pas même entièrement à l'abri des soupçons. On n'avait pas une égale confiance dans tous ses membres, et l'on se défiait de la plupart de ses agens habituels. Nous savons en effet aujourd'hui que beaucoup de ceux qui se sont mêlés du trafic des subsistances, ont à cette époque, suivant l'expression vulgaire, commencé ou fait leur fortune. Si nous citions les noms qui nous passent sous les yeux, si nous faisions un libelle, nos lecteurs ne conserveraient pas le moindre doute sur ce fait. Il serait à désirer qu'un économiste fît, dans l'intérêt des gouvernans comme des gouvernés, un travail spécial sur la grande expérience de cette année 1789.

Comment n'aurait-on pas porté des regards de défiance jusque sur les administrateurs des subsistances à Paris, lorsque l'on voit dans les mémoires de Bailly que, croyant prudent d'assurer un secours, il proposa au comité de l'autoriser à faire un achat considérable, c'est-à-dire, de cent mille setiers à Hambourg? L'intermédiaire devait être un banquier. L'autorisation fut en effet donnée et signée de tous les membres, parce que, dit Bailly, il s'agissait d'une affaire de cinq millions, sur laquelle il y avait à perdre deux millions, et que nous ne jugions pas à propos d'en parler à l'assemblée. (p. 210, t. 3.)

« Pour faire voir, dit-il (22 septembre), combien on abusait de notre nom, je rapporterai un fait : Il y avait un sieur Gallet, un brouillon que l'on employait parce qu'on le craignait; on cherchait tout doucement à s'en défaire. Il vint nous proposer du grain à 24 livres dans le temps qu'il en valait 33. Nous refusâmes; nous lui donnâmes seulement une déclaration constatant qu'il achetait pour l'approvisionnement de Paris, mais à son compte. Que fit-il? il usa de ce titre pour acheter et revendre à d'autres qu'aux boulangers de Paris, et on nous assura qu'il avait forcé de lui donner à 24 liv. le blé qu'il revendait 50. On voit à quels soupçons il pouvait nous exposer. » Ce brouillon fut arrêté, puis remis peu de temps après en liberté sans être jugé. (p. 211.) C'est après cet aveu, qui termine notre citation, que Bailly (p. 216) raconte qu'on arrêta une brochure des boulangers de Paris, qui attaquait le comité des subsistances, et qu'on mit en prison l'auteur.

« Quoi ! s'écrie Desmoulins après avoir remué toutes ces intrigues, quoi ! en vain le ciel aura versé ses bénédictions sur nos fertiles contrées ! quoi ! lorsqu'une seule récolte suffit à nourrir la France pendant trois ans, en vain l'abondance de six moissons consécutives aura écarté la faim de la chaumière du pauvre ; il y aura des hommes qui se feront un trafic d'imiter la colère céleste ! nous retrouverons au milieu de nous et dans un de nos semblables, une famine et un fléau vivant. Pour avoir de l'or, des hommes ont infecté d'un mélange homicide la denrée nourricière de leurs frères..... Ils ont dit : que m'importent les souffrances, la douleur et le gémissement du pauvre, pourvu que j'aie de l'or ; que m'importe que les hôpitaux se remplissent de scorbutiques, pourvu que j'aie de l'or ; que m'importe qu'au milieu de ses enfans, une mère se désespère de ne pouvoir leur donner du pain, pourvu que moi j'aie de l'or.... Egoïstes exécrables ! et pourquoi cet or ? c'est pour couvrir de mets délicats votre table et celle du vice et de la débauche, que cent mille familles ont manqué de pain. Il fallait donner des illuminations, des fêtes splendides ; il vous fallait habiter les spectacles et nourrir tous les jours vos oreilles de sons délicieux ; voilà pourquoi les hôpitaux retentissent des gémissemens de ceux que vous avez empoisonnés. Insensibles à l'indignation publique, insensibles à l'horreur qu'inspire votre nom, vous avez été payer des prostituées, et vous avez tout oublié sur leur sein. Comment le remords, comment le cri de tout un peuple ne vous y a-t-il pas poursuivis ? »

SÉANCE DU SAMEDI 19 SEPTEMBRE.

[Les dons patriotiques se multipliaient, et devenaient chaque jour plus nombreux et plus importans. L'assemblée décide qu'elle fera imprimer toutes les semaines l'extrait du registre des dons patriotiques, et qu'il sera nommé trois membres de l'assemblée, à la garde de qui seront confiés ces dons.

M. Duport demande que le président se retire sur-le-champ par-devers le roi, pour supplier sa majesté de faire promulguer les arrêtés du 4, et l'assurer que l'assemblée nationale prendra, dans la plus grande et la plus respectueuse considération, ses observations sur plusieurs articles, lorsqu'elle s'occupera de la rédaction des lois de détail.

Le vicomte de Mirabeau demande la parole pour combattre la motion de M. Duport, et solliciter la priorité pour celle présentée hier par M. de Volney. M. de Volney retire sa motion.

M. Fréteau. Vous avez décrété hier soir que votre président se retirerait par-devers le roi, pour demander la promulgation de votre arrêté, relatif à la circulation des grains.

Cette promulgation devient tous les jours plus instante; quelques provinces, telles que le Luxembourg, la Normandie, etc., sont les lieux des spéculations les plus nombreuses et les plus nuisibles à ce commerce. Votre président n'a pas encore vu le roi; je pense donc que l'assemblée, loin de s'occuper de quelques motions incidentes, doit s'arrêter d'abord à celle de M. Duport, afin que le président se retire aujourd'hui; ce matin, devers le roi, pour demander la promulgation de vos arrêtés du 4, et surtout de celui qui concerne les grains.

— M. le marquis de Bonnay appuie fortement cet avis, et fait sentir que c'est de l'union qui devait régner entre le pouvoir exécutif et législatif que sortent leur force et leur énergie.

M. le président veut poser la question. M. Malouet s'y oppose; il demande la continuité de la discussion. Plusieurs réclamations s'élèvent contre cet avis, et l'assemblée décide enfin que la discussion est fermée.

M. l'évêque de Chartres représente qu'on aurait dû faire d'abord passer la motion de M. de Volney. (Murmures.)

M. le président fait lecture de l'arrêté rédigé par M. Duport, qu'il soumet à la discussion de l'assemblée.

Cet arrêté est presque unanimement adopté, et M. le président se retire pour exécuter le décret de l'assemblée.

M. l'évêque de Langres prend la place du président, et propose pour l'ordre du jour, la discussion de la motion de M. de Volney.

M. le duc de Larochefoucauld demande qu'on s'occupe de la motion proposée, il y a quelques jours, par M. Chapelier.

M. Camus demande qu'on s'occupe plutôt de l'organisation des assemblées provinciales et des municipalités. Il propose : 1° un comité composé d'un membre à prendre dans chaque généralité, pour aviser à la distribution des assemblées provinciales dans les diverses parties du royaume ; 2° que, pour la détermination des lieux où les districts et municipalités seront établis, ce comité appelle les députés des provinces ; 3° que l'on s'occupe en assemblée générale d'établir le nombre et la qualité des personnes qui doivent composer les diverses assemblées, et de régler le temps et l'ordre des convocations.

M. le vicomte de Mirabeau. Les applaudissemens donnés à la motion de M. de Volney ont prouvé deux choses : l'une que nous voulons tous le bien, mais d'une manière différente ; l'autre, que nous sommes pénétrés de l'impossibilité d'y parvenir à cause de la diversité de nos opinions et de nos moyens. Il résulte de cette réflexion, qu'une nouvelle convocation est indispensable ; peut-être y aurait-il alors dans l'assemblée nationale plus de propriétaires que d'orateurs, plus de citoyens que de philosophes. Je propose deux amendemens à la motion de M. de Volney. Le premier, qu'aucun membre de l'assemblée actuelle ne puisse être éligible dans la prochaine convocation ; le second, que les membres de la session présente ne puissent approcher des lieux où se feront les prochaines élections. Nos dispositions à cet égard nous feront d'autant plus d'honneur, qu'on reconnaîtra que nous nous sommes fait justice.

M. Lavie. Je demande si nous sommes venus ici faire un cours d'épigrammes, et si la tribune est un tréteau.

M. le marquis de Bonnay. Je rejette la motion de M. de Volney, quant à présent; je rejette aussi celles de MM. Chapelier et Camus; et quoiqu'elles puissent avoir de grands objets d'utilité, je pense que nous devons nous occuper exclusivement de la constitution : j'opine donc à ce que votre comité de constitution soit sommé de nous communiquer son travail, d'après lequel nous devons continuer nos opérations.

M. *Madier de Monjau.* Je rejette la motion de M. de Volney. En l'adoptant, Messieurs, quel serait celui d'entre nous qui oserait retourner dans sa province, sans avoir fait au moins la constitution que nous avons promise, et qu'on a le droit de nous demander ?

M. *le marquis de Gouy d'Arcy.* Je n'approuve aucune des motions qui vous sont proposées; elles entraîneraient toutes des délais considérables, et à l'expiration de ces délais, nous n'existerons plus. Je vais vous apprendre des vérités terribles, et je vous demande l'attention qu'exige l'importance des choses que je vais vous dire.

Le salut de l'État, la cohérence de la constitution, dépendent de l'état des finances, et les finances sont dans un délabrement auquel le royaume doit rapporter tous les maux qui l'affligent. Le ministre des finances est venu vous proposer un emprunt de trente millions, vous l'avez consenti. Il n'a cependant point été rempli; et d'après le nouveau plan qui vous a été présenté, vous avez fermé ce premier emprunt; vous en avez ouvert un second de 8o millions, et vous avez offert aux prêteurs un appât, en augmentant l'intérêt de leur argent, et fixant l'époque du remboursement : eh bien! Messieurs, ce second emprunt n'a pas inspiré plus de confiance que le premier, et je dois vous assurer qu'il n'a été porté au trésor royal que 10 millions depuis votre décret.

— On interrompt M. le marquis de Gouy; on lui demande de prouver l'authenticité de ce qu'il avance : il dit qu'il ne doit pas répondre à des individus, et malgré de nombreuses réclamations, il continue :

Les étrangers même, Messieurs, ont refusé de verser leurs

fonds dans notre trésor national; ils ont dit : « Les emprunts ont causé tous vos maux, et celui-ci ne serait qu'un palliatif vain et dangereux. »

On rappelle presque unanimement M. de Gouy à l'ordre.

M. Lavie. Laissez parler M. de Gouy; laissez-le répandre à loisir ses terreurs. L'État est en danger, nous avons un remède tout prêt; nous donnerons le 50e, le 100e de nos propriétés, s'il le faut, et par ce moyen, nous consolerons notre patrie, et nous défendrons son honneur et le nôtre.

Toute l'assemblée se lève pour imposer silence à M. de Gouy, qui veut continuer; on l'entoure, on le presse, on le blâme.

M. le duc d'Aiguillon. Comme président du comité des finances, je dois affirmer que la motion dictée par le patriotisme de M. le marquis de Gouy, n'est nullement avouée de ce comité dont il est membre; je dois encore assurer, d'après la connaissance que j'ai de l'état actuel de l'emprunt, que les assertions du préopinant ne sont point exactes, et que les faits sont peut-être exagérés. Il n'est cependant que trop vrai que les finances sont dans un état dangereux; que le rétablissement des finances doit marcher avec l'établissement de la constitution, et la constitution avec elles. Je propose donc que l'assemblée consacre deux jours par semaine, à s'occuper de cette partie importante de l'administration, et à entendre les différens rapports que lui fera son comité chargé de cet objet.

M. Nourissart. Le comité des finances fera, même ce soir, un rapport exact des connaissances qu'il a recueillies sur l'état actuel de l'emprunt. J'observerai cependant qu'il y a environ quinze jours on avait déjà apporté au trésor royal six millions huit cent vingt-huit mille livres; une soumission de deux millions, qui peut-être est déjà remplie, et qui est faite par la ville de Bordeaux; sept millions en argent, de la banque de Paris, ce qui fait en tout quinze millions huit cent vingt-huit mille livres argent comptant. A cette même époque, le trésor royal avait encore reçu sept millions en effets royaux. Ainsi donc le rapport de

M. de Gouy est inexact, et blessé autant la vérité qu'il a blessé nos cœurs.

M. le comte de Mirabeau. Je réponds à celui des préopinans qui a réclamé la priorité pour la motion de M. de Volney.

J'ai toujours regardé comme la preuve d'un très-bon esprit, qu'on fît son métier gaîment. Ainsi je n'ai garde de reprocher au préopinant sa joyeuseté dans des circonstances qui n'appellent que trop de tristes réflexions et de sombres pensées. Je n'ai pas le droit de le louer ; il n'est ni dans mon cœur, ni dans mon intention de le critiquer, mais il est de mon devoir de réfuter ses opinions lorsqu'elles me paraissent dangereuses.

Telle est à mon sens la motion qu'il a soutenue. Certainement elle est le produit d'un très-bon esprit, et surtout d'une âme très-civique et très-pure : certainement, à l'isoler de l'ensemble de nos circonstances et de nos travaux, elle est saine en principes ; mais j'y vois d'abord une difficulté insoluble, le serment qui nous lie à ne pas quitter l'ouvrage de la constitution qu'il ne soit consommé.... Ce peu de mots suffiraient sans doute pour écarter cette motion ; mais je voudrais ôter le regret même à son auteur, en lui montrant combien elle est peu assortie à nos circonstances, à la pieuse politique qui doit diriger notre conduite.

Et pour vous le démontrer, Messieurs, je me servirai de l'argument même avec lequel on a prétendu soutenir cette motion : *Il est impossible d'opérer le bien par la diversité de nos opinions et de nos moyens.* Il faut convoquer les provinces pour leur demander de nous envoyer des successeurs, puisque nous sommes discords et inaccordables.... Est-ce bien là, Messieurs, le langage que nous devons tenir ? est-ce là ce que nous devons croire ? est-ce là ce que nous devons être ? Nous avouerons donc que notre amour-propre nous est plus sacré que notre mission, notre orgueil plus cher que la patrie, notre opiniâtreté plus forte que la raison ; impénétrable à notre bonne foi, et totalement exclusive de la paix, de la concorde et de la liberté. Ah ! si telle était la vérité, nous ne serions pas même dignes de la dire ; nous n'en aurions pas le courage, et ceux qui provoquent de telles déclarations prouvent par cela même que leurs discours sont de simples jeux d'esprit, où ils nous prêtent fort injustement des sentimens tout-à-fait indignes de nous.

C'est donc précisément parce que demander des successeurs, serait nous déclarer *discords et inaccordables*, que nous ne porterions pas un tel décret, quand un serment solennel, base de la constitution et palladium de la liberté française, ne nous l'interdirait pas. A Dieu ne plaise que nous regardions comme impossible d'*opérer le bien par la diversité de nos opinions et de nos moyens*. Il était impossible que, dans les premiers temps d'une première assemblée nationale, tant d'esprits si opposés, tant d'intérêts si contradictoires, même en tendant au même but, ne perdissent beaucoup de temps et beaucoup de leurs forces à se combattre; mais ces jours de dissention finissent pour nous; les esprits même, en se heurtant, se sont pénétrés; ils ont appris à se connaître et à s'entendre. Nous touchons à la paix; et si nous mettons à notre place d'autres députés, ce premier moment serait peut-être encore celui de la guerre. Restons donc à nos postes; mettons à profit jusqu'à nos fautes, et recueillons les fruits de notre expérience.

Mais, dit-on, l'approbation unanime qu'a reçue la motion de M. de Volney, n'est-elle pas une preuve invincible que chacun de nous a reconnu que la véritable situation de cette assemblée était cet état de discordance inaccordable qui invoque nos successeurs? Non, sans doute; je ne trouve dans ce succès que l'effet naturel qu'a tout sentiment généreux sur les hommes assemblés. Tous les députés de la nation ont senti à la fois que leurs places devaient être aux plus dignes; tous ont senti que lorsqu'un des plus estimables d'entre nos collègues, provoquait sur lui-même le contrôle de l'opinion, il était naturel d'anticiper sur les décrets de la nation, et que nous aurions bonne grâce à préjuger contre nous. Mais cet élan de modestie et de désintéressement doit faire place aux réflexions et aux combinaisons de la prudence.

Et si l'esprit dans lequel on soutient la motion de M. de Volney, pouvait avoir besoin d'être encore plus développé, il ne faudrait que réfléchir quelques instans sur les deux amendemens que le préopinant a proposés (1).

« Nul membre de l'assemblée actuellement existante ne pourra être réélu pour la prochaine assemblée. »

Ainsi nous voilà donnant des ordres à la nation ! Il y aura désormais dans les élections une autre loi que la confiance. Eh ! Messieurs, n'oublions jamais que nous devons consulter et non dominer l'opinion publique; n'oublions jamais que nous sommes les représentans du souverain, mais que nous ne sommes pas le souverain.

« Aucun membre de l'assemblée actuelle ne pourra se présenter dans les assemblées élémentaires, ni dans les lieux d'élection, et nous nous serons rendu justice. »

Je ne sais s'il est bien de faire ainsi ses propres honneurs; mais je ne conçois pas qu'on puisse se permettre de faire à ce point ceux des autres. Ainsi, pour prix d'un dévouement illimité, de tant de sacrifices, de tant de périls bravés, soutenus, provoqués avec une intrépidité qui vous a valu, Messieurs, quelque gloire, d'une continuité de travaux, mêlés sans doute de tous les défauts des premiers essais, mais auxquels la nation devra sa liberté, et le royaume sa régénération, nous serons privés de la prérogative la plus précieuse, du droit de cité. Exclus du corps-législatif, nous serions encore exilés dans notre propre patrie ! Nous qui réclamerions, s'il était possible, un droit plus particulier de chérir, de défendre, de servir la constitution que nous aurons fondée, nous n'aurions pas même l'honneur de pouvoir désigner des sujets plus dignes que nous de la confiance publique ! Nous perdrions enfin le droit qu'un citoyen ne peut jamais perdre, sans que la liberté de la nation soit violée, celui de participer à la représentation, d'être électeur ou éligible.]

SÉANCE DU LUNDI 21 SEPTEMBRE.

[M. le président fait lecture de la réponse que le roi lui a remise hier au soir.

(1) M. de Mirabeau le jeune.

« Vous m'avez demandé le 15 de ce mois de revêtir de ma sanction vos arrêtés du 4 et jours suivans. Je vous ai communiqué les observations dont ils m'avaient paru susceptibles; vous m'annoncez que vous les prendrez dans la plus haute considération, lors de la confection des lois et des détails qui doivent être la suite de vos arrêtés; vous me demandez en même temps de promulguer ces mêmes arrêtés; la promulgation appartient à des lois rédigées et revêtues de formes qui doivent en procurer l'exécution; mais, comme je vous ai déjà dit que j'approuvais l'esprit général de ces arrêtés, et le plus grand nombre en entier, et comme je me plais à applaudir au sentiment patriotique qui les a dictés, je vais en ordonner la publication dans tout mon royaume. La nation y verra, comme dans ma dernière lettre, l'intérêt dont nous sommes animés pour son bonheur : et je ne doute point, d'après les dispositions que vous manifestez, que je ne puisse, avec une parfaite justice, revêtir de ma sanction toutes les lois que vous décréterez sur les divers objets contenus dans vos arrêtés. J'accorde ma sanction à votre décret concernant les grains. »

On fait alors lecture d'un réquisitoire de l'état-major de la milice de Versailles, qui, sur des nouvelles plus alarmantes les unes que les autres, demande un secours de mille hommes de troupes réglées. A ce réquisitoire est jointe une délibération de la municipalité sur cet objet.

M. le comte de Mirabeau. Certainement, lorsque des circonstances urgentes exigent du pouvoir exécutif des précautions, il est du devoir de ce pouvoir de demander des troupes; il est aussi de son devoir de communiquer les motifs de sa demande au pouvoir législatif, mais une municipalité quelconque, et sur des motifs quelconques nullement communiqués, ne peut appeler un corps de troupes réglées dans le lieu où réside le pouvoir législatif.

Je demande que la lettre de M. le comte de Saint-Priest, mentionnée dans ce réquisitoire, ainsi que toutes autres pièces nécessaires, soient présentées à l'assemblée.

M. de Foucauld. Un décret de l'assemblée a permis aux municipalités d'appeler des troupes quand elles le jugeront nécessaire ; celle de Versailles n'a pas été exclue de cette faculté : il n'y a donc pas lieu à délibérer.

M. Biauzat. L'assemblée n'a-t-elle pas le droit de demander les motifs qui déterminent la municipalité à appeler des troupes ? C'est à quoi se doit réduire la question.

M. Fréteau. L'urgence des circonstances, la mesure prise par la municipalité de Versailles, lorsqu'elle a arrêté que les troupes qui arriveraient prêteraient le serment conforme au décret de l'assemblée, peuvent décider à ne pas délibérer sur cet objet. Un motif qui doit encore tranquilliser, c'est que le régiment attendu est commandé par M. le marquis de Lusignan, membre de cette assemblée.

Beaucoup de personnes demandent la parole et ne sont point entendues ; la question préalable étant posée, il est décidé qu'il n'y a pas lieu à délibérer quant à présent.

L'assemblée revient à l'ordre du jour ; et après une discussion qui ne se compose que de propositions d'amendemens, il est décidé, à la majorité de 728 voix contre 224, que le *veto* sera suspensif pendant deux législatures.]

Paris, 22. — La nouvelle de la communication faite la veille à l'assemblée nationale, jeta l'alarme dans la bourgeoisie. La même pensée s'empara des districts et de l'Hôtel-de-ville. Le Palais-Royal fut de nouveau agité : il semblait un retentissement de ce qui s'était passé en juillet. On disait qu'il se tenait des conciliabules chez madame de M..., où venaient des privilégiés de toute espèce ; on disait que les officiers municipaux de Versailles, soumis aux volontés des grands et des ministres, n'avaient demandé mille hommes de troupes, que pour s'empresser de leur obéir ; on disait que ces mille hommes *devaient favoriser le départ du roi pour la ville de Metz*; on disait que de là le roi rentrerait dans son royaume à la tête de l'armée des confédérés, et tenterait ainsi de l'asservir par droit de conquête. (*Révolutions de Paris,* 22 sep-

tembre, n. XI, p. 23.) On parlait donc de marcher sur Versailles, de tripler les gardes; de mettre des canons en batteries, etc.

L'assemblée des représentans de la commune fut mise en demeure par une députation du district de la Trinité de s'occuper de cette question qui remuait toute la bourgeoisie; elle venait demander si les troupes qui approchaient, et qu'on disait répandues à Senlis, Compiègne et Noyon, avaient prêté le serment national, et si ces troupes se portaient vers la capitale en vertu des ordres de l'assemblée nationale, ou du moins de son agrément. En conséquence, les représentans chargèrent le maire d'écrire au ministre de la guerre pour avoir des renseignemens positifs sur un fait dont s'occupait toute la ville. (*Procès-verbal de la commune.*)

Le ministre de la guerre répondit officiellement que le régiment de Flandre venait sur la réquisition de la municipalité; mais en même temps, M. de Saint-Priest écrivait au maire que des bruits assez circonstanciés sur la venue de gens armés à Versailles pour y empêcher l'arrivée du régiment de Flandre, avaient déterminé le roi à prendre quelques mesures militaires. (*Mémoires de Bailly, t. 3, p. 212.*)

Cependant, le même jour, le régiment de Flandre arrivait à Versailles. Il prêtait serment entre les mains du corps municipal qui avait été au-devant de lui, avec les principaux officiers de la garde nationale; un grand concours de curieux assistait à cette rencontre. La majorité de la bourgeoisie de la ville n'était sans doute rien moins que mécontente à la vue de ce renfort. Quelques jours auparavant, elle avait été effrayée par une petite émeute à la porte d'un boulanger, qui vendait du pain à deux prix, l'un très-blanc, et l'autre assez grossier.

ASSEMBLÉE NATIONALE.

Séances du 25 au 28 septembre.

La séance du 22 septembre avait été terminée par le vote d'un article de la constitution ainsi conçu : « Aucun acte du corps législatif ne pourra être considéré comme loi, s'il n'a été fait par les représentans de la nation légalement élus, et sanctionné par le monarque. » Cet article fut admis à peu près tel que le comité de constitution le proposa, et sans que la discussion portât sur autre chose que sur la rédaction.

Au commencement de la séance du 23 on lut la lettre suivante, adressée par le ministre de la guerre :

« M. le président, le roi m'ordonne de vous prévenir que, sur les différentes menaces faites par des gens mal-intentionnés de sortir de Paris avec des armes, il a été pris différentes mesures pour préserver de toute inquiétude le siége de l'assemblée nationale.
Signé, LA TOUR-DU-PIN-PAULIN. »

On lit ensuite une lettre de M. le maire de Paris à M. de la Tour-du-Pin-Paulin, dans laquelle il lui exprime vivement le vœu de la capitale sur l'éloignement du régiment de Flandre. M. le maire conjure M. de la Tour-du-Pin-Paulin de se rendre au vœu de la ville de Paris; on lit une autre lettre de M. de Saint-Priest sur le même objet.

L'assemblée ne prit aucune délibération à cet égard; elle passa de suite à la question de la constitution. Après des débats très-animés, une succession de petits discours sur la rédaction qui devait être préférée; on s'arrêta aux articles suivans :

1° Tous les pouvoirs émanent essentiellement de la nation, et ils ne peuvent émaner que d'elle.

2° Le pouvoir législatif réside dans l'assemblée nationale, qui l'exercera ainsi qu'il suit :

3° Aucun acte du pouvoir législatif ne sera considéré comme loi, s'il n'est consenti par les représentans de la nation, légalement et librement élus, et sanctionné par le roi.

4° Le pouvoir exécutif réside dans les mains du roi.

Ces articles sont décrétés au milieu des applaudissemens et à l'unanimité.

Parmi les offrandes qui furent déposées dans cette séance sur le bureau du président, nous remarquons la donation d'une forêt, par M. Beaupoil de Saint-Aulaire. Cette ferveur patriotique continuait d'ailleurs à animer toutes les classes de citoyens.

[Dans la séance du 23 septembre au soir, on fit l'arrêté des gabelles qui avait été envoyé au comité de rédaction. Après quelques débats, et quelques amendemens proposés, il est décrété tel qu'il suit :

L'assemblée nationale, prenant en considération les circonstances publiques relativement à la gabelle et autres impôts, et les propositions du roi énoncées dans le rapport du premier ministre des finances, du 27 août dernier; considérant que, par son décret du 17 juin dernier, elle a maintenu la perception dans la forme ordinaire de toutes les impositions qui existent jusqu'au jour de la séparation de l'assemblée, ou jusqu'à ce qu'il ait été autrement pourvu; considérant que l'exécution de ce décret importe essentiellement au maintien de l'ordre public et à la fidélité des engagemens que la nation a pris sous sa sauvegarde; voulant néanmoins venir, autant qu'il est en elle, au secours des contribuables, en adoucissant, dès-à-présent, le régime des gabelles, elle a décrété et décrète ce qui suit :

Art. 1er. Les administrations provinciales, les juridictions et les municipalités du royaume, tant dans les villes que dans les campagnes, veilleront aux moyens d'assurer le recouvrement des droits subsistans, que tous les citoyens seront tenus d'acquitter avec la plus grande exactitude; et le roi sera supplié de donner les ordres les plus exprès pour le rétablissement des barrières et des employés, et pour le maintien de toutes les perceptions.

II. La gabelle sera supprimée autant que le remplacement en aura été concerté et assuré avec les assemblées provinciales.

III. Provisoirement, et à compter du 1er octobre prochain, le sel ne sera plus payé que 30 livres par quintal, poids de marc, ou 6 sous la livre de seize onces, dans les greniers de grande et petite gabelle.

Les provinces qui paient le sel à un moindre prix n'éprouveront aucune augmentation.

IV. Les réglemens qui, dans plusieurs villes, bourgs et paroisses des provinces de grande gabelle, ont établi le sel d'impôt, n'auront plus lieu, à compter du 1er janvier prochain.

V. Les réglemens qui, dans les mêmes provinces, ont soumis les contribuables imposés à plus de trois livres de taille ou de capitation à lever annuellement dans les greniers de leur ressort une quantité déterminée de sel, et qui leur ont défendu de faire de grosses salaisons sans déclaration, n'auront plus lieu également à compter du Ier janvier prochain.

VI. Tout habitant des provinces de grande gabelle, jouira, comme il en est usé dans celles de petite gabelle, et dans celles de gabelle locale, de la liberté des approvisionnemens du sel nécessaire à sa consommation, dans tels greniers ou magasins de la province qu'il voudra choisir.

VII. Tout habitant pourra appliquer à tel emploi que bon lui semblera, soit de menues, soit de grosses salaisons, le sel qu'il aura ainsi levé; il pourra même faire à son choix les levées, soit aux greniers, soit chez les regratiers; il se conformera, pour le transport, aux dispositions du réglement, qui ont été suivis jusqu'à présent.

VIII. Les saisies domiciliaires sont abolies et supprimées; il est défendu aux employés et commis des fermes de s'introduire dans les maisons et lieux fermés, ni d'y faire aucune recherche, ni perquisition.

IX. Les amendes prononcées contre les faux-sauniers coupables du premier faux-saunage, et non payées par eux, ne pourront plus être converties en peines afflictives; et quant aux faux-sauniers en récidive, les lois qui les soumettent à une procédure criminelle et à des peines afflictives, sont également révoquées; ils ne pourront être condamnés qu'à des amendes doubles de celles encourues pour le faux-saunage.

X. Les commissions extraordinaires et leurs délégations, en quelque lieu qu'elles soient établies pour connaître de la contrebande, sont dès-à-présent révoquées; en conséquence, les contestations dont lesdites commissions connaissent, seront portées par-devant les tribunaux qui en doivent connaître.

L'assemblée nationale charge M. le président de présenter incessamment à la sanction royale le décret qu'elle vient de rendre sur la gabelle.]

Dans la séance du 24, nous trouvons encore un don de 100,000 fr. par le duc de Charost. Cette fut séance tout entière consacrée aux finances.

D'abord le ministre Necker vint lire un long rapport, dans lequel il annonçait que la caisse de l'Etat allait se trouver instantanément à découvert d'environ 24 millions, et dans lequel il proposait des moyens de pourvoir à l'avenir du trésor, pour lequel il ne demandait pas moins qu'un secours extraordinaire de 80 millions. Il présentait en premier lieu les économies : la plus considérable était celle qui devait résulter de la suppression de la maison de la reine, qui coûtait 20 millions. Il y avait ensuite 15 millions à gagner sur les dépenses de la guerre; 6 millions sur les pensions (elles montaient à 25). Il laissait l'assemblée juge de savoir si l'on devait continuer aux princes la pension de 8 millions qu'on leur payait; une autre de deux millions au clergé. Enfin, pour couvrir le déficit il proposait un impôt du quart du revenu, payable en numéraire, en vaisselle, ou en bijoux. Il annonçait que le roi lui-même allait envoyer sa vaisselle à la Monnaie.

Après le ministre, on entendit M. Dupont, élève de Turgot, et qui fut, à cause de cela, écouté avec beaucoup de faveur.

Ce député proposa d'affermer les dîmes pour 100 millions. Sur cette somme, 70 seraient laissés au clergé, et 30 reviendraient au trésor. Ensuite il rappela que le clergé avait fait concession des biens qui lui avaient été attribués pour des donations, et qui formaient environ le trentième des biens fonds de la France. En évaluant le revenu de ces biens au minimum, on avait 60 millions, dont on pouvait disposer. Il voulait qu'on en laissât une moitié aux fondations, en transportant l'autre moitié au trésor. À l'aide des 60 millions, résultant de cette opération, il proposait de créer une caisse nationale qui triplerait le crédit.

Ces propositions furent renvoyées à la commission des finances.

Dans les séances des 25, 26, 27 et 28, on s'occupa aussi principalement de finances. Un membre des communes vint proposer de combler le déficit avec les trésors des églises, qu'on n'évaluait pas à moins de 140 millions. L'archevêque de Paris appuya fortement cette motion; mais elle n'eut pas de suite.

Le seul décret qui fut voté dans cet espace de temps, fut celui qui ordonnait la formation d'un supplément au rôle des impositions, pour y comprendre les propriétaires qui, jusqu'à ce jour, avaient joui du privilége de l'exemption.

Enfin, dans la séance du 28, M. Mounier, connu par son dévoûment à la cour, fut élu président de la quinzaine.

Paris. — L'agitation causée par la nouvelle de l'appel du régiment de Flandre, augmenta à l'annonce de son arrivée à Versailles. Des députations de quelques districts vinrent exciter les représentans. Il paraît, d'après les mémoires de Bailly, qu'ils envoyèrent une députation auprès du ministre.

Les rassemblemens du Palais-Royal devinrent nombreux et très-animés. Il était encore question du *veto*; mais bien plus des troupes nouvellement arrivées. On envoya des patrouilles pour dissiper les groupes : il y eut des arrestations en assez grand nombre. Le maire fit afficher que les troupes cantonnées dans un cercle de quinze lieues, aux environs de Paris, ne montaient qu'à 3,670 hommes.

Cependant, les autorités de la capitale préparaient une distraction aux Parisiens. On s'occupait d'une grande cérémonie, pour laquelle le roi fit ouvrir son garde-meuble; il s'agissait de la bénédiction générale des drapeaux. L'abbé Fauchet fut choisi pour faire le discours. Les journaux patriotes s'amusèrent à épiloguer sur les préparatifs; ils firent rire d'une grande discussion qui s'éleva entre les entrepreneurs, pour savoir de quel titre M. Fauchet appellerait la réunion à laquelle il devait s'adresser. Il avait été décidé que le discours commencerait par ces mots : *M. le maire* et *Messieurs*; et pourquoi ne pas les appeler *citoyens* ou *mes frères*, tout court? disait-on.

La cérémonie eut lieu le 27, à Notre-Dame; l'archevêque officiant. Pour témoigner son enthousiasme, la garde nationale s'avisa de faire des feux de peloton dans l'église.

Mais toutes ces tentatives ne pouvaient distraire la population qui ne faisait point partie de la garde nationale, de l'embarras des subsistances; et la population patriote de ce qui se passait à Versailles. Le 25, les boulangers mécontens menacèrent de ne pas cuire, ce qui aurait infailliblement causé une insurrection. Bailly eut quelque peine à les faire renoncer à ce projet ; et les districts furent chargés de veiller à ce que la cuisson eût lieu, et à la faire exécuter, même par force. Tout le monde s'irritait. Des districts voulurent que des commissaires, nommés par eux, fussent chargés d'acheter des grains; et ils en trouvèrent dans les mêmes campagnes, et chez les mêmes fermiers où les agens du comité disaient qu'il n'y en avait pas. (*Mémoires de Bailly; Révolutions de Paris.*)

D'un autre côté, on s'élevait contre les projets qu'on supposait à la cour contre la faiblesse de l'assemblée; on criait contre l'élection de Mounier à la présidence. C'est l'occasion de citer ces réflexions de Loustalot sur la proposition de Volney, de dissoudre l'assemblée, afin d'en former une autre qui représentât plus exactement la France.

« Nos représentans, dit-il, ne sont point, comme en Angleterre, les souverains de la nation : *C'est la nation qui est le souverain*..... Le peuple a le droit de révoquer ses représentans ;.... usons de ce droit..... Un article du 4 août commence ainsi : *L'assemblée nationale détruit entièrement le régime féodal*. Or, n'est-ce pas par le régime féodal, que la noblesse et le clergé ont une représentation égale à celle des communes? et jamais la féodalité a-t-elle donné un droit plus abusif, plus révoltant aux 400,000 hommes qui composent les deux ordres privilégiés, que celui de concourir à la formation de la constitution, en proportion égale avec 25 millions d'hommes? Les grands enfans qui sont dans l'assemblée nationale rappellent à l'ordre quiconque prononce le mot d'*ordres;* mais ne voit-on pas que, par la représentation actuelle, la distinction des ordres existe toujours? L'assemblée n'est point *nationale* dans ce moment; elle est *féodale.* Elle ne sera nationale que lorsqu'on aura adopté la divine motion de M. de Volney, et qu'on ne verra plus dans l'assemblée des magistrats qui plaident la cause des parlemens, des nobles qui stipulent pour la noblesse, des prêtres qui ne se croient députés que du clergé, des membres des communes qui feignent de nous défendre pour que l'on nous trouve sans défense ; enfin des hommes avides d'argent, qui font des journaux pour leurs motions, et des motions pour leurs journaux. »

« Convaincu, disait Marat le 27, que l'assemblée nationale ne peut plus rien faire pour la nation dont elle a lâchement abandonné les intérêts..., je crois qu'elle ne saurait être trop tôt dissoute...; et afin que la nation ne soit pas exposée deux fois au malheur de remettre ses pouvoirs à des mains infidèles..., je nommerai, tout haut, ceux qui lui ont manqué de foi; je les peindrai par leurs œuvres ; je les poursuivrai sans relâche jusqu'à ce que l'opinion publique les ait couverts d'opprobre, forcés de s'éloigner du maniement des affaires, et réduits à la honte de cacher leurs noms. » Sur le numéro où ces phrases étaient contenues, Marat fut cité à comparaître devant les représentans de la commune. Il fut admis le 28 au soir, par l'ordre de l'assemblée, le maire lui posa la question suivante: *Avait-il quelques griefs à articuler contre quelques membres, dans les différentes parties de l'administration?* — On l'invita à signer sa réponse. — Marat répondit en dénonçant un des représentans qui n'était pas même domicilié et logeait en hôtel garni. Cependant il signa *qu'il n'avait aucune inculpation à adresser à l'assemblée qui portât sur un de ses membres en particulier.* Cette réponse ambiguë lui épargna l'arrestation dont il était menacé, et dont on lui avait donné un avant goût en le faisant attendre dans une salle à part, pendant qu'on délibérait sur son sort (procès-verbal de la commune). Quant au personnage dénoncé, il ne reparut plus à la commune.

Le même jour, les patrouilles saisissaient les numéros de l'*Ami du peuple*, et la garde nationale faisait, selon l'expression de Loustalot, sous le commandement de M. le duc d'Aumont, une campagne au Palais-Royal. « Le jardin était fort tranquille, lorsque, vers les dix heures, des détachemens armés sont entrés de tous côtés et se sont jetés avec violence à travers les groupes de *causeurs*.... Le public a murmuré hautement, et des murmures il a passé aux huées et aux sifflets. Une patrouille arrête un citoyen qui ne disait rien : aussitôt on assure que c'était M. l'abbé Roben, écrivain distingué.... On se soulève en sa faveur, on repousse la patrouille, *on résiste à l'oppression*, et le citoyen est relâché.

« Le jardin ressemblait assez à un champ de bataille.... Le duc d'Aumont, assis vis-à-vis le café de foi; des aides-de-camp, courant d'une patrouille à l'autre.... Elles vont, elles viennent ; elles font, au milieu des groupes, des évolutions si précipitées, qu'elles en sont ridicules.... Une patrouille présente la baïonnette !... Un garde national qui n'était point de service arrête un causeur parce qu'il parlait mal d'une patrouille qui n'était point de son district. « Jouissez, aristocrates ! s'écrie Loustalot, en terminant, le moment de votre triomphe n'est pas éloigné. » Les promeneurs répondaient à ces mesures par une seule observation, mais menaçante. « Nous méritons notre sort, disaient-ils ; pourquoi avons-nous placé à notre tête des ducs, des comtes, des barons et des agens de change? Nous avons parmi nos chefs de divisions, jusqu'à l'auteur du mémoire des princes : il y a dans le corps des officiers, plus de soixante joueurs de l'*Hôtel d'Angleterre*. » (*Révolutions de Paris*, XII, 25.)

A cette occasion, on fit une caricature avec cette épigraphe : *Le patrouillotisme chassant le patriotisme du Palais-Royal*. Les soldats étaient représentés marchant un bandeau sur les yeux et les baïonnettes croisées. Ils étaient conduits par des monstres coiffés de mitres, et chargés de cordons et de croix.

Les mouvemens attaqués avec tant de brutalité, étaient cependant suffisamment justifiés par les bruits dont nous avons parlé. Déjà même on s'occupait des moyens de surveiller la cour. La *chronique* du 25 invitait le roi et la reine à venir passer l'hiver à Paris ; elle proposait que l'assemblée nationale tînt ses séances au Louvre, dans le grand salon des tableaux.

On ne doit pas s'étonner, d'ailleurs, que ce bruit venu on ne sait d'où, et probablement répandu par le club breton, remuât à ce point les esprits. Il remettait en question tout ce qu'on avait fait depuis quelques mois, et effrayait les imaginations d'un avenir tout contraire à celui pour lequel on avait déjà couru tant de dangers. Alors, comme toujours, les hommes qui étaient les plus alarmés et les plus méfians, étaient ceux qui s'étaient le plus compromis dans les événemens révolutionnaires précédens. Voici au reste une partie de l'article du Moniteur, inscrit sous la date du 28.

Sur le projet d'évasion du roi.

[La terreur d'une guerre civile vint se mêler aux angoisses toujours croissantes de la faim. Un projet vaste, et digne de ses auteurs, avait été conçu par les chefs de l'aristocratie. Il ne s'agissait de rien moins que d'enlever le roi, de le transférer dans une place de guerre, où l'on aurait, en son nom, levé l'étendard de la révolte contre la nation, lancé des manifestes contre ses représentans, et rallié tous les anciens agens du despotisme, les ministres, les généraux, les parlemens, les autres cours souveraines, et ces légions d'esclaves de tous les ordres, également ligués contre le monarque qu'ils flattent et qu'ils volent, et contre le peuple qu'ils avilissent et qu'ils oppriment.

La ville de Metz fut choisie pour le chef-lieu de l'entreprise et le centre des opérations. Sa nombreuse garnison, l'avantage de sa position sur les frontières et ses imprenables remparts, le courage chevaleresque de son commandant et son attachement aux anciens principes, tout déterminait en sa faveur la préférence des conjurés. Une échelle de troupe fut disposée sur la route, ou très à portée, et des enrôlemens secrets dans Paris et les provinces augmentaient tous les jours les forces et l'audace de la ligue anti-patriotique.

Le 14 septembre, M. d'Estaing écrivait ce qui suit à la reine.

Brouillon de lettre de M. d'Estaing à la reine.

« Mon devoir et ma fidélité l'exigent....... Il faut que je mette aux pieds de la reine le compte du voyage que j'ai fait à Paris.

On me loue de bien dormir la veille d'un assaut ou d'un combat naval. J'ose assurer que je ne suis pas timide en affaires. Elevé auprès de M. le dauphin qui me distinguait, accoutumé à dire la vérité à Versailles dès mon enfance, soldat et marin, instruit des formes, je les respecte sans qu'elles puissent altérer ma franchise ni ma fermeté......... Eh bien! il faut que je l'avoue à votre majesté, je n'ai pas fermé l'œil de la nuit.

» On m'a dit dans la société, dans la bonne compagnie; et que serait-ce juste ciel, si cela se répandait dans le peuple! On m'a répété que l'on prend des signatures dans le clergé et dans la noblesse. Les uns prétendent que c'est d'accord avec le roi, d'autres croient que c'est à son insu. On assure qu'il y a un plan de formé; que c'est par la Champagne ou par Verdun que le roi se retirera ou sera enlevé; qu'il ira à Metz. M. de Bouillé est nommé. Et par qui? par M. de la Fayette, qui me l'a dit tout bas à table chez M. Jauge. J'ai frémi qu'un seul domestique ne l'entendît. Je lui ai observé qu'un mot de sa bouche pouvait devenir un signal de mort. Il est froidement positif M. de la Fayette..... Il m'a répondu qu'à Metz, comme ailleurs, les patriotes étaient les maîtres, et qu'il valait mieux qu'un seul homme mourût pour le salut de tous. M. de Breteuil, qui tarde à s'éloigner, conduit le projet. On accapare l'argent, et l'on promet de fournir un million et demi par mois. M. le comte de Mercy est malheureusement cité comme agissant de concert.

» Voilà les propos. S'ils se répandaient dans le peuple, leurs effets sont incalculables. Cela se dit encore tout bas. Les bons esprits m'ont paru épouvantés des suites; le seul doute de la réalité peut en produire de terribles. Je suis allé chez M. l'ambassadeur d'Espagne, et c'est là, je ne le cache point à la reine, où mon effroi a redoublé. M. de Fernand-Nunès a causé avec moi de ces faux bruits, de l'horreur qu'il y avait à supposer un plan impossible, qui entraînerait la plus désastreuse et la plus humiliante des guerres civiles, qui occasionnerait la séparation ou la perte totale de la monarchie, devenue la proie de la rage intérieure, de l'ambition étrangère, qui ferait le malheur irréparable des personnes les plus chères à la France.

» Après avoir parlé de la cour errante, poursuivie, trompée par ceux qui ne l'ont pas soutenue lorsqu'ils le pouvaient, et qui voudraient (1) encore, qui veulent actuellement l'entraîner dans leur chute par-là, et m'être affligé d'une banqueroute générale, devenue dès-lors indispensable et de toute épouvantable (2), je me suis écrié que du moins il n'y aurait d'autre mal que celui que produirait cette fausse nouvelle, si elle se répandait, parce qu'elle était une idée sans aucun fondement. M. l'ambassadeur d'Espagne a baissé les yeux à cette dernière phrase. Je suis devenu pressant, et il est enfin convenu que quelqu'un de considérable et de croyable lui avait appris qu'on lui avait proposé de signer une association. Il n'a jamais voulu me le nommer. Mais soit par inattention, soit pour le bien de la chose, il n'a point heureusement exigé une parole qu'il m'aurait fallu tenir.

» Je n'ai pas promis de ne dire à personne ce fait; il m'inspire une grande terreur que je n'ai jamais connue : ce n'est pas pour moi que je l'éprouve. Je supplie la reine de calculer dans sa sagesse tout ce qui pourrait arriver d'une fausse démarche : la première coûte assez cher. J'ai vu le bon cœur de sa majesté donner des larmes au sort des victimes immolées. Actuellement, ce serait des flots d'un sang versé inutilement qu'on aurait à regretter. Une simple indécision peut être sans remède. Ce n'est qu'en allant au-devant du torrent, ce n'est qu'en le caressant, qu'on peut parvenir à le diriger en partie.

» Rien n'est perdu. La reine peut reconquérir au roi son royaume; la nature lui en a prodigué les moyens : ils sont seuls possibles. Elle peut imiter son auguste mère : sinon je me tais,

(1) Il y a en marge de l'original ces autres mots : « Qui voudraient actuellement l'entraîner par (*dans*) leur chute, et qui s'ôteraient à eux-mêmes, dans leur aveuglement ou par leur fureur, toutes les grandes espérances qui leur restent. Après m'être affligé d'une banqueroute générale, devenue dès-lors..... »

(2) Il y a ici quelque chose d'omis, mais on doit se rappeler que ce n'est qu'un *brouillon de lettre*.

Le trouble d'hier au soir n'était rien. Il paraît que le boulanger, nommé Augustin, demeurant rue Sainte-Famille, a voulu vendre un pain quatre sols plus cher. Il a vu le réverbère descendu, la corde prête; ses pauvres meubles ont été brûlés : il sera jugé ; et ceux qui allaient faire justice eux-mêmes le seront aussi.

» Je supplie la reine de m'accorder une audience pour un des jours de cette semaine. »

Quel effet produisit cette conférence sur les dispositions de la princesse et du commandant de la garde nationale de Versailles, quel en fut le résultat? Un champ vaste pourrait s'ouvrir ici aux conjectures. Mais le respect dû à la vérité et le puissant intérêt de la patrie nous défendent de percer le nuage mystérieux dont le trône parut s'envelopper à cette époque.]

L'article du *Moniteur* nous apprend ensuite que ce fut après cette visite que M. d'Estaing alla obtenir de la municipalité de Versailles, la demande du régiment de Flandre. Il nous apprend que la garde nationale vit cet appel avec peine; que sur quarante-deux compagnies consultées, vingt-huit témoignèrent leur mécontentement, etc. Cependant, le 25, un détachement du corps alla avec les membres du corps municipal, au-devant du régiment qui entra traînant après lui deux pièces de canon et d'abondantes munitions de guerre.

SÉANCE DU MARDI 29 SEPTEMBRE.

Présidence de Mounier.

[*M. Thouret, au nom du comité de constitution.* Le travail que votre nouveau comité a l'honneur de vous soumettre, tient par un double rapport à deux grandes parties de la constitution.

D'une part vous organisez le gouvernement représentatif, le seul qui convienne à un peuple libre; mais sa justice et sa stabilité dépendent de l'établissement de l'égalité proportionnelle dans la représentation, et d'un ordre fixe et simple dans les élections.

D'autre part, vous voulez fonder un nouveau système d'administration municipale et provinciale. Cette administration, également représentative, exige de même et la représentation proportionnelle et un ordre pour les élections.

Cette similitude entre les deux objets, établit, par la nature de la chose même, l'importance de fonder sur des bases communes le double édifice de la représentation nationale et l'administration municipale et provinciale.

Cette vérité, si propre tout à la fois à affermir les différentes parties de la constitution en les liant l'une à l'autre, et à faciliter pour toujours l'exécution en les simplifiant, est la première qui nous a frappés. En suivant le fil qu'elle présente, nous sommes arrivés à la conviction que l'organisation de chaque grand district du royaume, doit être constituée de manière qu'elle serve en même temps et à la formation du corps législatif et à celle des diverses classes d'assemblées administratives. C'est ainsi que d'un ressort commun partiront tous les mouvemens du corps politique : par là, la conservation de ce ressort unique sera d'autant plus chère au peuple, qu'en le perdant il perdrait tous les avantages de sa constitution; par-là, sa destruction deviendrait plus difficile à l'autorité, qui ne pourrait le rompre qu'en désorganisant entièrement l'État.

Le comité a pensé que les bases de la représentation doivent être, autant qu'il est possible, en raison composée du territoire, de la population et des contributions. Avant de dire comment ces trois bases peuvent se combiner pour établir entre les divers districts électeurs la juste proportion de leur députation, il est nécessaire de présenter sur chacune des trois quelques développemens particuliers.

Base territoriale.

Le royaume est partagé en autant de divisions différentes qu'il y a de diverses espèces de régimes ou de pouvoirs : en diocèses, sous le rapport *ecclésiastique*; en gouvernemens, sous le rapport *militaire*; en généralités, sous le rapport *administratif*; en bailliages, sous le rapport *judiciaire*.

Aucune de ces divisions ne peut être ni utilement, ni convenablement appliquée à l'ordre représentatif. Non-seulement il y a des disproportions trop fortes en étendue de territoire, mais ces antiques divisions, qu'aucune combinaison politique n'a déterminées, et que l'habitude seule peut rendre tolérables, sont vicieuses sous plusieurs rapports, tant physiques que moraux.

Mais puisque l'ordre que la constitution va établir est une chose nouvelle, pourquoi l'asservirions-nous à des imperfections anciennes qui en contrarient l'esprit, et qui en gêneraient les effets, lorsque la raison et l'utilité publique commandent d'éviter ce double écueil? Le comité a donc pensé qu'il est devenu indispensable de partager la France, dans d'ordre de la représentation, en nouvelles divisions de territoire, égales entre elles autant qu'il sera possible.

Le plan de ces nouvelles divisions est projeté figurativement sur une carte du royaume; vous y verrez, Messieurs, qu'on a respecté, autant qu'il a été possible, les anciennes limites, et la facilité des communications.

En suivant ce plan, la France serait partagée, pour les élections en 80 grandes parties qui porteraient le nom de *départemens*.

Chaque département serait d'environ 324 lieues carrées, ou de 18 lieues sur 18. On procéderait à cette division, en partant de Paris comme du centre, et en s'éloignant de suite, et de toutes parts jusqu'aux frontières.

A ces 80 départemens, il en faudrait ajouter un de plus, formé du district central où se trouve la ville de Paris. Cette grande cité mérite en effet, par son titre de métropole, par son énorme population, et par sa forte contribution, d'avoir le titre et le rang de département.

Chaque département serait divisé en neuf districts, sous le titre de *communes*, chacun de 36 lieues carrées, ou de six lieues sur six. Ces grandes communes seraient les véritables unités ou élémens politiques de l'empire français. Il y en aurait en tout 720.

Chaque commune serait subdivisée en neuf fractions invariables par le partage de son territoire en neuf *cantons*, de quatre lieues carrées, ou de deux lieues sur deux ; ce qui donnerait en tout 6,480 *cantons*. Chacune de ces fractions pourrait contenir des quantités variables, eu égard à la population et aux contributions.

La France contient environ vingt-six milles lieues carrées.

Or, quatre-vingt *départemens* de trois cent vingt-quatre lieues carrées ;

Sept cent vingt *communes* de trente-six lieues carrées ;

Six mille quatre cent quatre-vingts *cantons*, de quatre lieues carrées : chacune de ces divisions remplit les vingt-six mille lieues du royaume.

Base personnelle ou *de population*.

La vraie base personnelle, pour la représentation, sera dans le premier degré des assemblées qu'on peut appeler *primaires*.

Le comité s'est occupé d'établir une juste proportion d'abord entre ces assemblées *primaires*, qui feront celles de citoyens de chaque canton ; ensuite entre les assemblées *communales*, composées des députés des *cantons* ; enfin, entre les assemblées de *département*, formées par la réunion des députés élus dans les communes.

Le nombre des individus, en France, est d'environ vingt-six millions ; mais d'après les calculs qui paraissent les plus certains, le nombre des citoyens actifs, déduction faite des femmes, des mineurs et de tous ceux que d'autres causes légitimes privent de l'exercice des *droits politiques*, se réduit au sixième de la population totale. On ne doit donc compter en France qu'environ quatre millions quatre cent mille citoyens en état de voter aux assemblées primaires de leur canton.

Si la population était égale à chaque canton, les 26 millions d'individus répartis sur 26 mille lieues carrées qui composent l'étendue du royaume, donneraient mille individus par lieue carrée, et par conséquent quatre mille individus par canton, dont le sixième, en citoyens actifs, formerait le taux moyen d'environ six cent quatre-vingts *votans* par canton. Nous avertissons que par l'expression de citoyens *votans*, nous entendrons toujours non-seulement ceux qui seront présens, et voteront en effet, mais encore tous ceux qui auront de droit la faculté de voter.

La population étant inégalement répartie, on ne doit pas douter qu'elle sera, dans un grand nombre de cantons, au-dessous de quatre mille individus, et de 680 votans; mais ce qui manquera au taux moyen dans les cantons moins peuplés, se trouvera en excédant dans ceux qui le seront davantage, et sera employé au moyen de la formation de doubles, triples ou quadruples assemblées *primaires* dans ces cantons plus peuplés. On sent que Paris est l'extrême en ce genre.

Le comité a pensé que les assemblées *primaires* doivent être établies au taux moyen de six cents votans, afin d'éviter les inconvéniens des assemblées trop nombreuses.

Il y aurait toujours une assemblée primaire en chaque canton, quelque faible que fût la population; mais il ne pourrait y en avoir deux que quand le nombre des votans se trouverait élevé à neuf cents. En ce cas seulement, l'assemblée d'un canton le partagerait en deux, afin qu'il pût y avoir toujours 450 votans dans chaque assemblée primaire.

Si par la suite un nouvel accroissement de population élevait encore une de ces assemblées au nombre de neuf cents, il faudrait qu'avant de pouvoir former une troisième assemblée dans le canton, elle reversât une partie de ses membres sur l'autre assemblée qui n'aurait pas le taux moyen de 600 votans, jusqu'à ce que celle-ci eût atteint ce taux moyen. Réciproquement si la population diminuée réduisait une des assemblées au-dessous de 450 votans, lorsque l'autre ne serait pas élevée au-dessus de ce taux, elles seraient obligées de se réunir, puisque le nombre des votans, produit par cette réunion, serait moindre de 900.

Il arriverait ainsi, dans le premier cas, qu'à quelque nombre que les assemblées primaires pussent être portées dans un canton, il n'y en aurait jamais que deux qui pourraient être au-dessous du taux moyen de 600 votans, ou qu'une seule qui pourrait l'excéder; et dans le second cas, qu'il n'y aurait jamais qu'une seule assemblée dans un canton, quand il fournirait moins de 900 votans.

Il résulte de ce qui précède les trois conséquences suivantes :

La première, que si le nombre des cantons est invariable, il n'en est pas ainsi des assemblées primaires ;

La deuxième, qu'au lieu de fixer le nombre des assemblées primaires à 6480 votans, à raison du nombre des cantons, il est vraisemblable qu'elles se trouveront plus nombreuses, parce qu'elles suivront les vicissitudes de la population ;

La troisième, qu'un citoyen qui ne changera ni de canton, ni de domicile, pourra cependant se trouver dans le cas de changer d'assemblée, lorsqu'il deviendra nécessaire de multiplier ou de réduire celles de son canton.

Base de contribution.

Le comité a pensé que la proportion des contributions directes devait entrer, jusqu'à un certain point, dans celle des députations.

Il est juste que le pays qui contribue le plus aux besoins et au soutien de l'*établissement public*, ait une part proportionnelle dans le régime de cet établissement.

Il est encore d'une sage prévoyance d'intéresser par là les provinces à l'acquit des contributions et aux améliorations intérieures, qui n'augmenteront pour elles la matière de l'impôt, qu'en augmentant en même temps leur influence politique.

Ces premières considérations n'ont pas seules déterminé l'opinion du comité. Il a senti la nécessité d'avoir égard aux contributions directes pour rectifier l'inexactitude de la base territoriale, qui n'est établie que sur l'égalité des surfaces. Un arpent de 50 livres de rapport, et taxé sur ce taux, est réellement double d'un arpent de 25 livres de revenu, qui n'est taxé que sur ce moindre produit. Ainsi, l'égalité des territoires par leur étendue superficielle, n'est qu'apparente et fausse, si elle n'est pas modifiée par la balance des impositions indirectes, qui rétablit l'équilibre des valeurs ; et c'est par là que la base de la contribution tient essentiellement à la base territoriale, et en fait partie.

Le rapport des contributions est nul sans doute, lorsqu'il s'agit de balancer les droits politiques d'individu à individu, sans quoi l'égalité personnelle serait détruite, et l'aristocratie des riches s'établirait; mais cet inconvénient disparaît en entier, lorsque le rapport des contributions n'est considéré que par grandes masses, et seulement de province à province. Il sert alors à proportionner justement les droits réciproques des cités, sans compromettre les droits personnels des citoyens.

Formation des assemblées graduelles pour le corps-législatif.

I. Tous les citoyens actifs d'un canton se formeront en une ou plusieurs assemblées primaires, suivant leur nombre, comme il a été dit ci-dessus, pour envoyer leurs députés à l'assemblée *communale*.

Le comité pense que, pour ce premier degré des assemblées, élément fondamental de toute la représentation, il ne faut avoir égard qu'à la seule population. Chaque homme, dès qu'il est citoyen actif, doit jouir pour ce premier acte de toute la valeur de son droit individuel.

Le district d'une assemblée *primaire* est d'ailleurs trop borné, et la prépondérance des hommes puissans y serait trop immédiate pour qu'on doive y mettre en considération, soit le territoire, soit les contributions. Ainsi, le nombre des députés à élire par les assemblées primaires, ne serait réglé que par le nombre des votans, à raison d'un député par 200 votans.

D'après la donnée des quatre millions quatre cent mille citoyens actifs, il y aurait environ 22 mille députés élus par la totalité des assemblées primaires, et envoyés en nombre inégal à 720 communes.

Le comité propose que les qualités nécessaires pour entrer, à titre de citoyen actif, dans l'assemblée primaire de son canton, soient :

1° D'être Français ou devenu Français;

2° D'être majeur;

3° D'être domicilié dans le canton au moins depuis un an;

4° D'être contribuable en impositions directes, au taux local de trois journées de travail, qui seront évaluées en argent par les assemblées provinciales;

5° De n'être pas, pour le moment, dans un état servile (1), c'est-à-dire, dans des rapports personnels, trop incompatibles avec l'indépendance nécessaire à l'exercice des droits politiques.

Pour être éligible, tant à l'assemblée de la commune qu'à celle de département, il faudra réunir les conditions ci-dessus, à la seule différence qu'au lieu de payer une contribution directe de la valeur locale de trois journées de travail, il en faudra payer une de la valeur de dix journées.

II. Les députés nommés par les assemblées primaires se réuniront au chef-lieu de la commune; et puisque nous avons considéré les communes comme étant les premières unités politiques qui doivent concourir et se balancer pour former la législation, il faut que les trois élémens de la représentation proportionnelle entrent dans la composition de leurs députations.

C'est ici le lieu d'expliquer comment les trois bases du territoire, de la population et de la contribution, peuvent être combinées avec autant de justice dans les résultats que de facilité dans le procédé.

La base territoriale est invariable, et supposée égale : celles de la population et des contributions sont variables, et d'un effet inégal en chaque commune. On peut donc attribuer à chacune des neuf communes une part de députation égale et fixe, à raison de leur territoire; attacher deux autres parts de députation, l'une à la population totale du département, l'autre à la masse entière de sa contribution directe, et faire participer chaque commune à ces deux dernières parts de députation, à proportion de ce qu'elle aurait de population, et de ce qu'elle payerait de contribution.

Ainsi, en supposant que l'assemblée générale de département, qu'il s'agit de former, dût être composée de quatre-vingt-un députés des communes, il faudrait en attacher invariablement le

(1) L'état servile exclu ici ne peut s'entendre, sous aucun rapport, des anciens mains-mortables, dont la servitude a d'ailleurs été abolie par le décret de l'assemblée nationale du 4 août dernier.

tiers, montant à vingt-sept, au territoire du département, et par conséquent trois au territoire de chaque commune. Chacune des neuf assemblées communales nommerait donc également trois députés, à raison de son territoire.

Il faudrait ensuite attribuer vingt-sept députés à la population totale du département, et diviser cette population en vingt-sept parts, de manière que chaque commune nommerait autant de députés qu'elle aurait autant de vingt-septièmes parties de population.

Les vingt-sept autres députés seraient attachés à la contribution en impôts directs; et cette contribution étant divisée de même en vingt-sept parts, donnerait autant de députés à chaque commune qu'elle paierait de vingt-septièmes dans la masse totale des impositions indirectes.

La population de chaque département sera facilement connue, puisque celle de chaque commune sera constatée par le nombre des députés qui y seront arrivés des assemblées primaires. La contribution sera également connue, puisque les départemens et les communes auront l'administration de l'impôt dans leurs territoires. Au moment de la première formation des assemblées, les communes qui n'auraient pas ces connaissances pourront aisément les acquérir en se communiquant respectivement ces éclaircissemens avant de procéder aux élections.

III. Les assemblées de département nommeraient, par le même procédé, les députés à l'assemblée nationale, à raison de neuf députés par département; ce qui porterait sept cent vingt députés à l'assemblée nationale.

Des sept cent vingt députés nationaux, le tiers, montant à deux cent quarante, serait attaché au territoire, et donnerait invariablement trois députés par département.

Le second tiers de deux cent quarante serait réparti sur la population totale du royaume, qui, divisée en deux cent quarante parts, donnerait autant de députés à chaque département qu'il y aurait de deux cent quarantièmes parties de population.

Enfin, les deux cent quarante autres députés seraient accordés à la contribution, de manière qu'en divisant la masse totale des impositions directes du royaume en deux cent quarante parts, chaque département aurait un député à raison du paiement d'une deux cent quarantième partie.

Le comité pense que pour être éligible à l'assemblée nationale, il faut payer une contribution directe, équivalente à la valeur d'un marc d'argent.

Il croit encore qu'il est d'une prévoyance sévère au premier coup d'œil, mais sage et nécessaire, qu'aucun représentant ne puisse être élu pour la seconde fois, qu'après l'intervalle d'une législature intermédiaire, afin d'éviter l'aristocratie des familles en crédit, qui parviennent à se perpétuer dans les emplois, même électifs. L'expérience de tous les temps et de tous les pays démontre ce danger.

Le plan qui vient d'être exposé pour la formation des assemblées et des élections graduelles, a réuni les suffrages de votre comité, parce qu'il lui a paru produire trois grands avantages.

Le premier est d'établir de la manière la plus sûre, et par les principes les plus justes, une représentation exactement proportionnelle entre toutes les parties du royaume, en y faisant entrer tous les élémens dont elle doit nécessairement se composer.

Le second est de fixer, pour le maintien de la proportion établie, un mode constitutionnel, dont le principe, demeurant inaltérable et permanent, se prêtera toujours, dans l'application, à toutes les variations de la population et des contributions.

Le troisième est de pouvoir appliquer la même méthode à la formation des assemblées provinciales ; en sorte qu'un mouvement uniforme fasse arriver la représentation nationale au corps-législatif, et la représentation provinciale aux assemblées administratives.

Cette première partie de notre travail ne se borne pas à vous offrir le supplément qui vous était nécessaire pour compléter la constitution dans l'ordre législatif ; elle vous présente encore des dispositions toutes préparées, pour hâter l'établissement du régime intérieur des provinces ; et c'est maintenant à cette seconde partie de notre plan que nous allons passer.

Etablissement des assemblées administratives.

I. Les assemblées de cette nouvelle classe différeront en plusieurs points de celles dont nous avons parlé jusqu'ici.

Elles seront chargées de cette partie du pouvoir exécutif qu'on désigne ordinairement par le terme d'*administration*; et les premières n'auront que la simple mission d'élire graduellement les représentans nationaux, membres du corps-législatif.

Elles seront permanentes et se régénéreront tous les deux ans par moitié : la première fois au sort, après deux années d'exercice ; et ensuite, la seconde fois, à tour d'ancienneté : les premières n'auront d'existence que pour l'objet et le temps des élections à l'assemblée nationale, après lesquelles elles s'anéantiront.

Celles-ci, formées uniquement dans l'ordre de la *législature nationale*, seront les élémens régénérateurs du corps-législatif ; les autres, au contraire, instituées dans l'ordre du *pouvoir exécutif*, en seront les instrumens et les organes. Subordonnées directement au roi, comme administrateur suprême, elles recevront ses ordres et les transmettront, les feront exécuter, et s'y conformeront. Cette soumission immédiate des assemblées administratives, au chef de l'administration générale, est nécessaire ; sans elle, il n'y aurait bientôt plus d'exactitude ni d'uniformité dans le régime exécutif ; et le gouvernement monarchique que la nation vient de confirmer, dégénérerait en démocratie dans l'intérieur des provinces.

Le comité pense qu'il pourrait être établi une assemblée administrative dans chacun des quatre-vingts départemens, sous le titre d'*administration provinciale*; titre qui rappellerait sans cesse l'objet de cette institution. La division des ressorts de ces assemblées n'apporterait aucun changement nécessaire à l'ancienne distinction des provinces.

Chaque administration provinciale pourrait être divisée en deux sections, dont la première en serait comme le *conseil*, et en quelque sorte la *législature*; et la seconde, chargée de toute la partie exécutive, en serait le vrai corps agissant, sous le titre de *directoire provincial*, ou de *commission intermédiaire*.

Le *conseil provincial* tiendrait tous les ans une session dans laquelle il fixerait les principes convenables pour chaque partie d'administration, ordonnerait les travaux et les dépenses générales du département, et recevrait le compte de la gestion du *directoire* ; mais ses arrêtés ne seraient exécutoires que lorsqu'ils auraient été approuvés et confirmés par le roi.

Le *directoire* serait toujours en activité pour la conduite, la surveillance et l'expédition de toutes les affaires. Il serait tenu de se conformer aux arrêtés du *conseil provincial*, approuvés par le roi, et rendrait, tous les ans, le compte de sa régie.

Le comité a examiné si chaque administration provinciale devait être formée, d'abord en un seul corps d'assemblée, qui opérerait ensuite sa propre division en deux sections, par l'élection qu'elle ferait, dans son sein, de ceux de ses membres qui composeraient le *directoire*, ou s'il ne serait pas préférable que les électeurs désignassent en élisant ceux des députés qu'ils nommeraient pour le *conseil*, et ceux qu'ils destineraient au *directoire*. Il s'est décidé pour la première opinion, parce qu'en remettant la nomination des membres du *directoire* aux électeurs des communes, il faudrait nécessairement que chaque commune nommât un sujet de son district. Or, il serait souvent difficile de trouver, dans toutes les communes, des citoyens tout à la fois capables des fonctions du *directoire*, et disposés à quitter leur domicile pour aller s'établir au chef-lieu du département, à la suite des opérations du *directoire*, avec l'assiduité qu'elles exigent. Il faut avoir autant d'égard à la convenance des sujets qu'à leur capacité, lorsqu'il s'agit de les attacher efficacement à un service journalier, qui ne souffre pas d'interruption. Les membres des assemblées seront plus en état que les électeurs de faire les meilleurs choix sous ce double rapport, puisqu'ils auront pu, pendant la tenue entière de leur session, éprouver les talens de leurs collègues, et s'assurer de leurs dispositions pour le service du *directoire*.

Le comité a discuté ensuite si les membres élus pour le *directoire* pourraient se réunir à ceux du *conseil*, pour former l'assemblée générale à chaque session annuelle, et avoir séance avec voix délibérative à cette assemblée générale; ou si les deux sections de chaque *administration provinciale* resteraient si absolument distinctes, que les membres du *directoire*, bornés à la simple exécution, n'eussent jamais ni séance, ni droit de suffrage avec ceux du *conseil*. Il s'est encore déterminé pour la première de ces opinions, parce qu'il lui a paru que les membres du *directoire*, privés d'entrer et de voter à l'assemblée délibérante, réduits ainsi à n'être qu'exécuteurs et comptables, seraient bientôt considérés, moins comme membres de l'administration, que comme ses agens et ses préposés. Le préjugé de cette sorte de dégradation déprécierait, dans l'opinion publique, des fonctions importantes, pour lesquelles il faut provoquer et encourager le zèle des principaux citoyens. D'ailleurs, l'exclusion des membres du *directoire* priverait l'administration du secours de leurs lumières, devenues plus précieuses par l'expérience que donne la pratique habituelle des affaires.

Le comité a pensé cependant que la séance commune et le droit de suffrage ne pourraient être accordés aux membres du *directoire*, qu'après qu'ils auraient rendu le compte de leur gestion; ce qui serait toujours la première opération de chaque session.

II. Il y aurait de même au chef-lieu de chaque commune une assemblée administrative, sous le titre d'*administration communale*, divisée pareillement en deux sections: l'une pour le *conseil*, l'autre pour l'*exécution*. Tout ce qui vient d'être dit de l'assemblée supérieure s'applique aussi aux assemblées communales pour l'administration subordonnée de leurs districts. Ces dernières seront entièrement soumises aux *administrations provinciales* dont elles ressortiront, et leurs directoires seront soumis de même aux directoires provinciaux.

Les administrations communales recevront les ordres du roi par le canal des administrations provinciales ou de leurs directoires, et elles s'y conformeront. Elles obéiront aux arrêtés des administrations provinciales, et aux décisions de leurs directoires : elles leur adresseront des *pétitions* sur tous les objets de leur compétence qui intéresseront chaque commune, et seront exactes à fournir les instructions qui leur seront demandées. L'entière subordination des assemblées communales à celles de département n'est pas moins nécessaire à l'unité du régime exécutif, que la subordination immédiate de ces dernières à l'autorité du roi.

III. Pour composer, la première fois, les assemblées communales administratives, le comité propose, qu'après la démarcation provisoire des divisions territoriales, les assemblées primaires se forment dans les neuf cantons de chaque commune, comme il a été dit plus haut pour les élections dans l'ordre législatif. Elles enverront au chef-lieu un député par cent votans.

Les députés des neuf cantons réunis éliront vingt-six personnes qui composeront l'administration communale ; et ils les choisiront, tant dans leur sein que dans le nombre des autres habitans éligibles de la commune, en observant d'en prendre au moins deux dans chaque canton.

Les membres composant l'administration communale éliront, dans leur sein, à la fin de leur première session, six d'entre eux pour former le directoire.

De deux ans en deux ans, lorsqu'il s'agira de régénérer la moitié de chaque administration communale, les assemblées primaires se formeront de nouveau dans les cantons, pour nommer leurs députés, qui éliront en remplacement des administrateurs sortis de fonction.

Chaque assemblée communale renouvellera aussi son directoire, par moitié, tous les deux ans.

IV. Aussitôt que les neuf assemblées communales auront été formées, elles nommeront les membres qui composeront l'assemblée provinciale au nombre de cinquante-quatre, à raison de six députés par commune, et elles suivront le même procédé qui a été établi pour la représentation proportionnelle dans les députations au corps-législatif.

Des cinquante-quatre députés à l'administration provinciale, dix-huit, formant le tiers, seront attachés au territoire, et chaque commune en nommera deux par égalité. Dix-huit députés seront attribués à la population du département, et les dix-huit autres à sa contribution directe. Chaque commune nommerait autant de députés dans ces deux dernières divisions, qu'elle aurait de parties de population ou de contribution, en divisant la population et la contribution directe du département en dix-huit parts.

Les assemblées communales pourront nommer les députés à l'administration provinciale, soit dans leur sein, soit dans le nombre des autres habitans éligibles du département. Dans le cas où ils auraient nommé dans leur sein, ceux de leurs membres qu'ils auront élus seront remplacés à l'*administration communale* dont ils faisaient partie. Les électeurs nommés par les assemblées primaires des cantons seront tenus alors de se rassembler, sans délai, pour faire ces remplacemens par la voie des élections.

Les membres composant l'administration provinciale éliront dans leur sein, à la fin de leur première session, dix d'entre eux pour former le directoire provincial.

Tous les deux ans, la moitié des députés à l'administration provinciale sortira d'exercice, en observant de faire sortir, autant qu'il sera possible, la moitié de ceux qui ont été envoyés par chacune des deux communes; et les assemblées communales procéderont aux remplacemens, par la même méthode qu'elles auront suivie la première fois pour la composition de l'administration provinciale.

Il sortira toujours vingt-sept députés faisant la moitié des cinquante-quatre. De ces vingt-sept députés à remplacer, neuf, formant le tiers, seront attachés au territoire, et chaque commune en nommera un: neuf autres députés seront attribués à la population, et les neuf derniers à la contribution directe; en sorte que la population du département, et la masse de ses impositions directes étant divisées en neuf parts, chaque commune nommerait un député remplaçant par neuvième de population et de contribution. Ainsi la première proportion établie dans les députations se trouverait la même; et la représentation, se distribuant toujours également entre les neuf communes, malgré la variabilité de leur position respective, se maintiendrait constamment en équilibre.

Le directoire provincial sera aussi régénéré tous les deux ans par moitié.

L'objet essentiel de la constitution étant de définir et de séparer les différens pouvoirs, le comité pense qu'il faut redoubler d'attention, pour que les assemblées administratives ne puissent ni être troublées dans l'exercice de l'autorité qui leur sera confiée, ni excéder ses limites. Ce n'est pas assez que l'objet de leur établissement soit indiqué dénominativement par leur qualification d'*administration provinciale* ou *communale*; il paraît encore nécessaire qu'il soit statué constitutionnellement par des dispositions expresses :

1° Qu'elles sont dans la classe des *agens du pouvoir exécutif*, et des dépositaires de l'autorité du roi, pour administrer en son nom et sous ses ordres ;

2° Qu'elles ne pourront exercer aucune partie, ni de la puissance législative, ni du pouvoir judiciaire ;

3° Qu'elles ne pourront ni accorder au roi, ni créer à la charge des provinces aucune espèce d'impôts pour quelque cause ni sous quelque dénomination que ce soit ;

4° Qu'elles n'en pourront répartir aucun que jusqu'à concurrence de la quotité accordée par le corps-législatif, et seulement pendant le temps qu'il aura fixé ;

5° Qu'elles ne pourront être traversées ni arrêtées, dans leurs fonctions administratives, par aucun acte du pouvoir judiciaire.

Etablissement des municipalités.

Nous avons vu jusqu'ici que, dans chaque commune, la représentation nationale pour la législature, et la représentation provinciale pour l'administration générale, tirent leurs élémens des assemblées primaires. Ces deux établissemens composent ensemble le grand édifice national. C'est sur la même base, c'est-à-dire, sur la même assise des assemblées primaires, qu'il s'agit d'élever un second édifice politique, qui est la *constitution municipale.*

Commençons par bien fixer quelle est la nature de cette constitution. Le régime municipal, borné exclusivement au soin des affaires particulières, et pour ainsi dire privées de chaque ressort municipalisé, ne peut entrer, sous aucun rapport, ni dans le système de la représentation nationale, ni dans celui de l'administration générale. Les communes devant être les premières unités dans l'ordre représentatif qui remonte à la législature, et les dernières dans l'ordre du pouvoir exécutif, qui descend et finit à elles, chaque municipalité n'est plus dans l'État qu'un *tout* simple, individuel, toujours gouverné; et ces *tous* séparés, indépendans les uns des autres, ne pouvant jamais se corporer, ne peuvent être élémentaires d'aucun des pouvoirs gouvernans.

S'il est important de donner à la nation l'énergie et la puissance nécessaires pour défendre sa liberté, et aux municipalités une consistance utile et respectable dans leurs territoires, cette double considération doit vous porter à constituer les sept cent vingt grandes communes du royaume en autant de corps de municipalité.

Vous n'auriez ainsi que sept cent vingt unités pour bases, tant du régime municipal, que de la représentation nationale et de l'administration générale. Vous augmenteriez par-là les forces de chaque municipalité en rassemblant à un seul point toutes celles d'un même territoire que leur dispersion actuelle réduit à l'inertie. Au lieu d'atténuer la vigueur nationale en divisant le peuple par petites corporations, dans lesquelles tout sentiment généreux est étouffé par celui de l'impuissance, créez plutôt de grandes agrégations de citoyens unis par des rapports habituels, confians et forts par cette union; agrandissez les sphères où se forment les premiers attachemens civiques, et que l'intérêt de *communauté*, si voisin de l'intérêt individuel, si souple sous l'influence des hommes à crédit, quand ses moyens sont faibles et son objet trop borné, se rapproche davantage de l'esprit public en acquérant plus de puissance et d'élévation.

Si vous agréez cette vue, l'institution des hôtels-de-ville et des municipalités villageoises, telles que nous la voyons aujourd'hui, devrait être entièrement réformée. La différence de nature et d'objet qui se trouve entre l'administration générale et le régime municipal, ne permettrait pas sans doute de faire reposer ce dernier dans l'*assemblée administrative* de chaque commune; mais les assemblées primaires, formées, comme il a été dit, pour la représentation, nommeraient des députés pour composer, au chef-lieu de la commune, une assemblée municipale.

Cette assemblée serait le *conseil d'administration*, et exercerait une sorte de *législature* pour le gouvernement du petit état municipal, composé du territoire entier de la commune; et le *pouvoir exécutif*, tant pour le maintien des réglemens généraux que pour l'expédition des affaires particulières du ressort de la municipalité, serait remis à un *maire* élu par toutes les assemblées primaires.

Le conseil municipal déciderait, dans toute l'étendue de son ressort, de tout ce qui concerne la police municipale, la sûreté, la salubrité, la régie et l'emploi des revenus municipaux, les dépenses locales, la petite voirie des rues, les projets d'embellissemens, etc.

Cette autorité du conseil s'étendrait ainsi non-seulement aux choses communes au district entier, mais encore aux choses particulières à chaque ville, bourg ou paroisse, qui lui adresserait ses *requêtes* ou *pétitions*.

Les villes et les paroisses de campagne auraient chacune une *agence* sous le titre de *bureau municipal*, qui veillerait à leurs intérêts locaux, et correspondrait pour leurs besoins avec le conseil de la municipalité commune. Enfin, le maire, chef du pouvoir exécutif municipal, comptable et responsable de ses fonctions au conseil, en ferait exécuter les arrêtés et les décisions par les bureaux municipaux qui lui seraient subordonnés.

Il résulterait de ce régime des municipalités une foule d'avantages dont elles n'ont pas paru susceptibles jusqu'ici. La faiblesse de celles qui subsistent maintenant, excepté dans quelques grandes villes, les expose à être aisément séduites par l'intrigue, ou subjuguées par l'autorité : de là la dissipation des deniers communs, les entreprises inconsidérées, les dettes élevées au-dessus des moyens, et tant de délibérations inspirées par l'esprit particulier à la ruine de l'intérêt général.

Combien de municipalités dans les campagnes ne sont pas à la merci des seigneurs ou des curés, ou de quelques notables! Combien, dans les petites villes, ne sont pas dominées par le crédit des principaux citadins! N'attendons rien de ces administrations trop faibles pour se conserver indépendantes : l'unique moyen d'émanciper l'autorité municipale, est de la distribuer en plus grandes masses, et de rendre les corps qui en seront dépositaires, plus éclairés et plus puissans, en les rendant moins nombreux. Alors ils pourraient devenir utiles, sous une infinité d'autres rapports publics, soit pour la police, soit pour l'administration de l'impôt, soit pour l'inspection et l'emploi de la garde nationale, et milice intérieure, puisqu'elles offriraient en chaque district d'une certaine étendue, des centres de pouvoir unique et de régime uniforme.

Les *agences ou bureaux de municipalité* nécessaires en chaque ville ou paroisse, seraient composés dans les villes, de quatre membres, lorsque la population serait de quatre mille âmes et au-dessous ; de six membres, depuis quatre mille âmes jusqu'à vingt mille ; de huit membres, depuis vingt mille âmes jusqu'à cinquante mille ; de dix membres, depuis cinquante mille âmes jusqu'à cent mille ; et de douze membres au-dessus de cent mille âmes. Ils pourraient être composés, dans les campagnes, de quatre membres, y compris le syndic, dans les paroisses de cent cinquante feux ; de six membres, y compris le syndic, dans celles depuis cent cinquante feux jusqu'à trois cents ; et de huit membres, y compris le syndic, au-dessus de trois cents feux.

Pour élire les membres des bureaux municipaux, tous les citoyens actifs se réuniront dans les villes en assemblées primaires, et dans les campagnes en assemblée générale de paroisse.

Tous les deux ans, les bureaux de municipalité seraient régénérés par moitié : la première fois au sort, et la seconde fois à tour d'ancienneté.

Le comité a cru devoir se borner aujourd'hui à vous présenter ces points fondamentaux de son travail; pressé par votre juste empressement à vous occuper de cette importante matière, il s'est hâté de vous soumettre ses premières vues, et il doit attendre le jugement que vous devez porter, afin de ne pas continuer, peut-être inutilement, à bâtir sur ces bases que votre approbation n'a pas consolidées.

— La séance fut terminée par l'adoption d'un nouvel article de la future constitution. Il fut accepté presque sans discussion et voté dans ces termes : « Les ministres et les autres agens de l'autorité seront responsables de l'emploi des fonds de leur département, ainsi que de toutes les infractions qu'ils pourraient commettre contre les lois, quels que soient les ordres qu'ils aient reçus. »]

Séance du 29, au soir. — L'assemblée commença par terminer une question dont elle s'était déjà occupée les soirs précédens. Il s'agissait de consacrer l'argenterie des églises aux besoins financiers de l'Etat. La discussion avait été vive : les uns voulaient que cet emploi fût obligé et assuré par un décret; les autres voulaient qu'il résultât d'une donation volontaire. Voici l'arrêté qui réunit enfin la majorité :

« Sur la proposition d'un des membres de l'assemblée, et sur l'adhésion de plusieurs membres du clergé, l'assemblée nationale invite les évêques, curés, chapitres, supérieurs de maisons et communautés religieuses de l'un et l'autre sexe, municipalités, fabriques et confréries, de faire porter, à l'hôtel des Monnaies le plus prochain, l'argenterie des églises, fabriques, chapelles et confréries, qui ne sera pas nécessaire pour la décence du culte divin. »

Ensuite M. *de Baumetz* vint, au nom du comité de jurisprudence criminelle, et dans un rapport fort long, proposer à l'assemblée : 1° de rendre la procédure publique; 2° d'accorder un conseil à l'accusé; 3° d'admettre les faits qu'il prouve pour sa justification; 4° de distinguer deux époques dans la procédure:

celle d'instruction, qui doit être secrète; et celle d'accusation, qui doit être publique, ainsi que les débats qui la suivent; 5° d'adjoindre au magistrat, chargé de l'instruction, quatre jurés censeurs, choisis parmi les notables et désignés par les municipalités. — Cette question fut ajournée.

Nous profitons de l'espace que nous avons gagné, en retranchant les détails peu instructifs de ce rapport, pour donner une pièce qui sera, nous le croyons, plus intéressante pour nos lecteurs, et qui mérite d'ailleurs d'être conservée comme un dernier monument de notre vieux droit criminel.

ARRÊT DE LA COUR DE PARLEMENT,

Qui condamne LOUIS TONNELIER fils à être rompu vif, par l'exécuteur de la haute-justice, sur un échafaud qui pour cet effet sera dressé dans la place publique du marché de la ville de Châteaulandon, pour avoir assassiné d'un coup de fusil FRANÇOIS GAUTHIER.

EXTRAIT DES REGISTRES DU PARLEMENT.
Du 11 août 1789.

Vu par la Cour le procès criminel fait par le prévôt, juge civil, criminel et de police de la prévôté royale de Châteaulandon, à la requête du substitut du procureur-général du roi en ladite prévôté, demandeur et accusateur, contre Louis Tonnelier fils, manœuvre, défendeur et accusé, prisonnier ès-prisons de la conciergerie du palais à Paris, et appelant de la sentence rendue sur ledit procès le 22 novembre 1787, par laquelle ledit Louis Tonnelier a été déclaré dûment atteint et convaincu d'avoir, depuis le mariage contracté entre François Gauthier et Louise Bruy, auparavant veuve de Louis Thierry, conservé de la haine et de l'animosité contre ledit Gauthier; d'avoir, pendant le temps qu'il est resté à leur service, cherché querelle audit Gauthier, nommément le 25 mai 1786, jour de l'Ascension; de l'avoir, ce jour-là, maltraité et blessé grièvement à coups de pierres; de s'être, par suite de cette même animosité, répandu publiquement en menaces contre ledit Gauthier, en disant qu'il l'aurait tôt ou tard et qu'il ne périrait que de sa main ; de s'être, le samedi, 11 août 1787, aposté, sur les neuf heures du soir, à l'encoignure d'une grange dépendante de la maison que ledit Gauthier tient à loyer, et près un bois faisant partie de sa location, armé d'un fusil qui a été trouvé renfermé dans son coffre, qu'il a reconnu pour être à lui, et pour avoir été par lui tiré dudit coffre à cet effet ; et enfin d'avoir, étant aposté à l'encoignure de ladite grange, tiré son coup de fusil sur ledit Gauthier, au moment où cet homme se disposait à fermer la porte de son étable à vaches, située en face de ladite grange, duquel coup de fusil ledit Gauthier a été si grièvement blessé qu'il y a eu risques pour ses jours ; pour réparation de quoi ledit Louis Tonnelier a été condamné d'avoir les bras, jambes, cuisses et reins rompus vif, par l'exécuteur de la haute-justice, sur un échafaud qui pour cet effet serait dressé dans la place du marché de la ville de Châteaulandon ; ce fait, son corps exposé sur une roue, la face tournée vers le ciel, pour y finir ses jours, et être ensuite son corps mort porté par ledit exécuteur sur le chemin de ladite ville de Châteaulandon à Montargis et Pannes ; préalablement appliqué à la question ordinaire et extraordinaire, pour avoir révélation de ses complices, fauteurs et adhérens, et d'aucuns faits résultans du procès ; tous ses biens ont été déclarés acquis et confisqués au profit du roi et du duc d'Orléans, sur iceux préalablement prise la somme de deux cents livres d'amende envers le roi et le duc d'Orléans, au cas que confiscation n'ait lieu ; à la prononciation de laquelle sentence ledit substitut a déclaré en être appelant *à minimâ*. Conclusions du procureur-général du roi. Ouï et interrogé en la Cour, ledit Louis Tonnelier sur ses causes d'appel et cas à lui imposé ; tout considéré :

» La Cour, faisant droit sur l'appel interjeté par ledit Louis Tonnelier de la sentence, met l'appellation et sentence de laquelle a été appelé, au néant ; émendant, pour les cas résultans du procès, condamne ledit Louis Tonnelier à avoir les bras, jambes, cuisses et reins rompus vif, par l'exécuteur de la haute-justice, sur un échafaud qui pour cet effet sera dressé dans la place publique du marché de la ville de Châteaulandon ; ce fait, mis sur une roue, la face tournée vers le ciel, pour y demeurer tant et si long-temps qu'il plairait à Dieu lui conserver la vie ; déclare tous les biens dudit Louis Tonnelier acquis et confisqués au roi ou à qui il appartiendra, sur iceux préalablement prise la somme de deux cents livres d'amende envers ledit seigneur roi, au cas que confiscation n'ait pas lieu à son profit ; en conséquence, sur l'appel à *minimâ*, met les parties hors de Cour ; ordonne qu'à la requête du procureur-général du roi, le présent arrêt sera imprimé, publié et affiché tant dans la ville de Châteaulandon et lieux circonvoisins, que dans la ville, faubourgs et banlieue de Paris, et partout où besoin sera ; et pour le faire mettre à exécution, renvoie Louis Tonnelier prisonnier par-devant le prévôt-juge de ladite prévôté royale de Châteaulandon. Fait en Parlement, le 11 août 1789. Collationné, HÉBERT. *Signé*, LEBRET. »

SÉANCES DES 30 SEPTEMBRE ET 1ᵉʳ OCTOBRE.

La séance du 30 septembre fut uniquement occupée de questions relatives à la constitution. On arrêta la rédaction de deux articles ; ils furent votés en ces termes : « Le pouvoir exécutif ne peut faire aucunes lois, mêmes provisoires ; mais seulement des proclamations conformes aux lois pour en ordonner ou en rappeler l'observation. » — « La création et la suppression des offices ne pourront avoir lieu qu'en exécution d'un acte du corps-législatif, sanctionné par le roi. »

La discussion de ces deux articles fut complétement vide de faits ou de raisonnemens qui puissent intéresser des lecteurs d'aujourd'hui. Elle n'offrit qu'un incident remarquable : c'est Mirabeau, venant demander qu'on ajournât ces questions, de peur d'affaiblir encore les ressorts de la monarchie déjà si languissante, et d'agrandir une liberté déjà si voisine de l'anarchie. L'assemblée s'abandonnait tellement aux hasards de la discussion, qu'elle laissa tomber, sans même voter, la proposition faite par le duc d'Aiguillon, l'un des membres du club breton, de décréter que nul citoyen ne pourrait être destitué sans un jugement préalable et rendu suivant les formes. Cependant, il ne fut élevé contre elle qu'une seule objection ; encore eût-elle été facilement résolue par un très-simple amendement : elle consista à présenter l'article comme favorable à la conservation des nombreux et inutiles emplois alors existans, surtout dans l'armée.

Dans la séance du 1er octobre, on décréta sans aucune discussion ce dernier article de la constitution : « Aucun impôt ou contribution en argent ou en nature, ne peut donc être levé ; aucun emprunt direct ou indirect ne peut être fait autrement que par un décret exprès de l'assemblée des représentans de la nation. » — Ensuite on entendit M. Necker ; il venait présenter un projet de décret sur les finances ; la première partie était relative aux revenus et aux dépenses fixes ; en d'autres termes, elle réglait les économies : la seconde partie était relative aux besoins extraordinaires ; nous en donnons les considérans et les principaux articles :

« De nouveaux emprunts ne pouvant qu'augmenter le déficit actuel, et l'état du crédit public ne permettant pas d'ailleurs de trouver par ce moyen des fonds équivalens aux besoins extraordinaires de cette année et de la suivante, l'assemblée nationale, ayant égard au péril dans lequel se trouve la chose publique, et pénétrée de l'intérêt qu'ont tous les citoyens au maintien de l'ordre et de la foi publique, a statué et statue ce qui suit :

» Art. 1er Il sera demandé à tous les habitans et à toutes les communautés du royaume, aux exceptions près indiquées dans l'un des articles suivans, une contribution extraordinaire ou patriotique, laquelle n'aura lieu qu'une fois, et à laquelle on ne pourra jamais revenir, pour quelque cause et sous quelque motif que ce soit.

» II. Cette contribution extraordinaire et momentanée devant être égale et proportionnelle, afin que chacun soit disposé à s'y soumettre, elle a été réglée par l'assemblée au quart du revenu dont chacun jouit, déduction faite des charges foncières, impositions, intérêts par billets ou obligations ou rentes constituées auxquelles il se trouve assujetti, et de plus à deux et demi pour cent de l'argenterie ou des bijoux d'or et d'argent dont on sera possesseur, et à deux et demi pour cent de l'or et de l'argent monnoyés que l'on garde en réserve.

» III. Il ne sera fait aucune recherche ni inquisition pour découvrir si chacun a fourni une contribution conforme aux proportions ci-dessus indiquées; il ne sera même imposé aucun serment.

» La formule sera : *Je déclare avec vérité que telle somme de....... dont je contribuerai aux besoins de l'Etat, est conforme aux fixations établies par le décret de l'assemblée nationale.* Ou bien, si cela est, *je déclare, etc..... que cette contribution excède la proportion déterminée par le décret de l'assemblée nationale.*

» IV. Ces déclarations se feront par devers les municipalités des lieux dans lesquels on a son principal domicile, ou par-devers tels délégués nommés par ces municipalités.

» V. Les marchands et autres citoyens qui, dans quelques villes, paient leur capitation en commun et par rôle particulier, jouiront de la même facilité pour le paiement de la contribution patriotique, et ils feront leur déclaration par-devers les syndics de leur communauté.

» VI. Les personnes absentes du royaume enverront directement leur déclaration aux municipalités de leur principal domicile, ou donneront procuration de la faire.

» VII. Toutes les déclarations devront être faites au plus tard avant le premier janvier de l'année prochaine, et les municipalités appelleront ceux qui seraient en retard.

« VIII. Il sera dressé, sans perte de temps, un tableau du montant général des déclarations, pour comparer ensemble les contributions de chaque province et de chaque ville.

» IX. Chaque municipalité aura un registre dans lequel ces déclarations seront inscrites, et ce registre contiendra les noms des contribuans, et la somme à laquelle ils auront fixé leur contribution.

» X. En conformité de ce registre, il sera dressé un rôle des diverses sommes à recevoir de chaque particulier, lequel rôle sera remis aux collecteurs des vingtièmes ou de la capitation, et les deniers seront remis aux receveurs des impositions ou aux trésoriers des provinces, qui les remettront sans délai au trésor royal ou à sa disposition.

» XI. Le tiers de la contribution totale sera payé d'ici au premier avril 1790; le second, du premier avril 1790 au premier avril 1791; le troisième, du premier avril 1791 au premier avril 1792.

» XII. Tous ceux qui voudront payer leur contribution comptant, en un seul paiement, seront libres de le faire, et ils auront droit pour leur avance, à la déduction de l'intérêt légal.

» XIII. Ne seront assujettis à aucune proportion tous ceux dont le revenu n'est que de 40 livres : ils seront déclarés libres de fixer cette proportion selon leur volonté.

» XIV. Les ouvriers ou journaliers sans propriété ne seront obligés à aucune contribution ; mais on ne pourra cependant rejeter l'offrande libre et volontaire d'aucun citoyen. »

M. Necker finit son discours en priant l'assemblée d'agréer un don de cent mille francs pour sa part de sacrifice.

La séance fut terminée par une décision de l'assemblée qui renvoyait ce projet au comité des finances ; et ordonnait au président de se retirer devers le roi pour lui demander la sanction de *la déclaration des droits de l'homme*.

Versailles, 1ᵉʳ octobre. — Depuis l'arrivée du régiment de Flandre, on remarquait dans les salles du château et dans les lieux publics, une affluence extraordinaire et croissante d'officiers de tout grade. Jamais on n'avait vu tant d'uniformes et tant de croix de Saint-Louis. On disait que les congés de semestre avaient été multipliés dans l'intention de former un corps de volontaires royaux à Versailles ; et en effet, l'on comptait, dans cette ville, mille à douze cents officiers de divers régimens.

En même temps, le nombre des gardes-du-corps se trouva doublé par une mesure non moins extraordinaire. Les compagnies dont le trimestre finissait vers le mois de septembre, au lieu d'être envoyées en congé selon l'usage, furent retenues avec celles qui devaient les relever. Il était tout simple que ce mouvement dans le service devînt l'occasion d'une fête de caserne, et que les nouveaux arrivés choisissent le jour de leur première garde, pour payer en quelque sorte leur bien-venue, et pour fraterniser avec la garnison. C'était un usage assez général dans l'armée; mais nulle part, et surtout à Versailles, les gardes-du-corps ne l'avaient suivi; mais les frais du repas furent payés par les commandans des compagnies, mais les nouveaux venus étaient pleins de ferveur royaliste, tout échauffés des bavardages et des préjugés de leur famille; mais on leur accorda, pour leur réunion projetée, l'usage de la salle de spectacle du château qui, jusqu'à ce jour, n'avait servi que pour les fêtes données par le roi. Les gens attentifs en conclurent donc que ce banquet avait un but plus sérieux que la nature de la fête ne semblait le supposer.

Les gardes-du-corps invitèrent les officiers du régiment de Flandre, ceux des dragons de Montmorenci, ceux des gardes-suisses, des cent-suisses, de la prévôté, de la maréchaussée, l'état-major et quelques officiers choisis de la garde nationale de Versailles.

Afin de bien connaître la physionomie de ce repas, il faut savoir que tous ces officiers portaient la cocarde nationale. Les gardes-du-corps, au contraire, n'avaient jamais quitté l'usage de la cocarde blanche, et ils n'avaient pas non plus prêté le serment civique. Ainsi, il suffisait d'ouvrir les yeux pour voir qu'il s'agissait d'une alliance entre deux parties contraires, au moins en apparence.

Le rendez-vous était au salon d'Hercule, d'où l'on passa à la salle de l'Opéra, où était servi ce magnifique repas. La musique des gardes-du-corps et du régiment de Flandre embellissait la fête. Au second service on porta quatre santés, celles du roi, de la reine, de M. le dauphin et de la famille royale. La santé de la nation fut proposée, omise à dessein selon les uns, expressément rejetée par les gardes-du-corps qui étaient présens, selon un grand nombre de témoins.

Une dame du palais accourt chez la reine, lui vante la gaîté de la fête, et demande d'abord que l'on y envoie M. le dauphin, que ce spectacle ne pouvait manquer de divertir. La princesse paraissait triste ; on la presse de s'y rendre pour se dissiper : elle semblait hésiter. Le roi arrive de la chasse ; la reine lui propose de l'accompagner, et on les entraîne l'un et l'autre, avec l'héritier de la couronne, dans la salle du festin. Elle était pleine de soldats de tous les corps, car on y avait fait passer, à l'entremets, et les grenadiers de Flandre, et les Suisses et les chasseurs des Évêchés.

La cour arrive : la reine s'avance jusqu'au bord du parquet, tenant par la main M. le dauphin. Cette visite inattendue fait pousser des cris d'allégresse et de joie. La princesse prend alors le dauphin dans ses bras, et fait le tour de la table au milieu des applaudissemens les plus vifs et des acclamations les plus bruyantes. Les gardes-du-corps, les grenadiers, tous les soldats, l'épée nue à la main, portent la santé du roi, de la reine et du dauphin. La cour les accepte, et se retire.

Bientôt la fête, qui jusque-là n'avait été animée que par une gaîté un peu libre, il est vrai, mais encore décente, se change en une orgie complète. Les vins prodigués avec une munificence vraiment royale, échauffent toutes les têtes ; la musique exécute divers morceaux propres à exalter davantage les esprits, tels que : *O Richard, ô mon roi, l'univers t'abandonne!* dont la perfide allusion ne pouvait manquer en ce moment son application, et la *marche des Houllans*.

On sonne la charge : les convives chancelans escaladent les loges, et donnent à la fois un spectacle dégoûtant et horrible. On se permet les propos les plus indécens. La cocarde nationale est proscrite : on offre la cocarde blanche, plusieurs capitaines de la garde nationale de Versailles ont la faiblesse de l'accepter.

L'orgie ne se tint pas enfermée dans la salle du banquet ; elle en sortit, et vint s'étaler en public dans la cour de marbre. Soldats et officiers mêlés se livrèrent à toutes les folies, toutes les exagérations royalistes que l'ivresse pouvait leur inspirer. Le tumulte devint tel, que l'alarme se répandit dans la ville : quelques corps-de-garde éloignés envoyèrent des détachemens, comme s'il se fût agi d'une émeute.

Paris, 1ᵉʳ octobre. — L'avant-veille, l'assemblée des représentans, informée que les boulangers allaient sur les routes au-devant des voitures de farine, et s'en emparaient, invitait le Châtelet à faire tout ce qui était de son ministère, pour arrêter et punir les coupables. Enfin, on afficha le décret de l'assemblée, sanctionné par le roi, sur les grains. L'article suivant de Marat en fera connaître la teneur, et l'esprit dans lequel le peuple étudiait les actes de la cour.

« Il paraît une déclaration du roi, *pour sanctionner et faire exécuter divers articles de l'assemblée nationale, concernant la sortie et la circulation des grains*, en date du 27 septembre, et registrée en parlement le 30 du même mois. Après un préambule dérisoire, le ministre favori y fait prendre au monarque l'ancien style des despotes. Il y présente le souverain (la nation) en suppliant, devant son simple mandataire, protocole insultant à la majesté d'un peuple libre, et dont il aurait bien dû s'abstenir encore quelque temps. Rapportons-en les propres termes :

« L'assemblée nationale, partageant notre sollicitude et nos alarmes sur la cherté des grains et les difficultés qu'éprouve leur circulation dans l'intérieur du royaume, a cru devoir décréter diverses dispositions, qu'elle nous a supplié de sanctionner ; à ces causes et autres à ce nous mouvant, de l'avis de notre conseil, et de notre certaine science, pleine puissance et autorité royales, nous avons dit, déclaré, et ordonné, et par ces présentes signées de notre main, disons, déclarons, et ordonnons, voulons et nous plaît ce qui suit : » — Quant à la *science certaine* du prince, on ne sait pas trop à quoi s'en tenir. Quant à sa *pleine puissance*, grâces à nos dignes délégués, elle est plus formidable que jamais ; et ce serait fait de nous pour toujours, si nous n'avions les armes à la main.

» Jetons un coup d'œil sur les principaux articles de cette déclaration :

» Art. Iᵉʳ. La vente et circulation des grains et farines seront libres dans toute l'étendue de notre royaume. Voulons que toute opposition qui y serait apportée, soit considérée comme un attentat contre la sûreté et la sécurité du peuple, et que ceux qui s'en rendraient coupables soient poursuivis extraordinairement, et punis comme perturbateurs de l'ordre et du repos public. » — Ce sont donc les agens du ministre qu'il faudra punir comme perturbateurs ; et quelque peine qu'on leur inflige, on n'aura pas à craindre d'avoir puni des innocens. Au demeurant, les dispositions de cet article sont excellentes pour endormir les hommes peu éclairés, et leurrer les hommes clairvoyans eux-mêmes. Si on ignorait encore que, pour se soustraire à la fureur du peuple, les agens du ministre parcourent les campagnes, et enlèvent, par les mains vénales d'un grand nombre de paysans, les grains de tous les marchés, où les meuniers n'ont la liberté d'acheter que deux heures après qu'ils sont ouverts, c'est-à-dire qu'ils sont vides. Ces rubriques des accapareurs ministériels sont connues. Celle que le ministre emploiera pour soustraire ces misérables au châtiment, le sont de même ; mais il serait bon de les tenir sans cesse sous les yeux du public, jusqu'à ce que l'indignation l'ait porté à venger ses droits.

» II. Toute exportation de grains et de farines hors du royaume, sera et demeurera, par provision, défendue jusqu'à ce que, par nous, il en ait été autrement ordonné, sous pareille peine contre les contrevenans, d'être poursuivis extraordinairement et punis comme perturbateurs du repos public. » — Observons, au sujet de cet article et du précédent, que le monarque s'y arroge le pouvoir suprême législatif, en statuant de son chef sur les cas où il dérogera à la loi : attentat d'autant plus révoltant, qu'il est commis sous les yeux mêmes du législateur, et que le prince paraît se jouer de la constitution, avant même qu'elle soit achevée.

» Observons encore, au sujet de cet article, que le législateur y viole la sûreté publique, en menaçant les délinquans de poursuites extraordinaires, arme terrible du despotisme ; tout citoyen ne devant redouter jamais que les peines portées par la loi.

» Au moment même où l'on proclame cette déclaration, les suites cruelles d'une administration tyrannique se font sentir plus que jamais. Quoi! toujours les boutiques des boulangers assiégées! toujours les horreurs de la famine à redouter, toujours le gouvernement accaparant les grains, et nous enlevant ceux du royaume, pour nous vendre ceux de l'étranger, et pour nous faire acheter au poids de l'or du pain qui nous empoisonne! Il n'est que trop certain, mais pourra-t-on le croire, dans un temps où les greniers de la France regorgent de grains excellens, le ministre favori continue à en faire venir à grands frais de l'Angleterre! Du Havre à Étampes, et d'Étampes à Versailles, les chemins sont couverts de chariots aux armes de France, remplis de farine; c'est donc là que le dépôt des subsistances de la capitale est mis sous la garde d'un régiment plus que suspect, le seul qui eût refusé de prêter à la nation le serment de fidélité, lorsqu'on l'a fait venir; et c'est de là que l'on affamera Paris, lorsqu'il sera de nouveau bloqué par les troupes qui s'en approchent peu à peu.

» On voit du premier coup d'œil le motif de cette opération désastreuse. Les coffres de l'État sont vides; il faut de l'argent pour faire face aux dépenses publiques; on ne peut se passer de pain: et il lève sur chaque individu une contribution accablante pour les malheureux, qui en supportent presque seuls le poids. Je ne sais si c'est là une spéculation de faiseur d'affaires: elle devait ruiner toute confiance au ministre; elle lui a aliéné le cœur des Français qui pensent, et il ne le regagnera jamais....!

» Le mal ne fait qu'empirer, et un hiver désastreux se prépare, si l'on ne travaille jour et nuit à approvisionner Paris avant que les pluies aient rendu les chemins impraticables, et que les gelées aient interrompu la navigation. Quel remède? Balayer de l'hôtel-de-ville tous les hommes suspects, les pensionnaires royaux, les procureurs, les avocats, les académiciens, les conseillers du Châtelet, les commis de cour de judicature, du parlement, les financiers, les agioteurs et les faiseurs de spéculations, avec le bureau à leur tête; réduire à cinquante hommes raisonnables, indépendans et intègres, les députés des communes;

leur faire prêter serment d'une inviolabilité à toute épreuve ; les déclarer infâmes s'ils acceptent aucune place, pension ou gratification du gouvernement ; ne les laisser en place qu'un mois ou six semaines ; les forcer à ne rien transiger qu'en public.....

» Ces Messieurs voient que je les sers en conscience ; mais ils n'ont pas droit de se plaindre : qu'ils me donnent sujet de louer leur conduite, et je serai leur plus zélé défenseur. S'ils persistent à sacrifier le public à leurs petites passions, je les poursuivrai sans relâche ; et, pour gage de ma parole, je prie tout citoyen honnête qui aurait, contre quelques députés de l'hôtel-de-ville, des faits graves de récusation dont il puisse établir la preuve juridique, de vouloir bien me les adresser : je suis l'avocat de la nation, et je ne reculerai jamais. »

Ce violent manifeste circula sans opposition et fut distribué aux nombreux lecteurs de l'*Ami du peuple*. On trouve sur ce numéro la note ordinaire. COMITÉ DE POLICE. — *Permis à la poste de faire circuler le journal rédigé par M. Marat, intitulé le Publiciste Parisien.*

Vendredi 2 octobre. — ASSEMBLÉE NATIONALE.

La séance fut en grande partie occupée de projets sur les finances. Robespierre proposa de surseoir à toute délibération sur ce sujet, jusqu'à ce que l'on eût reçu l'acceptation du roi sur la déclaration des droits et la constitution. En effet, on renvoya toute décision, et l'on se borna à écouter des lectures sur cette question. M. le comte Mirabeau présenta un projet d'adresse de l'assemblée à la nation ; qui fut accueilli avec enthousiasme, et cependant renvoyé à un nouvel examen. Elle avait pour but la pacification du pays.

Versailles. — [Il semble, dit *le Moniteur*, qu'une cruelle fatalité dirigeait tous les événemens de manière à nourrir les défiances et à aigrir les ressentimens. Le lendemain du fatal repas, une députation de la garde nationale de Versailles étant allée présenter à la reine son respect et sa reconnaissance pour le don qu'elle lui avait fait de plusieurs drapeaux, la princesse répondit en ces termes : « Je suis fort aise d'avoir donné des drapeaux à la garde nationale de Versailles. La nation et l'armée doivent être attachées au roi, comme nous le leur sommes nous-mêmes. J'ai été enchantée de la journée de jeudi.

L'approbation que la reine parut donner à ces scènes de démence, fit pâlir et frissonner les bons citoyens, et tressaillir de joie les conjurés. Dans leurs audacieux transports, ils ne connaissent plus ni frein ni mesure; l'aristocratie marche enfin tête levée. L'habit national est insulté dans le palais du roi; un chevalier de Saint-Louis qui en était revêtu, est refusé à la porte des appartemens, tandis qu'on faisait entrer sous ses yeux plusieurs officiers de chasseurs en uniforme; on ne lui cache même pas que c'est son habillement qui lui attire cette mortification. *Vous avez bien peu de cœur de porter cet habit*, dit dans l'antichambre du roi un officier des gardes à un major de bataillon. Ce n'était pas assez : pour joindre le dernier degré du ridicule au dernier degré de l'insolence, des dames et des demoiselles, entourées d'abbés, distribuaient dans la galerie du château des cocardes blanches. *Conservez-la bien*, disaient-elles à ceux qu'elles en décoraient, *c'est la seule bonne, la seule triomphante.* Ces dames exigeaient du nouveau chevalier le serment de fidélité, et il obtenait la faveur de leur baiser la main.

Il est bien étonnant, s'écrie à cette vue M. Lecointre, indigné d'un tel excès d'indécence, *qu'on ose se permettre une telle conduite chez le roi. Ou la couleur des cocardes tombera sous huit jours, ou tout est perdu.*

A ces mots, M. Cartousières, chevalier de Saint-Louis, gendre de la bouquetière de la reine, se présente pour soutenir envers et contre tous la prééminence de la cocarde blanche, et le spadassin provoque le citoyen. M. Lecointre répond avec sang-froid, et se rend chez M. Necker dont il attendait une audience.

En sortant de l'hôtel des ministres, il retrouve le champion des dames du château, qui lui réitère le défi, et veut l'entraîner vers la pièce d'eau des Suisses. « Non, dit-il, c'est ici qu'il faut terminer; mais ne crois pas, vil gladiateur, que je me mesure avec toi selon l'usage; tire ton épée, et le plus adroit poignardera l'autre. » On les sépara, et l'on prévint un combat qui aurait pu devenir le signal d'un massacre général.

A peu près dans le même temps, M. Mettereau, aide-de-camp de M. d'Estaing, monte au château pour chercher ce commandant. A peine est-il entré, qu'un officier des gardes-du-corps, décoré de la croix de Saint-Louis, regardant avec dédain la cocarde aux trois couleurs qu'il portait à son chapeau : *Est-ce bien là, lui dit-il, celle que vous adoptez? Croyez-vous que la majeure partie de votre corps pense comme vous? — Oui certainement, je le crois,* répond l'aide-de-camp, *il est indécent que vous me fassiez cette question, et que vous teniez cette conduite chez le roi.* L'officier le quitte à l'instant d'un air de colère et de mépris. M. Mettereau rentre à l'œil-de-bœuf, et rencontre un capitaine de la garde nationale qui portait une cocarde blanche d'une grosseur énorme ; il apprend de sa bouche que des dames l'en avaient décoré. Tout en lui témoignant sa surprise, il passe dans la grande galerie où trois dames se présentent à lui en disant : *Vive la cocarde blanche! c'est la bonne !* et lui proposent d'échanger la sienne.]

Paris. — Le public ne savait encore rien de ce qui s'était passé à Versailles. Cependant on remarquait avec curiosité, dans les promenades, le nombre et la grande variété d'uniformes appartenant à des garnisons éloignées, et que les congés de semestre amenaient dans la capitale. L'attention se portait particulièrement sur des officiers revêtus d'habits verts et rouges, parce qu'on ne connaissait pas dans l'armée de régiment qui portât ce singulier costume. La vue de ce grand nombre de militaires, suffisait pour exciter la défiance chez ceux qui étaient déjà, ainsi que nous l'avons vu, aux aguets d'une nouvelle conspiration aristocratique, et donnait crédit à tous ces bruits d'un voyage projeté du roi à Metz; d'une ligue des princes et de la reine avec les cours étrangères; on parlait surtout des démarches des princes allemands, auxquels les traités qui avaient assuré l'Alsace à la France, conservaient la jouissance de leurs droits féodaux dans cette province. Les dernières lois de l'assemblée nationale leur avaient enlevé ces propriétés, et, disait-on, ils se remuaient pour obtenir une guerre qui les fît rentrer dans leurs anciens priviléges.

On remarquait aussi dans Paris, un grand nombre de cocardes noires. L'on ne savait trop d'où elles pouvaient venir, et ce qu'elles signifiaient. En général, on les croyait américaines ; quelques personnes seulement disaient qu'elles étaient un signal de ceux du parti royaliste qui n'osaient porter la cocarde blanche à Paris, ainsi qu'on le faisait à Versailles. Des narrateurs de cette époque prétendent au reste que la couleur noire avait été arborée en même temps que la blanche au repas du 1er octobre.

Analyse de la séance des représentans de la commune. (2 octobre.)

A l'ouverture de la séance, une députation du district de la Sorbonne vint demander qu'on nommât des commissaires, ou qu'on autorisât les districts à se transporter dans les campagnes, *avec des forces suffisantes* pour obliger les fermiers à apporter dans les marchés, une quantité de grains proportionnée au nombre de leurs charrues; pour s'opposer aux accaparemens; protéger les achats des boulangers, etc. — L'assemblée déclara accueillir cette proposition, et invita, en conséquence, la députation à s'entendre avec le comité des subsistances et le major-général.

Ensuite l'assemblée reçut une députation de la municipalité de Châtillon, qui venait proposer l'affiliation de sa garde nationale à celle de Paris. Cette demande lui fut accordée....

Après avoir traité de plusieurs incidens administratifs, l'assemblée fut rappelée à s'occuper des subsistances par une nouvelle députation de district qui venait se plaindre de la mauvaise qualité des grains que l'on faisait moudre à l'école militaire. Des commissaires furent nommés, et les districts furent invités à en envoyer de leur côté.

Dans la séance du soir, un district vint proposer d'autoriser les communes de la banlieue à cuire pour Paris. Renvoyé au comité des subsistances.

L'assemblée écarta ensuite un projet qui lui était adressé par un citoyen, et qui contenait la proposition de taxer le pain à différens prix, de manière que les riches payassent pour les pauvres ; mais elle remplaça ce projet par un arrêté qui fut affiché, et dont voici les principales dispositions : —Trois cent mille francs étaient offerts en prêt à la communauté des boulangers pour les aider dans leurs achats ; mais la commune n'ayant point cette somme à sa disposition, une souscription était ouverte pour en remplir le montant.

Versailles, samedi 3 octobre.—L'assemblée nationale ne fut encore occupée que de questions de finances. La discussion roula surtout sur le prêt à intérêt, et se termina par un décret qui autorisait ce prêt, pourvu qu'il ne dépassât pas le terme fixé par la loi. La fin de la séance fut occupée par une seconde lecture de l'adresse rédigée par Mirabeau. Elle fut encore ajournée. Les choses graves se faisaient hors de l'assemblée. Un nouveau repas, semblable à celui de l'avant-veille, avait lieu au manége : la famille royale y manqua, mais il y avait beaucoup de grands seigneurs, et les convives étaient plus nombreux. L'orgie fut aussi complète que la première, et marquée par le même enthousiasme, les mêmes imprudences. On alla, dit-on, jusqu'à dresser une liste de proscription contre les meilleurs patriotes de l'assemblée. On annonçait, en même temps, que le lendemain, la garde nationale de Versailles fraterniserait avec les soldats du régiment de Flandre aux frais de la municipalité. Cela eut lieu en effet, mais fort tranquillement, sans enthousiasme d'aucune part : tout se borna à quelques tonneaux de vin consommés en commun.

Paris, dimanche 4 octobre. — « La femme du roi, dit Desmoulins, avait été trop contente pour que *ce repas fraternel* du jeudi ne fût pas répété. Il le fut le samedi, avec des circonstances aggravantes. Notre patience était poussée à bout, et on juge bien que tout ce qu'il y avait de patriotes observateurs à Versailles, en partirent eux-mêmes pour porter ces nouvelles à Paris, ou du moins firent partir leurs dépêches contenant ces détails. Le jour même (le samedi soir), tout Paris s'émeut. C'est une dame qui, voyant que son mari n'était pas écouté au district, vint la première à la barre du café de Foi dénoncer les cocardes anti-nationales. *M. Marat* vole à Versailles, revient comme l'éclair, fait lui seul autant de bruit que les quatre trompettes du jugement dernier, et nous crie : O morts, levez-vous ! *Danton*, de son côté, sonne le tocsin aux Cordeliers (Danton était président de ce district). Le dimanche, ce district immortel affiche son manifeste, et dès ce jour faisait l'avant-garde de l'armée parisienne, et marchait à Versailles, si M. *de Crèvecœur*, son commandant, n'eût ralenti cette ardeur martiale. On prend les armes, on se répand dans les rues à la chasse des cocardes d'une seule couleur. On use de représailles; elles sont arrachées, foulées aux pieds, avec menace de la lanterne en cas de récidive. Un militaire essayant de rattacher la sienne, cent cannes qui se lèvent lui en font perdre l'envie. Tout le dimanche se passe à faire main-basse sur les cocardes noires et blanches, à tenir conseil au Palais-Royal, au faubourg Saint-Antoine, au bout des ponts, sur les quais. Il s'établit à la porte des cafés des conférences entre la chambre haute, et les habits qui sont dans l'intérieur; et la chambre basse, les vestes et les bonnets de laine attroupés *extra-muros*. On observe que la hardiesse des aristocrates s'accroît à vue d'œil, que madame *Villepatour* et autres femmes de la reine distribuent dans l'œil-de-bœuf, à tout venant, d'énormes cocardes blanches; que M. *Lecointre*, pour avoir rejeté cette pomme de discorde de la main des courtisanes avec la fierté convenable, a failli être assassiné. On observe qu'il n'y a pas un moment à perdre, que le bateau qui apportait les farines de Corbeil, matin et soir, n'arrive plus que tous les deux jours : voudrait-on nous attaquer dans un moment où on nous aurait tenus à jeun pendant quarante-huit heures? On observe que, malgré les itératives adhésions des provinces aux décrets, les parlemens donnent encore des signes de vie; que *Toulouse* brûle des brochures; que *Rouen* décrète des patriotes absous par l'assemblée nationale; que *Paris* enregistre, et que M. *Ysabeau*, malgré nos réclamations, ne veut point changer ses rubriques, et s'opiniâtre à se servir de la formule gothique : *Louis par la grâce de Dieu; car tel est notre bon plaisir*. On observe que l'aristocratie avec la chicane semble s'être retirée dans la Normandie; que c'est là que tout le monde lit le journal de l'abbé *Sabatier* (1). On observe qu'il se tient des conciliabules dans les hôtels des aristocrates; qu'il existe des racoleurs, et qu'on s'enrôle ailleurs que dans les districts, et clandestinement. On observe qu'on a vu à Paris, ainsi qu'à Versailles, un uniforme sinistre, uniforme vert à paremens rouges; qu'on équipe un nouveau corps de troupes comme surnumérariat indéfini de gardes-du-corps; qu'il existe un projet de faire enclouer tous les canons dont se sont emparés les Parisiens, en subornant un certain nombre d'hommes par district. La fable aide au soulèvement général, aussi bien que la vérité et la terreur, les oui-dire aussi bien que les faits notoires. On conte que le soir, des mains invisibles, et qu'on ne peut prendre sur le fait, marquent quantité de maisons en rouge et en noir. On conte que 1,500 uniformes ont été commandés à un tailleur, 40,000 fusils à un arquebusier. On conte qu'un meunier a reçu un billet de caisse de 200 liv. pour ne pas moudre, avec promesse de lui en faire passer ainsi un bon nombre, s'il voulait demeurer les bras croisés dans son moulin...... (*Révolutions de France et de Brabant*, t. 3, p. 359.)

Cette narration offre un tableau assez exact de l'aspect que présentait Paris le samedi soir, et dans la journée du dimanche; nous allons le compléter en donnant un extrait du journal hebdomadaire de Loustalot; il est assez remarquable que les journaux quotidiens, au reste peu nombreux alors, sont complétement vides de ces renseignemens dramatiques tant recherchés aujourd'hui. *L'Ami du peuple* lui-même ne dit pas un mot sur ce qui se passait.

« *Il faut un second accès de révolution!* disions-nous, il y a quelques jours, s'écrie Loustalot.... *tout s'y prépare.... l'âme du parti aristocratique n'a point quitté la cour!* Citoyens! c'est en vain que nous dévouons nos têtes aux haines les plus puissantes, que,

(1) *Journal politique national des États-Généraux et de la révolution de* 1789, par l'abbé Sabatier. — C'est un assez mauvais ouvrage dont jusqu'à présent nous n'avons pas pu extraire un seul mot.

nous livrant sans cesse aux recherches les plus pénibles, nous veillons pour vous, si vous ne lisez que pour satisfaire une puérile curiosité ; si vous ne vous attachez à suivre le fil des événemens et à en reconnaître les causes......

» On assure, continue Loustalot, que l'aristocratie n'a ainsi levé la tête que parce qu'une foule d'anciens officiers, de chevaliers de Saint-Louis, de gentilshommes, d'employés déjà compris dans les réformes ou qui vont l'être, ont signé une soumission de se joindre aux gardes-du-corps ; que ce registre contient déjà trente mille noms ; que le projet des chefs aristocratiques est d'enlever le roi, de le conduire à la citadelle de Metz, pour pouvoir faire, en son nom, la guerre à son peuple, et le mettre dans l'impuissance d'empêcher une guerre civile, en se jetant entre les armes de ses sujets.

» Ces bruits se confirment, et par un défaut de subsistances, qui met le peuple hors d'état de secourir son roi, et par l'impudence avec laquelle des hommes de tout âge et de tout rang arborent la cocarde d'un seule couleur ; ils osent même se présenter, avec ces signes insultans, à la revue d'une division de la garde nationale ce dimanche matin, aux Champs-Élysées ; un garde national non soldé, M. Tassin, sort des rangs, arrache une de ces cocardes, et, par représailles, la foule aux pieds.

» Vers midi, on arracha au Luxembourg, dans le Palais-Royal cinq de ces cocardes : un de ceux qui la portaient, ramasse la sienne, la baise d'un air respectueux ; il essaie de la rattacher à son chapeau : cent cannes la lui font tomber des mains.

» A l'instant, et malgré les patrouilles, il se fait des motions :
« Les cocardes d'une seule couleur, disait-on, sont le signal de la guerre civile ; si on les laisse se multiplier, avant peu, beaucoup d'officiers de l'armée, les nobles, le clergé et la populace soudoyée, l'arboreront ; alors la guerre civile sera inévitable. Le parti patriote a été perdu en Hollande par une femme et une cocarde. Réprimons donc cette insurrection par un exemple terrible. La loi permet de tuer celui qui met notre vie en danger. Or, celui qui prend la cocarde noire met en danger la vie politique

de la nation et la vie naturelle de chaque citoyen : il faut donc pendre au premier réverbère le premier qui arborera la cocarde anti-patriotique, à moins qu'il ne soit étranger. »

» Sans entendre approuver l'effrayante logique de l'orateur, il est certain que les circonstances paraissaient exiger de la vigueur et de l'énergie de la part des patriotes.

» Un homme arrêté avec la cocarde noire est conduit à un corps-de-garde de Saint-Germain-l'Auxerrois, en face du Louvre ; ce n'est qu'à force de sang-froid, que le commandant de la patrouille empêche que le peuple ne fasse subir à ce chevalier aux couleurs noires l'épreuve de la lanterne.

» Les citoyens alarmés s'assemblent de tous côtés, au Palais-Royal, au bout des ponts, sur les quais, dans le faubourg Saint-Antoine ; on raisonne, on ramasse, on compare toutes les preuves que nous venons de déduire de la conjuration : on ajoute que des valets de gardes-du-corps en ont parlé à des gens du peuple ; et que, pour gagner le régiment de Flandre, deux soldats doivent, chaque jour, être admis à la table des gardes-du-corps et des officiers.

» Dans une autre classe du peuple, on regardait les obstacles mis à la circulation intérieure des grains et farines comme l'ouvrage des grands seigneurs, propriétaires laïcs ou ecclésiastiques. On citait des officiers du parlement qui avaient écrit à leurs fermiers qu'ils attendraient pendant deux ans leur prix de ferme, afin de donner à ces fermiers le désir et la facilité de garder leurs grains dans les greniers ; on ne voyait dans l'enregistrement fait au parlement de Paris de la nouvelle loi sur les grains, qu'un usage qui ne serait point détruit, et que l'aristocratie judiciaire ne croit point abattu.

» Enfin, le défaut absolu de farines acheva d'exalter les têtes ; les patrouilles nombreuses qui venaient troubler ces conférences patriotiques, parurent à plusieurs citoyens, des poignées d'ennemis dévoués à une municipalité vendue à l'aristocratie. On cria contre la dangereuse constitution d'un corps de 30,000 hommes armés au milieu de 800,000 hommes sans armes. On hasardait contre eux divers projets tous presque impraticables, si quelque chose est impraticable à des hommes réduits aux dernières extrémités.

Ce qui est incroyable, c'est que le peuple comptait plus sur la fidélité de la troupe soldée que sur celle de la troupe non soldée : problème étrange, et qu'on ne peut expliquer que par la foule d'inconséquences et de vexations que se sont permises et les comités des districts et les commandans de patrouilles.

» Dès le même soir, les représentans de la commune répandirent dans les districts qu'il y aurait à craindre que le peuple ne se portât, la nuit, dans les corps-de-garde pour désarmer la garde nationale, afin de partir aussitôt pour Versailles; on doubla les postes, les patrouilles, et la nuit se passa tranquillement. » (*Révolutions de Paris*, n° XIII, p. 6.)

Le même soir, Marat faisait imprimer ce qui suit, dans son *Ami du peuple*; mais pour ne paraître que le lundi matin :

Au rédacteur de l'Ami du peuple.

Paris, 4 octobre 1789. — « Monsieur, une nouvelle orgie célébrée à Versailles par les gardes-du-corps, les officiers du régiment de Flandre, un grand nombre d'officiers d'autres régimens, et les chefs de la milice bourgeoise, orgie où une grande princesse a fait paraître l'héritier du trône, où l'on a arboré une cocarde anti-patriotique, et où des sons mystiques de conjuration ont été répétés par éclats, vient de jeter l'alarme dans la capitale, vous vous êtes montré digne de la confiance de tous les bons citoyens, vous seul avez dévoilé les complots des traîtres; daignez nous aider de vos conseils. »

Observations du rédacteur.

« Il est constant que l'orgie a eu lieu; il n'est pas moins constant que l'alarme est générale : les faits nous manquent pour prononcer si cette conjuration est réelle. Mais, fût-elle chimérique, qui doute que, si l'ennemi se présentait aujourd'hui à nos portes, il ne nous prît au dépourvu ; cette négligence de pourvoir la capitale de munitions de guerre de toute espèce est un vrai crime d'État. En attendant qu'on fasse rendre compte au comité militaire de sa conduite, il n'y a pas un instant à perdre; tous les bons citoyens doivent s'assembler en armes, envoyer un nombreux détachement pour enlever toutes les poudres d'Essonne : chaque district doit retirer ses canons de l'Hôtel-de-Ville. La milice nationale n'est pas assez dépourvue de sens, pour ne pas sentir qu'elle ne doit jamais se séparer du reste de ses concitoyens ; que loin d'obéir à ses chefs, s'ils s'oubliaient au point de donner des ordres hostiles, elle doit s'assurer d'eux. Enfin, si le péril devenait imminent, c'en est fait de nous, si le peuple ne nomme un tribun, et s'il ne l'arme de la force publique.

» *N. B.* Un point important à éclaircir, c'est de savoir si la garde soldée est pourvue ; si elle l'est effectivement, il y a trahison avérée. Deux soldats viennent de m'assurer qu'ils ont tous un grand nombre de cartouches. »

Cet article porta fruit le lendemain, crié et répandu, ainsi qu'il le fut à un très-grand nombre d'exemplaires.

Procès-verbal de l'assemblée des représentans de la commune, du dimanche 4 octobre.

Séance du matin. — A l'ouverture de la séance, M. de Joly, l'un des secrétaires, dépose une plainte contre Marat, qui l'a accusé, dans un de ses numéros, d'une soustraction frauduleuse de pièces relatives à un particulier. Sur cette dénonciation, l'assemblée rendit un arrêté, par lequel, en même temps qu'elle déclarait honorer M. de Joly de toute son estime, elle blâmait l'*Ami du peuple*, et invitait le plaignant à poursuivre Marat devant les tribunaux. Elle ordonna, en outre, que cet arrêté serait imprimé, affiché et envoyé à tous les districts.

Ensuite l'assemblée s'occupa de vérification de pouvoirs, du renouvellement de ses comités, de témoigner ses regrets à M. Moreau de Saint-Merry, l'un de ses membres, qui la quittait pour se rendre à l'assemblée nationale, où il était appelé à siéger comme député de Saint-Domingue.

« M. le commandant général (M. de la Fayette), étant entré dans ce moment, a dit à l'assemblée qu'il venait concerter avec elle les mesures qu'il convenait de prendre pour la sûreté de la ville, et lui a fait part des précautions qu'il a prises.

» L'assemblée a approuvé la prudence et la sagesse de M. le

commandant général ; l'a invité à continuer ses soins vigilans, et a remis à son zèle le choix de tous les moyens qu'il conviendra de mettre en œuvre. »

Séance du soir. — « Une députation du district du petit Saint-Antoine est entrée, et a fait la lecture de la délibération suivante :

» Les comités réunis du district, alarmés des bruits qui se répandent au sujet de la cocarde noire, arborée à Versailles, et justement inquiets des suites que cet événement pourrait avoir sous plus d'un rapport, ont arrêté de députer à l'instant à l'assemblée des représentans, à l'effet de s'informer exactement des détails de ce qui s'y passe, et des précautions que leur sagesse a vraisemblablement prises pour éviter les progrès d'une confédération qui semble se former ; avec offre de toutes les forces dont le district peut disposer, s'il en est besoin.

» Cette lecture achevée, plusieurs membres de l'assemblée lui ont fait part de différens faits, qui tous prouvaient une fermentation croissante, et prête à produire une explosion. L'assemblée, justement alarmée de tous ces rapports, a pensé qu'elle ne pouvait prendre trop de précautions pour maintenir l'ordre, et veiller à la sûreté des citoyens. En conséquence, elle a fait donner des ordres à tous les commandans de bataillon de tenir sous les armes leurs compagnies soldées, et de rassembler dans leurs corps-de-garde le plus grand nombre de citoyens que le zèle et le patriotisme réuniraient auprès d'eux.

» La sollicitude de l'assemblée avait, pour un moment, suspendu l'indignation que devaient exciter les faits qui venaient de lui être dénoncés. Aussitôt que, par la précaution qu'elle venait de prendre, elle a cru avoir pourvu, autant qu'il était en elle, au repos public, elle s'est occupée de l'outrage fait à la nation, à la commune de Paris, par plusieurs personnes qui s'étaient permis d'abjurer et de quitter une cocarde qu'elle a adoptée comme le symbole de l'union et de la liberté : toutes les voix se sont élevées contre cette injure ; toutes les opinions se sont réunies pour proscrire l'usage des cocardes noires ou blanches, que quelques citoyens, au moins indiscrets, avaient substituées aux cocardes de couleur; et il a été pris l'arrêté suivant :

« L'assemblée, informée que plusieurs personnes ont pris des cocardes différentes de celles aux couleurs de la ville, et notamment des cocardes noires; considérant que la cocarde originairement adoptée a été un signe de fraternité pour tous les citoyens, et que S. M. l'a adoptée elle-même, ordonne que les arrêtés, précédemment rendus, qui sont, autant que de besoin, confirmés, continueront d'être exécutés; déclare que la cocarde aux couleurs rouge, bleue, et blanche, est la seule que les citoyens doivent porter; fait défenses à tous particuliers d'en porter d'autres; enjoint à M. le commandant général de donner les ordres nécessaires pour l'exécution du présent arrêté; qui sera imprimé, affiché, envoyé à tous les districts, et aux différentes municipalités des environs de Paris. »

« L'assemblée a eu d'autant plus lieu de se féliciter d'avoir pris cet arrêté, qu'à l'instant il est arrivé une députation du district de Saint-Magloire, qui, justement sensible à l'insulte faite à la nation, et pressée des mêmes inquiétudes relativement aux suites qui pouvaient en résulter, avait pris la délibération suivante. » Suit une délibération analogue à celle que nous avons déjà rapportée.

Cette séance se termina très-tard. Elle fut renvoyée au lendemain neuf heures.

Journée du 5 octobre (1).

[Le lendemain, dès la pointe du jour, la faim et la disette ayant rallumé un feu mal éteint, l'insurrection éclata avec plus de furie, et, comme il arrive souvent dans les émeutes populaires, une légère commotion mit en mouvement une immense mul-

(1) Comme dans une affaire aussi vivement débattue que celle des 5 et 6 octobre, on pourrait nous accuser d'avoir écrit trop ou trop peu, nous empruntons au *Moniteur* la partie la plus controversée du récit. Au reste, on trouvera les plus nombreux et les plus authentiques renseignemens sur ces journées dans le rapport de Chabroud que nous réimprimerons en entier, séances de l'assemblée nationale des 29 et 30 septembre, et 1er octobre 1790.

titude. Une jeune fille, partie des halles ou du quartier Saint-Eustache, entre dans un corps-de-garde, s'empare d'un tambour, et parcourt les rues adjacentes, battant la caisse, et poussant des cris relatifs à la rareté du pain. Plusieurs femmes s'attroupent autour d'elle, et le cortége grossissant à chaque pas se porte à l'Hôtel-de-ville. En même temps, d'autres troupes de femmes inondent la porte Saint-Antoine, se répandent comme un torrent dans la ville, entraînant avec elles toutes celles qu'elles rencontrent dans les rues, et même dans les maisons où elles peuvent pénétrer, s'avancent vers la Grève, criant *du pain! du pain!* et demandent à parler aux représentans de la commune.

La séance de la veille avait été prolongée fort avant dans la nuit. Il n'était encore que 7 heures du matin; la garde était très-faible, et il ne se trouvait à l'Hôtel-de-ville qu'un petit nombre de commissaires de service pendant la nuit. Peu de temps avant l'arrivée des femmes, un détachement de la garde nationale avait amené au comité de police un boulanger convaincu d'avoir vendu un pain de deux livres à sept onces au-dessous du poids. La foule attroupée sur la place, demande à cris redoublé son supplice, et descend le terrible réverbère. M. de Gouvion, major-général, craignant que la multitude ne vînt à bout d'enlever le coupable, fait des dispositions pour prévenir cet assassinat, et réussit, à la faveur du tumulte, à soustraire ce malheureux des mains qui allaient se rougir de son sang. Il écrit aussitôt, ainsi que tous les autres officiers de l'état-major, à tous les districts, pour faire avancer des troupes.

Dans cet intervalle, quatre à cinq cents femmes chargent la garde à cheval qui était aux barrières de l'Hôtel-de-ville, la poussent jusqu'à la rue du Mouton, et reviennent attaquer les portes. L'infanterie se formant en bataillon carré sur le perron, leur présente une haie de baïonnettes qui les tient en respect quelques instans. Mais bientôt un cri général donne le signal d'une nouvelle attaque, et une grêle de pierres vole sur le bataillon. Celui-ci ne se sentant pas assez fort pour en imposer à la multitude, et ne voulant point tourner ses armes contre des infortunées réduites au désespoir par l'excès du besoin, se replie et leur ouvre le passage. Elles se précipitent en foule dans les salles : quelques-unes, dont l'air et le costume n'annonçaient pas des femmes de la dernière classe, entrent d'un air enjoué dans les divers bureaux, lient conversation avec les commissaires; et recommandent à leur humanité plusieurs de leurs compagnes, dont les unes étaient grosses, les autres incommodées.

Mais le plus grand nombre, dont les vêtemens et le langage témoignaient la grossièreté et la misère, demandent avec d'affreuses imprécations du pain et des armes ; disent que les hommes n'ont pas assez de force pour se venger; et qu'elles sauront leur donner des leçons de courage. En même temps elles se jettent sur les papiers qu'elles veulent livrer aux flammes, disent-elles, parce qu'ils sont l'ouvrage des représentans de la commune, tous mauvais citoyens, et qui méritent la lanterne, M. Bailly et M. de la Fayette les premiers. D'autres essayent de forcer le magasin d'armes : elles commençaient à douter du succès de leurs efforts, lorsqu'une foule d'hommes armés de fer, de haches, de piques, traitant l'Hôtel-de-ville comme une place prise d'assaut, saisissent, les uns des leviers, les autres des marteaux, se joignent à elles, brisent les portes, s'emparent de sept à huit cents fusils, pillent les faisceaux d'armes et se rendent maîtres de deux pièces de canon. Quelques scélérats pénètrent dans le dépôt des balances, jauges et mesures, où étaient trois sacs d'argent: ils en enlèvent un; les autres sont conservés par des citoyens. Un détachement de la troupe escalade le beffroi de l'horloge, tombe sur l'abbé Lefèvre, cet intrépide représentant de la commune qui, chargé de la distribution des poudres au moment de la révolution, brava tous les dangers avec tant de sang-froid et de courage. On lui passe une corde au cou, on l'accroche à un morceau de bois, où il expirait, sans une femme qui coupe la corde et lui sauve la vie. Dans les salles, deux furies, la torche à la main, accourent pour mettre le feu aux papiers, comme elles en avaient annoncé l'intention. Stanislas Maillard fond sur elles, et prévient ce nouveau désastre; Stanislas Maillard, l'un des héros de la Bastille, et qui faillit encore en ce moment à devenir la victime de ces forcenées.

Il avait été envoyé le matin à la commune pour lui présenter une réclamation des volontaires de la Bastille ; mais l'invasion soudaine de l'hôtel-de-ville, et un soulèvement violent qui venait d'éclater au faubourg Saint-Antoine, lui font un devoir pressant d'oublier l'objet de sa mission pour se rendre au vœu de M. de Gouvion qui le charge de marcher avec sa compagnie, la plus à portée du lieu de l'émeute, pour en imposer à la multitude.

Les volontaires de la Bastille étaient sous les armes, ayant à leur tête l'intrépide Hullin, leur commandant, dont le nom est lié pour jamais à la mémoire du triomphe de la liberté. Il lui faisait part des intentions du major-général, lorsque les ouvriers de la Bastille se portent sur sa troupe, à qui ils supposaient des intentions hostiles. On les reçoit avec des démonstrations de fraternité ; on leur assure qu'on n'a pris les armes que contre les ennemis de la révolution, et pour les en convaincre, on les met bas à l'instant, ce qui rétablit le calme.

La multitude rassurée évacue la place de la Bastille, et le brave Maillard retourne à l'hôtel-de-ville, suivant l'ordre qu'il en avait reçu. C'est alors qu'au péril de sa vie il arrache les deux torches allumées qui allaient peut-être causer un affreux incendie, et redouble ensuite d'activité pour arrêter les progrès du désordre.

Mais quelle digue opposer à des légions de bacchantes en furie? Elles veulent mettre l'Hôtel-de-ville en ruines, marcher à Versailles, demander du pain à l'assemblée nationale et au roi, et se faire rendre compte de tout ce qui a été fait et décrété jusqu'à ce jour. Maillard monte à l'état-major, fait part à M. d'Ermigni, aide-major-général, de la disposition des esprits, et lui propose, s'il veut lui en donner l'ordre, d'accompagner les femmes à Versailles, pour écarter les dangers qui pourraient résulter des démarches d'une multitude qui n'avait d'autre guide que le besoin, la colère et le désir de la vengeance. M. d'Ermigni lui répond qu'il ne peut donner un ordre de cette nature, et qu'il est libre de faire tout ce qu'il lui plaira, pourvu qu'il ne porte aucune atteinte à la tranquillité publique. « Ce que je vous propose, lui dit Maillard, bien loin de la troubler, est au contraire le seul moyen de l'assurer, et de débarrasser l'Hôtel-de-ville et la capitale; c'est le seul moyen de rassembler l'armée. Pendant que cette troupe de femmes fera quatre lieues, vous pourrez prévenir les malheurs qui nous menacent. »

Il descend aussitôt, et prend un tambour à la porte de l'Hôtel-de-ville, où il trouve ces farouches amazones déjà rassemblées; joyeuses ou furibondes, presque toutes en délire, arrêtant des voitures et les chargeant de leur artillerie, les unes tenant en main la mèche, d'autres montées sur les canons qu'elles ont pris, ou sur les chevaux qu'elles y ont attelés. Elles reconnaissent Maillard pour leur capitaine, indiquent pour leur quartier-général les Champs-Elysées, où elles se rendent en grande partie, pendant que divers détachemens se répandent dans les différens quartiers de la ville pour faire de nouvelles recrues. Elles se réunissent bientôt au nombre de 7 à 8 mille, après avoir grossi leur cohorte de tout ce qu'elles avaient trouvé de femmes sur leur passage; elles étaient pour la plupart chargées de rubans de toutes couleurs, et armées de longs bâtons, de fourches, de lances, de fusils même et de pistolets; mais elles manquaient de munitions.

Leur première évolution est de se jeter sur leur chef, en lui demandant toutes ensemble qu'il les conduise à l'arsenal pour s'en faire délivrer. Heureusement il vient à bout de se faire entendre, et de leur persuader que le magasin est dégarni. Il fait plus, il les engage à se défaire de leurs armes, en leur représentant que puisqu'elles allaient à l'assemblée nationale pour lui demander justice et du pain, elles attendriraient bien davantage cette assemblée en s'y présentant dans l'attitude de suppliantes et en employant les prières, qu'en y arrivant les armes à la main comme pour l'investir et lui dicter des lois. Elles partent enfin, accompagnées d'une troupe d'hommes armés, précédées de huit à dix tambours et suivies d'une compagnie de volontaires de la Bastille, qui formait l'arrière-garde. Elles continuent sur leur route la presse qu'elles avaient faite dans la ville, arrêtent tout ce qu'elles rencontrent, se font suivre de gré ou de force, obligent même plusieurs dames éperdues de frayeur à descendre de leurs voitures, à livrer l'élégance de leur parure aux fatigues d'une course pénible, sous un ciel pluvieux, et à se traîner dans les boues jusqu'à Versailles, pour partager la gloire de leur expédition.

Depuis plusieurs heures le tocsin et la générale avaient mis toute la ville en mouvement. Les citoyens se rendent à leurs assemblées, les gardes nationales à leurs places d'armes ; le plus grand nombre des compagnies du centre marchent en bataille à la place de Grève, où elles sont reçues au milieu des plus vives acclamations.

« Ce ne sont pas des applaudissemens que nous vous demandons, s'écrient les soldats : la nation est insultée ; prenez les armes, et venez avec nous recevoir les ordres des chefs. »

Des détachemens de tous les districts ne tardent pas à les suivre.

Un peuple immense, qui couvrait la place, cède peu à peu le terrain à ces légions de citoyens armés, et un cri général avertit les *trois cents* de s'assembler pour donner promptement des ordres.

Une grande partie des représentans était retournée à l'Hôtel-de-ville dès qu'il fut évacué. Tous les comités étaient en activité : le général était à celui de la police, dictant pour l'assemblée nationale et le roi des dépêches relatives à l'insurrection du matin. Une députation de grenadiers se présente, et l'un d'eux portant la parole, dit à M. de la Fayette : « Mon général, nous sommes députés par les six compagnies de grenadiers. Nous ne vous croyons pas un traître, mais nous croyons que le gouvernement vous trahit ; il est temps que tout ceci finisse. Nous ne pouvons tourner nos baïonnettes contre des femmes qui nous demandent du pain. Le comité des subsistances malverse, ou il est incapable d'administrer son département : dans les deux cas, il faut le changer. Le peuple est malheureux ; la source du mal est à Versailles. Il faut aller chercher le roi et l'amener à Paris ; il faut exterminer le régiment de Flandre et les gardes-du-corps, qui ont osé fouler aux pieds la cocarde nationale. Si le roi est trop faible pour porter sa couronne, qu'il la dépose. Nous couronnerons son fils ; on nommera un conseil de régence, et tout ira mieux. »

« Quoi donc, s'écrie M. de la Fayette, avez-vous le projet de faire la guerre au roi, et de le forcer à nous abandonner ? »

« Mon général, nous en serions bien fâchés, car nous l'aimons beaucoup. Il ne nous quittera pas, et s'il nous quittait...... nous avons le dauphin. »

M. de la Fayette insiste, et joint aux raisonnemens les plus forts les prières les plus touchantes, pour les faire renoncer à leur dessein. Mais à tous ses discours ils répètent : « Général, nous donnerions pour vous jusqu'à la dernière goutte de notre sang; mais le peuple est malheureux : la source du mal est à Versailles ; il faut aller chercher le roi et l'amener à Paris ; tout le peuple le veut. »

M. de la Fayette descend sur la place, harangue les grenadiers, et leur rappelle le serment qui les lie à la nation, à la loi et au roi. Sa voix se perd au milieu des cris sans cesse renouvelés : *à Versailles ! à Versailles !*

La garde nationale tout entière était alors sous les armes, et la garde nationale tout entière partageait le vœu public.

M. de la Fayette monte à cheval, attendant la délibération de la commune. Cette délibération se prolongeait, et l'effervescence augmentait à chaque instant avec une rapidité effrayante. Les faubourgs Saint-Antoine et Saint-Marceau lançaient des essaims d'hommes armés de piques, de broches, de haches et de mille autres instrumens de carnage ; des compagnies des districts arrivaient précipitamment de tous côtés avec du canon. Des cris sinistres se mêlaient aux premiers cris, et se prolongeaient avec un horrible murmure. La position du général devenait très-alarmante. Il veut monter à la ville, une barrière formidable lui en défend aussitôt l'accès. « Morbleu ! général, lui disent les grenadiers du centre, vous resterez avec nous, vous ne nous abandonnerez pas. » On frémissait d'impatience et de courroux ; tout présageait l'explosion la plus funeste.

Une lettre est apportée à M. de la Fayette ; elle a tout à coup fixé les regards de soixante mille personnes qui paraissent en attendre leur destinée. C'était une décision de la municipalité ; elle enjoignait au commandant de partir avec l'armée pour Versailles, et nommait pour l'accompagner quatre commissaires de la commune. Le général pâlit, et promenant un regard douloureux sur les nombreux bataillons qui l'investissaient, donne l'ordre du départ. Un cri de joie universelle fait retentir les airs.

Sa marche à travers la ville fut un vrai triomphe. Les battemens de mains, les *bravo*, les applaudissemens de l'allégresse accompagnaient les vengeurs de la majesté nationale ; un transport martial saisissait toutes les ames. Mais dès qu'on eut cessé de voir flotter les étendards et d'entendre le son des tambours, un morne silence succéda aux acclamations, et une sombre tristesse aux éclats bruyans de la joie.

Pendant ce mouvement, à Versailles, M. Lecointre qui était alors chef de division de la milice bourgeoise, proposait au comité militaire, dans cette matinée du 5 octobre, d'inviter les deux commandans-généraux, MM. d'Estaing et Gouvernet, à se rendre à l'assemblée, et de supplier le général de faire monter à cheval les gardes-du-corps pour leur faire prêter, en présence de la municipalité, le serment décrété par l'assemblée nationale, et leur donner la cocarde patriotique. C'était le seul moyen d'écarter les malheurs dont on était menacé ; et l'on paraissait disposé à le tenter, lorsque plusieurs officiers de la garde de Versailles qui avaient servi dans ce corps, avancent avec assurance que jamais il ne se soumettra à de pareilles demandes, et que la vie même de l'auteur de la motion n'est pas en sûreté s'il ne la retire. M. Lecointre la renouvelle. Mais M. Berthier, major-général, qui présidait le comité, s'y oppose, et prétend que ce serait donner le signal de la guerre civile. Elle est ajournée au lendemain.

L'assemblée nationale se disposait à poursuivre le cours de ses délibérations. On verra plus bas les détails de cette séance.

Durant le cours de la discussion, de fréquentes allées et venues et une agitation extraordinaire se firent remarquer dans l'assemblée. Des propos et des bruits vagues annonçaient l'extrême fermentation de la capitale, et un augure tiré de la nature même des choses semblait indiquer une secousse violente et prochaine. M. le comte de Mirabeau, averti de ce qui se passait, s'approche du président et lui dit à demi-voix : « Mounier, Paris marche sur nous. — Je n'en sais rien. — Croyez-moi ou ne me croyez pas, peu m'importe ; mais Paris, vous dis-je, marche sur nous. Trouvez-vous mal ; montez au château ; donnez-leur cet avis. Dites si vous le voulez que vous le tenez de moi, j'y consens. Mais faites cesser cette controverse scandaleuse ; le temps presse, il n'y a pas une minute à perdre. — Paris marche sur nous, répondit M. Mounier, eh bien ! tant mieux, nous en serons plus tôt république. »

L'événement ne tarda pas à justifier l'assertion de M. de Mirabeau. Sur les trois heures on vit des milliers de femmes s'avancer sur l'avenue de Paris. Maillard était à leur tête : il avait su les contenir pendant la route, et par sa prudente fermeté, préserver Chaillot du pillage et des désordres qu'il eût entraînés à sa suite. Elles arrêtèrent et retinrent derrière elles tous les courriers qui voulurent les devancer, dans la crainte qu'ils ne prévinssent Versailles de leur arrivée, et qu'on ne tentât de leur fermer les passages. Un député même qu'elles rencontrèrent au Cours, et qu'elles prirent pour un espion du faubourg Saint-Germain, courut risque de la vie ; mais lorsqu'elles eurent reconnu M. Chapelier qui présidait l'assemblée nationale pendant la mémorable nuit du 4 août, les applaudissemens succédèrent aux menaces, l'air retentit du cri de *vive Chapelier !* et plusieurs hommes armés montèrent même derrière et devant sa voiture pour l'escorter. Quelques cavaliers à cocardes noires furent retenus prisonniers, et durent se trouver fort heureux d'en être quittes pour abandonner leurs chevaux et suivre à pied ces redoutables guerrières.

A la vue de Versailles, Maillard les arrête, les range sur trois lignes, les fait disposer en cercle, et leur représente qu'elles vont entrer dans une ville où l'on n'est prévenu ni de leur arrivée ni de leurs intentions ; qu'un appareil menaçant ne manquerait pas de leur faire supposer des vues hostiles, et qu'elles doivent tâcher par la gaîté de leur contenance et toutes les démonstrations de la paix, d'écarter cette idée et les alarmes qu'elles pourraient causer. Elles obéissent à sa voix, font mettre à l'arrière-garde les canons qu'elles traînaient à leur tête, continuent leur marche en chantant *vive Henri IV*, et entremêlant leurs accens des cris de *vive le roi !* Le peuple accourt en foule au-devant d'elles, en criant : *vivent les Parisiennes !*

Cependant, on bat la générale à Versailles ; la municipalité s'assemble, les gardes-du-corps montent à cheval au nombre de trois cent vingt, et se forment en escadron sur la place d'armes, le dos tourné contre la grille, et la droite appuyée à l'ancienne caserne des gardes-françaises. Tous les ministres se rendent chez M. Necker, tous les chefs de corps y sont mandés. M. d'Estaing s'y présente muni d'une délibération de la municipalité, qui l'autorise à accompagner le roi dans sa retraite, et lui enjoint de ne rien négliger pour le ramener à Versailles le plus tôt possible. Il devait aussi tenter toutes les voies de conciliation, et repousser s'il le fallait, la force par la force.

Déjà le régiment de Flandre et les dragons ont pris les armes : les premiers occupent le terrain qui s'étend depuis la droite des gardes jusqu'aux écuries du roi, et font face à l'avenue de Sceaux ; les dragons se portent de l'autre côté du régiment de Flandre, mais un peu au-dessous ; les gardes-suisses au-devant de leur poste, ou dans la première cour du château. M. d'Estaing arrive et lit une réquisition de la municipalité qui enjoint au régiment de Flandre de s'opposer, conjointement avec la garde nationale de Versailles, aux désordres qui pourraient être commis par la multitude arrivant de Paris.

Maillard était arrivé avec sa troupe à la porte de l'assemblée nationale. Toutes les femmes veulent y pénétrer, et ce n'est qu'avec la plus grande peine qu'il parvient, en réunissant ses efforts à ceux d'un officier de la prévôté qui s'y trouvait de garde, à leur persuader de ne l'accompagner qu'en petit nombre et d'attendre tranquillement son retour. Il paraît à la barre suivi de quinze femmes et d'un adjudant, qui avait été soldat dans les gardes-françaises.

Maillard harangue l'assemblée nationale. Il obtient qu'elle enverra une députation au roi pour lui présenter le tableau affligeant de la ville de Paris.

M. Mounier, président, est envoyé vers le roi avec plusieurs membres. « Aussitôt, dit-il, dans son *exposé justificatif*, les femmes m'environnèrent, en me déclarant qu'elles voulaient m'accompagner chez le roi. J'eus beaucoup de peine à obtenir, à force d'instances, qu'elles n'entreraient chez le roi qu'au nombre de six ; ce qui n'empêcha point un grand nombre d'entre elles de former notre cortége.

» Nous étions à pied dans la boue, avec une forte pluie. Une foule considérable d'habitans de Versailles bordait de chaque côté l'avenue qui conduit au château. Les femmes de Paris formaient divers attroupemens entremêlés d'un certain nombre d'hommes couverts de haillons pour la plupart, le regard féroce, le geste menaçant, poussant d'affreux hurlemens. Ils étaient armés de quelques fusils, de vieilles piques, de haches, de bâtons ferrés ou de grandes gaules, ayant à l'extrémité des lames d'épées ou de couteaux. De petits détachemens des gardes-du-corps faisaient des patrouilles, et passaient au grand galop, à travers les cris et les huées.

» Une partie des hommes armés de piques, de haches et de bâtons, s'approchent de nous pour escorter la députation. L'étrange et nombreux cortége dont les députés étaient assaillis, est pris pour un attroupement. Des gardes-du-corps courent au travers : nous nous dispersons dans la boue ; et l'on sent bien quel excès de rage durent éprouver nos compagnons, qui pensaient qu'avec nous ils avaient plus de droit de se présenter. Nous nous rallions, et nous avançons ainsi vers le château. Nous trouvons rangés sur la place les gardes-du-corps, le détachement de dragons, le régiment de Flandre, les gardes-suisses, les invalides, et la milice bourgeoise de Versailles. Nous sommes reconnus, reçus avec honneur ; nous traversons les lignes, et l'on eut beaucoup de peine à empêcher la foule qui nous suivait de s'introduire avec nous. Au lieu de six femmes auxquelles j'avais promis l'entrée du château, il fallut en introduire douze. »

La foule se porte vers le château, et le roi voit de ses fenêtres les efforts qu'elle fait pour pénétrer jusqu'à la grille qui était fermée. M. de Saint-Priest envoie demander aux femmes venues de Paris ce qu'elles veulent. *Du pain*, répondent-elles, *et parler au roi* (1). Elles formèrent ensuite une députation qui se réunit aux femmes qui accompagnaient M. Mounier, et entrèrent avec lui au château. Cinq d'entre elles furent introduites avec les députés de l'assemblée nationale, et présentées au roi par M. le président.

Le roi déplora le malheur des circonstances. Ces femmes parurent émues : Louison Chabry, jeune ouvrière en sculpture, âgée de 17 ans, chargée de présenter au prince les doléances des Parisiennes, s'évanouit, et fut secourue avec humanité. En se retirant, elle voulut baiser la main du roi, qui l'embrassa, et lui dit avec bonté qu'elle en valait bien la peine. Elles sortirent en criant : *Vivent le roi et sa maison !* et revinrent bientôt avec plusieurs autres.

La multitude attroupée sur la place, avait refusé de croire leur rapport de ce qui venait de se passer : on les accusait d'avoir vendu pour de l'argent leur témoignage ; on les avait chargées de mauvais traitemens. En vain voulurent-elles se justifier et prouver la fausseté de l'imputation, en s'offrant à toutes les re-

---

(1) On prêta dans le temps à M. de Saint-Priest un propos très-criminel qui fut dénoncé par M. de Mirabeau à l'assemblée nationale. Il alla au-devant des femmes qui se présentaient à l'œil-de-bœuf, et leur demanda ce qu'elles voulaient? *Du pain! du pain! — Quand vous n'aviez qu'un maître*, fait-on dire à M. de Saint-Priest, *vous n'en manquiez pas; à présent que vous en avez douze cents, vous voyez où vous en êtes.* Il est très-possible que M. Guignard de Saint-Priest ait fait cette réponse bien conforme à ses sentimens ; mais on lui doit la justice de dire qu'aucune des dépositions faites au Châtelet ne vient à l'appui de celle de M. Roux de Brière qui rapporte ce propos.

cherchés ; deux de leurs accusatrices leur avaient passé des jarretières au cou pour les pendre au premier réverbère, et elles auraient perdu la vie, sans le secours de Babet Lairot, de la dame Leclerc, factrice de bureau, et de deux gardes-du-corps.

Le roi fit dresser à la hâte par le garde-des-sceaux, et s'empressa de signer un ordre pour faire venir des blés de Senlis et de Lagni, et lever tous les obstacles qui s'opposaient à l'approvisionnement de Paris : objet qu'il désirait être rempli de préférence à tout autre. Cet ordre fut remis à ces femmes qui se retirèrent pleines de reconnaissance et de joie. Un autre peloton de femmes, conduites par M. Brunout, soldat de la garde parisienne, qu'elles avaient forcé de se mettre à leur tête, s'avançait près du château. Mais les gardes-du-corps se mettent en devoir de leur en défendre l'accès et de les repousser. Brunout est bientôt séparé de sa troupe, et obligé de chercher à travers les rangs son salut dans la fuite.

M. de Savonnières, lieutenant, et deux autres officiers des gardes, le poursuivent le sabre à la main. Ce malheureux, se voyant assailli par le nombre, tire son épée pour parer les coups qu'on lui porte, et, ne pouvant aborder le corps-de-garde national, dont on lui coupe le chemin, se réfugie toujours poursuivi, toujours sabré, dans une baraque adossée au château, en s'écriant : *On nous laisse assassiner !* Il était près de succomber, lorsqu'un coup de fusil, tiré par un soldat de la milice de Versailles, casse le bras à M. de Savonnières, et sauve Brunout du péril. Ce premier acte d'hostilité redouble le retentissement des deux partis et l'animosité du peuple contre les gardes-du-corps.

Le combat ne tarde pas à s'engager. Aux injures succèdent le sifflement des balles ; et quelques coups de carabines partis imprudemment du côté des gardes du roi, car ils avaient eu l'ordre de ne point tirer, viennent frapper deux ou trois femmes. On répond aussitôt à leur feu, et deux d'entre eux sont renversés de dessus leurs chevaux. Trois pièces de canon chargées à mitraille, conduites et servies par des hommes du faubourg Saint-Antoine et des gardes françaises, sont pointées au même instant ;

la mèche en est approchée plusieurs fois sans succès, à cause de la pluie, et quelques voix font entendre ces paroles : *Arrêtez, il n'est pas temps encore.*

Ainsi ce furent la pluie et le défaut de concert qui sauvèrent les gardes-du-corps, et évitèrent un massacre général. Les femmes de Paris se détachent alors des troupes de Paris, et s'approchent des dragons. Elles pénètrent dans leurs rangs, les enlacent de leurs embrassemens, et font tomber les armes de leurs mains. L'ordre de ne point tirer, de ne point irriter le peuple, ayant été répété et porté de nouveau aux gardes-du-corps, ils se retirent, et les grilles du château se ferment. La frayeur et l'alarme y sont répandus; on appréhende une invasion. On veut tenter si le passage en est libre; et les voitures du roi se présentent pour sortir par la porte de l'Orangerie. Le détachement de la garde de Versailles qui occupait ce poste, refuse de les laisser passer, ce qui occasionne du mouvement. M. Durup de Baleine, instruit qu'il y a de la rumeur, envoie un renfort avec un caporal. Les voitures rentrent, et les portes se referment.

La nuit arrivait; chacun interprétait, selon sa passion ou ses préjugés, la conduite des gardes-du-corps.

M. Lecointre, qui, par la défection des généraux, se trouvait le chef des volontaires de Versailles, se détache, suivi de son aide-de-camp et d'un aide-major, pour sonder leurs intentions. Arrivé à la tête de l'escadron, il demande aux officiers ce que la garde nationale doit espérer ou craindre de leur part.

Monsieur, lui répond l'un d'eux, nous ne commettrons aucun acte d'hostilité. On donne à cet officier la même assurance au nom de la garde nationale; on le prie de faire remonter sa troupe plus près des grilles, afin de dégager l'entrée du corps-de-garde, et ce mouvement s'exécute sur-le-champ.

M. Lecointre s'empresse de faire part à sa légion de ces dispositions pacifiques, et se porte au régiment de Flandre. Les officiers l'entourent et lui témoignent que jamais ils n'ont eu l'intention de faire du mal aux bourgeois; les soldats le jurent unanimcment, et pour gage de leurs sentimens, délivrent à des volontaires nationaux une assez grande quantité de cartouches.

Le peuple circulait librement dans leurs rangs, et recevait de ces guerriers des démonstrations de paix et de fraternité.

Après avoir également rendu compte du dévouement du régiment de Flandre, M. Lecointre s'avance avec la même escorte jusqu'à une troupe d'hommes armés, postés devant l'assemblée nationale. Il se fait annoncer, et demande à être introduit seul au milieu d'eux. Douze hommes armés de fusils se présentent : il met pied à terre, et commande aux officiers qui l'accompagnent de s'arrêter aux gardes avancées. On le place, pour l'entendre, à la bouche des canons, dont les mèches éclairaient le cercle qui se forma.

« Vos frères de Versailles, dit-il à haute voix, étonnés de vous voir dans cet équipage, m'envoient vous demander quel sujet vous amène, et ce que vous désirez.—Un cri général répond : *Du pain et la fin des affaires.* — Nous subviendrons à vos plus pressans besoins ; mais nous ne pouvons vous laisser entrer dans la ville avec vos armes. Un malheur, s'il arrivait, troublerait la tranquillité du roi que nous devons tous respecter. Jurez-moi donc que vous ne dépasserez pas le poste que vous occupez, et je vais travailler à ce qu'il vous soit délivré du pain suffisamment. Combien êtes-vous ? — Six cents.—Autant de livres de pain suffiront-elles ?—Oui. »

M. Lecointre accompagné de deux de ces malheureux, courut alors à la municipalité demander cette livraison. Mais on objecta que la distribution de ce pain serait embarrassante, et l'on consentit, seulement à la pluralité de neuf voix contre sept, à faire le sacrifice de deux tonnes de riz. Elle signifie son arrêté à la députation, et charge M. Lecointre de la triste commission de s'informer de la troupe si elle veut que le riz soit cru ou cuit.

La nouvelle qu'il reçoit au même instant l'obligeant de retourner sur la place d'armes, il charge son aide-de-camp, M. Poivet, de reconduire les députés, leur fait délivrer tout le pain qui se trouvait chez lui ; en leur témoignant ses regrets de ce que le malheur d'une circonstance si imprévue ne permettait pas de faire davantage pour la troupe.

L'aide-de-camp s'acquitte avec beaucoup de difficulté de la mission délicate qu'il avait à remplir; on le renvoie avec les mêmes députés, pour accepter le riz cuit qu'on venait de proposer. Mais la municipalité était déjà dissoute : elle avait laissé à son suisse, pour M. Lecointre, un ordre conçu en ces termes :

« L'assemblée municipale laisse M. Lecointre maître de faire tout ce qu'il jugera de plus convenable pour la tranquillité. A Versailles, ce 5 octobre 1789. *Signé*, LOUSTAUNAU, *président.* »

Un seul mot expliquera une conduite si extraordinaire et si répréhensible. C'était l'ancienne municipalité, la municipalité de l'ancien régime.

M. Poivet quitte les députés, en les assurant qu'il va rejoindre son commandant, et s'occuper, de concert avec lui, des moyens de procurer des vivres à la troupe parisienne. Mais celle-ci, voyant qu'on ne lui tenait point parole, se crut dégagée du serment qu'elle avait fait de rester campée dans l'avenue de Paris, et se répandit dans la ville.

Dans cet intervalle était arrivée la dépêche de M. de la Fayette, apportant l'espérance du rétablissement de la tranquillité dans la capitale.

Cette nouvelle apaisa les alarmes de la famille royale, et l'on se flatta de ramener le calme à Versailles en faisant retirer les troupes.

M. d'Estaing parut alors pour la première fois au corps-de-garde national, où il reçut de vifs reproches d'avoir abandonné sa troupe, et donna l'ordre de la retraite.

Plusieurs compagnies obéirent sur-le-champ ; mais le plus grand nombre, voyant les gardes-du-corps rester sur la place d'armes, déclara qu'il ne partirait qu'après les avoir vus défiler. Ils en reçoivent l'ordre aussitôt, et l'exécutent en longeant l'esplanade pour se rendre à leur hôtel. Le dernier peloton avait le sabre à la main, et en faisait usage sur des gens que l'obscurité ne permettait pas de distinguer.

Plusieurs coups de pistolet partent de ce peloton : M. Moneret a son chapeau percé; une balle traverse les vêtemens de M. Lourdel, une autre contusionne la joue de M. Briand, tous trois volontaires.

Quelques-uns de leurs frères d'armes, qui se trouvaient en ce moment sur l'esplanade avec des armes chargées, répondent par quelques coups de feu. Le dernier et l'avant-dernier escadron font un à-droite en très-mauvais ordre, et une décharge de leurs mousquetons. On leur riposte, mais faiblement.

Au moment de cette malheureuse attaque, une députation de quarante, tant officiers qu'anciens gardes, présidée par M. de Luxembourg, était en marche pour se rendre aux casernes des ci-devant Gardes-Françaises. Ils étaient tous sans armes, et portaient une lettre d'honnêteté de tout le corps à la garde nationale. Ils devaient le lendemain prêter le serment civique et prendre la cocarde aux trois couleurs.

On touchait à l'instant d'une conciliation si désirable; les pacificateurs étaient au haut de la cour des ministres, lorsqu'on entendit une salve d'environ quinze coups de fusil, et à peu de distance de la grille qu'on ouvrait en ce moment à M. d'Estaing. Ce général se tourne vers la députation, la fait remonter au château, lui expose les dangers qu'il avait courus lui-même en voulant arrêter les hostilités, et l'assure qu'elle serait infailliblement massacrée, si elle se présentait. Dès ce moment, la perte des agresseurs parut inévitable.

Le peuple était bouillant de colère. La garde nationale, qui venait de courir les plus grands dangers, s'attendant à voir revenir en force ceux qu'elle ne pouvait plus s'empêcher de regarder comme ses ennemis, somme M. de la Tontinière de lui délivrer des munitions : un sous-lieutenant, M. de Bury, le menace de lui faire sauter la tête, s'il persiste dans ses refus. La crainte saisit le commandant de l'artillerie, et il fait porter sur l'esplanade une demi-tonne de poudre et un demi-baril de balles.

On se hâte de charger les fusils et les canons, et on les braque à l'instant sur la rampe où l'on croyait voir reparaître bientôt les ennemis. Ils tentèrent en effet de passer par l'avenue de Sceaux pour s'y présenter ; mais avertis par un citoyen des dispositions faites contre eux, ils rebroussèrent chemin et revinrent par les rues de l'Orangerie et de la Surintendance, se ranger en bataille avec le régiment des Suisses, partie sur la terrasse, partie dans la cour des ministres.

Dans ce moment des hommes armés de piques se répandent sur l'esplanade, et se portent au corps-de-garde en demandant du pain. MM. Durup de Baleine et Raisin, commandans, en envoient chercher chez tous les boulangers, et font apporter une pièce de vin.

A peine la distribution en était-elle faite, qu'un groupe de femmes et de lanciers de Paris arrivent au même poste, se disputant un malheureux garde-du-corps qu'ils voulaient décapiter. C'était M. de Moucheton, de la compagnie écossaise, chevalier de Saint-Louis, dont le cheval avait été tué dans le combat. Ses accusateurs, qui étaient aussi ses juges, l'avaient condamné à mort comme étant un de ceux qui avaient tiré sur le peuple, et se préparaient à exécuter leur sentence.

M. de Baleine se présente et les supplie de suspendre le coup fatal. Le prisonnier, lui remettant ses armes, dit hautement et sans être interrogé, qu'il n'était d'aucun complot ; qu'il n'avait point assisté au dîner ; qu'il était dans son lit avec la fièvre, mais que l'honneur lui avait fait la loi de monter à cheval.

M. de Baleine parvient à faire entrer les exécuteurs dans un des dortoirs, comme pour tenir un conseil de guerre ; il leur fait de nouvelles instances pour modérer leurs transports ; mais ils confirment leur arrêt et retournent au corps-de-garde chercher leur victime. Heureusement, M. Raisin et plusieurs volontaires l'avaient fait sortir par ordre de leur commandant, et l'avaient mis en sûreté dans la chambre du chirurgien des Gardes-Françaises, logé dans la caserne. Leur colère se tourne contre son libérateur : les uns opinent à lui faire subir le sort qu'ils réservaient à M. de Moucheton ; les autres cherchent à l'excuser.

Pendant le tumulte de la discussion, il sort et s'absente pour quelques momens. On se venge sur le cheval, on le rôtit à moitié, et la faim était si pressante, qu'il fut entièrement dévoré.

La nouvelle de l'approche de l'armée parisienne vint faire diversion à toutes les scènes de cette journée. Le régiment de Flandre, qu'on avait fait rentrer, reçoit l'ordre de reprendre les armes, et on le poste dans la cour de la grande écurie, avec défense de faire aucun acte d'hostilité.

Les dragons étaient mêlés et confondus avec le peuple. La multitude de femmes et de lanciers venus de Paris remplit bientôt le corps-de-garde, où elle se réfugie en partie, pour y passer la nuit à l'abri de la pluie qui tombait en torrens; le plus grand nombre se jette à l'assemblée nationale, dont les galeries offraient le coup d'œil étrange d'une foule de piques et de bâtons ferrés. Les hommes étaient assez tranquilles; mais les femmes ne pouvaient se contenter d'un rôle passif. Leur orateur, Maillard, avait seul le don de les calmer; encore ne pouvait-il y réussir qu'en présentant leurs griefs et leurs doléances. Il exprima en leur nom les regrets de Paris sur les lenteurs des travaux de la constitution, qu'il attribua aux oppositions du clergé.

Un député l'ayant rappelé à l'ordre avec beaucoup d'énergie, il se justifia d'avoir manqué de respect à l'assemblée, en alléguant qu'il exposait, non son opinion personnelle, mais les bruits de la capitale.

L'explosion des coups de fusil qui se tiraient sur la place augmentait l'effervescence des femmes; et la tranquillité de l'assemblée en eût été plus dangereusement troublée, sans l'intrépidité et le sang-froid de Maillard, qui prévinrent les fâcheux événemens qu'on avait à redouter. Les mouvemens tumultueux de la foule qui remplissait la cour et assiégeait les portes de la salle, firent craindre qu'elle ne se portât à quelque violence; il y eut même un instant où le vestibule pensa être souillé de sang.

M. de Cuerville, qui veillait avec une compagnie de dragons à la sûreté des représentans de la nation, ayant demandé du renfort, 14 gardes-du-corps vinrent joindre sa troupe.

A la vue de ces derniers, la fureur s'allume; on les menace de l'artillerie, et les dragons sont obligés de faire un cercle pour les placer dans le centre et favoriser leur retraite. L'un de ces gardes, resté dans les rangs, est blessé au visage d'un coup de pierre; et comme il fuyait seul vers le château, on lui tire deux coups de fusil, dont un fait tomber son chapeau. L'imprudence d'un de leurs officiers, qui proposait aux dragons de les aider à s'emparer des pièces de canon, fut vraisemblablement la cause de cette agression.

Après quelques momens de troubles, on donna communication de la réponse du roi, apportée sur les huit heures par un des députés qui avait accompagné le président au château. Elle était conçue en ces termes :

« Je suis sensiblement touché de l'insuffisance de l'approvisionnement de Paris. Je continuerai à seconder le zèle et les efforts de la municipalité par tous les moyens et toutes les ressources qui sont en mon pouvoir, et j'ai donné les ordres les plus positifs pour la circulation libre des grains sur toutes les routes, et le transport de ceux qui sont destinés pour ma bonne ville de Paris.

» *Signé* Louis. »

L'assemblée désirant également venir, autant qu'il était en son pouvoir, au secours des Parisiens, prit un arrêté pour assurer la police des marchés, faciliter le transport des blés, lever les obstacles qui en gênaient la circulation dans l'intérieur du royaume, et engager les municipalités des environs à faire porter du pain dans la capitale par les boulangers de leurs arrondissemens.

La multitude écouta avec des transports de joie la lecture de la réponse du roi et du décret qui venait d'être rendu. Mais les prétentions augmentant avec la facilité d'obtenir ce qu'on demandait, une foule d'hommes et de femmes insistèrent vivement pour que le pain de quatre livres fût fixé à huit sols, et la viande à six sols la livre.

M. l'évêque de Langres qui présidait en l'absence de M. Mounier, ne pouvant rétablir l'ordre, crut devoir lever la séance.

Maillard et plusieurs femmes, après s'être munis d'expéditions de la réponse du prince et du décret de l'assemblée, que les secrétaires s'empressèrent de leur délivrer, repartirent pour Paris, dans des voitures de la cour que le roi leur fit donner.

Sur les onze heures, M. Mounier arriva. La salle était remplie d'une foule d'amazones et de lanciers de Paris, au milieu desquels on distinguait à peine quelques représentans que la curiosité semblait y retenir. Il fit rappeler les autres à l'assemblée au son du tambour, et lut au peuple dans l'intervalle l'acceptation faite par le roi de divers articles de la constitution. Elle était ainsi conçue :

« J'accepte purement et simplement les articles de la constitution, et la déclaration des droits de l'homme que l'assemblée nationale m'a présentés.

» *Signé* Louis. »

La foule applaudit et se presse autour du bureau pour en obtenir des copies. Mais les applaudissemens étant entremêlés des murmures d'un grand nombre de personnes qui se plaignaient de n'avoir rien mangé de tout le jour, le président fit chercher du pain chez tous les boulangers de Versailles ; on distribua du vin, des cervelas, et la salle d'assemblée devint une salle de banquet.

C'est pendant ce repas qu'un aide-de-camp de M. de la Fayette vint annoncer sa prochaine arrivée à la tête de l'armée parisienne. La cour en était déjà instruite ; un précédent message du général, arrivé sur les neuf heures, lui avait appris son départ ; l'épouvante s'y était répandue, et sur les dix heures on fit une nouvelle tentative pour sortir du château.

Cinq voitures de la reine, attelées de six et huit chevaux, se présentent à la grille du Dragon : elles étaient escortées de plusieurs cavaliers en habit bourgeois ; les cochers et postillons étaient également sans livrée : le suisse se préparait à ouvrir. La sentinelle étonnée appelle le commandant du poste, et la garde sort. Le piqueur dit que la reine est dans la voiture, et qu'elle veut aller à Trianon. «Dans ces momens de troubles, réplique le commandant, il serait dangereux pour sa majesté de quitter le château. Nous offrons de reconduire la reine à son appartement ; mais nous ne pouvons prendre sur nous de la laisser sortir de la ville. » — Le piqueur insiste. — L'officier refuse ; et les voitures rentrent sous escorte aux écuries. Madame Thibault, première femme de chambre de la reine, était, dit-on, dans une de ces voitures, et madame de Salvert avec sa femme de chambre dans le carrosse de la reine qu'elle représentait. Une autre voiture chargée de malles et d'une vache, est amenée au corps-de-garde par une patrouille qui l'avait empêchée de sortir ; on la fait garder par deux fusiliers pour la garantir du pillage, et le lendemain soir elle fut remise sans qu'on en fît la visite, et sans dommage, à madame de Saint-Priest, à qui elle appartenait.

Enfin, un paléfrenier de M. d'Estaing rentre vers le milieu de la nuit, conduisant cinq chevaux de main, tous bridés et sellés, et sur l'interpellation de la sentinelle, déclare que, la veille au soir, il a reçu l'ordre de son maître, de les conduire ainsi disposés dans le parc, et que, ne voyant venir personne, il prend le parti de retourner à la ville.

Si, à toutes ces circonstances, on ajoute que les chasseurs de Lorraine en garnison à Rambouillet, avaient ordre depuis plusieurs jours de se tenir prêts à marcher, et passèrent cette nuit sous les armes, il sera difficile de ne pas être persuadé qu'il était dans les projets de la ligue de Versailles de profiter de la crise des événemens pour effrayer le roi, déterminer sa fuite, et l'entraîner dans une guerre civile, si vivement désirée par les sangsues de la cour, comme le dernier retranchement du despotisme et de l'aristocratie. Mais Louis XVI, toujours résistant, et craignant avec raison d'échouer dans une entreprise de ce genre, ne prit aucun parti.

Il paraissait d'ailleurs peu touché de ses dangers personnels ; mais il s'informait de ceux qui menaçaient sa famille. De son appartement il entendait les cris de fureur de la multitude qui, dans ses horribles imprécations, mêlait le nom de la reine à celui des gardes-du-corps, et demandait leur sang. Chaque instant augmentait l'irrésolution du conseil sur les mesures à prendre pour mettre en sûreté des têtes aussi précieuses et aussi chères que celles de l'épouse et des enfans du monarque ; et les ligueurs faisaient tous leurs efforts pour décider la reine à s'éloigner, dans l'espoir que ses périls appelleraient le prince sur ses pas. Tel était le but des diverses épreuves que l'on fit des dispositions du peuple en essayant de faire sortir de Versailles les voitures de la cour.

A onze heures et demie du soir, on n'avait pas encore perdu toute espérance ; et quand les gardes-du-corps reçurent l'ordre de passer sur la terrasse, le bruit se répandit parmi eux que la cour allait partir, et qu'ils seraient commandés pour l'escorter.

Lorsqu'on eut enfin reconnu que la résolution du monarque était invariable, la reine convaincue que la colère des Parisiens ne menaçait qu'elle seule, déclara qu'elle voulait rester avec ses enfans sous la sauvegarde du roi, et qu'elle périrait plutôt à ses pieds que de s'en séparer.

Une foule de personnes remplissaient les appartemens. On y voyait et les femmes des ministres et les dames du palais, et nombre de députés de l'assemblée nationale. Toutes les figures portaient l'empreinte de la consternation. La reine seule montrait un front calme et serein ; elle rassurait ceux qui tremblaient pour elle, et faisait admirer son courage à ceux même qui condamnaient ses principes, et que le souvenir encore présent de ses fautes prévenait le moins favorablement en sa faveur.

Il était près de minuit, et tout paraissait assez paisible, lorsque le bruit des tambours, et les feux qui servaient de guide à l'armée parisienne, annoncèrent son arrivée. L'avant-garde, sous les ordres de M. le duc d'Aumont, vint se ranger en bataille sur la place d'armes. Elle fut suivie de près par le corps d'armée commandé par M. de la Fayette. Presque toute cette armée, agitée par le ressentiment, exaltée par le fanatisme de la liberté, semblait ne rouler que des projets de vengeance. Le général mit heureusement à profit le temps que lui laissait la route pour parler à ses soldats, leur inspirer d'autres sentimens, les exhorter à la modération, et changer des dispositions qui pouvaient devenir si funestes.

Arrivé à Viroflay, non loin de l'avenue de Versailles, il fait faire halte à son armée entre onze heures et minuit, et en exige un nouveau serment d'obéissance et de fidélité, serment auquel l'obscurité de la nuit imprimait encore un caractère plus religieux et plus sacré. Le général se détache à la tête d'un bataillon, pour se rendre à l'assemblée nationale.

M. Mounier avait envoyé à sa rencontre M. Gouy-d'Arcy, pour lui faire part de l'acceptation donnée par le roi à la déclaration des droits, et aux dix-neuf premiers articles de la constitution, et le prier d'en instruire ses troupes. Arrivé à l'assemblée, où se trouvaient alors moins de députés que d'hommes et de femmes venus de Paris, le général dit au président qu'on pouvait être rassuré sur les suites de cet événement; que plusieurs fois il avait fait jurer ses soldats de rester fidèles au roi et à l'assemblée nationale, de leur obéir, de ne faire et ne souffrir aucune violence.

— « Quel est donc, lui demande le président, l'objet d'une pareille visite, et que veut votre armée? — Quel que soit le motif qui a déterminé sa marche, reprend le général, puisqu'elle a promis d'obéir au roi et à l'assemblée nationale, elle n'imposera aucune loi. Cependant, pour contribuer à calmer le mécontentement du peuple, il serait peut-être utile d'éloigner le régiment de Flandre, et de faire dire par le roi quelques mots en faveur de la cocarde patriotique. » Il se retire ensuite pour monter au château.

Il y était attendu avec une impatience mêlée de crainte. Toute la cour se pressait sur son passage pour observer sa contenance, et lire dans ses regards s'il apportait la paix ou la guerre. Il se présente avec deux des commissaires civils désignés par la commune pour accompagner l'armée. Il portait sur sa physionomie un mélange de douleur, de respect et de courage qui, frappa singulièrement tous ceux qui l'aperçurent.

Entré dans le cabinet du roi, il lui rend compte de l'état des choses, et lui dit : « Je viens, Sire, vous apporter ma tête pour sauver celle de votre majesté. Si mon sang doit couler, que ce soit du moins pour le service de mon roi, plutôt qu'à l'ignoble et sombre lueur des flambeaux de la Grève. » Il reçoit du prince l'ordre de faire prendre par la garde parisienne les postes ci-devant occupés par les gardes-françaises; les gardes-du-corps, suisses et cent-suisses, devant conserver les leurs.

L'armée parisienne entrée dans la ville sur les pas de son général, fut accueillie avec toutes les marques d'amitié et de fraternité par la garde et les habitans de Versailles. M. de la Fayette retourne sur-le-champ à la tête de la colonne, donne l'ordre qu'il venait de recevoir, et fait successivement aux suisses et à sa troupe des harangues qui respiraient l'amour de la patrie, la fidélité due au roi, et l'enthousiasme de la liberté. Il fut écouté avec cette attention qui dénote la confiance et garantit la soumission.

Avant l'arrivée de M. de la Fayette, le roi avait fait dire à M. Mounier qu'il le priait de se rendre au château avec le plus de députés qu'il pourrait rencontrer. Mais le vœu de sa majesté ne parvint à l'assemblée qu'à l'instant où le commandant de l'armée parisienne en sortait, et le général prévient le président. Celui-ci s'étant rendu avec un grand nombre de ses collègues à l'invitation du monarque, le roi leur dit : « J'avais désiré d'être environné des représentans de la nation, et de pouvoir profiter de leurs conseils au moment où je recevrais M. de la Fayette; mais il est venu avant vous, et il ne me reste plus rien à vous dire, sinon que je n'ai point eu l'intention de partir, et que je ne m'éloignerai jamais de l'assemblée nationale.

Les députés étant retournés dans leur salle, afin de pouvoir surveiller les événemens, M. de Mirabeau pria le président de préserver la dignité de la délibération, en faisant retirer les étrangers qui occupaient la salle. Mais les galeries ne pouvant suffire à l'affluence qui s'y portait, un grand nombre demeura sur les bancs des députés. L'assemblée, pour ne pas rester dans l'inaction, commençait à discuter les lois criminelles, lorsque tout à coup la discussion est interrompue par ces cris répétés :

du pain, du pain! pas tant de longs discours! — « Je voudrais bien savoir, s'écria M. de Mirabeau, pourquoi l'on se donne les airs de nous dicter ici des lois? » Le peuple l'applaudit. Le président ajouta qu'on ne laissait assister le public aux séances, que sous la condition qu'il ne s'écarterait pas des bornes du respect dû à l'assemblée nationale ; et l'on réussit à obtenir du silence.

Cependant divers détachemens de l'armée parisienne s'étaient emparés des postes que le roi venait de leur accorder, et les habitans de Versailles s'empressaient d'offrir l'hospitalité à leurs frères de Paris. Ceux qui ne purent trouver de logement se retirèrent avec leurs bataillons dans les églises et d'autres édifices publics pour y passer le reste de la nuit. La sécurité régnait au château, le calme dans toute la ville, et l'assemblée nationale se sépara à quatre heures du matin, sur les assurances que lui donna M. de la Fayette du maintien du bon ordre et de la tranquillité générale.

Les troupes parisiennes, fatiguées de la marche et du mauvais temps, ne cherchaient qu'un asyle et du repos. Elles avaient trouvé l'un et l'autre, et une nuit tranquille succéda au tumulte de la journée précédente. Un détachement de gardes nationales se logea dans l'hôtel des gardes-du-corps, qui ne renfermait plus qu'environ vingt de ces derniers ; ceux qui n'étaient pas nécessaires à la garde des postes intérieurs du château, s'étant portés successivement de la cour royale sur la terrasse de M. le dauphin, de là à Trianon et à Rambouillet. Un grand nombre d'entre eux n'ayant pu la veille pénétrer à l'hôtel de Charost où étaient leurs chevaux, s'étaient réfugiés dans des retraites cachées.

SÉANCE DU LUNDI 5 OCTOBRE.

Présidence de Mounier.

Le président lit la réponse du roi, ainsi conçue :

« J'examinerai le décret de l'assemblée nationale sur le prêt à intérêt, et je lui répondrai incessamment.

J'avais déjà fait connaître mes dispositions sur le décret du droit de franc-fief, et je donne volontiers ma sanction au décret que vous m'avez présenté sur cet objet.

J'accorde ma sanction au décret concernant les impositions.

J'approuve votre décret relativement aux juifs d'Alsace, et je les protégerai contre les vexations dont ils sont menacés.

J'ai fait garnir toutes les frontières du royaume pour empêcher l'exportation des grains, et je ne puis, sur la demande de l'assemblée, que renouveler les ordres que j'ai donnés à cet égard.

Quant à la déclaration des droits et aux articles décrétés de la constitution, voici mes intentions.

De nouvelles lois constitutives ne peuvent être bien jugées que dans leur ensemble : tout se tient dans un si grand et si important ouvrage; cependant je trouve naturel que, dans un moment où nous invitons la nation de faire tous les efforts de patriotisme, nous la rassurions sur le principal objet de son intérêt. Ainsi dans la confiance que les premiers articles constitutionnels que vous m'avez fait présenter, mis à la suite de votre travail, rempliront le vœu de mes peuples et assureront la tranquillité du royaume, j'accorde, selon votre désir, mon *accession* à ces articles, mais aux conditions positives, dont je ne me départirai jamais, que, par le résultat général de vos délibérations, le pouvoir exécutif ait son entier effet entre les mains du monarque.

Une suite de faits et d'observations qui sera mise, de ma part, sous vos yeux, vous fera connaître que, dans l'ordre actuel des choses, je ne puis protéger ni la perception des impôts, ni la circulation des grains, ni la liberté individuelle. Je veux cependant remplir ces devoirs essentiels à la royauté; le bonheur de mes sujets et le maintien de l'ordre social en dépendent. Ainsi je demande que nous levions en commun tous les différens obstacles qui pourraient contrarier une forme aussi désirable et si nécessaire.

Vous avez sans doute pressenti que les anciennes institutions et que les formes judiciaires ne pouvaient être changées, que quand un nouvel ordre de choses leur aurait été substitué; ainsi, je n'ai pas besoin de vous donner mes observations sur ce point.

Il me reste à vous témoigner avec franchise que, si je donne mon accession aux différens articles que vous m'avez fait présenter, ce n'est pas qu'ils ne présentent tous, indistinctement, l'idée de la perfection.

Mais je crois qu'il est louable en moi de ne pas différer d'avoir égard au vœu présent des représentans de la nation, et aux circonstances alarmantes qui nous invitent à vouloir, par-dessus tout, le prompt rétablissement de la paix et de l'ordre.

Je ne m'explique pas sur la déclaration des droits de l'homme : elle contient de très-bonnes maximes propres à guider vos travaux.

Mais elle renferme des principes susceptibles d'explications, et même d'interprétations différentes, qui ne peuvent être justement appréciées qu'au moment où leur véritable sens sera fixé par les lois auxquelles la déclaration servira de base.

Signé, Louis.

Cette réponse, qui n'offre qu'un consentement incertain, aussi variable que les circonstances, paraît vivement affecter l'assemblée. Elle a reçu néanmoins quelques applaudissemens, parmi les membres du haut-clergé et de la noblesse.

L'assemblée décrète que cette réponse sera imprimée à la suite de tous les droits et des articles auxquels le roi promet *accession.*

On allait reprendre l'ordre du jour, c'est-à-dire, la rédaction du droit sur l'imposition du quart des revenus, lorsque M. Muguet a changé la délibération, en demandant la parole sur la réponse du roi.

M. Muguet de Nantou. Rappelez-vous les intentions de vos commettans, lorsqu'ils ont exigé qu'aucun impôt ne fût accordé avant la constitution. Vous pouvez aujourd'hui en faire l'application aux circonstances.

Quelle réponse ambiguë et insidieuse vous venez d'entendre ?

Ce n'est pas là la réponse que la nation avait droit d'attendre : elle fait entrevoir que cette constitution pourrait être altérée par la suite ; si nous accordons au roi le droit de la modifier, n'est-ce pas lui donner celui de la refuser ? s'il peut la changer, ne pourra-t-il pas la détruire ? Cette faculté anéantit la liberté, consacre le despotisme. La déclaration des droits expose ceux de tous les hommes et de toutes les nations : ces principes sont indestructibles ; ils sont inattaquables. Le roi ne peut que les reconnaître, dès qu'ils sont présentés. Il faut donc lui en demander sur-le-champ une acceptation pure et simple.

La contribution extraordinaire doit être le prix de notre liberté ; il faut donc que notre liberté soit assurée sans retard.

Je propose de continuer le travail de la constitution et d'arrêter que le décret proposé par le premier ministre des finances, n'aura son exécution, et que la contribution ne sera payée qu'après la constitution acceptée.

M. *Robespierre.* La réponse du roi est destructive, non-seulement de toute constitution, mais encore du droit national à avoir une constitution. On n'adopte les articles constitutionnels qu'à *une condition positive :* celui qui peut imposer une condition à une constitution, a le droit d'empêcher cette constitution ; il met sa volonté au-dessus du droit de la nation. On vous dit que vos articles constitutionnels *ne présentent pas tous l'idée de la perfection ;* on ne *s'explique pas* sur la déclaration des droits : est-ce au pouvoir exécutif à critiquer le pouvoir constituant de qui il émane ? il n'appartient à aucune puissance de la terre d'expliquer des principes, de s'élever au-dessus d'une nation, de censurer ses volontés. Je considère donc la réponse du roi comme contraire aux principes, aux droits de la nation, et comme opposée à la constitution.

Tout vous fait assez connaître que les ministres veulent rivaliser d'autorité avec la nation : on a sanctionné vos arrêtés ; les uns par un arrêt du conseil avec les formes anciennes du despotisme, *car tel est notre bon plaisir,* etc., un autre est transformé en réglement, et le roi fait des lois sans vous, tandis que vous n'en pouvez faire sans lui. Vous n'avez d'autre moyen d'éviter les obstacles qu'en brisant les obstacles : quelle espèce de religion y a-t-il donc à couvrir les droits de la nation, d'un voile qui ne sert qu'à favoriser les atteintes qu'on voudrait leur porter ? Il faut examiner franchement s'il est une puissance humaine qui puisse opposer aucun obstacle à la constitution qu'un peuple veut se donner : si le *veto* suspensif doit porter sur les actes d'une convention nationale : il faut régler la formule de l'acceptation de ces actes et celle de la sanction pour les actes des législatures ordinaires. »

M. Bouche observe des altérations dans la promulgation des décrets concernant la gabelle et les subsistances. Où est le législateur ? Est-ce le monarque ? Est-ce vous ? Si c'est vous, les lois, quand il les a sanctionnées, ne doivent jamais être altérées. Les conséquences de la violation de ce principe sont de la plus grande et de la plus funeste importance.

L'opinant propose de n'accorder nul impôt avant la constitution acceptée par le roi, qui viendrait alors dans l'assemblée jurer de gouverner suivant les lois, et recevoir de la nation le serment d'obéissance.

M. Prieur discute la réponse du roi par l'application des principes exposés par quelques préopinans, et conclut à ce que le président se retire devers le roi pour lui demander d'accepter purement et simplement la déclaration des droits et les articles constitutionnels délibérés.

M. Duport. Je vois avec peine que la réponse du roi ne soit signée que de lui. Elle contient une phrase infiniment dangereuse, par laquelle il est annoncé qu'on cède à des circonstances alarmantes. Les peuples ne pourront-ils pas penser que sans l'embarras des circonstances on n'aurait pas adhéré si aisément ? Lorsque je rapproche la réponse du roi de ces orgies insensées, dont la prudence s'effraie, dont la misère murmure, je me place dans le fond des provinces, et je me demande si ces nouvelles arrivant à la fois en rassureront les habitans, et ne détruiront pas la confiance.

Je propose d'arrêter que le président se retirera devers le roi, afin de le prier de s'expliquer sur sa réponse.

M. Goupil de Préfeln. La réponse du roi est vraiment alarmante. En effet, comment penser que le roi, que nous avons proclamé le restaurateur de la monarchie française, ait voulu répandre des nuages sur cette justice que toute sa nation lui a rendue?

Mon avis est que M. le président aille sur-le-champ chez le roi pour lui demander quels sont les perfides conseils qui lui ont suggéré une telle réponse.

M. le vicomte de Mirabeau veut défendre la réponse du roi. Il semble attaquer l'assemblée, en disant qu'il y a assez long-temps qu'on cherche à attaquer le pouvoir exécutif.

A peine a-t-il prononcé ces paroles, que l'on demande qu'il soit rappelé à l'ordre.

Après quelques momens de murmures, M. le vicomte de Mirabeau reprend la parole, et dit qu'il n'a pas besoin que l'assemblée le rappelle à l'ordre; qu'il la supplie de recevoir ses excuses pour une expression impropre.

Cette rétractation est applaudie.

M. le comte de Virieu pense qu'il faut renvoyer cette réponse aux bureaux pour y être examinée.

M. *Pétion de Villeneuve* s'élève contre l'altération du décret de l'assemblée. Il parle du repas donné jeudi dernier, par les gardes-du-corps, au régiment de Flandre et aux dragons. Depuis long-temps, s'écrie-t-il, la liberté nationale est menacée. Je ne parle pas des cris de *vive le roi*, portés jusqu'aux nues dans cette orgie; ils ont retenti dans cette assemblée, ils retentissent dans tous les cœurs; mais quelles imprécations n'y a-t-on pas proférées contre l'assemblée nationale! Doit-elle être insultée dans son sanctuaire?.....

Je passe à la réponse du roi. Vous avez reconnu qu'il ne pouvait jamais refuser la constitution; en arrêtant qu'on ne lui en demanderait pas la *sanction* mais l'*acceptation*. Le délégué de la nation ne peut la régir que par les lois par lesquelles elle veut être gouvernée. Le roi vous dit cependant: que vos lois sont imparfaites, qu'il les accepte, quant à présent, qu'elles expriment le vœu présent de l'assemblée...... Il doit accepter pour toujours; le vœu de l'assemblée ne peut pas varier, il est celui de la nation. Enfin, si j'explique l'esprit de la réponse du roi, il se rend aux circonstances ; elles changeront ; il croira pouvoir changer.

Il paraîtrait convenable d'exposer franchement les principes, dans une adresse qui serait présentée au roi par le président à la tête d'une députation.

M. l'abbé Grégoire. Le roi est bon, il est homme ; il a été trompé, il le sera encore. Comment répond-il à la présentation d'une constitution qui établit des droits sacrés, et qui est l'objet de tous les vœux ? Je crains de nouveaux troubles. Une disette affreuse se fait sentir au moment même d'une récolte abondante : quels événemens y donnent lieu ? Le ministre doit en être instruit ; qu'il s'excuse, ou il est coupable.

Je demande pourquoi cette lettre envoyée à un meunier, avec 200 livres, et la promesse d'autant par semaine, s'il ne veut pas moudre. Je demande si les gardes-du-corps doivent prêter serment. Je demande pourquoi M. de Bouillé ne l'a pas prêté. Je demande pourquoi cette cocarde noire et blanche arborée, et la cocarde nationale foulée aux pieds dans une orgie qu'on appelle fête militaire. Je demande que cette orgie soit dénoncée au comité des recherches.

M. le comte de Mirabeau. Avant de passer à la grande question de l'acceptation du monarque, je crois devoir dire un mot sur la question de circonstance qu'on vient d'élever, peut-être avec plus de zèle que de prévoyance.

Je n'entrerai pas dans les détails auxquels on peut croire comme homme, et non comme membre du souverain.

Il s'est passé des jours tumultueux. L'on a vu des faits coupables ; mais est-il de la prudence de les révéler ?

Le seul moyen que l'on doit prendre sur cet objet, c'est de requérir que le pouvoir exécutif tienne les corps et les chefs de corps dans la discipline exacte qu'ils doivent surtout observer dans le lieu où résident le monarque et le *souverain* ; qu'il défende surtout ces festins prétendus fraternels, qui insultent à la misère publique, et jettent des étincelles sur des matériaux rassemblés et trop combustibles.

Je reprends la question de l'acceptation.

L'acceptation qui vient d'être donnée est-elle ou n'est-elle pas suffisante ? Il y a sur cela plusieurs observations à faire. La première, c'est qu'il importe souverainement au monarque, pour le succès de la tranquillité publique, que nos arrêtés soient acceptés, et que surtout ils paraissent l'avoir été volontairement.

Il me semble qu'on pourrait faire au roi une adresse, dans laquelle on lui parlerait avec cette franchise et cette vérité qu'un fou de Philippe II mettait dans ces paroles triviales : *Que ferais-tu, Philippe, si tout le monde disait* non, *quand tu dis* oui?

Je ne pense pas qu'il faille prier le roi de retirer l'accession qu'il vient de donner, mais seulement de l'interpréter, de donner enfin des éclaircissemens qui puissent satisfaire la nation.

L'assemblée a été autorisée à fixer le pouvoir constituant dans ses rapports entre la nation et son délégué. Si le délégué, si le roi persistait dans ses refus, bientôt le germe du patriotisme serait étouffé, et l'anarchie commence au moment où les peuples connaissent assez leurs forces pour s'apercevoir qu'on veut les comprimer.

L'accession que vient de donner le roi peut faire naître des doutes sur ses sentimens. On craint que le pouvoir exécutif ne veuille être indépendant, et il ne peut pas plus l'être du pouvoir législatif, que la volonté de l'action, et la tête des bras.

La réponse du roi n'est pas contre-signée d'un ministre, elle devrait l'être ; car sans cela la loi salutaire de la responsabilité sera toujours éludée. La personne du roi est inviolable, la loi doit l'être aussi ; et quand elle est violée, les victimes ne peuvent être que les ministres.

Je propose le projet d'arrêté suivant :

L'assemblée nationale ordonne que le président se retirera par-devers le roi, à l'effet de le supplier,

1° De donner des ordres exprès à tous les chefs des corps militaires, plus spécialement à ceux qui résident actuellement à Versailles, pour les maintenir dans la discipline et dans le respect dû au roi et à l'assemblée nationale ;

2° D'interdire aux corps les prétendus festins patriotiques, qui insultent à la misère du peuple, et dont les suites peuvent être funestes;

3° Que tout acte émané de sa majesté ne puisse être manifesté sans la signature d'un secrétaire-d'état.

4° Qu'il plaise à sa majesté de donner à sa réponse un éclaircissement qui rassure les peuples, sur l'effet d'une acceptation conditionnelle, motivée seulement par les circonstances, et qui ne laisse aucun doute sur cette acceptation.

—Un murmure approbatif se faisait entendre en faveur des dispositions présentées par l'orateur, lorsque M. de Monspey change l'ordre de la discussion, en demandant que M. Pétion soit tenu de rédiger par écrit, de signer et de déposer sur le bureau la dénonciation qu'il a faite relativement à ce qui s'est passé dans ce qu'il appelle les fêtes militaires des gardes-du-corps.

M. le comte de Mirabeau. Je commence par déclarer que je regarde comme souverainement impolitique la dénonciation qui vient d'être provoquée : cependant, si l'on persiste à la demander, je suis prêt, moi, à fournir tous les détails et à les signer; mais auparavant je demande que cette assemblée déclare que la personne du roi est seule inviolable, et que tous les autres individus de l'État, quels qu'ils soient, sont également sujets et responsables devant la loi.

—Cette interpellation soudaine et si justement appliquée, frappe d'étonnement l'assemblée, et M. de Monspey se hâte de retirer une motion qu'il eût mieux aimé n'avoir pas faite, et à laquelle il eût peut-être mieux valu qu'on donnât suite.

La délibération est continuée.

M. l'abbé Maury. Je ne demande pas s'il y a de l'obscurité, des conditions ou un refus formel dans la réponse du roi. Je n'y vois aucun de ces vices; je n'y trouve rien qui ne soit clair et précis. La condition apposée par le roi relativement au pouvoir exécutif, n'est pas une véritable condition; c'est le concours qui doit exister entre les deux pouvoirs, et il importe que le pouvoir exécutif reprenne de l'énergie. Le roi dit qu'il accède au vœu présent; cela ne veut pas dire que le vœu à venir puisse être différent. Le roi ne se réserve rien quant à la déclaration des droits. Les axiomes de morale ne doivent pas être acceptés. C'est donc une grande erreur chez les sages Américains d'avoir fait avant tout une bonne déclaration des droits. Un traité de morale devait-il tant occuper de si bons législateurs?

M. Camus ne regarde la réponse du roi ni comme une acceptation ni comme un refus; et sous ces deux rapports il la juge insuffisante. Il représente la nécessité d'établir une formule d'acceptation simple, décisive et authentique.

M. l'abbé d'Abbecourt propose de témoigner au roi une égale reconnaissance pour la sanction qu'il donne aux articles constitutionnels, et pour les observations dont il veut bien l'accompagner.

M. de Monspey réitère la demande que M. Pétion soit tenu de mettre sur le bureau le détail des imprécations dont il a parlé ci-dessus, et qu'il le signe.

M. Pétion de Villeneuve offre des preuves de ce qu'il a avancé. Un très-grand nombre de membres se réunissent à lui.

M. de Monspey veut encore retirer sa motion; on s'y oppose fortement.

M. le président rappelle à l'ordre du jour, qui est uniquement la discussion sur la réponse du roi.

Trois amendemens sont admis sur la motion de M. le comte de Mirabeau, et le décret est ainsi adopté :

« L'assemblée nationale ordonne que le président, à la tête d'une députation, se retirera aujourd'hui devers le roi, à l'effet de le supplier de donner son acceptation pure et simple aux articles de la déclaration des droits, et à ceux de la constitution qui lui ont été présentés. »

M. Target. Des députés arrivés de Paris ce matin m'ont appris que les subsistances y manquent absolument et que la fermentation est à son comble. Ils sollicitent de votre justice d'interposer votre autorité pour obtenir du pouvoir exécutif, l'exécution de votre décret concernant la circulation des blés de province à province, de ville en ville. Je vous supplie donc d'engager votre président à prier le roi d'employer toute la force publique qui est entre ses mains pour appuyer l'exécution d'un décret d'une aussi grande importance.

A peine M. Target finissait de parler qu'une députation d'un très-grand nombre de citoyennes de Paris, déjà arrivées à Versailles, se présente à la barre. M. Maillard est à leur tête et porte la parole.

Maillard. Nous sommes venus à Versailles pour demander du pain, et en même temps pour faire punir les gardes-du-corps qui ont insulté la cocarde patriotique. Les aristocrates veulent nous faire périr de faim. Aujourd'hui même on a envoyé à un meunier un billet de 200 livres, en l'invitant à ne pas moudre, et en lui promettant de lui envoyer la même somme chaque semaine.

L'assemblée pousse un cri d'indignation, et de toutes les parties de la salle on lui dit : *Nommez.*

Maillard. Je ne puis nommer ni les dénoncés, ni les dénonciateurs, parce qu'ils me sont également inconnus ; mais trois personnes que j'ai rencontrées le matin dans une voiture de la cour m'ont appris qu'un curé devait dénoncer ce crime à l'assemblée nationale.

Une voix s'élève alors à la barre, et désigne M. l'archevêque de Paris.

L'assemblée entière s'empresse de répondre que ce prélat est incapable d'une pareille atrocité.

Maillard. Je vous supplie, pour ramener la paix, pour calmer l'effervescence générale et prévenir des malheurs, d'envoyer une députation à MM. les gardes-du-corps, pour les engager à prendre la cocarde nationale, et à faire réparation de l'injure qu'ils ont faite à cette même cocarde.

Plusieurs membres s'écrient que les bruits répandus sur les gardes-du-corps du roi sont calomnieux.

Quelques expressions peu mesurées échappées à l'orateur lui attirent alors une injonction du président de se contenir dans le respect qu'il doit à l'assemblée nationale. Le président ajoute que tous ceux qui veulent être citoyens peuvent l'être de leur plein gré, et qu'on n'a pas le droit de forcer les volontés.

Maillard. Il n'est personne qui ne doive s'honorer de ce titre; et s'il est, dans cette diète auguste, quelque membre qui puisse s'en croire déshonoré, il doit en être exclu sur-le-champ.

Toute la salle retentit d'applaudissemens, et une foule de voix répètent : *Oui, oui, tous doivent l'être; nous sommes tous citoyens!*

Au même instant on apporte à Maillard une cocarde nationale, de la part des gardes-du-corps. Il la montre aux femmes comme un gage de leurs dispositions pacifiques, et toutes s'écrient : *vive le roi! vivent les gardes-du-corps!*

Maillard. Je suis bien loin de partager les soupçons qui agitent tous les esprits; mais je pense qu'il est nécessaire pour le bien de la paix, d'engager sa majesté à prononcer le renvoi de ce régiment qui dans la disette cruelle qui afflige la capitale et les environs, augmente les malheurs publics, ne fût-ce que par l'augmentation nécessaire qu'il occasionne dans la consommation journalière.

L'assemblée ordonne à son président de se rendre aussitôt chez le roi, à la tête d'une députation, pour lui présenter le tableau de la position malheureuse de la ville de Paris. M. l'évêque de Langres prend le fauteuil; Maillard reste dans l'assemblée pour contenir les femmes, dont un grand nombre remplissait la cour; et M. Mounier se met en marche à la tête de la députation.

M. le président est chargé de faire au roi la demande conforme à la proposition de M. Target, et les membres députés vers sa majesté partent à quatre heures.

A six heures, cette députation n'était pas encore de retour.

N... propose d'en envoyer une seconde pour s'assurer des motifs du retard de la précédente.

Cette motion successivement combattue et appuyée n'est pas délibérée.

Un temps assez considérable s'écoule dans l'attente du retour de la première députation

M. Guillotin arrive seul. Il apporte une réponse du roi, par laquelle sa majesté exprime combien elle est touchée de la position de sa bonne ville de Paris, et annonce qu'elle a donné les ordres les plus positifs pour la circulation libre des grains, et pour l'approvisionnement de la capitale.

La salle, presque entièrement remplie de citoyennes arrivées de Paris, retentit des cris de *vive le roi!*

L'assemblée, après une assez longue discussion, rend un décret dans les mêmes vues. Elle ordonne l'exécution de ses précédens arrêtés sur les subsistances, autorise les municipalités à demander à cet effet les secours du pouvoir exécutif; permet aux boulangers des campagnes d'apporter tous les jours du pain à Paris, et prononce les peines les plus graves contre ceux qui mettraient des obstacles à l'exécution de ce décret, dont elle ordonne l'envoi aux tribunaux, l'impression, l'affiche et la publication au prône. Elle arrête en outre que le roi sera prié de prendre toutes les mesures nécessaires, et de donner connaissance à l'assemblée des moyens qu'emploiera le pouvoir exécutif pour assurer la subsistance du peuple.

Ce décret et la lettre du roi sont remis à la députation des citoyennes de Paris.

M. l'évêque de Langres, président en l'absence de M. Mounier, venait de lever la séance, lorsque ce dernier arrive de chez le roi, avec la députation.

Il apporte l'acceptation pure et simple des articles de constitution et de la déclaration des droits, signée par sa majesté.

L'assemblée se sépare à onze heures et demie.

Quelque temps après elle se réunit, pour se rendre au château, conformément aux désirs du roi; mais cette réunion était difficile à minuit. Le seul président se rendit auprès de sa majesté.

Le roi lui dit qu'ayant appris l'arrivée de la garde nationale de Paris, et M. le marquis de la Fayette, commandant-général de ces troupes, étant venu prendre ses ordres, il avait voulu s'entourer des conseils des représentans de la nation, que le temps nécessaire pour réunir les membres de l'assemblée nationale et l'arrivée des troupes n'avaient pas permis que M. de la Fayette attendît leur réunion, qu'il assurait les représentans de la nation qu'il n'avait jamais eu l'intention de s'éloigner, et qu'il ne se séparerait jamais de l'assemblée nationale.

Les députés réunis enfin dans leur salle, M. le président a répété le discours du roi au peuple qui s'y trouvait encore en grand nombre.

Un des secrétaires fait lecture du projet rédigé par le comité judiciaire, pour la réforme de quelques articles du code criminel.

Ce projet est mis à la discussion.

Les femmes qui se trouvaient encore en foule dans la salle, réclament la délibération sur les grains. Eh quoi! s'écrient-elles, que nous importe la jurisprudence criminelle, quand Paris est sans pain?

M. le comte de Mirabeau a d'abord demandé à M. le président de les faire retirer des bancs; ensuite leur adressant la parole : Sans doute les amis de la liberté ne viennent pas ici pour gêner la liberté de l'assemblée. Ces paroles font impression sur les femmes; elles gardent le silence; les députés reprennent leur délibération qui se termine à quatre heures du matin.]

Tel est le récit de la journée du 5 octobre dans *le Moniteur*; nous en avons retranché seulement les détails oiseux, c'est-à-dire, ceux dont il n'est point question dans les histoires et les mémoires du temps, ceux dont la nullité est suffisamment établie, puisque les partis n'en ont tenu compte. Car ce grand mouvement si facile à expliquer, dont les causes sont si visibles, a été l'objet d'interprétations de toute espèce. Au reste, *le Moniteur* est écrit dans l'expression des royalistes constitutionnels. Voici maintenant la narration de Desmoulins, faite presque une année après; elle contient des détails qui ne sont nulle part ailleurs.

« Le dimanche soir, les femmes se donnent rendez-vous le lendemain matin au pied de la lanterne, pour aller de là à Versailles. Dès la pointe du jour, elles se portent à l'Hôtel-de-ville. Chemin faisant, elles recrutent, dans leur sexe, des compagnons de voyage comme on recrute des matelots à Londres, et il se fait une presse de femmes. Le quai de la ferraille est couvert de racoleuses. La robuste cuisinière, l'élégante modiste, et l'humble fille de Minée grossissent la phalange; la vieille dévote, qui allait à la messe à la pointe du jour, se voit enlevée pour la première fois, et crie au rapt, tandis que plus d'une jeune fille se console d'aller à Versailles sans sa mère ou sans sa maîtresse surveillante pour rendre ses hommages à l'auguste assemblée. Cependant je dois, pour l'exactitude de ce récit, remarquer que ces femmes, du moins celles du bataillon qui campait le soir dans la salle de l'assemblée nationale, et qui avait marché sous le drapeau de M. Maillard, avaient nommé entre elles, une présidente et un état-major, et que toutes celles qu'on empruntait à leur mari ou à leur mère, étaient présentées d'abord à la présidente ou à ses aides-de-camp qui promettaient de veiller sur les mœurs, et assuraient l'honneur de la voyageuse pour ce jour-là.

« Arrivées à la place de Grève, ces femmes commencent à descendre religieusement la lanterne, comme dans le grandes calamités on descend la châsse de Sainte-Geneviève. Ensuite les femmes veulent monter à la ville. Le commandant-général avait été prévenu de ce mouvement; il savait que toutes les insurrections ont commencé par des femmes, dont la baïonnette des satellites du despotisme respecte le sein maternel. Quatre mille soldats présentaient un front hérissé de baïonnettes, et les écartaient des degrés; mais derrière ces femmes grossit à chaque minute, un noyau d'hommes armés de piques, de haches, de croissans; le sang va ruisseler dans la place : la présence des Sabines en empêche l'effusion; la garde nationale qui n'est pas automate et pure machine, comme le ministre de la guerre veut que soit le soldat, fait usage de sa raison. Elle voit que ces femmes qui partent à Versailles, vont à la source du mal. Les 4,000 hommes déjà accueillis de pierres, préfèrent ouvrir le passage, et, comme à travers une digue rompue, les flots de la multitude inondent l'Hôtel-de-Ville.

« Répétons à l'honneur de ce peuple qu'on calomnie : dans

tout autre pays, l'Hôtel-de-ville aurait été dévasté, tout y aurait été brisé et réduit en cendres : on ne pille que les armes, comme on avait fait au garde-meuble. Je demande aux détracteurs des faubourgs et du septième étage, ce qu'ils peuvent répondre à ce fait : de 2,000,000 livres prises dans le pillage, il en fut rapporté 194 mille, pour qu'un vol de deniers publics ne souillât point une si sainte journée. Bel exemple à proposer aux administrateurs ! C'est un tableau intéressant à peindre, et des plus grands qu'offre la révolution, que cette armée de dix mille *Judith*, allant couper la tête à *Holopherne*, forçant l'Hôtel-de-Ville, et s'y armant de tout ce qu'elles rencontraient, les unes attachant des cordes aux trains des canons, arrêtant des voitures, les chargeant de l'artillerie, portant de la poudre et des boulets à la garde nationale de Versailles qu'on a laissée sans munitions, les autres conduisant les chevaux, à cheval sur des canons, tenant la redoutable mèche, et allant chercher pour leur commandant-général, non des aristocrates à épaulettes, mais les vainqueurs de la Bastille. D'un autre côté, les anciens gardes-françaises et presque toute la troupe soldée accourue en armes sur la place de Grève, répondent à ceux qui les encouragent par des battemens de mains : « Ce n'est pas des applaudissemens que nous vous demandons ; la nation est insultée, prenez les armes et venez avec nous. » Le même feu de patriotisme embrase à la fois les 60 districts. Le district Saint-Roch lui-même reconnaît que le Palais-Royal a raison ; il se réconcilie avec le café de Foy. Le faubourg Saint-Antoine vient chercher le Palais-Royal ; le Palais-Royal embrasse le faubourg Saint-Antoine, et les gardes-françaises forcent M. *la Fayette* à monter sur le cheval blanc. Un grenadier lui cria, accompagnant ce mot d'un geste de fusil très-significatif : *Général, à Versailles, ou à la lanterne.* Apparemment, il avait donné ce jour-là pour mot de l'ordre, le *temporisateur Fabius.* On prétend que le cheval blanc mit neuf heures à faire la route de Paris à Versailles.

« La déclaration détaillée de M. *Lecointre*, faite au nom de la garde nationale de Versailles, explique le reste des événemens.

On y voit M. d'Estaing assemblant le 5 la municipalité de Versailles, et se faisant délivrer une autorisation d'accompagner le roi dans sa retraite ; et quand le patriotisme de M. *Lecointre* et de la garde versaillienne, a empêché cette retraite en arrêtant les voitures de la femme du roi et de *Guignard* (de St-Priest) : on le voit refuser de donner des ordres à la garde nationale de Versailles, et ainsi que le commandant en second, déclarer qu'il se range avec les gardes-du-corps. On voit, dit enfin Desmoulins, que chaque violence du peuple a été provoquée par une violence des gardes-du-corps. » (*Révolutions de France et de Brabant*, t. 3. p. 365.)

Terminons ce récit du 5 octobre par une lettre de Louis XVI au comte d'Estaing, 5 octobre, sept heures du soir. — « Vous voulez, mon cousin, que je me prononce dans les circonstances critiques où je me trouve, et que je prenne un parti violent; que j'emploie une légitime défense, ou que je m'éloigne de Versailles. Quelle que soit l'audace de mes ennemis, ils ne réussiront pas ; le Français est incapable d'un régicide.... J'ose croire que ce danger n'est pas aussi pressant que mes amis se le persuadent. La fuite me perdrait totalement, et la guerre civile en serait le funeste résultat.... Agissons avec prudence ; si je succombe, au moins je n'aurai nul reproche à me faire. Je viens de voir quelques membres de l'assemblée, j'en suis satisfait.. Dieu veuille que la tranquillité publique soit rétablie ; mais point d'agression, point de mouvement qui puisse laisser croire que je songe à me venger, même à me défendre. » (*Correspondance inédite*, t. 1, p. 159.)

Signé, Louis.

Dépositions du lieutenant-colonel commandant la première division de la garde nationale de Versailles (1).

Le lieutenant-colonel *Lecointre* parle d'abord de ses démarches

---

(1) Cette déposition importante et dont nous ne pouvons donner qu'un extrait, a été faite au comité des recherches de Paris. Cependant elle ne fait pas partie des pièces du même genre au *Moniteur*, introduction. Nous l'avons recueillie dans *le Vieux tribun du Peuple*, 1790.

du matin 5 octobre, auprès de la *municipalité* de Versailles, pour qu'elle exigeât des gardes-du-corps le serment national. Sa demande fut écartée. (p. 80.)

A deux heures, apprenant que les Parisiens arrivent, il court à la recherche d'un chef ayant droit de donner des ordres généraux à la garde nationale; il ne trouve ni le commandant général, M. d'Estaing, ni aucun autre. Cependant il fait rassembler les compagnies de sa division. Elles se réunirent d'abord sur l'avenue de Paris ; mais il les envoya se masser près la caserne des anciens gardes-françaises. (C'est peu de temps après leur départ que M. de Savonnière, garde-du-corps, commit le premier acte d'hostilité sur les Parisiens.)

Il paraît que *M. Lecointre* craignait que le roi ne quittât le château. Il rapporte en effet qu'en ce moment, vers trois heures, M. d'Estaing assemblait la municipalité de Versailles, et obtenait d'elle une espèce de passeport, conçu à peu près dans ces termes :

« Sur l'exposé fait par M. le comte d'Estaing, qu'un grand nombre d'hommes et de femmes armés arrivent de Paris, et que le roi et la famille royale pourraient être en danger, la municipalité *autorise* M. le comte d'Estaing à accompagner le roi dans sa retraite, et à ne rien négliger pour le ramener à Versailles le plus tôt possible. »

Cet ordre autorisait de plus le comte d'Estaing à tenter toutes les voies de conciliation, et à repousser, s'il le fallait, la force par la force. (P. 45.)

Cependant la division *Lecointre*, réunie à la caserne des gardes-françaises, n'avait pas de cartouches. Son commandant chercha vainement à en obtenir. Le gardien de l'artillerie de la garde nationale lui répondit que ses munitions étaient épuisées.

A peu près dans ce moment, les *voitures du roi* vont pour sortir par la porte de l'Orangerie. Le détachement de la compagnie de Presle, qui occupait le poste, refuse le passage. Durup de Baleine, instruit qu'il y a rumeur à la porte de l'Orangerie, envoie un renfort. Les portes se ferment, et les voitures rentrent aux écuries du roi.

Cependant la pluie commençait à tomber, et la nuit s'approchait.

M. Lecointre court alors pour connaître les dispositions des gardes-du-corps et du régiment de Flandre. Les premiers déclarèrent qu'ils ne commettraient aucun acte d'hostilité. Les officiers du régiment répondirent qu'ils n'avaient point l'intention de *faire de mal aux bourgeois*; et les soldats donnèrent des cartouches à la division Lecointre.

Alors le lieutenant-colonel va aux hommes armés de piques, arrivés de Paris. Cette portion du récit se trouve dans la narration empruntée au *Moniteur*, p. 84. Seulement, on ne dit point qu'on n'obtint pas en définitive un atome de vivres, et qu'un aide-de-camp de Lecointre alla le dire au peuple, et lui fit accepter ses excuses.

De retour à sa division, *M. Lecointre* apprend que M. d'Estaing est venu en personne *donner ordre aux compagnies nationales de se retirer*. Quelques compagnies avaient obéi; mais la plupart déclarèrent qu'elles ne quitteraient pas la place avant les gardes-du-corps. L'ordre fut donc donné à ceux-ci de défiler. « C'est alors que s'engagea le feu. Le premier coup fut tiré par un garde-du-corps, et blessa à la figure un garde national de Versailles; et ce fut le corps de M. Lecointre qui répondit : les gardes, dit-il, tiraient en marchant. Nous en fûmes quittes pour quelques chapeaux et quelques habits qui furent percés. Un cheval des gardes du roi fut tué; un autre eut la jambe cassée. »

Alors la division Lecointre veut avoir des munitions. On menace un M. de la Toulinière, garde de l'artillerie de la garde nationale, de lui brûler la cervelle, s'il ne remet celles que certainement il possédait. En effet, la frayeur les lui fait retrouver. Alors on chargea les canons, et on les braqua vis-à-vis la rampe où l'on s'attendait à voir reparaître *les ennemis* (les gardes du du roi).

M. Lecointre s'occupe ensuite de sauver la vie d'un garde-du-corps qui était entre les mains des femmes ; et en effet, on l'enferma dans la caserne des ex-gardes-françaises, d'où il sortit le lendemain sain et sauf. Un grand nombre de femmes se réfugièrent aussi dans cette caserne pour y passer la nuit.

« La faim était telle, que le cheval mort dans le combat fut rôti à moitié, et mangé. »

Notre lieutenant-colonel se rend alors au château. Il trouve dans la cour des ministres une partie des gardes-du-corps qui était revenue par les rues de l'Orangerie et de la Surintendance se ranger en bataille, avec le régiment des Suisses : les autres étaient sur la terrasse.

« Je trouve, dit-il en continuant, auprès des gardes du roi, M. le comte de Gouvernet, notre commandant en second. Je lui témoigne toute ma surprise. Il me répond qu'il a passé du côté des gardes, et qu'il restera avec eux. Après avoir exprimé avec franchise mon mécontentement, je retourne à la caserne. Le calme y régnait : j'ordonne des patrouilles nombreuses et fréquentes.

« Cinq voitures de la reine se présentent à la grille du Dragon ; le suisse se disposait à l'ouvrir, pour les laisser sortir ; mais la sentinelle, étonnée du nombre, appelle le commandant du poste. La garde sort : *le piqueur dit que la reine est dans la voiture*, et qu'elle veut aller à *Trianon*.

» Dans ces momens de trouble, il serait dangereux pour S. M. de quitter le château, répondit le commandant. » Nous offrons de conduire la reine à son appartement ; mais nous ne pouvons pas prendre sur nous de la laisser sortir de la ville. » Le piqueur insiste. L'officier refuse. Les voitures rentrent sous escorte aux écuries.

» La dame Thibault, première femme de chambre de la reine, était, dit-on, dans le carrosse de S. M. Elle représentait, dit-on, S. M. On a remarqué que les gens de la reine étaient en habits bourgeois.

» Une autre voiture, chargée de malles et d'une vache, est amenée au corps-de-garde par une patrouille qui avait empêché qu'elle ne sortît. Je m'informe à qui cette voiture appartient. J'apprends que c'est la voiture du comte de Saint-Priest, ministre. Je répète qu'elle ne doit pas sortir. Je défends qu'on en fasse la visite, et, pour que ce qu'elle contient ne coure aucun risque, je la fais garder par quatre fusiliers. Le lendemain au soir, elle a été remise sans dommage. »

Cet événement finissait, lorsque l'avant-garde de l'armée parisienne arrivait, et bientôt après le corps d'armée lui-même, commandé par M. de la Fayette.

M. Lecointre parle ensuite du meurtre qui, le matin du 6 octobre, provoqua l'entrée du peuple dans le château. (Voyez les détails plus bas.)

« Il est vraisemblable de croire, dit-il, que le jeune homme tué au bas de l'escalier est celui qui a été enterré ledit jour 6, en vertu d'un jugement et procès-verbal de la prévôté de l'hôtel, desquels il résulte que le nommé Jérôme-Honoré l'Héritier, ébéniste, natif de Paris, âgé d'environ 18 à 20 ans, a été tué dans la cour du château d'un coup de feu qui lui a fait sauter le crâne.

» Le sieur Beuzard, sergent-major de la compagnie Balard, m'a rapporté un fait que je ne dois pas laisser ignorer.

» Le sieur Cardaine, fusilier de la garde nationale de Paris, compagnie de Maury, district de Saint-Jean en Grève, arrivé avec sa compagnie le 5 au soir, étant sorti sans armes le lendemain, à six heures du matin, fut rencontré dans la cour des ministres par un garde-du-corps, qui lui porta un coup de couteau. Cardaine, oubliant qu'il a reçu une blessure mortelle, se jette sur son ennemi, lui arrache son couteau, et allait sans doute en tirer vengeance, lorsque le peuple accourant, une partie emmène le garde parisien, l'autre immole le garde-du-corps à sa justice, et dans sa fureur lui coupe la tête. C'est la première qui ait été mise au bout d'une pique. » (P. 109.)

C'est ici que se termine la longue déposition de M. Lecointre. Nous nous sommes bornés à une analyse, rapportant textuellement les faits graves. Nous avons aussi laissé de côté les détails des engagemens entre les troupes royales et le peuple, des charges de gardes-du-corps sur les femmes, et dans l'une desquelles fut comprise la députation de l'assemblée nationale. Ils se plaisaient à effrayer la foule et à la couvrir de boue en faisant caracoler leurs chevaux.

Pour comprendre la gravité de ce rapport et s'en expliquer les détails, il suffit de se rappeler les bruits qui couraient sur un projet d'entraîner le roi à Metz, de profiter de la première occasion de terreur pour l'effectuer; il faut enfin se souvenir que la population de Versailles était instruite de ce projet, et croyait à sa réalité. La pièce suivante prouve qu'elle ne se trompait pas.

La division de garde nationale qui avait agi avec tant de vigueur, le 5, se considéra plus tard comme calomniée, lorsque l'on répandit, dans le public, le bruit qu'elle, ainsi que le peuple, avaient commencé les hostilités: elle nomma une commission chargée de faire mettre fin à ces mensonges. Il est inutile de rapporter ici le procès-verbal qui constate ce fait; nous l'avons sous les yeux.

Deux de ces députés, MM. Lecointre et Pérot, eurent une entrevue, en présence de madame la Fayette, avec le comte de Gouvernet, l'un des calomniateurs. La conversation fut rédigée par ces messieurs, et déposée au comité des recherches. On y lit textuellement que la retraite du roi était concertée avec les commandans de la garde nationale, que ce fut la cause de leur inaction dans la journée du 5, et celle de leur défection quand ils ont cru que tout était prêt; car, c'est à l'instant même où M. de Gouvernet déclarait passer du côté des gardes-du-corps, que les voitures de la reine se sont présentées à la porte du Dragon pour sortir de la ville, recevoir la famille royale, pendant qu'une partie des gardes-du-corps, pour en imposer, continuait de rester en bataille dans la cour des ministres, et que l'autre, déjà en bataille dans le parc, n'attendait que l'arrivée des voitures pour partir tous ensemble. Heureusement pour le salut de la France, les ordres que le lieutenant-colonel avait donnés aux différens postes, de ne laisser sortir personne, furent exécutés, et que l'ouverture des portes fut constamment refusée, nonobstant l'empressement du suisse à les ouvrir.....» (*Vieux tribun*, p. 125.)

Nous ne pouvons pas mieux clore ce relevé de pièces qu'en donnant la péroraison de Desmoulins lui-même.

« Nous avons, dit-il, dévoilé *des secrets pleins d'horreur*. Terminons ce récit par un mot de M. Marat, qui me paraît ce qu'on a dit de plus sensé sur cette affaire. « Admirez la force du préjugé : quand un tyran livre au fer des bourreaux de malheureux citoyens, personne ne dit mot ; mais quand un peuple entier, prêt à devenir victime des fureurs d'un despote, court chez son mandataire prévenir ses mauvais desseins, alors on fait le procès à ce peuple, et ne pouvant faire pendre un peuple, on tâche au moins de faire périr ses principaux libérateurs. » M. Marat, quoi qu'on en dise, a parfois d'excellentes réflexions, et quand je regarde l'accomplissement de tant de choses qu'il a prédites, je suis tenté de prendre de ses almanachs. » (*Révolutions de France et de Brabant*, t. 3, p. 370.)

Journée du 6 octobre.

Dès le point du jour le peuple se répandait dans les rues ; il aperçoit un garde-du-corps à une des fenêtres de l'aile droite du château. On se provoque réciproquement de mots et de gestes. Le garde arme son fusil, met en joue, fait feu, et tue le fils d'un sellier de Paris, soldat dans la garde nationale. A l'instant, le peuple court au coupable ; il pénètre dans le château, s'empare d'un garde-du-corps qu'il croit reconnaître, il le traîne dans la cour de marbre ; on lui tranche la tête, qui fut mise au bout d'une pique et portée à Paris avec celle de l'un des gardes tué la veille.

Cependant le peuple courait le château, cherchant les gardes, et voulant punir sur tous la faute d'un seul. L'un d'eux est massacré à coups de piques ; un autre a la tête tranchée par un garde national ; on en fait plusieurs prisonniers ; les gardes nationaux s'en emparent. La poursuite est poussée jusque vers les appartemens de la reine ; le bruit effraye cette princesse qui fuit chez le roi. Mais le tumulte de l'émeute arrive bientôt jusque-là : des gardes s'étaient réfugiés dans le cabinet du roi ; et les gens du peuple s'avançaient pour s'en emparer. La poursuite cependant s'arrêta devant un huissier du roi, qui vint ordonner de sortir et de respecter l'appartement de sa majesté ; et bientôt, la garde nationale, conduite par M. la Fayette, fit évacuer le château, et y ramena le calme et la sûreté.

Alors le peuple, qui remplissait la cour de marbre, vit paraître aux fenêtres les gardes-du-corps avec d'énormes cocardes tricolores à leurs chapeaux. Le roi se montra sur le balcon, seul d'abord, puis avec la reine et le dauphin ; la reine y vint seule elle-même, conduite par M. la Fayette, qui lui baisa la main. *Le roi à Paris ! vive le roi ! vive la nation ! le roi à Paris !* s'écria le peuple. — Le roi revint au balcon : *Vous me demandez à Paris ; j'irai, mais avec ma femme et mes enfans.* — Alors le peuple cria *vive la reine* pour la première fois ; et une salve générale de toute l'artillerie témoigna de sa joie.

Tous les visages en ce moment avaient un air de fête ; on s'embrassait. Les gardes-du-corps prêtaient le serment national, et d'un autre côté la garde nationale faisait évacuer leur hôtel, qu'un détachement du peuple saccageait : partout enfin on se prépara à se rendre à Paris.

L'assemblée nationale, réunie dans le local ordinaire de ses séances, décréta que *le roi et l'assemblée nationale étaient inséparables pendant la session actuelle*, et nomma une députation de cent membres pour accompagner le roi.

M. la Fayette réunissait son armée, c'est-à-dire le régiment de Flandre, les gardes-du-corps, les dragons, les cent-suisses et la garde nationale, pour en entourer le roi ; et le peuple se mettait en route.

Le roi monta en voiture à une heure après-midi, et n'arriva à l'Hôtel-de-ville qu'à neuf heures. La marche fut lente comme celle de la foule qui formait le cortége, et qu'une pluie battante ne put dissiper.

Cependant Paris avait passé la nuit dans les alarmes, les rues éclairées par des illuminations, remplies de patrouilles, et traversées par les députations de districts. Enfin Louison Chabry arriva vers deux heures ; puis, sur les quatre heures, Maillard apportant les décrets sanctionnés par le roi ; puis, sur les huit heures, une lettre de M. la Fayette. Alors un placard de l'Hôtel-de-ville vint rassurer les Parisiens ; et quelques heures après, une seconde affiche annonça l'arrivée du roi à Paris. On se porta en foule sur le passage. Nul spectacle n'affligea les yeux de la multitude des curieux. En effet, la bande d'hommes partie la première de Versailles, portant deux têtes sur des piques, arriva à la barrière sur les midi, avant même que les citoyens eussent été instruits et appelés par la seconde affiche qui leur apprenait l'arrivée du roi. Cette bande fut dissipée, et ses trophées saisis à la porte de Paris.

A deux heures, l'avant-garde arriva, composée d'un gros détachement de troupes et d'artillerie suivie d'un grand nombre de femmes et d'hommes du peuple montés dans des fiacres, sur des chariots, sur des trains de canons. Ils portaient les trophées de leur conquête, des bandoulières, des chapeaux, des pommes d'épée de gardes-du-corps ; un grand nombre de femmes étaient couvertes de rubans tricolores des pieds à la tête. Ensuite, vinrent cinquante ou soixante voitures de grains et de farines.

Enfin le gros du cortége entra vers six heures ; d'abord c'étaient des femmes portant de hautes branches de peuplier, puis de la garde nationale à cheval, des grenadiers, des fusiliers avec des canons. Dans leurs rangs, marchaient, pêle-mêle, des femmes, des gardes-du-corps, des soldats du régiment de Flandre, les cent-suisses suivaient en bon ordre ; puis une garde-d'honneur à cheval, la députation de la municipalité et de l'assemblée nationale, enfin les voitures de la famille royale. La marche était fermée par des voitures de grains, et une foule portant encore des branches de peuplier et des piques. Tout le cortége faisait retentir l'air de chants, et surtout de ces cris : *nous ne manquerons plus de pain : Voici le boulanger, la boulangère et le petit mitron!* Autour de la voiture du roi, des femmes chantaient des airs allégoriques, dont elles appliquaient du geste, les allusions piquantes à la reine.

Lorsque le roi arriva à l'Hôtel-de-ville, M. de la Fayette lui demanda d'être autorisé à dire que sa majesté choisissait la capitale pour sa résidence habituelle. « Je ne refuse pas, dit le roi ; mais je n'ai encore pris à ce sujet aucune décision. »

Procès-verbal de la commune, lundi 5 octobre.

« Les événemens qui ont empêché la réunion des membres de l'assemblée à l'heure ordinaire de ses séances sont généralement connus. On sait que, dès avant dix heures du matin, l'Hôtel-de-ville a été investi et occupé par un nombre très-considérable d'hommes et de femmes ; que le désordre et le tumulte, suite nécessaire de cette affluence, y ont régné dans toute leur force jusqu'à midi..... Les détails suivans sont le résultat de divers rapports qui ont été faits à l'assemblée.

« Un grand concours de peuple et une agitation extraordinaire se faisaient déjà remarquer sur la place de l'Hôtel-de-ville, lorsque plusieurs troupes de femmes qui s'étaient réunies dans différens quartiers, sont arrivées successivement : elles ont demandé et obtenu l'entrée de l'Hôtel-de-ville, en déclarant qu'elles désiraient parler à M. le maire et à MM. les représentans, et leur faire part du dessein où elles étaient de se rendre à Versailles : elles ont ajouté qu'elles n'admettraient aucun homme avec elles. M. le chevalier d'Hermigny, aide-major-général, qui commandait, en ce moment, à l'Hôtel-de-ville, en l'absence de M. de la Fayette et M. de Gouvion, profitant de ces dispositions, les a engagées, pour prévenir le désordre, à défendre elles-mêmes l'entrée de l'Hôtel-de-ville. Ces citoyennes se sont chargées avec zèle de cet emploi. Plusieurs se sont placées avec M. d'Hermigny sur les marches et sur le perron de l'Hôtel-de-ville, et avec une fermeté digne d'éloges, elles sont parvenues à ne laisser entrer que des personnes de leur sexe, et à contenir une multitude d'hommes armés de piques et de bâtons qui voulaient les suivre. En peu d'instans, l'intérieur a été rempli d'un nombre considérable de femmes qui arrivaient des différentes parties de Paris. La cloche de l'Hôtel-de-ville a sonné le tocsin ; elles se sont répandues dans les diverses salles et dans chaque bureau, mais sans y commettre le moindre désordre. Quelques femmes, cependant, désavouées par les citoyennes honnêtes auxquelles elles s'étaient mêlées, ont entrepris de délivrer les prisonniers détenus à l'Hôtel-de-ville, et ont forcé en effet les prisons.

» Au même instant, la petite porte de l'Hôtel-de-ville, qui donne sous l'arcade, a été forcée. Ce passage ouvert rendait inutile, et ne permettait plus la défense de l'autre. L'Hôtel-de-ville a été à l'instant rempli par une partie de la multitude qui se trouvait sur la place, et abandonné en même temps par une grande partie des femmes, qui ont pris le chemin de Versailles.

» A la faveur du tumulte et de la confusion, devenus alors extrêmes, quelques gens mal intentionnés se sont livrés à tous les désordres qui étaient l'objet de leurs démarches. Les parties de la salle où étaient déposées les armes, ont été enfoncées, et les armes pillées. Celles de la caisse et du trésor de ville ont été pareillement abattues, et plusieurs armoires forcées; deux paquets contenant chacun cent billets de caisse de mille livres, ont été enlevés, ainsi qu'il a été constaté par M. Duval, membre du comité militaire (1). Les citoyens honnêtes ont entendu, avec la plus vive indignation, les noms les plus respectables et les plus chers à tous les citoyens, proférés avec les injures et les menaces les plus atroces; plusieurs personnes qui se trouvaient alors à l'Hôtel-de-ville, ont été exposées aux plus grands dangers; des particuliers ont été arrêtés au moment où un flambeau à la main, ils allaient mettre le feu à l'endroit le plus combustible de cet édifice; et sans le courage et le généreux dévoûment de quelques citoyens, dont plusieurs n'avaient pour mission que leur zèle pour la chose publique, et sans les secours qui se sont succédé, le trésor public, qui, suivant l'état qui en a été dressé, contenait tant en effets qu'en argent, une somme de 2,545,557 liv., tous les titres et effets précieux, couraient risque d'être spoliés ou anéantis avec l'hôtel de la commune, qui aurait été embrasé.

(1) Un de ces paquets de 100,000 livres fut sauvé et rapporté par un jeune clerc.

» D'après les ordres donnés par M. de Gouvion, major-général, et sur le bruit des dangers que courait l'Hôtel-de-ville, les divers districts se sont empressés d'envoyer des forces. Le détachement de la garde nationale de Belleville est un de ceux qui sont arrivés les premiers..... »

Séance continuelle depuis midi 5, jusqu'au lendemain, six heures du matin.

« Vers midi, les différens détachemens envoyés par les districts, ayant commencé à rétablir l'ordre sur la place, M. de Gouvion a envoyé trois compagnies de grenadiers, qui, en cinq minutes, ont fait évacuer entièrement l'Hôtel-de-ville.

» Les premiers soins de l'assemblée ont été d'écrire à M. le maire pour lui rendre compte de l'état des choses et l'engager à venir prendre sa place à l'Hôtel-de-ville. Elle a donné des ordres pour qu'il soit escorté, et elle a député vers lui deux de ses membres..... »

L'assemblée ensuite se fait rendre compte des causes de *l'émeute*, c'est le mot du procès-verbal, et attendu qu'une masse de peuple se rendait à Versailles, elle nomme une députation chargée de prévenir l'assemblée nationale et les ministres de ce mouvement, et de leur porter une lettre qui se termine ainsi : « Les représentans ne connaissent d'autre prétexte à cette émeute que la fermentation subite excitée par des cocardes de couleurs différentes de celles de l'Hôtel-de-ville, fermentation que la crainte de manquer de pain a rendue plus dangereuse..... Il paraît que l'insurrection s'est faite à la fois par le peuple dans les différens quartiers, et que cette insurrection était préméditée ; elle est bien loin d'être finie...... L'assemblée n'envoie qu'un de ses membres parce qu'elle est trop peu nombreuse pour en députer plusieurs.»

L'assemblée s'occupa ensuite des subsistances ; elle ordonna d'envoyer des troupes aux barrières par lesquelles entraient les farines afin d'assurer leur transport à la Halle. Elle ordonna d'envoyer un corps armé à Mantes pour ressaisir tout ce qu'on pourrait trouver d'un convoi de farines qui avait été arrêté et pillé dans cette ville. Elle ordonna qu'il serait envoyé sur-le-champ dans tous les villages circonvoisins des détachemens pour prendre les blés qui se trouveraient chez les *fermiers-décimateurs*, les faire battre, convertir en farine, et les ramener à Paris. Elle ordonna que chaque district ou bataillon enverrait deux détachemens de vingt hommes, pour ces expéditions.

Lorsque l'assemblée eut terminé ces dispositions; elle s'occupa de ce qui se passait sur la place qui était couverte de peuple et de détachemens des légions citoyennes. Le maire venait d'arriver, il n'avait entendu qu'un seul cri, en traversant Paris, *du pain!* et *à Versailles!* Il prit la présidence.

« Le désir de se rendre à Versailles s'était emparé de tous les esprits, et se manifestait depuis plusieurs heures par les cris répétés : *à Versailles! à Versailles!*

» M. le commandant-général qui s'était transporté sur la place pour communiquer au peuple les arrêtés sur les subsistances, a envoyé un de ses aides-de-camp pour l'informer qu'il n'était pas possible de résister aux demandes très-pressantes qui lui étaient faites. Sur ce rapport, l'assemblée décréta ce qui suit : « L'assemblée générale des représentans de la commune de Paris, vu les circonstances et le désir du peuple, et sur la représentation faite par M. le commandant général, qu'il était impossible de s'y refuser, a autorisé ce dernier, et même lui a ordonné de se transporter à Versailles..... » On adjoignit à M. de la Fayette une députation de quatre membres.

Lorsque le départ fut effectué, l'assemblée s'occupa de faire distribuer des cartouches à la garde nationale restée à Paris. Elle en revint ensuite aux subsistances en ordonnant aux boulangers de la banlieue de cuire pour Paris, et aux pâtissiers à faire de la boulangerie.

La fin de ce procès-verbal ne contient rien que nous n'ayons déjà dit plus haut.

SÉANCE DU 6 OCTOBRE.

La séance commença par la lecture du rapport rédigé par deux membres de la députation envoyée à Versailles, qui furent introduits auprès du roi.

« Ayant été chargés, disent les députés, par l'assemblée des repré-

sentans de la commune, d'accompagner M. de la Fayette dans sa mission auprès de sa majesté, notre rapport doit commencer par donner les plus grands éloges à M. le commandant-général.....
M. de la Fayette, étant arrivé près de Montreuil, a fait prêter serment aux troupes de respecter la demeure de sa majesté. A la première grille du château, vers onze heures et demie du soir, le commandant-général a sommé les officiers qui commandaient la maison du roi de lui donner l'entrée pour aller parler au roi avec deux députés de la commune. Au premier poste, la grille qui était cadenacée et fermée à clé, a été ouverte; toute la garde du roi était sur pied, gardes-suisses, gardes-du-corps, cent-suisses de la garde. La deuxième grille a été pareillement ouverte, et M. de la Fayette et nous deux avons été introduits dans le cabinet du roi, où étaient Monsieur, frère du roi, M. le comte d'Estaing, le maréchal de Beauveau, M. Necker, les principaux officiers de la garde, M. le garde-des-sceaux, et quelques autres seigneurs.

» M. le marquis de la Fayette, s'adressant au roi, lui a dit qu'il venait devers lui, avec deux députés de la commune de Paris, pour lui témoigner leur amour pour sa personne sacrée, et pour l'assurer qu'ils verseraient tout leur sang pour sa sûreté; que 20,000 hommes armés étaient dans l'avenue de Versailles; que la volonté d'un peuple immense avait commandé aux forces, et qu'il n'y avait eu aucun moyen de les empêcher de se porter à Versailles; mais qu'il leur avait fait prêter le serment de se maintenir dans la discipline la plus exacte et la plus sévère, ce qu'ils avaient promis.

» Les deux députés de la commune ont été interrogés par le roi, et par Monsieur, frère du roi. Ils leur ont demandé ce que souhaitait la commune de Paris; sur quoi l'un et l'autre député portant la parole, il a été répondu de leur part, avec le respect le plus profond, à sa majesté que quatre objets formaient la demande d'un peuple immense;

» 1° Qu'on la suppliait avec les plus vives instances, de ne confier la garde de sa personne sacrée qu'aux gardes nationaux de Paris et de Versailles, parce que personne n'avait plus d'amour pour son roi ; et ne pouvait manquer, à ce titre, de mériter cette honorable préférence.

» 2° Que la commune de Paris suppliait le roi de faire communiquer, par ses ministres, les états et les moyens de subsistances pour une ville telle que Paris, afin de rassurer la multitude sur les craintes qui redoublent aux approches de l'hiver.

» 3° Que le peuple demandait à grands cris, une constitution et des juges pour vider les prisons, et que le roi daignât enfin hâter les travaux des représentans de la nation, et les sanctionner.

» 4° Qu'enfin le roi donnerait une grande preuve de son amour à la nation française, s'il voulait venir habiter le plus beau palais de l'Europe, au milieu de la plus grande ville de son empire, et parmi la plus nombreuse partie de ses sujets.

» Sur quoi le roi a répondu, sur le premier article, que MM. de la Fayette et d'Estaing pouvaient en conférer ensemble, et qu'il y consentait bien volontiers.

» Sur le deuxième article, il a dit que le ministre, alors présent, avait reçu des ordres à cet égard.

» Sur le troisième article, le roi a répondu qu'il l'avait signée le jour même.

» Sur le quatrième article, il n'y a point eu de réponse précise ; les demandes et les réponses s'étant succédé d'une manière plus générale entre le roi, Monsieur, les ministres, les seigneurs présens et les deux députés de la commune. Après quoi, MM. de la Grey et Lefèvre qui accompagnaient en cette qualité M. le commandant-général se sont retirés.... Signé *Lefèvre* et *de la Grey*, représentans du district des Carmes. »

Après l'audition de ce rapport, l'assemblée arrêta un avis aux Parisiens qu'elle fit afficher. Puis elle entendit un second rapport qui lui apprit la scène du 6 au matin. Enfin, elle écouta le rapport d'une commission nommée pour faire une enquête sur les blés déposés à l'École militaire, et les moulins à bras qui y fonctionnaient.

A une heure, le maire partit à la tête d'une députation pour complimenter le roi à son entrée dans Paris. Mais ce ne fut que sur les cinq heures que le prince arriva à la barrière de la Conférence. Bailly alors lui présenta les clés de la ville, en lui adressant un petit discours complimenteur qui se terminait en priant sa majesté de vouloir bien séjourner habituellement à Paris.

Enfin le roi et la famille royale arrivèrent à l'Hôtel-de-ville, et prirent siége dans la grande salle que l'on avait disposée à cet effet. « Alors, mille applaudissemens et des cris d'allégresse se sont élevés de toutes les parties de la salle. M. le maire, après avoir obtenu le silence que les circonstances pouvaient permettre, a dit : Je vais vous rendre compte, Messieurs, de la réponse que le roi a eu la bonté de me faire ; sa majesté m'a dit : *qu'elle se trouverait toujours avec plaisir au milieu des habitans de sa bonne ville de Paris.* — La reine a repris à l'instant, et *avec confiance* ; le roi lui-même a ajouté : *dites avec confiance, M. Bailly.* — Le roi l'a dit, Messieurs, vous l'entendez ; vous êtes plus heureux que si je l'eusse dit moi-même. »

La séance se termina par des discours d'étiquette et des acclamations. La famille royale alla coucher aux Tuileries.

Paris, 7 octobre. — Les événemens des deux jours précédens changèrent la situation des partis. Celui de la résistance, c'est-à-dire toute la portion de la cour et de l'assemblée qui se rattachait à la reine, fut frappée de terreur. Le bureau des passeports à l'Hôtel-de-ville était rempli de gens demandant des passeports pour émigrer, au moins de Paris. Le parti du Palais-Royal, au contraire, crut la révolution terminée. « *Consummatum est, tout est consommé*, s'écriait quelques jours après, C. Desmoulins.... La Halle regorge de sacs ; la caisse nationale se remplit ; les moulins tournent ; les traîtres fuient ; la calotte est par terre ; l'aristocratie expire ; les projets des Mounier et des Bailly sont déjoués.... Les patriotes ont vaincu : Paris a échappé à la banqueroute ; il a échappé à la famine ; il a échappé à la dépopulation qui le menaçait ; Paris va être la reine des cités, et la splendeur de la capitale répondra à la grandeur, à la majesté de l'empire français.

» Après la défaite de Persée, au moment où Paul-Émile descendait de son char triomphal, et entrait dans le temple de Jupiter Capitolin, un député des villes de l'Asie, haranguant le Sénat à la porte, lui adressa ce discours : « Romains, maintenant vous n'avez plus d'ennemis dans l'univers; et il ne vous reste plus qu'à gouverner le monde, et à en prendre soin comme les dieux mêmes. » Nous pouvons dire de même, à l'assemblée nationale : A présent vous n'avez plus d'ennemis, plus de contradicteurs, plus de *veto* à craindre; il ne vous reste qu'à gouverner la France, à la rendre heureuse, et à lui donner des lois telles, qu'à notre exemple, tous les peuples s'empressent de les transplanter, et de les faire fleurir chez eux. » (*Révolutions de France et de Brabant*, n° 1, p. 1.)

La bourgeoisie aussi, ou au moins ses trois cents représentans de l'Hôtel-de-ville pensaient que la révolution était finie : ils s'occupèrent donc d'assurer la position que les événemens leur avaient donnée. Dans ce but, ils firent force adresses et députations au roi et à la reine, glissant partout, et sous la forme la plus complimenteuse, cette demande que la crainte du peuple rendait difficile à refuser, celle du séjour du roi dans la capitale : ces démarches commencèrent dès le 7. De plus, ils s'attachèrent avec plus de soin que jamais au système de conduite qu'ils avaient déjà adopté, cherchant par tous les moyens à fortifier la garde nationale, à désarmer l'émeute, et à imposer silence aux impatiences, et surtout à ce qu'ils appelaient les calomnies de la presse. Ces deux derniers résultats n'étaient rien moins que faciles. Car, d'une part, toutes les opinions cherchaient à s'armer d'un journal : celui de Desmoulins, et les Annales de Mercier et de Carra prirent naissance presque instantanément. Et, d'une autre part, si l'abondance parut renaître chez les boulangers, si la disette parut terminée, ce ne fut que pour quelques jours. Tous ceux qui avaient affaire à la Halle, et qui présidaient ou participaient à la distribution des farines, savaient que l'approvisionnement n'était pas plus assuré que les jours précédens : ce que l'on avait amené de Versailles devait être en effet consommé en peu de temps.

La masse de la population jouissait d'une espérance qui était pour elle sans nuages. Les promeneurs encombraient les Tuileries. Ils venaient regarder ce palais inhabité depuis près d'un siècle, y cherchant des yeux la pompe de la cour de Versailles, et ne la trouvant pas; car la famille royale était dans ce palais comme campée, n'ayant point d'autre garde régulière que celle qui lui était fournie par la garde nationale; elle était d'ailleurs fort nombreuse : elle ne se composait de pas moins de trois cents hommes.

Cependant tout symptôme d'agitation n'avait pas disparu. Il y avait encore des attroupemens au coin des rues ; on parlait de rendre la victoire complète, de délivrer les prisonniers dont la politique de l'Hôtel-de-ville, depuis deux mois, avait encombré les prisons. On parlait encore d'aller à l'Ecole-Militaire détruire les farines viciées, qu'on disait y être accumulées. On se plaignait de M. la Fayette, de Bailly, de la commune. Les femmes se faisaient remarquer au milieu de ces groupes. A la halle aux farines, il y eut une émeute excitée par les plaintes des boulangers. Les femmes commencèrent; les hommes suivirent : quelques sacs furent pillés, quelques autres crevés et perdus. Enfin, une députation de dames, dites de la halle, alla présenter des bouquets au roi et à la reine. Elles furent reçues; mais au lieu de se borner à des complimens, elles parlèrent politique : elles se plaignirent de la misère du peuple, de la rareté du pain, de l'administration de la ville qui avait laissé ignorer tout cela à LL. MM. Elles demandèrent enfin des secours pour les plus pauvres. On leur promit beaucoup, et en sortant, elles annoncèrent plus même qu'on ne leur avait promis. Tout cela fut imprimé et répandu par le colportage dans le peuple.

Séance des représentans de la commune de Paris.

Séance du matin. — On dénonce une brochure ayant pour titre : *Quand aurons-nous du pain?* avec cette épigraphe : *Vous dormez, Parisiens, et vous manquez de pain!* Cette brochure inculpait l'un des commissaires à la distribution des farines, et l'accusait de mêler aux farines des matières étrangères.—L'assemblée arrête en conséquence que la communauté des boulangers sera convoquée, et invitée à s'expliquer sur le fait.

Un membre du comité de police propose de suspendre la délivrance des passeports.

L'assemblée décide que la délivrance des passeports est suspendue. — Ensuite l'assemblée s'occupe de diverses mesures d'ordre : elle charge une commission de rédiger un règlement sévère de discipline pour la garde nationale. — On annonce que le comité des subsistances est mandé chez le roi. — On s'occupe ensuite des *précautions que nécessite la présence de S. M.* dans la capitale, et l'on nomme une commission composée de MM. Delavigne, Perron, Garran de Coulon et de Condorcet, à l'effet de se concerter sur cet objet avec le roi et son conseil.

Séance du soir. On annonce que des farines ont été pillées à la halle. — On dénonce la feuille *incendiaire* de Marat. Alors, « sur la dénonciation d'une feuille intitulée *l'Ami du peuple*, cotée n° 26, l'assemblée a nommé MM. Fissour et Brousse Desfaucherets pour dénoncer à M. le procureur du roi cette nouvelle feuille, s'informer des mesures qu'il a dû prendre sur la dénonciation des premières feuilles de l'Ami du peuple, et dans le cas où il aurait gardé le silence, faire auprès de lui de nouvelles instances et avoir recours à la justice supérieure, pour rendre à la justice son activité et s'opposer aux abus de la licence, dont les excès sont aussi dangereux qu'étonnans. »

La séance est terminée par le compte rendu de la visite du Maire et de la présentation du comité des subsistances au roi.

— Voici quelques extraits du numéro inculpé :

« Pour se laver d'une imputation malheureusement trop fondée, dit Marat, l'assemblée des représentans de la commune s'est oubliée jusqu'à faire afficher contre moi un placard injurieux. Je serais indigne de la confiance dont le peuple honore son incorruptible défenseur, si ma loyauté pouvait être suspectée un instant. Je puis errer, sans doute, mais mon cœur est pur.... Ils m'ont accusé de licence et de calomnie, en se donnant à euxmême un certificat de bonne conduite. Eh ! qui sont ces citoyens aujourd'hui si délicats? Les mêmes hommes que j'ai accusés d'un faux deux jours auparavant, et qui ont gardé le silence, les faits s'étant passés en pleine assemblée; les hommes d'honneur qui ont blanchi Beaumarchais, des hommes que je traîne, depuis dix jours, chaque matin, dans les boues de Paris, et qui n'ont pas osé dire un mot......

« Mon dessein était de me rendre aujourd'hui à la ville, pour demander l'expulsion du bureau et de la majorité corrompue des représentans de la commune; l'indignation publique allumée par ma feuille, m'a prévenu. J'ai vingt dénonciations nouvelles à faire contre des avocats et des procureurs qui se trouvaient dans divers comités de la ville; crainte qu'ils n'aient l'imprudence de se présenter ou de cabaler pour une nouvelle élection, ils figureront demain dans ma feuille.

» Ici, je somme le comité du district Saint-André-des-Arcs, qui a donné des ordres d'arrêter ma feuille, de les retirer, et de faire rendre les numéros interceptés; que les membres corrompus qui l'ont subjugué tremblent que je ne leur imprime le cachet de l'opprobre. »

Autre article. « Quoi! c'est pour assurer la créance des rentiers, pour soudoyer les pensionnaires du prince, des ambassadeurs inutiles, des gouverneurs et des commandans dangereux, des femmes galantes, des chevaliers d'industrie, des académiciens ignorans et fainéans, des sophistes, des saltimbanques, des histrions, des baladins, des ex-ministres ineptes, des exempts de police, des espions, et cette brillante tourbe des créatures du prince qui forment la chaîne des instrumens de la tyrannie, que de pauvres artisans, de pauvres ouvriers, de pauvres manœuvres, qui ne gagneront jamais rien, ni aux marchés ministériels, ni aux révolutions, achèveront de donner leurs tristes dépouilles. Quoi! c'est pour payer les friponneries des agioteurs, le brigandage des traîtans, et conserver la fortune de leurs propres ennemis, de leurs déprédateurs, de leurs tyrans, que vingt millions d'hommes se réduisent à la mendicité. » Cette sortie est suivie d'une dénonciation contre Necker : elle se termine ainsi : « Homme petit et vain, vos lauriers sont flétris; ils ne reverdiront plus. Vous ignoriez donc combien c'est un projet insensé de vouloir allier la gloire avec la faveur. On brave quelquefois la puissance des rois, jamais la crédulité des peuples. Votre règne est fini.... C'est en vain que le sage chercherait en vous l'homme d'Etat; il n'y trouvera qu'un chevalier d'industrie, et sans être prophète il peut vous prédire la fin de Law. »

Versailles. — L'assemblée nationale n'avait pas suivi le roi à Paris. Elle ne vint s'y établir que le 19 octobre; et, dans ce moment même, il n'y avait encore rien de décidé quant au séjour qu'elle adopterait : elle avait seulement déclaré qu'elle suivrait le roi partout où il jugerait à propos d'établir sa résidence. Or, en persistant à rester à Versailles, elle donnait à ce prince, autant qu'il était en son pouvoir, la liberté d'y revenir. Cette circonstance nous explique en partie l'insistance des représentans de la commune de Paris, pour obtenir une réponse positive de la cour. Pour posséder le roi, il fallait posséder l'assemblée nationale, et réciproquement; et pour assurer la révolution, il fallait les placer l'un et l'autre sous la protection de la nombreuse population de la capitale.

ASSEMBLÉE NATIONALE.

Séance du 7 octobre.

[L'ordre du jour est la continuation de la discussion sur la Constitution. L'article du projet est ainsi conçu :

« Toute contribution sera supportée également par tous les citoyens, et tous les biens sans distinction. »

M. l'archevêque d'Aix propose l'amendement suivant : *sur les biens et les revenus.*

M. *Barère de Vieuzac* propose d'ajouter aussi le mot *proportionnellement.*

M. *le comte de Mirabeau.* Les contributions publiques ne peuvent être supportées également par tous les citoyens, car tous les citoyens n'ont pas les mêmes moyens, les mêmes facultés, ni par conséquent l'obligation de contribuer également au maintien de la chose publique. Tout ce qu'on peut exiger, c'est qu'ils y contribuent en proportion de ce qu'ils peuvent. Encore y a-t-il une classe de citoyens qui, privée des dons de la fortune, n'ayant à peine que le nécessaire, devrait, par-là même, être entièrement exemptée.

Lisez l'article XXI de la déclaration des droits, de cette déclaration dont on ne m'accusera pas d'être le panégyriste, et voyez comme l'article relatif aux contributions publiques y est exprimé. Voyez s'il n'établit pas la proportion des fortunes comme la base de la répartition des taxes, au lieu de cette égalité qui, sans contredit, serait l'inégalité la plus inique et la plus cruelle.

Vous dites que les contributions doivent être également supportées par tous les biens; mais ne voyez-vous pas que par cette phrase, vous attaquez un principe que vous avez reconnu et consacré; savoir, que la dette nationale ne pouvait être imposée. A cet égard, la foi publique est engagée aux créanciers de l'Etat dans les mêmes actes, par lesquels la nation est devenue leur débitrice; les sommes qu'elle a reconnu leur devoir, les rentes qu'elle a promis leur payer, sont déclarées payables, sans aucune imposition ni retenue quelconque. Sans doute, dans les grands besoins de l'Etat, les capitalistes ne lui refuseraient pas leur assistance; mais c'est un acte volontaire que le patriotisme leur dicterait, et qu'on ne pourrait rendre forcé sans injustice. (A ce mot de capitalistes, il s'élève quelques murmures.)

Vos murmures, Messieurs, m'affligent autant qu'ils vous honorent; un mot impropre m'est échappé; je m'explique : ce n'est pas des capitalistes que j'entends parler, et vous avez bien dû le sentir; mais des rentiers, de ceux, en un mot, qui, ayant avancé leur argent à l'Etat dans ses besoins urgens, et pour éviter aux peuples de nouveaux impôts, ont seuls, à cette époque, couru toutes les chances de la défense publique, et qui, par conséquent, peuvent être considérés comme ayant payé d'avance ces mêmes impôts, que suivant l'article proposé, on voudrait aujourd'hui leur faire supporter une seconde fois.

—Un membre réplique à M. de Mirabeau par une distinction qui obtient des applaudissemens. Le rentier a deux caractères : il est créancier de l'Etat, et à ce titre il ne peut éprouver aucune réduction : elle serait une banqueroute ; il est citoyen, et il doit, à raison de ses revenus, payer sa contribution à la patrie.

La discussion est fermée. On lit un grand nombre de rédactions. L'article est adopté en ces termes :

« Toutes les contributions et charges publiques, de quelque nature qu'elles soient, seront supportées proportionnellement par tous les citoyens et propriétaires, à raison de leurs biens et de leurs facultés. »

On passe ensuite à la discussion de l'article relatif à la durée du vote de l'impôt. On proposait qu'il ne pût dépasser la durée de chaque assemblée législative ; on éleva une objection relative à la liste civile et à la dette ; on demanda que l'allocation de ces dépenses fût faite une seule fois pour toujours. Enfin, après de longs débats, on adopta l'article suivant :

« Aucun impôt ne sera accordé que pour le temps qui s'écoulera jusqu'au dernier jour de la session suivante : toute contribution cessera de droit à cette époque, si elle n'est pas renouvelée ; mais chaque législature votera de la manière qui lui paraîtra la plus convenable, les sommes destinées soit à l'acquittement des intérêts de la dette, soit au paiement de la liste civile. »]

Paris, 8 octobre. — Les journaux patriotes commencèrent à chercher l'explication des événemens des 5 et 6 octobre. Ils considérèrent tous cette insurrection comme une réponse du peuple à une provocation de la cour ; et en conséquence, ils sollicitaient la punition des coupables, c'est-à-dire celle des provocateurs, et entretenaient le public de la grande conspiration que le courage et l'énergie des femmes de Paris avaient déjouée. Mais les détails de l'événement étaient loin d'être connus : ainsi l'on disait que c'était au patriotisme des gardes-du-corps que l'on devait l'arrestation des voitures destinées à transporter le roi à Metz. On présentait ces soldats comme des victimes des préjugés populaires : le journal de Loustalot et celui de Mercier et Carra sont remplis d'anecdotes à ce sujet. Ainsi, parmi les patriotes eux-mêmes, il y en avait beaucoup qui n'étaient pas éloignés de penser qu'il n'y eût eu bien des excès commis, et des excès sans justification. Cette erreur servit, quelques jours plus tard, à accréditer le bruit que le peuple avait obéi à des meneurs, et s'était rendu, sans le savoir, l'agent d'une conspiration contre le roi et la France. Cette explication fut répandue par ceux mêmes que le peuple accusait, et dont il avait rompu les projets par son mouvement des 5 et 6 octobre. En un mot, pour nous servir du langage de l'époque, il fut imaginé par les aristocrates. Consultez, en effet, les mémoires du temps, vous verrez à cet égard une parfaite unanimité chez les narrateurs de la classe privilégiée. Il en est qui vont jusqu'à nier qu'il y eut disette. On lit, dans Rivarol, par exemple, que les insurgés, et particulièrement les hommes armés de piques, avaient du pain en abondance. Ainsi, ils s'accordaient pour voir dans l'insurrection un symptôme de conspiration ; mais ils différaient dès qu'il s'agissait de désigner les meneurs. Les uns accusaient le gouvernement anglais ; le ministère britanique voulait, disaient-ils, détruire, par ces moyens, la puissance d'une rivale redoutable, et contre laquelle la force navale n'avait pas réussi dans la dernière guerre : ils voulaient venger les revers d'Amérique. Cette croyance fut en effet très-répandue. Nous la verrons reparaître plusieurs fois par la suite, et devenir le sujet d'accusations sérieuses. Le baron de Bezenval partageait hautement cette opinion ; il l'a consignée dans ses mémoires. Il disait que les *Brigands* qui ravageaient les campagnes, ceux qui s'étaient montrés à Paris au 14 juillet, etc., recevaient leur impulsion de l'argent anglais. D'autres accusaient le duc d'Orléans. Il avait voulu, assuraient les plus exagérés, faire périr la famille royale dans cette grande émeute, afin de s'emparer de la couronne ; ou bien, avançaient d'autres, la réduire à chercher un asile hors de France, dans l'espérance d'être appelé à s'asseoir sur le trône qui resterait ainsi vacant. On désignait le comte Mirabeau comme l'agent principal du prince ; et l'on affirmait aussi les avoir vus ensemble à Versailles au milieu des femmes, les encourageant aux tentatives les plus hardies. On citait textuellement des propos de Mirabeau, sur la pusillanimité désespérante du duc. On ajoutait qu'on avait remarqué un grand nombre d'hommes déguisés en femmes, excitant et conduisant les groupes. On avait même reconnu, caché sous ce déguisement, le duc d'Aiguillon, président du club Breton; car on était d'ailleurs certain que le club lui-même, presque tout entier, était instruit du complot. Nous verrons plus tard à quel point ces accusations étaient peu fondées. Disons cependant un mot de quelques-unes d'entre elles. Le duc d'Aiguillon était un homme énorme de taille et d'embonpoint, l'homme le moins capable d'être caché surtout sous des habits de femme. Le club Breton fut long-temps après encore composé en grande majorité, d'ardens défenseurs de la constitution, etc. Quant au duc d'Orléans, il est vrai qu'il était entouré d'une coterie d'hommes, peu estimables disent les contemporains, qui se remuaient et parlaient beaucoup, et qui se présentaient partout au moins comme des admirateurs ardens de tous les mouvemens populaires. On rattachait à cette coterie le marquis de Saint-Huruge, dont nous avons déjà parlé, Choderlos, que nous verrons bientôt dirigeant le journal des *Amis de la Constitution*, etc.

Pendant que ces bruits descendaient des salons de la haute société où ils avaient été semés, jusque dans la bourgeoisie, on faisait des chansons et *surtout* des caricatures pour les traduire au peuple.

L'une représentait une espèce de Centaure; c'était le corps d'un cheval blanc dont le cou était terminé par la tête du général la Fayette. Un homme du peuple armé d'une pique et d'une hache, le conduisait, par la bride, sur la route de Versailles. Au bas de l'estampe on avait mis ces mots : *Mes amis, menez-moi, je vous prie, coucher à Versailles*. On voit d'après cela qu'il est de bien ancienne date le reproche tant de fois reproduit plus tard, et adressé par les royalistes à M. la Fayette, d'avoir dormi à Versailles au lieu de veiller à la sûreté du château.

Une autre caricature représentait le duc d'Orléans en *roi de pique*, avec cette épigraphe: *Philippe pique.*

En même temps, dans un autre sens, on faisait quelques gravures plus d'accord avec le sentiment révolutionnaire : l'une était dédiée aux femmes ; elle les présentait livrant bataille aux gardes-du-corps. Ici une femme mettait le feu à un canon ; une autre s'escrimait avec un soldat, et le perçait de son épée ; ailleurs, un homme à grande barbe tranchait, avec une hache, la tête à un garde. Une autre gravure représentait le triomphe du 6 : c'était une procession triomphale ; des hommes, portant deux têtes au bout de piques, ouvraient la marche.

Au reste, pour apprécier combien active était la réaction qui se préparait contre les journées de Versailles, il suffit de lire le procès-verbal de la commune.

Extrait du procès-verbal des représentans de la commune de Paris.

Séance du matin. L'assemblée, prenant en considération la nécessité de rétablir le calme dans la ville, dans un moment surtout où elle a le bonheur de posséder le meilleur des rois, nomme une députation composée du maire et de quatre de ses membres, pour se rendre auprès du roi, et solliciter de lui une proclamation qui, en déconcertant les desseins des ennemis secrets, puisse rétablir l'union parmi les citoyens. On remarque parmi les membres choisis, Minier, chef du département de la police, de Condorcet, et deux autres nobles.

Ensuite, sur l'avis que des attroupemens se formaient, tant aux Tuileries qu'au Mont-de-Piété, sur le bruit qui s'était répandu que le roi allait dégager tous les effets mis en gage, et dont la valeur n'excéderait pas 24 livres, « l'assemblée autorise le commandant général à déployer la force militaire pour en prévenir et arrêter les suites funestes. »

Séance du soir. L'assemblée ordonne de rallier les soldats du régiment de Flandre, épars dans Paris, leur assigne l'École-Militaire pour caserne, et leur attribue une solde.

On annonce qu'environ 8,000 fusils ont été enlevés de l'Hôtel-de-ville, le 6 octobre; mais que la plus grand nombre ont été repris sur ceux qui s'en étaient trouvés saisis.

L'assemblée rend une ordonnance contre les attroupemens, contenant la menace de livrer aux tribunaux ceux qui seraient trouvés coupables de ce délit, cet arrêté fut affiché le lendemain.

On annonce que le roi recevra le lendemain une députation solennelle de la commune; elle est composée de vingt-cinq membres, qui sont nommés au scrutin. Elle est chargée de supplier le roi de fixer son séjour à Paris, d'y appeler l'assemblée nationale, et d'adresser aux provinces une proclamation qui leur fît connaître le respect des Parisiens pour sa majesté.

On annonce que le parlement ira aussi le lendemain présenter ses respects au roi.

On introduit une députation des dames de la halle. «Messieurs, dirent les députées, nous venons vous représenter que nous n'avons point eu part à ce qui s'est passé, dans la journée d'hier, à la Halle aux farines; nous le désapprouvons, aussi bien que les projets qu'on avait formés contre l'École-Militaire, contre les prisons de l'abbaye Saint-Germain et le Mont-de-Piété; nous dévouons à la justice publique des femmes qui n'ont d'autre qualité que celle de femmes du monde, et prostituées à des personnes qui, comme elles, ne veulent que troubler le repos et la tranquillité des bons citoyens.

» Comme rien n'est plus urgent que de prévenir les maux dont la capitale est menacée, nous vous supplions, messieurs de la commune, de nous accorder quatre hommes de la garde nationale par chaque district. (Rappelons-nous qu'il y en avait soixante.) Cette force nous suffira pour faire rentrer ces femmes dans l'ordre. Nous en prenons l'engagement.»

Ce petit discours fut en effet déposé sur le bureau; et signé par les députées. Il se trouva qu'il n'y en avait que trois qui sussent écrire leur nom.

Ces dames déclarèrent ensuite que pas une d'elles n'avait demandé l'élargissement des prisonniers, qu'elles désapprouvaient la manière indécente dont ces femmes s'étaient présentées chez le roi et la reine, que loin d'avoir dit du mal de MM. Bailly et de la Fayette, elles les défendraient jusqu'à la dernière goutte de leur sang. La cérémonie fut terminée par les complimens du maire et les applaudissemens de l'assemblée.

Lorsque ces dames furent sorties, on vint à parler de la nécessité de prendre des mesures pour empêcher de *crier et colporter des écrits scandaleux ou incendiaires*. En effet, l'assemblée arrêta qu'il était défendu de colporter et crier aucuns autres écrits que ceux émanés de l'autorité publique. Il était ordonné même aux sentinelles d'arrêter les contrevenans, et on devait les livrer à la justice *pour être punis comme perturbateurs du repos public*. Ce décret fut affiché le lendemain.

Ce jour même, on mit à exécution l'arrêté de la veille, relatif à Marat ; mais cet écrivain, prévenu à temps, s'était caché : on ne put donc saisir que ses presses, et ce qui restait de son journal. Cette mesure violente n'irrita guère que les écrivains patriotes qui y virent un attentat contre la liberté de la presse.

« Nous sommes instruits, dit Loustalot (*Révolutions de Paris*), nous sommes instruits qu'un grand nombre de Français applaudissent aux attentats exercés contre l'homme qui a écrit contre M. Necker et ses plans...... et ils se croient libres !

» Nous ne savons pas si M. Marat a calomnié M. Joly : nous savons seulement qu'on nous a dénoncé le même procès-verbal qui fut dénoncé à l'*Ami du peuple*, et que celui-ci a dénoncé au public..... Il semble, au reste, que les rédacteurs des arrêtés de la commune, n'ayant pas même entrepris de répondre à une démonstration que nous avons faite nous-mêmes de *quatre faux matériels* insérés dans leurs procès-verbaux contre d'honnêtes citoyens, il semble qu'ils n'ont pas droit de se montrer si courroucés de la peccadille de M. Marat.

» Quant à ce qu'il a écrit sur M. Necker, quelque différence qu'il y ait entre son opinion et la nôtre, nous sommes affligés de voir que les partisans de ce ministre prostituent son nom à la plus lâche persécution, persécution telle que s'il ne la désavouait pas, il mériterait tout ce que M. Marat a dit de lui. »

Ce qui explique encore le peu d'effet que fit la violence commise contre l'*Ami du peuple*; c'est un bruit qui eut plus tard, quelque créance. Plusieurs personnes assuraient que Marat était pensionné par le gouvernement anglais.

VERSAILLES. — ASSEMBLÉE NATIONALE. — SÉANCE DU 8 OCTOBRE.

[On lit une lettre de M. Mounier par laquelle il déclare renoncer à la présidence pour cause de santé.

M. Dufraise du Chey expose un fait dont il a été témoin. Nommé pour accompagner mardi le roi à Paris, il est parti avec cinq de ses collègues dans une voiture de sa majesté. En passant au Point-du-Jour, une foule de peuple leur a fait des menaces et les a étendues à beaucoup de membres de l'assemblée.

M. Goupil de Préfeln. Je dois vous tranquilliser sur les conséquences de ce fait. J'ai entendu comme un autre faire des menaces contre des membres que nous honorons; mais elles ont été blâmées par tous les honnêtes gens qui rendent à ces députés la justice qu'ils méritent.

M. Tronchet raconte qu'ayant demandé à plusieurs citoyens de Paris que les districts de cette ville s'expliquent et fassent connaître s'ils désirent la translation de l'assemblée nationale dans la capitale; ces districts, après avoir témoigné qu'ils ne l'avaient ni demandé, ni désiré, ont trouvé qu'il n'y avait lieu à délibérer.

M. le duc de Liancourt. Persuadé qu'en vous déclarant inséparables du roi, vous êtes déterminés à tenir vos séances à Paris s'il restait dans la capitale, j'ai demandé à sa majesté si elle y demeurerait en effet. Le roi m'a répondu que l'assemblée devait prendre ses mesures pour tenir ses séances à Paris.

M. l'abbé Grégoire. La translation de l'assemblée nationale à Paris, doit être la matière des plus sérieuses délibérations. Sans parler des alarmes que des personnes malintentionnées pourront répandre dans les provinces, en voyant leurs représentans livrés à la merci d'un peuple armé; pense-t-on que les députés du clergé puissent se rendre à Paris, et braver en sûreté les outrages et les persécutions dont ils sont menacés?

Cependant, Messieurs, quel est le délit des ecclésiastiques de cette assemblée; car, ils ont partagé avec vous tous les périls de cette régénération. La plupart sont de respectables pasteurs connus par leur zèle et leur dévoûment patriotique.

C'est un ecclésiastique qui a déterminé l'assemblée à nommer un comité pour s'occuper des moyens de pourvoir à la subsistance du peuple. Les curés sont venus les premiers renoncer par une réunion courageuse aux préjugés absurdes de leur ordre. C'est parmi ces respectables pasteurs que se sont trouvés de zélés défenseurs des droits de la classe opprimée. M. l'abbé Clerget, député du bailliage d'Amont dans un écrit, *le Cri de la raison*, aussi éloquent que profond, a plaidé victorieusement la cause des malheureux main-mortables, et concouru puissamment à leur affranchissement, par les lumières qu'il a répandues.

Les dîmes ont été abandonnées. Les curés ont renoncé à leur casuel; ils ont souscrit les premiers à la loi qui défendait à l'avenir la pluralité des bénéfices; ils s'y sont soumis à l'instant quoiqu'elle n'eût pas d'effet rétroactif. Ils ont avec empressement porté dans la caisse patriotique des dons plus proportionnés à leur zèle qu'à leurs facultés. C'est quand on oublie ce qu'ils ont fait, et quand une aveugle effervescence les menace qu'il faut parler pour eux. Serait-il encore temps de montrer la vérité pour rappeler à la justice?

Quel est le prix qu'ils en reçoivent? Le peuple de Paris les outrage et leur fait les menaces les plus effrayantes.

Il n'y a pas de jour que des ecclésiastiques ne soient insultés à Paris. Vous pensez, Messieurs, que pour l'honneur de la nation française, pour le succès de cette révolution, l'assemblée doit prendre des précautions, pour mettre en sûreté les députés du clergé dont vous avez déclaré la personne inviolable et sacrée.

Si vous croyez devoir tenir vos séances à Paris, je demande que l'assemblée nationale fasse de nouvelles proclamations pour la sûreté des personnes des députés du clergé.

M. de Montlausier. On a insulté l'assemblée ici même, lorsqu'elle se rendait chez le roi.

On revient à l'ordre jour, à la discussion de la constitution. On vote, presque sans discussion, les articles suivans :

« Art. VI. Le corps législatif présentera ses décrets au roi séparément, à mesure qu'ils seront rendus, ou ensemble à la fin de chaque session.

» Art. VII. Le consentement sera exprimé sur le décret, par cette formule : *Le roi fera exécuter*; le refus suspensif sera exprimé par celle-ci : *le roi examinera.* »

On lit le projet de l'article IX, ainsi conçu : « Après avoir consenti un décret, le roi le fera sceller, et ordonnera qu'il soit envoyé aux tribunaux et aux assemblées administratives et municipales, pour y être délibéré, et inscrit sur les registres publics, et exécuté. »

Robespierre demande qu'on arrête la formule de promulgation. Alors on présente une multitude d'amendemens. Duport veut qu'on détermine le nom du décret, et qu'on l'appelle loi. Fréteau demande qu'on mette en tête : *Louis par la grâce de Dieu et par la loi du royaume, roi des Français.*

M. *Regnaut de Saint-Jean d'Angely.* Le contre-seing du roi varie pour quelques provinces. Le roi signe les lois envoyées en Dauphiné, en Provence, etc. Louis, dauphin, Louis, comte de Provence. Le contre-seing doit être uniforme.

M. *Pétion de Villeneuve.* Au lieu de se servir de cette expression : *Louis..... par la loi du royaume,* ne serait-il pas plus convenable de dire : *par le consentement de la nation?* C'est ce consentement qui fait les rois. On ne peut conserver, *par la grâce de Dieu.* Un roi n'est roi que par la grâce des peuples, et c'est souvent calomnier l'Etre suprême, c'est consacrer les tyrans que nous pouvons avoir, que de reconnaître qu'ils viennent de Dieu. Charles IX était-il roi par la grâce de Dieu?

Robespierre propose cette formule : « Louis, par la grâce de Dieu et par la volonté de la nation, roi des Français; à tous les citoyens de l'empire français : Peuple, voici la loi que vos représentans ont faite, et à laquelle j'ai apposé le sceau royal. » Cette lecture fut accueillie par des éclats de rire, et le bruit fut tel que l'on n'entendit pas la fin. La discussion se perdit au milieu de la multitude des amendemens. Elle fut heureusement interrompue par l'introduction d'une députation de Versailles, qui venait prier l'assemblée et le roi de ne point renoncer au séjour de leur ville. Ainsi se termina la séance.

La séance du soir fut consacrée à la discussion sur la réforme de la procédure criminelle : on l'avait entreprise sur les prières de la commune de Paris; et l'on était pressé encore par elle d'en finir. Ce soir, on en vota en effet 17 articles.]]

Séance du 9 octobre.
Présidence de Chapelier.

[Au commencement de la séance, le président consulte l'assemblée sur la question des passeports. On lui en demande environ deux cents : faut-il les accorder ou les refuser?

Cette demande occasionne beaucoup de murmures dans l'assemblée.

M. *de Montboissier* fait la motion expresse que l'assemblée, à raison de la suprématie de ses pouvoirs, emploie tous ses moyens pour veiller à la conservation individuelle de tous ses membres.

M. *Lavie* demande que l'on ait recours à tous les moyens possibles et convenables, pour empêcher MM. du clergé d'être insultés.

La terreur du clergé est une terreur panique, dit un autre membre. L'honnête homme, quelque robe qu'il porte, est partout respecté, et à Paris plus qu'ailleurs.

N...... Un des préopinans dit que l'on doit veiller à la conservation de tous les membres. Cela est prudent, mais il ne peut exiger une garantie; nous sommes envoyés ici contre les ennemis de l'Etat, comme des soldats à l'ennemi, nous ne pouvons pas plus qu'eux demander une garantie; nous serions aussi coupables d'abandonner l'assemblée nationale, que des soldats de quitter leurs drapeaux.

M. *Regnault* appuie cette opinion : tout membre, dit-il, doit être immobile dans l'assemblée. (On rit de l'expression; on applaudit au principe.)

M. Lanjuinais. Je pense que le président ne doit donner aucun passeport sans des motifs puissans et légitimes.

M. de Montlausier. Quand les membres de l'assemblée ne sont pas en sûreté, ils reprennent le droit naturel de veiller eux-mêmes à leur conservation, l'assemblée doit donc s'occuper des moyens d'assurer le sort de tous ses membres.

M. Populus. Nous avons juré de ne pas nous séparer que la constitution ne soit faite, sans doute nous devons tous être fidèles à ce serment; nous devons même rester unis jusqu'à ce que le calme soit rétabli.

N..... Je demande qu'on renouvelle la déclaration de l'inviolabilité des membres de l'assemblée, et je pense qu'on doit exiger une garantie.

M. Populus. Lorsque les défenseurs de la patrie vont à l'ennemi, ils ne demandent pas de garantie pour leur vie; ils ne doivent pas quitter leurs drapeaux, nous ne devons pas quitter l'assemblée.

N...... On ne peut refuser des passeports sans violer la liberté individuelle.

M. Treilhard. On ne s'éloigne de l'assemblée, quand on n'a pas de raisons légitimes, que par des motifs coupables; je demande, non-seulement qu'on ne donne point de passeports, mais qu'on retire ceux qui ont été donnés.

M. le baron de Marguerites. Si l'on retire les passeports, je demande que tous ceux qui attenteront à la liberté des députés, ou qui les insulteront, soit par des actions, soit par des paroles, soient déclarés coupables du crime de lèse-nation.

M. Desmeuniers. Vous avez décrété l'inviolabilité des députés, si un peuple égaré osait transgresser ce décret, nous mourrions mille fois plutôt que de ne pas demander vengeance. Renouvelons donc ce décret, et prenons ici l'engagement sacré de faire punir quiconque osera attenter à la liberté de quelque membre de l'assemblée.

M. de Bousmard. Les considérations qui viennent de vous être exposées suffisent pour fixer et retenir dans votre sein les gens courageux et amis du bien public; un nouveau décret sur leur inviolabilité annoncerait qu'on les retient par force; si quelques-uns se retirent, la perte ne sera pas grande. Je pense qu'il n'y a pas lieu à délibérer.

M. le comte de Mirabeau. Un de vos décrets a déjà déclaré l'inviolabilité de vos membres; mais il me semble qu'on ne se fait pas une idée juste du mot *inviolabilité*; ce mot ne peut s'entendre que pour les poursuites judiciaires ou ministérielles; toute autre inviolabilité ne peut être prononcée. Quelle différence peut-il exister entre nous et un citoyen quelconque? on ne peut en insulter aucun. Vous voulez défendre les injures; mais je mourrais de peur, si l'on pouvait punir quelqu'un, parce qu'il m'appellerait *sot!* Si les injures sont vomies dans un écrit anonyme, un honnête homme n'y prend pas garde et les méprise : si cet écrit est signé, il devient alors un délit ordinaire qui doit être puni par les lois.

Je pense donc qu'il n'y a pas lieu à délibérer sur la proposition d'un nouveau décret *d'inviolabilité*, et je crois encore que des hommes qui ont fait serment de ne pas se séparer, ne doivent pas délibérer long-temps sur la demande de refuser des passeports.

—Cependant, on continue à réclamer les passeports; M. Gouy-d'Arcy, et quelques autres, pensent qu'on doit en accorder à ceux qui demandent à s'absenter pour des motifs légitimes.

M. le vicomte de Mirabeau. Une lettre adressée à un des secrétaires de l'assemblée a été ouverte par le district de Saint-Roch : un district a-t-il le droit de violer cette espèce d'inviolabilité?

M. le marquis de Gouy-d'Arcy. Nul passeport ne doit être donné sans l'examen de l'assemblée : je pense qu'il suffit, pour la sûreté des membres de l'assemblée, d'une preuve ostensible et évidente que l'on est député; et cette preuve peut être donnée par un signe extérieur, ou un certificat écrit.

M. l'abbé...... Je n'ai pas demandé de passeport, mais seulement un certificat de mon titre de député des communes, en déclarant par écrit que mon projet n'a jamais été de m'éloigner de l'assemblée.

M. de Volney. La question que vous agitez est plus délicate à traiter qu'elle ne le paraît. Il est peut-être heureux, pour la traiter, d'avoir un caractère qui n'est pas suspect. Nous sommes libres chacun, vis-à-vis les uns des autres; notre serment n'est pas solidaire, nous ne pouvons exercer les uns sur les autres une juridiction coactive. Celui qui demande un passeport est entre deux écueils, sa sûreté et son honneur. Lui refuser la faculté de s'éloigner, n'est ni juste ni politique. Juste, je l'ai prouvé; politique, ceux qui veulent s'en aller, ne sont pas très-avantageux à conserver.

—M. le président met aux voix la question préalable.

On en demande la division, relativement aux passeports et au décret à rendre; elle est décrétée.

Y a-t-il lieu à délibérer relativement aux passeports? *Non.*

On prétend que la majorité est douteuse..

M. le curé Dillon demande l'appel nominal.

M. Target. Ainsi, le président est autorisé à donner autant de passeports qu'on lui en demandera.

M. Barnave. L'assemblée ne peut arrêter les députés qui voudraient partir, ni gêner ainsi leur liberté; mais elle ne peut jamais autoriser la désertion en accordant des passeports. (Il s'adresse au président.) En votre qualité de président, vous n'avez pas d'autres fonctions que celles qui vous sont confiées par les décrets de l'assemblée : nul décret ne vous a autorisé à donner des passeports.

M. Dumetz prétend que la majorité, pour savoir s'il y a lieu à délibérer, a été douteuse, et réclame l'appel nominal. Il s'appuie sur le récit des faits et sur l'importance d'une question, qui tendrait à rendre l'assemblée entière complice de la violation qu'un membre ferait à son serment.

M. Desmeuniers fait observer aux préopinans que la question de savoir si le président pourra donner des passeports, reste indécise et le paraîtra toujours à la volonté des membres qui la feront renaître.

M. le comte de Mirabeau. Il existe une décision de l'assemblée qui autorise les présidens à donner des passeports; la question se borne à savoir si elle sera réformée. On en a délivré 500 dans deux jours : tous ceux qui l'ont été sans motifs doivent être regardés comme une authenticité de la violation du serment. L'assemblée peut-elle, par le moyen de son président, autoriser cette violation? Que ceux qui veulent partir partent, et nous laissent en repos.

Il s'agit d'éclairer votre président, qui a provoqué votre délibération, et de confirmer ou de détruire votre décision antérieure.

— Plusieurs membres doutent de l'existence de cette décision.

M. de Mirabeau continue. Si le décret existe, il faut savoir si on le conservera; s'il n'existe pas, le droit de donner des passeports n'est pas à vous. Il appartient au pouvoir exécutif. Votre président, effrayé par le nombre des passeports qu'on sollicitait, vous a demandé de rassurer sa prudence par la vôtre. Si vous ne délibérez pas, si vous ajournez la question, que fera-t-il aujourd'hui? Vous lui aurez légué des tracasseries et des haines, qui ne doivent pas être le prix de ses travaux.

Voici quelle est ma motion ;

« Aucun passeport de l'assemblée nationale ne sera délivré aux députés qui la composent, que sur des motifs dont l'exposé sera fait dans l'assemblée. »

Cette motion est appuyée par M. le marquis de Bonnay et par beaucoup d'autres membres.

On demande la question préalable.

M. le baron de Menou. Si le président a le droit de donner des passeports, il a celui de dissoudre l'assemblée.

— L'assemblée décide que la question préalable ne sera pas mise aux voix, et décrète la motion de M. le comte de Mirabeau.

On passe à la délibération sur quelques articles destinés à la réforme du code criminel.

Cette délibération est interrompue par l'arrivée d'un officier de la milice parisienne, porteur d'une lettre du roi. Il est reçu dans le parquet de la salle.

Lettre du roi au président.

« Les témoignages d'affection et de fidélité que j'ai reçus de la ville de Paris, me déterminent à y fixer mon séjour le plus habituel; et plein de confiance dans l'assurance que l'assemblée m'a donnée, je désire que vous nommiez des commissaires pour se transporter à Paris, et y choisir le local le plus convenable pour y tenir ses séances. Ainsi, sans interrompre vos utiles travaux, je rendrai plus exacte et plus intime la communication qui doit exister entre moi et l'assemblée nationale. »

Cette lettre fut vivement applaudie.

Mais il s'éleva une vive discussion sur la réponse qu'elle demandait : un grand nombre de députés voulaient qu'elle fût ajournée; la majorité enfin décida que l'assemblée se transporterait à Paris aussitôt qu'il y aurait un local prêt à la recevoir.

Séance du soir. — Un membre de la noblesse se plaignit que toutes les lettres qu'il recevait étaient décachetées par le district Saint-Roch. Il est remarquable que ce district était l'un des plus réactionnaires dans le sens bourgeois. Cette plainte fut renvoyée au comité des rapports.

Rewbell dénonce ensuite plusieurs seigneurs d'Alsace qui poursuivent rigoureusement les censitaires pour le paiement des droits féodaux.]

On appelle l'ordre du jour. C'est la réforme de la procédure criminelle. On vote les derniers articles du projet. Nous croyons devoir donner le texte de ce décret, bien qu'il ne contînt qu'un réglement provisoire; mais c'est le premier monument de la réforme de notre ancien système de procédure criminelle; et, à ce titre, il doit intéresser surtout les jurisconsultes.

Décret de l'assemblée nationale sur la réformation provisoire de la procédure criminelle.

[« L'assemblée nationale, considérant qu'un des principaux

droits de l'homme, qu'elle a reconnus, est celui de jouir, lorsqu'il est soumis à l'épreuve d'une poursuite criminelle, de toute l'étendue de liberté et de sûreté pour sa défense, qui peut se concilier avec l'intérêt de la société, qui commande la punition des délits; que l'esprit et les formes de la procédure pratiquée jusqu'à présent, en matière criminelle, s'éloignent tellement de ce premier principe de l'équité naturelle et de l'association politique, qu'ils nécessitent une réforme entière de l'ordre judiciaire pour la recherche et le jugement des crimes; que si l'exécution de cette réforme entière exige la lenteur et la maturité des plus profondes méditations, il est cependant possible de faire jouir dès à présent la nation de l'avantage de plusieurs dispositions qui, sans subvertir l'ordre de procéder actuellement suivi, rassureront l'innocence et faciliteront la justification des accusés, en même temps qu'elles honoreront davantage le ministère des juges dans l'opinion publique, a arrêté et décrété les articles qui suivent :

Art. Ier. Dans tous les lieux où il y a un ou plusieurs tribunaux établis, la municipalité, et en cas qu'il n'y ait pas de municipalité, la communauté des habitans nommera un nombre suffisant de notables, eu égard à l'étendue du ressort, parmi lesquels seront pris les adjoints qui assisteront à l'instruction des procès criminels, ainsi qu'il va être dit ci-après.

II. Ces notables seront choisis parmi les citoyens de bonnes mœurs et de probité reconnue; ils devront être âgés de 25 ans au moins, et savoir signer. Leur élection sera renouvelée tous les ans; ils prêteront serment à la commune, entre les mains des officiers municipaux, ou du syndic ou de celui qui la préside, de remplir fidèlement leurs fonctions, et surtout de garder un secret inviolable sur le contenu en la plainte et ès autres actes de la procédure. La liste de leurs noms, qualités et demeures, sera déposée, dans les trois jours, aux greffes des tribunaux par le greffier de la municipalité ou de la communauté.

III. Aucune plainte ne pourra être présentée au juge qu'en présence de deux adjoints, amenés par le plaignant, et par lui pris à son choix; il sera fait mention de leur présence et de leurs noms dans l'ordonnance qui sera rendue sur la plainte, et ils signeront avec le juge, à peine de nullité.

IV. Les procureurs-généraux et les procureurs du roi ou fiscaux qui accuseront d'office seront tenus de déclarer, par acte séparé de la plainte, s'ils ont un dénonciateur ou non, à peine de nullité; et s'ils ont un dénonciateur, ils déclareront en même temps son nom, ses qualités et sa demeure, afin qu'il soit connu du juge et des adjoints à l'information avant qu'elle soit commencée.

V. Les procès-verbaux de l'état des personnes blessées, ou du corps mort, ainsi que du lieu où le délit aura été commis, et des armes, hardes et effets qui peuvent servir à conviction ou à décharge, seront dressés en présence de deux adjoints appelés par le juge, suivant l'ordre du tableau mentionné en l'article II ci-dessus, qui pourront lui faire leurs observations, dont sera fait mention, et qui signeront ces procès-verbaux, à peine de nullité. Dans le cas où le lieu du délit serait à une trop grande distance du chef-lieu de la juridiction, les notables nommés dans le chef-lieu pourront être suppléés dans la fonction d'adjoints aux procès-verbaux par les membres de la municipalité ou de la communauté du lieu du délit, pris en pareil nombre par le juge d'instruction.

VI. L'information qui précédera le décret continuera d'être faite secrètement, mais en présence de deux adjoints qui seront également appelés par le juge, et qui assisteront à l'audition des témoins.

VII. Les adjoints seront tenus en leur âme et conscience de faire au juge les observations, tant à charge qu'à décharge, qu'ils trouveront nécessaires pour l'explication des dires des témoins, ou l'éclaircissement des faits déposés, et il en sera fait mention dans le procès-verbal d'information, ainsi que des réponses des témoins. Le procès-verbal sera coté et signé à toutes les pages par les deux adjoints, ainsi que par le juge, à l'instant même et sans désemparer, à peine de nullité; et il en sera également fait une mention exacte, à peine de faux.

VIII. Dans le cas d'une information urgente qui se ferait sur le lieu même pour flagrant délit, les adjoints pourront, en cas de nécessité, être remplacés par deux principaux habitans qui ne seront pas dans le cas d'être entendus comme témoins, et qui prêteront sur-le-champ serment devant le juge d'instruction.

IX. Les décrets d'ajournement personnel ou de prise de corps ne pourront plus être prononcés que par trois juges au moins, ou par un juge et deux gradués; et les commissaires des Cours supérieures qui seront autorisés à décréter dans le cours de leur commission, ne pourront le faire qu'en appelant deux juges du tribunal du lieu, ou, à leur défaut, des gradués. Aucun décret de prise de corps ne pourra désormais être prononcé contre les domiciliés que dans le cas où, par la nature de l'accusation et des charges, il pourrait échoir peine corporelle. Pourront néanmoins les juges faire arrêter sur-le-champ dans le cas de flagrant délit ou de rébellion à justice.

X. L'accusé, décrété de prise de corps pour quelque crime que ce soit, aura le droit de se choisir un ou plusieurs conseils, avec lesquels il pourra conférer librement en tout état de cause, et l'entrée de la prison sera toujours permise auxdits conseils. Dans le cas où l'accusé ne pourrait pas en avoir par lui-même, le juge lui en nommera un d'office, à peine de nullité.

XI. Aussitôt que l'accusé sera constitué prisonnier, ou se sera présenté sur les décrets d'assigné pour être ouï, ou d'ajournement personnel, tous les actes de l'instruction seront faits contradictoirement avec lui publiquement; et les portes de la chambre d'instruction étant ouvertes, dès ce moment l'assistance des adjoints cessera.

XII. Dans les vingt-quatre heures de l'emprisonnement de l'accusé, le juge le fera paraître devant lui, lui fera lire la plainte, la déclaration du nom du dénonciateur, s'il y en a, les procès-verbaux ou rapports, et l'information; il lui fera représenter aussi les effets déposés pour servir à l'instruction; il lui demandera s'il a choisi, ou s'il entend choisir un conseil, ou s'il veut qu'il lui en soit nommé un d'office : en ce dernier cas, le juge nommera le conseil, et l'interrogatoire ne pourra être commencé que le jour suivant. Pour cet interrogatoire et pour tous les autres, le serment ne sera plus exigé de l'accusé, et il ne le prêtera, pendant tout le cours de l'instruction, que dans le cas où il voudrait alléguer des reproches contre les témoins.

XIII. Il en sera usé de même à l'égard des accusés qui comparaîtront volontairement sur un décret d'assigné pour être ouïs ou d'ajournement personnel.

XIV. Après l'interrogatoire, la copie de toutes les pièces de la procédure, signée du greffier, sera délivrée sans frais à l'accusé sur papier libre, s'il la requiert, et son conseil aura le droit de voir les minutes, ainsi que les effets déposés pour servir à l'instruction.

XV. La continuation et les additions de l'information, qui auront lieu pendant la détention de l'accusé depuis son décret, seront faites publiquement et en sa présence, sans qu'il puisse interrompre le témoin *pendant le cours de sa déposition*.

XVI. Lorsque la déposition sera achevée, l'accusé pourra faire faire au témoin, par l'organe du juge, les observations et interpellations qu'il croira utiles pour l'éclaircissement des faits rapportés, ou pour l'explication de la déposition. La mention, tant des observations de l'accusé que des réponses du témoin, sera faite, ainsi qu'il se pratique à la confrontation; mais les aveux, variations ou rétractations du témoin, en ce premier instant, ne le feront pas réputer faux témoin.

XVII. Les procès criminels ne pourront plus être réglés à l'extraordinaire que par trois juges au moins. Lorsqu'ils auront été ainsi réglés, il sera, en présence de l'accusé ou des accusés, procédé d'abord au récolement des témoins, et de suite à leur confrontation. Il en sera usé de même par rapport au récolement des accusés sur leur interrogatoire et à leur affrontation entre eux. Les reproches contre les témoins pourront être proposés et prouvés en tout état de cause, tant après qu'avant la connaissance des charges, et l'accusé sera admis à les prouver, si les juges les trouvent pertinens et admissibles.

XVIII. Le conseil de l'accusé aura le droit d'être présent à tous les actes de l'instruction, sans pouvoir y parler au nom de l'accusé, ni lui suggérer ce qu'il doit dire ou répondre, si ce n'est dans le cas d'une nouvelle visite ou rapport quelconque, lors desquels il pourra faire ses observations, dont mention sera faite dans le procès-verbal.

XIX. L'accusé aura le droit de proposer, en tout état de cause, ses défenses et faits justificatifs ou d'atténuation; et la preuve sera reçue de tous ceux qui seront jugés pertinens, et même du fait de démence, quoiqu'ils n'aient point été articulés par l'accusé dans son interrogatoire, et autres actes de la procédure. Les témoins que l'accusé voudra produire, sans être tenu de les nommer sur-le-champ, seront entendus publiquement, et pourront l'être en même temps que ceux de l'accusateur, sur la continuation ou addition d'information.

XX. Il sera libre à l'accusé, soit d'appeler ses témoins à sa requête, soit de les indiquer au ministère public pour qu'il les fasse assigner; mais dans l'un ou l'autre cas, il sera tenu de commencer ses diligences, ou de fournir l'indication de ses témoins, dans les trois jours de la signification du jugement qui aura admis la preuve.

XXI. Le rapport du procès sera fait par un des juges, les conclusions du ministère public données ensuite et motivées, le dernier interrogatoire prêté et le jugement prononcé, le tout à l'audience publique; l'accusé ne comparaîtra à cette audience qu'au moment de l'interrogatoire, après lequel il sera reconduit, s'il est prisonnier; mais son conseil pourra être présent pendant la séance entière, et parler pour sa défense après le rapport fini, les conclusions données et le dernier interrogatoire prêté. Les juges seront tenus de se retirer ensuite à la chambre du conseil, d'y opiner sur délibéré, et de reprendre incontinent leur séance publique pour la prononciation du jugement.

XXII. Toute condamnation à peine afflictive ou infamante, en première instance ou en dernier ressort, exprimera les faits pour lesquels l'accusé sera condamné, sans qu'aucun juge puisse jamais employer la formule, *pour les cas résultans du procès.*

XXIII. Les personnes présentes aux actes publics de l'instruction criminelle se tiendront dans le silence et le respect dû au tribunal; et s'interdiront tout signe d'approbation ou d'improbation, à peine d'être emprisonnées sur-le-champ par forme de correction, pour le temps qui sera fixé par le juge, et qui ne pourra cependant excéder huitaine, ou même poursuivies extraordinairement en cas de trouble ou d'indécence grave.

XXIV. L'usage de la sellette au dernier interrogatoire, et la question dans tous les cas, sont abolis.

XXV. Aucune condamnation à peine afflictive ou infamante ne pourra être prononcée qu'aux deux tiers des voix, et la condamnation à mort ne pourra être prononcée par les juges en dernier ressort qu'aux quatre cinquièmes.

XXVI. Tout ce qui précède sera également observé dans les procès poursuivis d'office, et dans ceux qui seront instruits en première instance dans les Cours supérieures. La même publicité y aura lieu pour le rapport, les conclusions, le dernier interrogatoire, le plaidoyer du défenseur de l'accusé, et le jugement dans les procès criminels qui y seront portés par appel.

XXVII. Dans les procès commencés, les procédures déjà faites subsisteront, mais il sera procédé au surplus de l'instruction, et au jugement, suivant les formes prescrites par le présent décret, à peine de nullité.

XXVIII. L'ordonnance de 1670, et les édits, déclarations et réglemens concernant la matière criminelle, continueront d'être observés en tout ce qui n'est pas contraire au présent décret jusqu'à ce qu'il en ait été autrement ordonné.»]

Le décret qu'on vient de lire répondait à une exigence tellement vive que le lendemain même où il fut voté, un officier de la garde nationale envoyé par M. de la Fayette venait encore auprès du président solliciter son achèvement et sa promulgation.

En effet, les prisons se remplissaient; et il eût répugné de traiter tant d'hommes coupables seulement de délits politiques ou d'émeutes et d'attroupemens, ou de faim et de misère, selon la rigueur de l'ancien droit criminel; peut-être même eût-il été trop hardi de l'essayer. Aussi en réalité, cette réforme fut accordée aux sollicitations des autorités parisiennes.

SÉANCE DU 10 OCTOBRE.

[On donne lecture des noms de différentes personnes qui demandent des passeports pour cause de santé.

Il est plaisant de considérer, dit un membre, combien de collègues la résidence prochaine de l'assemblée nationale à Paris, a rendus malades.

M. l'évêque de Dijon demande à passer huit jours dans un pays où il a demeuré pendant vingt ans, tandis que l'assemblée irait à Paris.

Bon voyage, dit un député des communes.

M. Chapelier annonce que l'ordre du jour est d'entendre M. l'évêque d'Autun; mais M. de Talleyrand n'étant pas encore arrivé, il demande qu'on s'occupe de l'intitulé de la loi, proposé par M. de Mirabeau. D'autres membres veulent que l'on passe aux finances. L'assemblée décrète que l'on s'occupera de l'intitulé de la loi.

M. le comte de Mirabeau. Je demande que l'assemblée reçoive la dénonciation formelle que je fais dans ce moment. Il est de notoriété publique qu'un ministre, appelé M. de Saint-Priest, a dit lundi aux femmes qui venaient demander du pain : « Quand vous aviez un roi vous ne manquiez pas de pain; à présent que vous en avez douze cents, allez-leur en demander. » Je demande que le comité des recherches informe sur ce fait.

M. de Custine. L'assemblée nationale doit veiller à la sûreté de tous les citoyens; c'est par les attroupemens qu'elle est le plus compromise. Je propose de rendre une *loi martiale* pour les éviter. Je demande l'ajournement de ma motion à lundi, parce que je reconnais la nécessité de suivre l'ordre du jour. Je m'étonne qu'on attache aux libelles la plus légère importance; la calomnie retombe sur celui qui la fait; l'honnête homme ne la craignit jamais.

M. Malouet. Je demande si l'assemblée veut ou ne veut pas délibérer. Si elle est indifférente à la sûreté de ses membres, chacun prendra le parti qu'il jugera convenable.

M. de Montlausier. Nous sommes appelés librement à faire une constitution libre pour notre liberté. La liberté paraît un bien si précieux, qu'il y a un certain ordre de personnes qui, loin de vouloir conserver leur liberté, veulent encore jouir de celle d'autrui.

Il y a parmi nous des membres dont la liberté est en danger, et je demande pourquoi l'on craindrait de les mettre sous la sauvegarde d'un décret de l'assemblée nationale; pourquoi l'on ne voudrait pas pourvoir à la sûreté de leurs personnes. Je demande enfin si l'on ne veut pas prévoir tous les accidens funestes.

M. le comte de Mirabeau. Je vais répondre formellement aux questions que l'on a faites, avec ma netteté, j'ose dire ordinaire, et avec laconisme.

Pourquoi, nous dit-on, ne vouloir pas mettre les membres de cette assemblée sous la sauvegarde d'un décret? Pourquoi? Parce qu'ils y sont.

Hier, j'ai déjà répondu à ces objections: tout membre de cette assemblée doit être à l'abri des poursuites judiciaires; comme hommes publics, il a fallu nous mettre à l'abri des poursuites de la chicane et des affaires privées; mais certainement l'on ne peut vous mettre à l'abri des troubles qui naissent des désordres de la société.

L'on vous demande de vous mettre à l'abri des libelles; mais certes, il n'y a aucune loi qui autorise les libelles; si vous en connaissez l'auteur, poursuivez-le devant les tribunaux.

M. Pétion de Villeneuve. L'ajournement est indispensable: des lois sur les libelles et sur les attroupemens exigent un examen très-sérieux. Je ne sais pas comment on demande à délibérer sur-le-champ.

— La délibération sur les faits dénoncés est ajournée à ce soir.

M. *l'évêque d'Autun* expose le tableau des besoins présens de l'État, et de ceux que des changemens nécessités par une régénération vont faire naître encore ; il examine les ressources employées ou proposées, et reconnaissant leur insuffisance pour rétablir dès ce moment l'ordre dans les finances et la splendeur du royaume, il cherche à en découvrir de nouvelles.

Il en est une immense, qui peut s'allier avec le respect pour les propriétés ; elle existe dans les biens du clergé. Une grande opération sur eux est inévitable, ne fût-ce que pour remplacer les dîmes qui sont devenues le patrimoine de l'État ; il ne s'agit point d'imposer à cet ordre une charge nouvelle : nulle charge politique n'est un sacrifice.

Le clergé n'est pas propriétaire à l'instar des autres propriétaires. La nation jouissant d'un droit très-étendu sur tous les corps, en exerce de réels sur le clergé ; elle peut détruire les agrégations de cet ordre, qui pourraient paraître inutiles à la société, et nécessairement leurs biens deviendraient le juste partage de la nation ; elle peut de même anéantir les bénéfices sans fonctions ; elle peut donc, en ce moment, prendre les biens de cette nature, qui sont vacans, et ceux qui vaqueront par la suite. Nulle difficulté à cet égard ; mais peut-elle réduire le revenu des bénéficiers vivans, et s'en approprier une partie ?

Je sais ce qu'on dit de plausible, en répondant négativement à cette question ; je sais ce qu'ont écrit des auteurs dont j'estime les talens, et dont j'aime souvent à suivre les principes. Aussi j'ai long-temps médité mon opinion, long-temps je m'en suis défié, mais je n'ai pu parvenir à douter de sa justice.

Quelque sainte que puisse être la nature d'un bien possédé sous la loi, la loi ne peut maintenir que ce qui a été accordé par les fondateurs. Nous savons tous que la partie de ces biens, nécessaire à la subsistance des bénéficiers, est la seule qui leur appartienne ; le reste est la propriété des temples et des pauvres.

Si la nation assure cette subsistance, la propriété des bénéficiers n'est point attaquée; si elle prend le reste à sa charge, si elle ne puise dans cette source abondante que pour soulager l'État dans sa détresse, l'intention des fondateurs est remplie, la justice n'est pas violée.

La nation peut donc, premièrement, s'approprier les biens des communautés religieuses à supprimer, en assurant la subsistance des individus qui les composent; secondement, s'emparer des bénéfices sans fonctions; troisièmement, réduire, dans une portion quelconque, les revenus actuels des titulaires, en se chargeant des obligations dont ces biens ont été frappés dans le principe.

La nation deviendra propriétaire de la totalité des fonds du clergé et des dîmes, dont cet ordre a fait le sacrifice; elle assurera au clergé les deux tiers des revenus de ces biens. Le produit des fonds monte à 70 millions au moins; celui des dîmes à 80, ce qui fait 150 millions; et pour les deux tiers, 100 millions, qui par les bonifications nécessaires, par les vacances, etc., peuvent se réduire par la suite à 85 ou 80 millions. Ces 100 millions seront assurés au clergé par privilége spécial; chaque titulaire sera payé par quartier, et d'avance, au lieu de son domicile, et la nation se chargera de toutes les dettes de l'ordre.

Il existe en France 80,000 ecclésiastiques, dont il faut assurer la subsistance, et parmi eux on compte 40,000 pasteurs, qui ont trop mérité des hommes, qui sont trop utiles à la société, pour que la nation ne s'empresse pas d'assurer et d'améliorer leur sort; ils doivent avoir, en général, au moins 1200 livres chacun, sans y comprendre le logement. D'autres doivent recevoir davantage.

Exécution du plan, avantages.

Les dîmes appartiennent déjà à la nation. Elles ont été abolies, il est vrai; mais elles doivent être acquittées quelque temps encore. Elles le seront au profit de la nation, avec facilité de conversion en une prestation en argent : elles montent à quatre-vingts millions; en y ajoutant vingt millions, somme qui décroîtrait par la mort des titulaires, on aurait celle de cent millions, nécessaire à l'entretien du clergé.

Les biens-fonds produisent 70 millions de revenu et au-delà, ce qui forme un capital de 2 milliards (cent millions à employer), dont les créanciers de l'État pourraient être acquéreurs, et de la vente duquel on rembourserait les rentes perpétuelles sur le roi, évaluées au denier vingt, les rentes viagères, au denier dix.

Le déficit des finances sera comblé par les économies présentées par M. Necker, mais les circonstances en font renaître un autre plus considérable; il est composé de vingt millions qui, avec les 80 millions de dîmes, doivent former les 100 millions nécessaires au clergé; de 19 millions d'intérêt pour les offices de judicature supprimés, et de 25 millions pour la diminution du prix du sel.

En employant 500 millions de la vente des fonds au remboursement de 50 millions de rentes les plus onéreuses, ce déficit se trouvera réduit à 14 millions; 500 millions étant affectés au remboursement des offices de judicature, il se trouve encore un bénéfice réel de onze millions.

Voilà un milliard employé, il reste onze cents millions.

Par d'autres remboursemens et suppressions, il se trouve un excédant de 71 millions, avec lesquels le reste de la gabelle sera détruit. L'intérêt de la dette du clergé sera payé, et trente-cinq millions 600 mille liv. non employés formeront le premier fonds d'une caisse d'amortissement.

Récapitulation.

Le clergé sera suffisamment doté.

50 millions de rentes viagères, et 60 millions de rentes perpétuelles seront éteints.

Le déficit sera comblé.

Le reste de la gabelle détruit.

La vénalité des charges supprimée.

Une caisse d'amortissement sera établie, et pourra d'abord adoucir la prestation de la dîme sur les petits propriétaires, et dans quelque temps l'abolir entièrement pour tous, sans même qu'ils soient tenus à un remplacement.

La nouvelle quantité de biens-fonds rendus au commerce, retiendra un grand nombre de propriétaires dans les campagnes. Les laboureurs ne craindront plus d'être inopinément dépossédés de leurs fermes, comme ils l'étaient par la mutation des bénéfices, et l'agriculture sera encouragée par cette sécurité.

Onze millions nécessaires aux frais de judicature, pourraient, par la mort des titulaires des bénéfices sans fonctions, être pris par la suite sur les cent millions destinés au clergé : ou bien, on les trouverait dans la meilleure administration des domaines engagés.

M. l'évêque d'Autun présente une suite d'articles formant le décret à prononcer pour l'exécution de ce plan.

La lecture de ce projet reçoit de très-grands applaudissemens, et l'impression en est ordonnée.]

SÉANCE DU SAMEDI 10 OCTOBRE, AU SOIR.

[Plusieurs membres avaient demandé des passeports à la séance du matin ; plusieurs en demandent le soir, et donnent pour motif le délabrement de leur santé.

M. Barnave pense que cette allégation simple ne suffit pas, et qu'ils devraient être astreints à présenter un certificat de médecin.

M. le *comte de Mirabeau.* Vous avez à délibérer, Messieurs, sur la demande qui vous a été faite, de déclarer de nouveau l'inviolabilité des membres de cette assemblée.

Je crois devoir m'opposer à ce qu'il soit rendu un décret sur l'inviolabilité des députés, parce qu'il en existe déjà un, je m'oppose à ce qu'il soit renouvelé, parce que le premier suffit, si la force publique vous soutient ; et que le second lui-même serait inutile, si la force publique est anéantie. Ne multipliez pas de vaines déclarations ; ravivez le pouvoir exécutif ; sachez le maintenir ; étayez-le de tous les secours des bons citoyens : autrement, la société tombe en dissolution, et rien ne peut nous préserver des horreurs de l'anarchie. L'inviolabilité de notre caractère ne tient donc pas à nos décrets. J'entends beaucoup de gens qui parlent de cette inviolabilité, comme si elle était la tête de Méduse, qui doit tout pétrifier. Cependant tous les citoyens ont un droit égal à la protection de la loi ; la liberté même, dans son acception la plus pure, est l'inviolabilité de chaque individu : le privilège de la vôtre est donc relatif aux poursuites judiciaires, et aux attentats du pouvoir exécutif. La loi ne vous doit rien de plus ; mais tel est la sainteté de votre caractère, que le plus *indigne* membre de cette assemblée, s'il en était un qui pût mériter cette dénomination, le plus indigne lui-même serait tellement protégé, qu'on ne pourrait aller à lui que sur les cadavres de tous les gens de bien qui la composent. Bornons-nous donc à nos anciens décrets ; il y a bien plus de grandeur à les conserver qu'à les recréer. Que le pouvoir exécutif agisse ; s'il ne peut rien, si nos décrets sont nuls, la société est dissoute : il ne nous reste qu'à gémir sur elle.

Je pense que pour réunir toutes les opinions, il suffit de relire le décret rendu le 23 juin pour cet objet. J'en demande la lecture, et qu'il soit ordonné au président de se retirer vers le roi pour en solliciter la sanction.

Beaucoup de membres se lèvent pour appuyer cette motion.

M. de Foucault. Ce décret-là me plaît fort ; mais il m'est très-indifférent, s'il n'a pour objet que de m'armer contre mes créanciers, parce que je n'ai point de créanciers ; sans doute nous sommes tous à peu près dans la même position.

M. le comte de Mirabeau. Je demande que le décret du 23 juin soit lu, attendu qu'il répond à tous les préopinans passés, présens et à venir.

On fait lecture du décret ; il est conçu en ces termes :

« L'assemblée nationale déclare que la personne de chacun des députés est inviolable ; que tout particulier, toute corporation, tribunal, cour ou commission qui oseraient, pendant ou après la présente session, poursuivre, rechercher, arrêter ou faire arrêter, détenir ou faire détenir un député pour raisons d'aucunes propositions, avis, opinions ou discours par lui faits aux États-généraux; de même que toutes personnes qui prêteraient leur ministère à aucuns desdits attentats, de quelque part qu'ils fussent ordonnés, sont infâmes et traîtres envers la nation, et coupables de crime capital. L'assemblée nationale arrête que, dans les cas susdits, elle prendra toutes les mesures nécessaires pour faire rechercher, poursuivre et punir ceux qui en seront les auteurs, instigateurs ou exécuteurs. »

M. Deschamps, dans un discours très-véhément, représente ce décret comme ridicule et injuste : ridicule, en ce qu'il ne défend nullement les députés contre une populace effrénée ; injuste, il les soustrait à leurs créanciers, ce qui, sans contredit, n'est pas très-juste à l'égard de ceux-ci, quoique très-commode pour les débiteurs. Pour établir l'espèce d'inviolabilité due aux membres de cette assemblée, il considère chaque province comme une nation, dont les députés sont les ambassadeurs, et fait à la circonstance actuelle l'application des principes du droit public sur cette matière.

N...... curé de...... raconte que ces jours derniers il a été attaqué par plusieurs brigands. Il s'est défendu avec un parapluie, en a renversé quatre, et s'est sauvé. Il demande qu'il soit donné aux députés une marque distinctive.

M. le comte Mirabeau. Je répondrai au premier opinant, que je ne savais point encore qu'il y eût dans cette assemblée, des ambassadeurs de Dourdan, des ambassadeurs du pays de Gex, etc. J'ajouterai que ce nouveau droit des gens me paraît très-propre à causer de funestes divisions, et que j'aime mieux croire que nous ne sommes ici que les représentans de la nation française, et non pas des nations de la France. Messieurs, personne n'est inviolable pour les brigands.

Je dirai au second orateur, que je ne connais aucun moyen de prévenir son objection, si ce n'est de trouver un décret par lequel on puisse changer les figures.

Je dirai au troisième, que s'il n'y a point de danger pour les députés, les marques distinctives qu'il demande sont ridicules; que, s'il y a du danger, un signe extérieur ne fera que désigner la victime, et que des gens qui ont peur ne doivent pas chercher à se faire reconnaître.

Enfin, je dis à tous ceux qui ne trouvent pas suffisant le premier décret d'inviolabilité, qu'ils en parlent sans le connaître; que je les prie de le relire, et qu'il répond seul à tous les orateurs passés, présens et futurs.

M. *Target* observe que le décret dont on a fait lecture étant un décret de principe, ce n'est pas à la *sanction*, mais à *l'acceptation*, qu'il doit être présenté.

M. *Dubois de Crancé.* Le décret est applicable à toute espèce d'inviolabilité; il prononce clairement une peine, comme pour crime capital, contre tout particulier qui attaquerait et poursuivrait un député à raison de ses opinions.

M. *le vicomte de Mirabeau.* Ce n'est pas à raison de ses opinions qu'on a voulu pendre quelqu'un pour M. de Virieu, c'est à raison de son visage.

M. *le comte de Mirabeau.* On veut donc un décret qui puisse à volonté changer les visages.

M. *Dumetz.* Existe-t-il un danger? existe-t-il des moyens de l'éviter? J'examine ces deux points. D'abord, on exagère le danger; les moyens de l'éviter résident en nous : ils consistent dans la fermeté, dans la fraternité, dans le courage de cette assemblée. Arrivons à Paris, marchons tous ensemble, paraissons ce que nous sommes, c'est-à-dire, unis par la fraternité comme par les grands intérêts qui nous sont confiés en commun, et le respect que nous inspirerons sera notre sauvegarde la plus sûre, et établira l'inviolabilité la plus remarquable.

— La délibération est suspendue par l'arrivée d'une députation de la commune de Paris : elle est introduite à la barre.

Elle annonce que l'assemblée générale des représentans de la commune croirait manquer à son devoir, si, lorsque l'abondance, le calme et la paix renaissent, elle ne venait apporter aux représentans de la nation ses sentimens respectueux, et le témoignage de la vive satisfaction que lui donne l'espoir de les posséder bientôt au milieu de la capitale.

Cette adresse écrite avec sentiment et énergie et lue avec noblesse, est vivement applaudie ; on en demande l'impression.

On demande alors s'il y a encore lieu à délibérer sur le nouveau décret de l'inviolabilité.

L'assemblée décide qu'il n'y a plus lieu à délibérer.

M. le curé de..... renouvelle sa motion sur la marque distinctive.

M. *Turpin* pense qu'elle doit être adoptée pour concourir au zèle et à la sagesse, qui ont dicté les mesures de la commune de Paris.

M. *Lanjuinais* adopte cet avis, et M. Garat le rejette par les mêmes raisons qui ont fait décider qu'il n'y avait plus à délibérer sur le décret demandé.

M. *Barnave* regarde l'adoption d'une marque distinctive comme contraire à la doctrine de l'inviolabilité.

M. *Target*. Si nous prenons cette marque, et qu'un de nous soit insulté, je ne fais qu'une question : la porterons-nous encore? la quitterons-nous?

L'assemblée décrète qu'il n'y a pas lieu à délibérer.

Un des secrétaires fait lecture des lettres écrites par plusieurs maisons de l'ordre de Clugny, pour adhérer à l'offre faite de leurs biens à la nation par les religieux de Saint-Martin-des-Champs.

Ces maisons sont celles de Saint-Leu, de Saint-Jérôme de Dôle, de Mozac, près Riom, et le collége de Clugny de Paris.

Le comité municipal de Metz envoie à l'assemblée une délibération pour rendre hommage à la conduite que M. de Bouillé a tenue dans cette ville, et faire connaître la déclaration par laquelle cet officier général affirme qu'il a entendu prêter le serment national, en le faisant prêter aux troupes, et s'y obliger pour lui et pour l'état-major.

Sur la lecture de cette délibération, M. Lavie pense que personne n'étant au-dessus des lois, M. de Bouillé a dû prêter serment textuellement et verbalement. Le premier devoir, dit-il, est de se montrer obéissant à la loi, et les bons services de cet officier ne peuvent le dispenser de le remplir.

L'assemblée décrète que le président demandera au roi qu'il soit ordonné au marquis de Bouillé et à l'état-major de Metz de prêter formellement le serment national.

A la fin de cette séance, le président reçut une lettre de M. de Saint-Priest, adressée au comité des recherches, par laquelle il niait avoir tenu le propos qui lui avait été attribué par Mirabeau.]

L'Assemblée nationale ne vint prendre séance à Paris que le 19 octobre, bien que la démarche des représentans de la commune de Paris, et plus encore leur système avoué de conduite, eussent rassuré les membres de la noblesse et du clergé, qui s'étaient montrés si effrayés du séjour de la capitale; cependant les demandes de passeports continuaient, et l'assemblée les accordait. On assure que les patriotes n'étaient pas fâchés de voir s'affaiblir, et en quelque sorte fondre ainsi, sous l'influence de cette terreur puérile, l'opposition de la noblesse et du clergé. On disait même que c'était dans cette espérance que Mirabeau s'était opposé particulièrement aux mesures proposées pour rassurer les timides.

Ce ne fut cependant pas avec des sentimens semblables, que la nouvelle de si nombreux départs fut accueillie par les patriotes des provinces. Ils n'y virent que le danger de se trouver, un jour, privés de représentans : témoin cette délibération de la ville d'Angers. Nous la citerons ici, quoiqu'elle soit d'une date bien postérieure, parce que nous n'aurons plus l'occasion d'en parler.

Arrêté du comité permanent des électeurs et des citoyens réunis de la ville d'Angers.

« Aujourd'hui, 20 octobre 1789, le comité général et permanent de la ville d'Angers, les électeurs et les citoyens, réunis et assemblés en la salle de l'hôtel commun de cette ville, pour délibérer sur le parti à prendre contre les députés de la province d'Anjou à l'assemblée nationale, qui se retireraient de ladite assemblée avant de s'être fait remplacer.

» Considérant, que le devoir leur commande impérieusement de remplir la mission dont ils ont été honorés; qu'ils ont fait, en l'acceptant, le serment de s'en acquitter avec zèle et constance; que, dans la séance mémorable de l'assemblée nationale du 17 juin, ils ont juré de ne se séparer qu'après avoir entièrement terminé l'œuvre de la constitution ; qu'ils ne pourraient quitter leur poste, même dans des momens difficiles, sans trahir à la fois la sainteté des sermens, l'honneur et la patrie; que les députés à l'assemblée nationale n'ont pas la faculté de cesser leurs fonctions sans préalablement en entretenir leurs commettans, et en avoir obtenu l'exprès commandement; que, si les députés d'une province désertent de l'assemblée nationale, tous peuvent également se retirer, et dès-lors la nation, sans défenseurs, deviendrait la victime de la fureur des conjurés et des tyrans, etc...... Par tous ces motifs, l'assemblée arrête que les députés de la province d'Anjou à l'assemblée nationale, qui se retireraient de ladite assemblée sans l'aveu de leurs commettans, sont, dès ce moment, déclarés parjures, traîtres à la patrie, et indignes à jamais de remplir aucune fonction publique. — Le présent arrêté sera imprimé, publié, et envoyé partout où besoin sera. *Signé*, Turpin, président; de la Réveillière et Delaunay, secrétaires. »

Du 10 au 15 octobre, jour où l'assemblée suspendit ses séances à Versailles pour aller les reprendre à Paris, les discussions furent sans fixité : elles errèrent, presque au hasard, sur divers sujets. — On arrêta la formule de la proclamation des lois : nous en donnerons bientôt un exemple, lorsque nous imprimerons celle de la déclaration des droits. — On discuta la question des biens du clergé. — On parla de l'urgence d'organiser les municipalités, de crainte qu'en se constituant elles-mêmes il n'en résultât une fédération d'intérêts locaux plus puissante que l'intérêt national. — On proposa de mettre en jugement ou en liberté tous les individus encore détenus en vertu de lettres-de-cachet. Mirabeau vint, le 14, présenter un projet de *loi martiale* complétement rédigé, qui fut couvert d'applaudissemens, imprimé et pris en considération. — On reçut une députation de juifs d'Alsace, qui demandaient l'admission de leurs co-religionnaires dans la famille française. — On décida, sur un rapport du comité des recherches, que les prévenus de crimes de *lèse-nation* seraient renvoyés devant le Châtelet de Paris, pour être jugés conformément au nouveau décret sur la procédure criminelle.

Dans cette même séance du 14, le président communiqua à l'assemblée une lettre du duc d'Orléans, par laquelle il demandait un passeport pour l'Angleterre. Un billet du ministre des affaires étrangères, joint à la lettre, expliquait les motifs de cette demande, en annonçant que le duc était chargé d'une mission diplomatique auprès du gouvernement britannique, et qu'en ce moment on expédiait ses instructions.

Cette demande fut entendue et accordée sans étonnement; car tout le monde savait déjà qu'elle devait être faite. C'était presque une nécessité pour le prince de s'éloigner momentanément : les bruits qui couraient sur sa participation aux journées d'octobre, lui en faisaient une loi. Ses ennemis disaient qu'il fuyait par crainte d'être compromis par quelque révélation indiscrète de quelqu'un de ses complices.

En effet, une clameur générale s'élevait en ce moment contre lui. — Depuis plusieurs jours, les portes d'un grand nombre de maisons se trouvaient, le matin, marquées de raies tantôt blanches, tantôt rouges, tantôt noires; c'était celles habitées par les hommes notables du moment, les représentans de la commune, les officiers de la garde nationale : telle est au moins la remarque consignée dans les procès-verbaux de la commune. On disait que la couleur blanche signifiait que la maison était dévouée au pillage; la couleur noire promettait la mort, et la rouge l'incendie. — En même temps, le comité de police faisait saisir des plaques en plomb aux armes d'Orléans, qu'on prétendait destinées, selon l'usage, à servir de marques aux poteaux plantés sur les terres du duc; mais on disait qu'elles devaient être employées comme signes de ralliement. — On assurait que c'était ce prince qui avait fait fabriquer ce grand nombre de piques dont les hommes du 5 octobre s'étaient trouvés armés. — Un armurier déclarait avoir fait des cartouches par l'ordre d'un valet de chambre du prince. — Une patrouille du district de Saint-Magloire arrêta un enfant qui marquait une maison avec la craie, et qui déclara coucher avec un jockey aux écuries du duc, etc. — Enfin une brochure, ayant pour titre *Domine salvum fac regem*, vint porter en quelque sorte le dernier coup à la réputation du prince : elle l'accusait hautement de conspiration, et désignait Mirabeau comme son premier complice. Cet écrit fut répandu à profusion ; et son à-propos fut tel, qu'il excita un *tolle* général dans la bourgeoisie (1). Le Palais-

(1) Le *Domine salvum fac regem*, brochure de trente pages d'impression, parut le 21 octobre avec cette épigraphe :

« O vous qui combattez pour un chef régicide,
Examinez sa vie, et songez qui vous guide.
Un jour seul ne fait point d'un lâche factieux
Un patriote pur, un prince vertueux.»

Suit une déclamation royaliste de quatre pages, après laquelle vient la partie sérieuse de la brochure. Elle consiste en une série de trois lettres datées de Paris, 15, 18 et 19 octobre. Voici ce qu'on lit de remarquable dans la première :

« Vous avez vu par les événemens de la semaine passée qu'il y avait à la Cour un parti pour faire aller le roi à Metz, et pour fomenter une cabale qui proclamât le duc d'Orléans lieutenant-général du royaume, et Mirabeau maire ou ministre de Paris. Un moment d'ivresse, une scène de corps-de-garde, une bêtise des gardes-du-corps, ont découvert toute la trame du duc de Guiche, et nous avons été sauvés par un coup de force. — Mais ce n'était pas tout ; il existait un autre plan bien plus merveilleux. L'issue en a été tout aussi admirable ; et, Dieu merci, nous n'avons plus aujourd'hui de prince du sang à redouter en France ; Louis XVI règne sur Paris, sur le royaume sans partage, sans inquiétude. Nous avons effectivement eu besoin de protecteurs, de lieutenans-généraux : M. Necker, M. l'archevêque de Bordeaux, M. de Montmorin, M. de la Fayette nous en ont servi ; écoutez bien ce qui suit :

« La trame qui s'ourdissait.... avait commencé lors de la discussion des droits des Bourbons espagnols..... Les chefs du conseil secret étaient M. de Choderlos de Laclos, officier d'artillerie, auteur d'un roman honteusement célèbre, nommé *Les liaisons dangereuses*; M. de Mirabeau ; le comte de la T.... Sh.... On prétend que l'évêque d'Autun entrait pour quelque chose dans le plan.... Le lieu du rendez-vous des associés était la maison de M. Boulainvilliers à Passy, que le prince louait depuis peu.... C'était à Essonne dans une petite maison qu'était la ma-

Royal même en fut ému ; et l'on vit un soir recommencer l'usage des motions ; mais elles étaient dirigées dans un tout autre sens que celles qui avaient rendu ce jardin célèbre dans l'histoire révolutionnaire.

nivelle générale;.... une intrigue amoureuse servait de prétexte aux fréquens voyages du prince qui s'y rendait trois fois par semaine...
» Agnès Buffon, puissante législatrice du duc, était l'ame de cette dangereuse liaison ; Monrose Laclos la cheville ouvrière.... Grisbourdon S. P.... et Bonneau.... en partageaient la gloire et la fortune. — Il avait fallu une grande étude.... pour faire sortir le duc d'Orléans de son apathie, de son épicuréisme, tranchons le mot de sa jeanf,..rie habituelle...... Que voulait-on, en ameutant le peuple, les femmes, en faisant manquer le pain? Ils comptaient faire éloigner le roi, ou au moins lui inspirer des inquiétudes, l'empêcher de sortir, de faire de l'exercice; en un mot, ils avaient spéculé sur l'humeur d'un peuple poussé aux dernières extrémités, et sur les humeurs d'un souverain d'une santé chancelante; enfin, je ne crains pas de le dire, ils avaient désiré sa mort physique ou politique..........
» Les choses en étaient à ce point ; le peuple soulevé, la lanterne prête, les femmes en route pour Versailles. Tout allait le mieux du monde: malheureusement M. Necker, et surtout l'archevêque de Bordeaux, s'opposent au départ du roi. Il vient à Paris, et voilà toute la machine détraquée. Quand le peuple de Paris voit le roi des Tuileries, au diable le roi des Halles. La clique s'était enferrée elle-même. M. la Fayette avait conquis la confiance du monarque. M. Necker allait recevoir les secours immenses de la taxe patriotique (l'impôt du quart du revenu) ; il fallait tout désorganiser encore une fois.....
» L'homme propose, Dieu dispose : Dieu merci, tout a échoué. A son retour de Versailles, M. de la Fayette a continué d'être infatigable...... Un corps de preuves à la main, le jeune général dont la vie était menacée, se présente chez le roi. Un conseil extraordinaire est assemblé... On décide de transiger avec les conjurés. M. de la Fayette connaissait le moral de l'homme : il se charge de la vengeance du roi, de la patrie, et du chef de la milice parisienne. Il mande sur-le-champ au duc qu'il lui conseille de sortir de la capitale, sous trois jours, vu que sa vie est en danger. Il fait mieux ; il lui fait parvenir, par tous les échos de Paris, que puisqu'il a voulu compromettre son existence, il lui offrira l'occasion de se satisfaire, et qu'il le flétrira d'un soufflet, en quelque endroit qu'il le trouve, fût-ce dans l'antichambre du roi. La foudre n'a pas un effet plus prompt que la menace du jeune général..... Enfin, hier au soir, 14, le duc est parti, entre deux et trois heures, pour l'Angleterre...... J'oubliais de vous dire que le duc de Byron, jadis le duc de Lauzun, avait, dans le complot..... l'assurance du poste de M. de la Fayette....»

— On publia plusieurs réponses à ce factum, entre autres une où l'on invitait l'auteur anonyme à se nommer. L'épigraphe en fait connaître le contenu : elle se composait de ces mots : *errare humanum est : decipere vulpinum; perseverare diabolicum.*

Nous avons réuni en une seule série tous les bruits qui furent répandus du 10 au 21 : chaque jour en voyait en effet naître un nouveau. Un rapport à l'assemblée nationale, que nous insérerons en son lieu, donnera à nos lecteurs le secret de toutes ces accusations.

Dans les salons de la capitale on racontait que le départ du duc n'était nullement volontaire; on assurait qu'il était forcé; en un mot, que c'était un exil à l'ancienne manière. Voici ce que l'on disait :

Le duc d'Orléans avait été appelé chez le roi ; M. de la Fayette était en tiers. Ce fut ce général qui parla au prince, et obtint de lui la promesse de partir, en lui faisant sentir que c'était le moyen de mettre un terme aux bruits injurieux qui s'élevaient sur son compte. Il fallait partir, afin d'ôter tout prétexte aux perturbateurs qui s'autorisaient de son nom. Mirabeau eut connaissance de ce projet, et réussit à faire changer d'avis au duc en lui démontrant que son départ, au lieu d'éteindre les calomnies, leur serviraient au contraire de prétexte. Il fallut que M. de la Fayette revînt une seconde fois à la charge; et la demande du 14 prouvait qu'il l'avait définitivement emporté.

Mais ces bruits ne dépassèrent pas la bourgeoisie; ils ne descendirent pas jusqu'au peuple. Celle-ci les accueillit, il est vrai, presque avec faveur : elle y crut, et nous verrons bientôt des démarches de l'Hôtel-de-ville dirigées principalement par ce soupçon de la conspiration orléaniste. Quant au peuple, c'était à la halle qu'il faisait des motions, et c'était la crainte de la disette et la misère qui les lui inspiraient : les plus importantes, les plus graves se trouvent consignées dans les procès-verbaux de la commune, dont elles venaient provoquer la sévérité. Ces faits de la police municipale se trouvent tellement mêlés aux autres actes de la commune, qu'en donnant la narration extraite de ces procès-verbaux, indispensable pour faire comprendre l'état de Paris en ce moment, nous ne pourrons laisser échapper que ceux que nous croirons inutiles à faire connaître.

Le 9, la députation de la commune traversa Paris en grande pompe, et obtint du roi la lettre à l'assemblée nationale que l'on a lue. Le parlement vint après elle présenter ses hommages. — Le soir, les représentans de Paris eurent à s'occuper des engagemens au Mont-de-Piété; à prendre des précautions pour garantir l'établissement dans le cas où il serait menacé. Ils défendirent, en outre, aux districts de délivrer des certificats d'indigence pour servir à retirer les effets mis en gage; car, disait l'affiche par laquelle cette mesure fut transmise au peuple, il faudrait trois millions pour cette munificence, et le trésor ne les a pas. — Ensuite, on reçut l'avis des boulangers qu'il se préparait une insurrection dont le but était de les forcer à livrer le pain à huit sous les quatre livres, sous prétexte que le roi avait promis cette diminution. En conséquence, l'assemblée rédigea un arrêté qui fut affiché, et qui, entre autres dispositions, contenait défense d'exiger des boulangers que le pain fût distribué au-dessous de douze sous les quatre livres, sous peine d'être arrêté sur-le-champ, et puni suivant la rigueur des ordonnances, comme perturbateur du repos public. Enfin, on ordonna que les *troupes nationales parisiennes* seraient mises sous les armes à minuit, et que des sentinelles seraient posées aux portes des boulangers.

Cependant on répandait dans Paris que les provinces pourraient bien ne pas approuver la conduite de la capitale; on ajoutait que les nombreux députés qui demandaient des passeports à l'assemblée nationale, se proposaient de se retirer à leurs bailliages respectifs, de s'adresser à ceux qui les avaient élus, afin de répondre aux violences de Paris par des protestations non moins énergiques. Ce qui confirmait ces bruits, c'était la proclamation du roi publiée ce jour même, d'après les sollicitations de la commune et dans laquelle il s'adressait nommément aux provinces, et les assurait que c'était de son plein gré qu'il était venu à Paris, et les engageait en conséquence à *la paix et à la tranquillité*.

En conséquence de ces bruits, Brissot avait été nommé la veille pour rédiger un projet de *lettre de Paris aux provinces*; il le présenta dans la séance de la commune du 10; il était ainsi conçu :

« L'assemblée générale des représentans de la commune de

Paris saisit, avec empressement, les premiers momens du calme qui renaît dans l'enceinte de cette capitale, pour rassurer toutes les municipalités du royaume sur les événemens inattendus qui ont paru menacer la tranquillité universelle, exagérés par la calomnie ou défigurés par l'ignorance, ils ont pu porter l'alarme dans la France entière. Cette alarme pourrait entraîner les conséquences les plus funestes, si l'assemblée des représentans ne se hâtait de la dissiper, et de prévenir les insinuations perfides qui tendraient à rendre suspectes les intentions toujours pures des citoyens de Paris.

» Les représentans de la commune jetteront un voile sur le soulèvement préparé par les ennemis du bien public pour renverser, à son origine, l'ordre nouveau qui commençait à s'établir dans le royaume. Le ciel veillait sur la France ; et, grâces à l'activité des troupes nationales parisiennes et à la sagesse de leur commandant, la trame odieuse a tourné contre ceux-même qui l'avaient ourdie. Le chef de la nation a été rendu à cette capitale, qui, depuis plus d'un siècle ne se voyait privé de sa présence qu'avec les regrets les plus amers.

» ...... La commune de Paris, pénétrée des sentimens de la fraternité la plus intime pour toutes les communes du royaume voit avec plaisir qu'elles doivent être liées à jamais par un intérêt commun ; elle a vu arriver avec transport le grand jour de l'égalité où ses antiques privilèges sont devenus le droit commun de tous les Français... Les représentans de la commune de Paris s'engagent à une fidélité inaltérable pour la personne du roi, et à une fraternité sincère et constante envers toutes les communes du royaume. »

Ce projet fut accueilli par d'unanimes applaudissemens et renvoyé à une séance prochaine pour une seconde lecture. Personne ne pensa à faire observer que ce n'était pas à la commune de Paris à faire des circulaires aux autorités publiques du royaume, qu'il y avait en France des citoyens et non pas des communes, etc., ainsi que le remarquèrent les journaux patriotes aussitôt qu'ils eurent connaissance de ce projet ; les représentans étaient habitués à cette extension d'attributions. Ainsi, ils s'étaient emparés de la poudrière nationale d'Essonne, et faisaient des distributions de munitions aux autres municipalités ; ils en avaient envoyé jusqu'en Auvergne.

Dans la séance même dont nous nous occupons, la commune accepta l'affiliation de la garde parisienne qui lui fut demandée par les volontaires nationaux du Havre. On se promit amitié réciproque et réciprocité de secours militaires.

Dans la réunion du 10 au soir, on s'occupa des marques apposées pendant la nuit aux portes des maisons habitées par des représentans ou des officiers de la garde nationale.

Ensuite sur la nouvelle que le roi venait de signer le licenciement des gardes-du-corps, on nomma une commission pour supplier le prince de révoquer cet ordre.

Dans la séance du 11 au soir, l'assemblée arrêta qu'il serait nommé une personne pour remplir les fonctions du ministère public pour la commune de Paris, et que la personne chargée de cette fonction aurait la qualité de *procureur-syndic de la commune*.

A peine cet arrêté était-il voté, qu'on vint dénoncer ce que le rédacteur du procès-verbal appela *un écrit calomnieux*; c'était une plaisanterie, une prétendue liste des gens écroués à l'Abbaye. La commune traita cette bouffonnerie comme chose grave, et la démentit par un placard qu'elle fit afficher le lendemain.

Le 12, une députation des représentans de la commune alla complimenter Monsieur (plus tard Louis XVIII) et Madame. L'assemblée reçut des dénonciations de toutes sortes : C'est un marquis qui vient lui demander justice des bruits répandus sur son compte : c'est un district des Prémontrés qui vient appeler l'attention sur *la multiplicité des feuilles périodiques dont la capitale est inondée, et qui ne sert qu'à entretenir le foyer de l'insubordination et du désordre*, etc.; toutes ces choses furent renvoyées au comité de police. — Dans la séance du 13, le district des Carmes vint demander l'ajournement des représentations de la tragédie de Charles IX. On prétendait que cette pièce était insultante pour la nation et pour la révolution. Cette accusation était en effet devenue assez générale, pour que Chenier crût devoir s'en expliquer devant le public, lorsqu'enfin sa pièce fut jouée. Sa lettre fut insérée dans le journal de Prudhomme. — Le district des filles Saint-Thomas se distingua dans cette séance d'une autre manière : il vint protester de son zèle et de son dévouement pour le roi, la famille royale, pour la sûreté individuelle des membres de l'assemblée nationale; il déclara qu'il était prêt, pour atteindre ce noble but, à faire tous les sacrifices, même celui de la vie; il termina par demander une formule de serment pour la garde nationale. Cette demande fut prise *en la plus haute considération*. Cependant, en attendant qu'un serment lui assurât l'obéissance des citoyens, l'assemblée décréta, sur la proposition de M. de la Fayette, que la garde soldée serait augmentée de six compagnies de fusiliers et de deux de cavalerie. Quelques jours auparavant, on l'avait déjà accrue de 600 hommes destinés à la garde spéciale des barrières.

Dans la séance suivante, la commune acquit encore de nouvelles preuves du pouvoir direct qu'elle exerçait sur les autres municipalités. D'abord, elle reçut une lettre du comité permanent de Quimper, qui lui donnait avis que les citoyens de cette ville avaient acquitté leur souscription patriotique du quart du revenu. L'assemblée chargea un de ses secrétaires de répondre à cette communication *au nom de la commune de Paris*. Ensuite, des députés de la ville d'Étampes vinrent solliciter *son aveu* pour retenir deux voitures chargées d'armes qu'un détachement de gardes-du-corps traînait à sa suite.

« Messieurs, leur répondirent les municipaux de Paris, nous vous remercions des témoignages d'amitié et de fraternité que vous nous donnez. Nos sentimens répondent certainement aux vôtres; et notre plus vif désir est d'entretenir avec vous, et les autres municipalités du royaume, l'union, la concorde et l'intimité qui doivent régner entre tous les citoyens d'une même patrie. Égalité, liberté, harmonie, telles sont les bases de notre conduite; nous ne nous en écarterons jamais: en s'y attachant constamment, les Français ne formeront plus qu'une nombreuse famille, dont le monarque sera le père commun, et chaque cité ne sera plus qu'une partie intégrante d'un tout indivisiblement uni par le même esprit et la même loi.

» D'après ces principes, regardez-nous comme des frères et des amis que vous avez consultés, et qui vont vous répondre en ces seules qualités..... » La lettre se terminait par une invitation de respecter ces voitures d'armes, et par des remercîmens pour la bonne réception faite à un corps de la garde parisienne envoyé pour protéger l'arrivage des farines ; car on était encore malheureusement contraint de recourir à ces expéditions militaires.

La séance fut terminée par l'affiliation de la garde nationale de la municipalité de Saint-Ouen-sur-Seine à celle de Paris : l'affiliation mettait le corps qui l'acceptait sous le commandement de M. la Fayette.

Avant de clore notre compte-rendu de cette séance, nous en extrairons encore ces quelques mots : « M. le commandant général étant arrivé, a parlé du décret de l'assemblée nationale qui institue un tribunal pour juger les criminels. Il a insisté sur la nécessité d'en hâter l'ouverture, et a proposé de nommer des commissaires pour engager M. le lieutenant-criminel et MM. les conseillers au Châtelet à se presser d'entamer les procédures. L'assemblée a accueilli sa proposition. »

Nous nous bornerons pour le moment à ces extraits des procès-verbaux de la Commune. On voit qu'elle jouait le rôle de pouvoir exécutif. On se demande ce que faisait le ministère : les ministres étaient alors sans doute préoccupés de leur position personnelle.

« On commençait, en effet, à concevoir des doutes sur leur civisme et leur droiture. Divers décrets de l'assemblée nationale, sanctionnés par le roi, n'avaient pas été légalement notifiés aux provinces ; plusieurs n'avaient pas encore été publiés dans les différens siéges, et n'y avaient pas même été envoyés, tandis qu'on y avait répandu à profusion les objections faites par le conseil contre ces mêmes décrets, au point que divers tribunaux, notamment en Alsace, affectaient de rendre des jugemens contraires aux arrêtés du 4 août. Enfin, ils semblaient, par les délais multipliés qu'ils apportaient à la promulgation des lois, vouloir se venger de n'avoir pu conserver sur leur sanction un pouvoir illimité. » (*Moniteur.*) C'était le garde-des-sceaux qu'on accusait à l'occasion de ces oppositions ; aussi nous le verrons bientôt comparaître devant l'assemblée pour y justifier sa conduite.

M. de Saint-Priest était encore sous le coup de la dénonciation de Mirabeau. Necker commençait à être attaqué, non-seulement comme financier, mais, ce qui était plus effrayant, comme accapareur. Enfin on parlait dans le public d'un changement de ministère ; et ces bruits ne pouvaient pas être dédaignés, alors que, déjà tant de fois, la cour avait cédé aux volontés du public. On désignait, entre autres, Mirabeau comme candidat : les royalistes reprochaient une pareille ambition à M. de Talleyrand, archevêque d'Autun.

SÉANCE DU JEUDI 15 OCTOBRE.

[M. l'archevêque de Toulouse, M. de Talaru évêque de Coutances, M. l'archevêque de Paris, demandent des passeports pour les trois jours accordés pour le déplacement de l'assemblée ; d'autres en demandent pour raison de santé.

Un membre fait observer que la noblesse de son bailliage va se rassembler pour nommer son suppléant.

Cette observation entraîne la plus grande discussion. On fait la motion spéciale que les assemblées de la noblesse, du clergé et du tiers-état, n'aient plus lieu ; ces assemblées, dit-on, sont irrégulières, et ne doivent plus exister.

M. Martineau. Je crois devoir relever l'erreur, base fondamentale de cette motion. On vous a dit, Messieurs, que les assemblées élémentaires avaient été irrégulières. Certainement il faut repousser cette assertion, sans cela notre assemblée serait également irrégulière ; tout ce que nous aurions fait serait nul, illégal ; et l'on sent que le despotisme pourrait tirer un grand avantage de tant d'erreurs que nous aurions consacrées nous-mêmes.

Permettez-moi maintenant de vous faire quelques observations.

Le pouvoir exécutif est sans force, l'État n'a plus de ressources que dans l'assemblée nationale; tous les passeports que l'on demande produiraient à la fin la dissolution de cette assemblée; et si elle était dissoute, l'État même serait bientôt dissous.

Eh! Messieurs, pourquoi se retirer de cette assemblée? On est malade! mais on est malade commodément aussi bien à Paris qu'en province. On est fatigué! mais qui de nous ne l'est pas, depuis six mois que nous luttons contre la tempête, que nous opposons nos efforts à toutes les révolutions, qui de nous n'est pas fatigué?

Il n'y a pas de sûreté à Paris, dit-on. On se trompe: il y a à Paris plus d'ordre, de police, que partout ailleurs; l'anarchie se trouve dans tous les lieux, mais elle est peut-être moins violente dans la capitale.

En un mot, Messieurs, est-ce quand le vaisseau est battu des flots de la tempête, qu'il faut abandonner le gouvernail? est-ce quand il faut livrer bataille qu'on doit abandonner ses drapeaux?

Prenez-y garde, Messieurs, votre courageuse réforme a fait bien des mécontens; les uns, aigrissant les esprits, leur offrent la licence au lieu de la liberté; les autres soufflent le feu de la discorde. Les laisserons-nous triompher? C'est ici le moment du courage; faisons en sorte que l'on ne regrette pas les jours du despotisme; restons ici, ce n'est qu'ici que l'on peut sauver l'État.

M. le marquis d'Ambli. Le préopinant a dit de très-bonnes choses; mais ce n'est pas ainsi qu'on conduit des Français; qu'il soit donné des passeports à tous ceux qui en demandent; mais je demande aussi qu'on imprime la liste de ceux qui les auront obtenus, avec les motifs de leur absence.

M. le vicomte de Noailles. Je demande la liberté indéfinie des passeports, mais à condition que huit jours après la première séance tenue à Paris, on fasse un appel nominal et qu'on imprime la liste des absens, pour l'envoyer dans les provinces.

On fait une autre motion tendante à ce que ce soient les commettans qui jugent la nécessité des passeports.

M. Target observe qu'un député, appartenant à la nation entière, ne peut être dispensé par ceux qui l'ont nommé de l'engagement qu'il a contracté envers la patrie.

M. Desmeuniers fait un amendement à la motion de M. le vicomte de Noailles ; il demande qu'il soit sursis à la question de l'impression de la liste jusqu'au jour de l'appel nominal. Il le croit propre à maintenir l'esprit de concorde qui doit régner dans l'assemblée. Beaucoup de membres, dit-il, peuvent revenir dans ce délai.

M. Populus parle contre cet amendement ; mais l'assemblée l'adopte.

On s'occupe des suppléans. On propose de n'en recevoir, postérieurement à ce jour, que quand ils auront été nommés par les citoyens de tous les ordres sans distinction.

Après une très-longue discussion, l'assemblée prend l'arrêté suivant :

« A compter de ce jour, les suppléans seront nommés par tous les citoyens réunis ou légalement représentés. Le présent décret n'aura point d'effet rétroactif pour les suppléans déjà nommés. »

On reprend la motion sur les passeports, et l'assemblée prononce le décret suivant :

« Il ne sera plus accordé de passeports que pour un temps bref, déterminé, et pour affaires urgentes ; et quant aux passeports illimités pour cas de maladie, ils ne seront accordés à ceux qui les auront demandés qu'après qu'ils auront été remplacés par leurs suppléans. »

L'assemblée nationale décrète, en outre, que huitaine après la première séance qui se tiendra à Paris, il sera fait un appel nominal de tous les membres ; elle surseoit à délibérer sur la proposition de faire une liste des absens, d'imprimer cette liste, et de l'envoyer dans les provinces.

M. le président. J'ai reçu de M. le garde-des-sceaux une lettre et deux mémoires, qui contiennent des objets importans. Dans l'un de ces mémoires, ce ministre expose les motifs qui l'avaient déterminé à convoquer la noblesse de Guéret, pour le remplacement de M. le marquis de Saint-Maixent, député de cette sénéchaussée, absent pour cause de maladie. M. le garde-des-sceaux annonce qu'il a suspendu ces mesures, d'après les réclamations qui avaient été faites dans l'assemblée.

Il paraît inutile, puisque vous avez statué sur cet objet par le décret que vous venez de rendre, de vous occuper de cette justification.

Un des secrétaires fait lecture de la lettre et de l'autre mémoire. La lettre annonce qu'il vient de faire publier le décret sur le prêt à intérêt, et qu'il a conféré avec la chambre des vacations pour l'exécution des nouveaux articles sur la justice criminelle.

Le mémoire présente des observations sur les articles de la constitution, concernant le pouvoir judiciaire et la proposition des lois. Ces deux articles ont jeté du doute dans l'esprit des ministres sur l'organisation, les attributions et la juridiction des conseils du roi. M. le garde-des-sceaux demande que l'assemblée nationale lève ces doutes, soit en statuant dès à présent, soit en laissant aux conseils l'exercice provisoire de leurs fonctions.

Les ministres rendent compte des différentes branches du conseil : ils donnent une définition du comité contentieux, du Conseil-d'Etat : l'un est présidé par le garde-des-sceaux et composé des maîtres des requêtes; l'autre, présidé par le roi, est composé de ceux auxquels le roi accorde sa confiance. Les ministres observent que tout est en souffrance, qu'ils ne peuvent rendre la justice, etc.

M. *Martineau* demande qu'on délibère sur-le-champ.

M. *Camus*. Il ne nous faut pas déguiser que c'est le conseil du roi qui a introduit le despotisme en France. Ce tribunal, composé presque toujours d'officiers qui ne sont ni magistrats, ni hommes publics, et qui, par circonstance, sont l'un et l'autre à la fois, a envahi tous les pouvoirs. Un homme était-il protégé? son adversaire était jugé au conseil et perdait sa cause. Réclamait-il ses juges naturels? c'est une affaire d'administration, cela ne se peut pas. Demandait-il justice? c'est une affaire d'administration. Enfin, Messieurs, le roi, qui ne peut rien juger, a rendu des arrêts célèbres, arrêts du propre mouvement, arrêts illégaux et injustes, qu'il ne pouvait rendre. Je pense qu'il faut ajourner.

M. Martineau. Je réponds à M. Camus qu'il n'y a qu'à interdire au conseil tout arrêt du propre mouvement, toute évocation, et lui enjoindre de renvoyer le fond du procès.

M. Garat appuie l'amendement de M. Martineau.

M. Duport. Je crois devoir relever une très-grande inexactitude, et qui n'est qu'un reste de l'habitude où le conseil était depuis si long-temps de ne jamais dire la vérité. Le mémoire porte que les maîtres des requêtes ont voix délibérative; le fait est qu'ils n'ont tout au plus que voix consultative.

D'autres membres demandent le renvoi du mémoire au comité de judicature.

M. Blin insiste fortement sur ce que l'on rende au conseil toute sa force, pour ne pas augmenter dans ce moment le pouvoir des parlemens.

M. le président lit les motions déposées sur le bureau.

La première est pour l'ajournement jusqu'à mardi, et que le mémoire des ministres soit renvoyé à un comité de quatre personnes.

La seconde, de M. Duport, dont l'esprit est que jusqu'à ce que l'organisation du pouvoir judiciaire soit déterminée, ainsi que celle des municipalités, le conseil du roi sera autorisé à continuer ses fonctions comme par le passé, à l'exception des arrêts du propre mouvement, et des arrêts portant évocation du fond du procès, lesquels n'auront plus lieu à compter du jour du présent décret, et qu'il sera nommé un comité de quatre personnes pour examiner le mémoire.

M. Desmeuniers. Permettez-moi deux observations :

1° Les députés n'auront vraisemblablement pas le temps de se retirer dans les bureaux pour nommer les quatre membres : il est naturel qu'ils s'occupent de leur départ : il convient donc de renvoyer le mémoire au comité des sept.

2° M. le garde-des-sceaux, dans sa lettre, s'explique sur la convocation de la noblesse de Guéret. M. le président peut lui répondre en lui envoyant le décret pris au commencement de la séance sur les suppléans.

Les propositions de M. Desmeuniers sont appuyées, et l'assemblée les décrète.

N..... rend compte, au nom du comité des rapports, d'une demande formée par la commune de Fontainebleau.

Les habitans de cette ville représentent que les anciens officiers municipaux voulant conserver leurs fonctions, cette cité se trouvait dans une anarchie qui compromettait non-seulement leur sûreté, mais encore celle du palais du roi. Le comité propose d'ordonner, conformément aux demandes des habitans de Fontainebleau, que la commune soit autorisée à se nommer des officiers municipaux, et à établir une milice nationale, avec défense aux anciens officiers civils ou militaires de s'immiscer dans l'administration de cette ville.

L'assemblée adopte et décrète l'avis du comité.

M. Target propose un projet de loi sur les émeutes.

M. Pétion de Villeneuve. Je demande l'ajournement de cette discussion.

M. le duc de Larochefoucault. J'adopte toutes ces observations, et je pense qu'en ajournant la question, on pourrait décréter sur-le-champ ce principe de constitution, que le peuple a le droit de s'assembler, mais en suivant les formes prescrites.

L'assemblée décrète l'impression du projet de M. Target, et ordonne que ce projet, ainsi que celui de M. le comte de Mirabeau, seront remis au comité de constitution.

M. le duc d'Aiguillon. Il est plus que jamais nécessaire de réunir tous ses efforts pour achever l'ouvrage si désiré de la félicité publique. Ne craignez-vous pas que la réunion de tous les Corps de la capitale, celle des particuliers même, les demandes, les plaintes, ne vous fassent perdre à Paris un temps considérable?

Je propose un décret pour éviter ces inconvéniens. Je demande qu'une commission soit nommée pour recevoir les pétitions, plaintes et adresses, et que les députations des représentans de la commune de Paris soient seules reçues.

M. le duc d'Aiguillon présente un projet de décret.

M. Barnave. Je pense qu'il faut substituer le comité des rapports à la commission demandée.

M. Milcent. On pourrait inférer de ce décret que les autres municipalités du royaume ne pourront députer à l'assemblée ; je suis certain cependant que beaucoup de villes, qui ont des choses importantes à communiquer, ont envoyé des députations qui sont déjà à Paris.

M. Garat expose le danger d'une exception en faveur de la capitale.

M. de la Gallissonnière. Il y a déjà des députations envoyées par deux provinces entières ; pourra-t-on les refuser?

M. le duc d'Aiguillon. L'assemblée a rendu un décret par lequel elle avait arrêté que, passé le 10 du mois d'août, aucune députation ne serait reçue à la barre ; mais ce n'était que pour les députations de félicitation. Quand bien même l'objet de ce décret aurait été plus étendu, l'assemblée a assez prouvé, par un usage contraire, qu'elle n'entendait point l'exécuter rigoureusement. Aussi je n'ai pas proposé une exception à ce décret en faveur de la ville de Paris ; j'ai seulement voulu exclure les députations des corps et communautés, ou les agrégations de citoyens.

Le décret proposé par M. le duc d'Aiguillon est, après quelques amendemens, adopté comme il suit :

» L'assemblée nationale constamment occupée de ses travaux importans, et ne voulant perdre aucun instant pour achever l'ouvrage si désiré de la félicité publique, décrète :

» Qu'il n'y aura de députation de Paris reçue à la barre, que celle des représentans de la commune de cette ville ; et quant aux dresses, demandes, plaintes, qui pourraient être présentées à l'assemblée nationale par des corps, communautés ou réunions de citoyens, sous quelque titre que ce soit, elles seront reçues par le comité des rapports, qui en rendra compte à l'assemblée nationale. »

L'affaire de M. Marat, déjà indiquée à l'assemblée, est renvoyée à mardi prochain.

La séance de lundi, à Paris, est indiquée pour dix heures précises.

Sur la demande de MM. Duport, de Montesquiou, de Menou, de Blacons, l'assemblée décide qu'il n'y aura désormais ni distinction de costumes, ni différence de places dans les séances et dans les cérémonies.

On fait un rapport sur l'affaire de M. le Mintier, évêque de Tréguier.

Il dit dans son mandement que le roi est digne de porter le sceptre de Charlemagne....... Il est donc vrai que le diadème est garni de pointes cruelles qui ensanglantent le trône des rois, et que dans la crise excitée par des libellistes fougueux, le trône est ébranlé.... que la vertu d'un évêque est d'opposer son courage, comme saint Thomas de Cantorbéry, aux nouveautés dangereuses ? Qui jamais a mieux mérité que le roi les sacrifices des peuples ? Que la monarchie française est différente d'elle-même !... Les princes fugitifs, le pouvoir militaire énervé, un système d'indépendance soutenu avec force, la vengeance aiguisant ses poignards.........; la capitale a été souillée par des assassinats...... Tels sont les ouvrages de ceux qui abusent de leurs talens : conservons nos lois et réformons nos mœurs.

Chaque État a ses lois analogues à ses habitans; les monarchies surtout ne se soutiennent que par les principes anciens....

Les doléances pénétraient bientôt dans le cœur de nos maîtres, les riches jouissaient de leur opulence, le superflu se répandait sur les pauvres, l'honnête plébéien jouissait du fruit de ses travaux; ces beaux jours ont disparu comme un songe. La religion est anéantie; ses ministres sont réduits à la triste condition de *commis appointés des brigands; on soulève les gens de campagne;*

on attaque les châteaux : tous ces maux prennent leur source dans les libelles anonymes : le scepticisme, l'égoïsme, voilà la morale du jour. L'on veut que le disciple obstiné de Moïse, le sectaire de Mahomet, le voluptueux athée, vivent avec le Chrétien.....

« Ce mandement est terminé par une invocation à la bienfaisance, et il ajoute : « N'est-il pas étonnant qu'il y ait des gens qui veulent circonscrire le droits du souverain ? Réclamons nos anciennes lois.

» Il y a des abus ; mais pour les réformer faut-il faire couler le sang ?

Vous qui partagez nos fonctions, ministres de Dieu, montez dans vos chaires ; faites entendre les leçons de la soumission ; dites aux peuples qu'ils s'abusent quand ils croient aux diminutions des impôts ; dites qu'on les trompe quand on accuse les chefs du clergé....

» Vénérables cultivateurs, n'est-ce pas à l'accord de votre noblesse et de votre clergé que vous devez votre félicité?

» Ces systèmes d'égalité dans les rangs et la fortune ne sont que des chimères. On vous trompe quand on vous promet d'arracher de vos pasteurs et de vos seigneurs leurs propriétés. »

Tel est l'extrait du mandement de M. l'évêque de Tréguier.

« Vit-on jamais, dit le rapporteur, un écrit aussi incendiaire ? Quoi ! un prélat exhorte de monter dans la chaire de vérité pour y débiter de pareilles horreurs ! Peut-il donc jusqu'à ce point s'oublier, et déshonorer le caractère sacré d'un ministre de paix ? Dans un siècle moins éclairé, le fanatisme aiguiserait ses poignards, la discorde allumerait ses sinistres flambeaux, les secouerait sur la France, et à la voix d'un prélat fanatique ou irrité, tout l'empire serait à feu et à sang ! Mais heureusement la raison domine et guide les Français ; ils mépriseront les cris d'un furieux qui aspire à la palme du martyre, qui croit avoir dit beaucoup quand il a dit qu'il opposera la fermeté de saint Thomas de Cantorbéry. Prélat, lisez votre histoire, lisez avec les yeux de la raison, de l'humanité, et vous verrez si vous devez vous autoriser d'un pareil exemple ! Ce prélat que vous citez, avait au moins un prétexte spécieux; mais vous, de quel droit, dans quel dessein criez-vous qu'on abuse les peuples, qu'on les trompe, que la religion est anéantie? De quel droit calomniez-vous les augustes représentans de la nation? En est-il un parmi eux, je dis même parmi ceux qu'on appelle aristocrates, animé de pareils sentimens? J'aime à croire qu'il n'en existe aucun qui vous ressemble. »

On fait quelques observations sur cette affaire; mais elle est ajournée avant que le rapporteur ait terminé.

La séance est levée, pour être reprise à Paris le 19 d'octobre.]

Le rapport sur l'affaire de l'évêque de Tréguier ne fut terminé que dans la séance du 22. Mais le *Moniteur* ne donne qu'une analyse très-incomplète de ce travail : nous allons tâcher d'y suppléer, en donnant en même temps, et d'un seul coup, une idée des conséquences que cette affaire eut dans la province.

« Lorsque le premier, le plus illustre trône de l'univers, dit ce mandement, est ébranlé jusque dans ses fondemens; lorsque les mouvemens convulsifs de la capitale se font sentir dans les provinces les plus reculées de l'empire français, serait-il permis à un évêque de garder le silence?.... Hélas ! nos très-chers frères, qu'elle est différente d'elle-même, cette monarchie française, le plus beau domaine de l'église catholique ! et quel est le ministre des autels dont les entrailles ne seraient pas déchirées à la vue des combats qu'on livre à l'Église?...... La capitale d'une nation polie, sensible, a été souillée par des proscriptions inouïes, par des assassinats dont les nations les plus barbares rougiraient..... Conservons nos lois antiques; elles sont la sauvegarde de nos propriétés, de nos personnes et de notre gloire....... Satisfait de son sort, le plébéien vivait content.... Les tribunaux suprêmes sont méconnus, humiliés.... La religion, la raison, la nature, indignées, frémissent à la seule pensée d'une réforme, dont la seule entreprise a déjà coûté tant de sang et de larmes.... Si aujourd'hui on envahit les propriétés des deux premiers ordres de l'État, qui vous garantira les vôtres pour l'avenir?....»

Ce mandement était le premier mot d'une insurrection prête

à éclater. Un corps de volontaires, recruté parmi les ouvriers et les gens de la campagne, devait se réunir sous les ordres de MM. de Keralio et Kegrai de Nouel. Mais ce fait fut dénoncé par quelques-uns des enrôlés à la municipalité de Tréguier; et l'on saisit l'acte de cette association qui était écrite, dit-on, de la main d'un conseiller au parlement de Rennes. Cependant on se contenta seulement d'informer et de transmettre les pièces à l'assemblée nationale; mais la jeunesse des villes de Bretagne se souleva à cette nouvelle. Tous les points de cette vaste province fournirent en quelque sorte leurs détachemens; et, dès le 26, près de 30,000 hommes étaient réunis à Tréguier; les conjurés prirent la fuite ou furent arrêtés : nous verrons bientôt les suites de cette affaire.

La province de Bretagne ne fut pas la seule où l'on essaya de résister aux conséquences du mouvement de Paris.

En Dauphiné, dès le 11, c'est-à-dire presque aussitôt la nouvelle reçue des événemens du 6 octobre, la commission intermédiaire prit sur elle de convoquer les États pour le 2 novembre, avec le *doublement*, c'est-à-dire les trois ordres en nombre double des convocations ordinaires. Selon l'usage, nulle assemblée de ce genre ne pouvait avoir lieu sans la permission du roi : le seul fait de la convocation constituait donc le fait de conspiration. On remarque que M. Mounier, le prince d'Hénin, et M. de Lally, partirent le 10, et prirent la route du Dauphiné. M. Mounier fut accueilli à Grenoble par ses amis comme un héros de la légitimité : on lui fit une réception brillante.

Sur cette nouvelle, les représentans du Dauphiné restés à l'assemblée nationale, écrivirent une longue lettre à la commission intermédiaire, où ils leur donnaient l'assurance que le roi et l'assemblée étaient parfaitement libres, et les rappelaient à leurs devoirs, en leur faisant remarquer qu'ils ne se rendaient coupables de rien moins que d'une insurrection. Enfin vinrent les arrêtés de l'assemblée nationale elle-même : nous les verrons plus tard. Cette tentative devait échouer, et elle échoua; il n'y eut rien de plus que l'acte même de convocation.

Il en fut de même en Languedoc : il y eut à Toulouse une réunion de quatre-vingts parlementaires, et de quatre-vingt-dix gentilshommes. Ils arrêtèrent entre eux une lettre pour la convocation des États, en y comprenant l'ordre du tiers-état. Cette démarche en provoqua une toute contraire de la part du Tiers, et d'où il résulta que l'aristocratie languedocienne se crut obligée de dénier ses lettres de convocation.

Des mouvemens causés par des sentimens sans contrainte, mais qui supposaient la crainte de pareilles conjurations, avaient lieu sur d'autres points.

Le 13, le comité municipal d'Alençon fit arrêter le vicomte de Caraman, major en second, un lieutenant et soixante chasseurs. Il fit dresser une instruction : les pièces furent envoyées à Paris.

Voici, en quelques mots, les détails de cet événement : Le corps de M. de Caraman n'avait pas encore prêté le serment civique. Sa présence était un fait assez extraordinaire : la ville n'était point habituée à recevoir de garnison; aussi les chasseurs étaient-ils, à ce qu'il paraît, logés chez les bourgeois. A la nouvelle des événemens de Bretagne, un rassemblement se forma, provoqué par la crainte du corps de M. de Caraman. On demandait qu'il prêtât le serment.

[Dans cet état de choses, dit le *Moniteur*, M. de Caraman envoie ordre à ses chasseurs de se rendre auprès de lui. Mais dispersés comme ils étaient dans différens quartiers, il fallait, pour y arriver, se faire jour à travers des groupes de peuple qui s'opposaient à leur passage. Ils eurent l'imprudence de tirer quelques coups de carabines et de pistolets. La garde nationale leur répondit par un feu beaucoup plus vif, mais par un bonheur inouï personne ne fut tué, ni même grièvement blessé.

Une pièce de canon traînée devant la maison de M. de Caraman, donna de plus vives inquiétudes encore ; trois fois on y mit le feu, et trois fois la pluie empêcha l'amorce de prendre.

Cependant il survient une apparence de calme ; on va prier M. de Caraman de se rendre au comité : il s'y rend. Le peuple en fureur l'environne : on le désarme ainsi que ses chasseurs, et après l'avoir interrogé comme un criminel, on l'enferme dans une chambre nue, livré aux imprécations de deux cents paysans, qui, pendant deux heures, délibérèrent sur la manière de lui faire souffrir la mort la plus cruelle.

Le comité permanent, soit entraîné par le mouvement général, soit forcé de céder d'abord au torrent pour ne pas irriter la fureur, s'érige en tribunal pour juger l'accusé, et sans autre attribution que celle qu'il s'était donnée lui-même, instruit contre cet officier une procédure criminelle.

A peine l'assemblée nationale en est-elle instruite, qu'elle charge son président d'écrire au comité d'Alençon, pour prévenir, s'il en est temps, tout acte de violence, et une poursuite si manifestement illégale. M. Necker joignit ses prières aux ordres de l'assemblée, et remontra vivement les suites terribles de ces agitations irrégulières qui substituent les cruels arrêts de la vengeance populaire, aux sages décisions d'une justice calme et réfléchie; et l'influence malheureuse que pourrait avoir sur le plus grand nombre des esprits, le renouvellement de ces scènes de sang qui éloignaient de plus en plus la paix dont nous avions un si pressant besoin.

A la lecture de ces deux lettres, la fermentation s'apaise tout à coup, la tranquillité renaît, le comité de la ville réuni aux commissaires des districts rend la liberté à M. de Caraman, et il est admis avec sa troupe à prêter sur-le-champ le serment civique.]

Le 15, le peuple et la municipalité de Boulogne-sur-Mer s'opposèrent à l'embarquement du duc d'Orléans pour l'Angleterre. Ils envoyèrent à Paris trois députés adressés à la *commune de Paris*, à l'assemblée nationale, et au ministère, pour avoir une attestation positive sur la véracité des passeports délivrés à ce prince.

Le nombre des émigrés était d'ailleurs très-considérable. En Suisse, il n'y en avait pas moins de soixante mille, dit le journal de Carra. Cet excès de population accumulée sur les bords du lac de Genève, avait fait augmenter les vivres; tous les logemens étaient occupés, si bien que de belles et grandes dames étaient réduites à coucher dans des écuries.

District des Cordeliers (16 octobre).

L'assemblée générale du district des cordeliers, sur la réclamation de Marat, déclare : « que la liberté de la presse étant une suite nécessaire de celle de l'individu, elle prend sous sa protection tous les auteurs de son arrondissement, et qu'elle les défendra de tout son pouvoir *des voies de fait*, sauf à ceux qui pourront se trouver offensés dans leurs personnes ou dans leur honneur, à se pourvoir par toutes les voies de droit. »

ASSEMBLÉE NATIONALE.

Séance du 19 *octobre.*

Cette séance, la première tenue à Paris, eut lieu dans une salle de l'archevêché, et fut en grande partie occupée par les cérémonies d'installation. D'abord, ce fut un discours de félicitation, adressée par M. Bailly au nom de la ville, puis la réponse du président; ensuite, succéda une proposition faite par Mirabeau, de voter des remercîmens à MM. Bailly et de la Fayette, comme représentans des habitans de Paris, au double titre de citoyens et de gardes nationaux. Cette proposition votée par l'assemblée, provoqua de nouveaux discours de la part du maire et du général. Enfin, cette scène fut fermée par un nouveau vote de l'assemblée qui décernait des remercîmens à la commune et à la garde nationale.

Cependant, les choses sérieuses trouvèrent leur place. On fit le rapport de ce qui était arrivé au duc d'Orléans à Boulogne; et de l'arrestation faite à Alençon de M. de Caraman et de ses chasseurs. La séance fut terminée par une décision relative à la discussion de l'organisation administrative du royaume. On arrêta que l'on suivrait dans la délibération le plan du comité de constitution.

Après la séance, l'assemblée nationale se rendit en corps au palais des Tuileries, pour complimenter le roi et la reine, et saluer le dauphin. Dans cette visite, les représentans renouvelèrent les promesses de leur dévoûment au monarque et à la nation. La réponse de LL. MM. ne sortit pas du style consacré ; elles déclarèrent être touchées des sentimens de l'assemblée. La reine prit le dauphin dans ses bras, et parcourait avec lui tous les groupes de députés qui remplissaient le salon.

Le club breton suivit l'assemblée nationale à Paris quelques jours après ; il établit ses séances dans la bibliothèque du couvent des Jacobins, rue St.-Honoré. Jusqu'à ce jour, il était resté uniquement composé de représentans. Il commença alors à recevoir des membres choisis en dehors de l'assemblée, et particulièrement parmi les écrivains. Pour être admis, il fallait d'abord être présenté par deux membres qui répondissent de la moralité du candidat ; puis subir les chances d'un scrutin. Ce club prit le titre de *Société des amis de la constitution* ; il s'était d'ailleurs donné un réglement, un bureau, des officiers. Les séances n'étaient cependant pas publiques ; on n'y était admis que sur l'exhibition d'une carte d'entrée. On appelait censeurs, les membres chargés de garder la porte, c'est-à-dire de regarder les cartes d'entrée. Il arriva, mais à une époque moins reculée que celle dont nous nous occupons maintenant, peut-être un an après, que le duc de Chartres (actuellement Louis-Philippe), se trouva censeur-portier, conjointement avec Laïs, chanteur de l'Opera. Nous aurons bientôt l'occasion de parler de nouveau de ce club, qui fut si fameux sous le nom de *Société des Jacobins*.

SÉANCE DU 20 OCTOBRE.

On termina, dans cette séance, l'affaire du conseil du roi. On arrêta que « jusqu'à ce que l'organisation du pouvoir judiciaire et des administrations départementales fût terminée, le conseil du roi serait autorisé à continuer ses fonctions, à l'exception des arrêts du *propre mouvement*, ainsi que ceux portant évocation et rétention du fond des affaires lesquels ne pourraient plus avoir lieu à dater de ce jour. »

L'ordre du jour était la discussion de l'organisation administrative. La première question était les conditions d'éligibilité pour les assemblées primaires.

Après une discussion assez longue, et qui roula presque uniquement sur la position de la question, l'assemblée décréta que *la première condition d'éligibilité était d'être né Français ou devenu Français.*

Paris, 21 octobre. — En exécution de l'ordre que nous avons vu donner, en analysant les procès-verbaux de la commune, il y avait des sentinelles aux portes des boulangers. La terreur de la famine était revenue, et, depuis deux jours, elle avait causé quelques émeutes. L'avant-veille, on avait arrêté trois voitures de farine sur le territoire d'un district; le président du comité était accouru, et avait manqué d'être victime de la fureur populaire: on se plaignait, d'ailleurs, du comité des subsistances. On demandait pourquoi ses séances étaient secrètes; on disait que tous les jours on trouvait, dans les filets de Saint-Cloud, des masses de pain qu'on jetait à la rivière, etc. La veille, le district des Prémontrés proposa aux autres districts de nommer chacun deux députés, qui s'assembleraient dans le but de chercher ensemble un meilleur règlement sur les subsistances. Enfin ce jour même, cette terreur de la disette produisit un meurtre. Ce fut à la porte de la salle de l'assemblée nationale, rue du Marché-Palu, près l'évêché, et chez le boulanger même qui fournissait aux représentans, que la scène commença.

Ce boulanger, nommé François, commençait sa septième fournée, lorsqu'une femme, qui n'avait pu se procurer de pain (il n'était pas encore neuf heures du matin), et à laquelle on disait d'attendre que cette septième fournée fût cuite, voulut entrer pour s'assurer que tout le pain avait été distribué. François la laissa faire. Elle trouva trois pains rassis que les garçons avaient réservés pour eux; aussitôt elle ressort, en tenant un pain à la main, et en accusant le boulanger de ne distribuer qu'une partie de ses fournées. A ses cris, on s'ameute; les sentinelles sont forcées; on fouille la boutique; on trouve les petits pains réservés pour être portés à l'assemblée; l'accusation grossit. On saisit le malheureux boulanger. En vain il demande à être conduit à son district; on l'entraîne à la Grève; et la foule crie : *à la lanterne!* Cependant il fut mené au comité de police.

Il n'était pas encore neuf heures; trois membres seulement se trouvaient présens. Cependant ils reçoivent les plaintes du peuple, entendent les réponses de l'accusé, et écoutent les attestations des voisins. L'affaire était claire : François non-seulement n'était point coupable, mais il s'était fait remarquer par un zèle particulier dans l'exercice de sa profession. Convaincus de son innocence, les membres du comité de police, et entre autres MM. Guyot de Blancheville et Garan de Coulon, descendent sur la place publique, où la foule ameutée, s'exaltant par ses cris même, ne cessait de répéter *à la lanterne!* Ils annoncent que François va être conduit au Châtelet. *Vous voulez le faire échapper!* s'écrient les femmes; et aussitôt la multitude fond sur la garde, la dissipe par son seul poids, et pénètre dans l'Hôtel-de-Ville. *Où est le boulanger*, criait-on, *où est le boulanger?* Et ne le voyant pas, on arrête M. Guyot de Blancheville : *Ah! vous faites esquiver nos ennemis*, lui dit-on; *mais votre tête aujourd'hui nous répond de la sienne.*

Pour arracher le malheureux aux mains qui le serraient, le comité de police invite le peuple à entrer dans la grande salle. Là, il propose d'y interroger publiquement l'accusé, de lui donner des juges choisis parmi les spectateurs. En même temps il fait amener François, que l'on retira d'une salle où on l'avait caché. On montait dans la salle. On n'y était pas encore arrivé, que le malheureux boulanger fut saisi, malgré les instances des représentans, traîné, et pendu à la lanterne. Sa tête fut coupée, mise au bout d'une pique, et promenée dans Paris.

Assemblée des représentans de la commune.

On commence par envoyer MM. Guyot de Blancheville et Garan de Coulon en députation auprès de l'assemblée nationale, pour l'instruire du meurtre qui venait d'affliger la capitale, et la prier de vouloir bien décréter la *loi martiale.*

On ordonne ensuite au commandant-général de dissiper tout attroupement par la force, et de saisir les coupables.

« Insistant sur la nécessité d'obtenir une *loi martiale*, l'assemblée a jugé qu'il fallait envoyer, à cet effet, de nouveaux commissaires à l'assemblée nationale : son choix s'est arrêté sur MM..... »

« On a cru, en même temps, qu'il fallait requérir la présence de M. le procureur du roi au Châtelet, et de M. le prévôt. Une députation a été chargée de remplir cette mission.

» On s'est occupé de la publicité des arrivages de grains et farines à la halle. Cet objet appartenant spécialement au département des subsistances, il a été décidé qu'il y serait renvoyé pour prendre à cet égard un arrêté..... »

Les commissaires envoyés à l'assemblée nationale étant revenus, ont annoncé que l'assemblée avait pris en considération le rapport qui lui avait été fait, et qu'en conséquence il avait été arrêté :

« 1° Que le comité de constitution de l'assemblée nationale se retirerait sur-le-champ, pour s'occuper de la rédaction d'un projet de loi contre les attroupemens, qui pût être décrété ce jour, mercredi;

» 2° Qu'il serait enjoint au comité des recherches, de faire toutes les informations nécessaires pour découvrir les auteurs des troubles et manœuvres qui peuvent avoir lieu contre la tranquillité publique et le salut de l'Etat;

3° Qu'il serait pareillement enjoint au comité de police, établi à l'Hôtel-de-ville de Paris, de fournir au comité de recherches tous les renseignemens qui pourraient lui être parvenus ou lui parvenir sur cet objet;

4° Que le comité de constitution proposerait, lundi prochain à l'assemblée, un plan pour l'établissement d'un tribunal chargé de juger les crimes de lèse-nation; et que provisoirement le Châtelet de Paris serait autorisé à juger en dernier ressort les prévenus et accusés de lèse-nation;

5° Que les ministres du roi déclareraient positivement quels sont les moyens et les ressources que l'assemblée nationale pourrait leur fournir pour les mettre en état d'assurer les subsistances du royaume, et notamment de la capitale, afin que l'assemblée nationale, ayant fait tout ce qui est à sa disposition pour cet objet, puisse compter que les lois seront exécutées, ou rendre les ministres, et autres agens de l'autorité, garans de leur inexécution. »

Quelques mesures que l'on eût prises pour rétablir l'ordre dans la capitale, on a pourtant été d'avis, sur la motion d'un des membres, d'établir un *comité des recherches*. Après une discussion mure et réfléchie, l'assemblée a pris l'arrêté suivant :

« L'assemblée générale des représentans de la commune, vivement affligée de voir que, malgré ses invitations à tous les habitans de la capitale, pour les engager à ne plus troubler la tranquillité publique par des insurrections aussi préjudiciables au repos des bons citoyens, qu'au bonheur de la ville entière; de nouveaux actes de violence, et des meurtres même, se commettent encore pendant le séjour du roi dans sa bonne ville de Paris, et pendant la tenue des séances de l'assemblée nationale; considérant qu'il est de son devoir de chercher à découvrir les manœuvres odieuses que des gens mal intentionnés emploient pour dénaturer le caractère doux et humain du peuple français, et pour l'exciter à des troubles qui ne tendent qu'à tourner contre ses propres intérêts, a unanimement arrêté qu'il serait établi un *comité de recherches*, composé de membres pris dans son sein, qui se borneraient, et sans avoir aucun pouvoir administratif, à recevoir les dénonciations et dépositions sur les trames, complots et conspirations qui pourraient être découverts, s'assureraient, en cas de besoin, des personnes dénoncées, les interrogeraient, et rassembleraient les pièces et preuves qu'ils pourraient acquérir, pour former un corps d'instruction; en conséquence elle a nommé, par la voie du scrutin, des commissaires qu'elle a spécialement chargés de remplir les fonctions ci-dessus énoncées.

» Ordonne que le présent arrêté sera lu, affiché et publié à son de trompe. »

En outre, « l'assemblée convaincue qu'il existe des trames et des complots contre le bien public et qu'un des obstacles au rétablissement du bon ordre et de la tranquillité, est le système dont s'enveloppent les coupables auteurs de ces trames et de ces complots ; considérant que le salut de l'État dépend de leur découverte, invite tous les bons citoyens à donner au comité des recherches établi à l'Hôtel-de-ville, toutes les connaissances et les renseignemens qui peuvent leur être parvenus : *L'assemblée promet en outre, depuis* CENT ÉCUS *jusqu'à* MILLE LOUIS, *selon la nature et l'importance des faits dénoncés* et dont la preuve sera administrée par ceux qui les dénonceront ; laquelle récompense sera délivrée après le jugement ou la conviction des coupables. L'assemblée a encore arrêté que M. le maire se retirerait par-devant le roi, pour supplier S. M. de vouloir bien promettre, en outre, la grâce de toute personne qui dénoncerait une trame ou un complot dont elle-même serait auteur ou complice. »

En effet, Bailly se rendit chez le roi et il rapporta cette lettre qui fut annexée au procès-verbal que nous transcrivons :

Lettre de M. le garde-des-sceaux à M. Bailly, maire.

Paris, ce 21 octobre 1789.

« Le roi m'a ordonné, Monsieur, de vous faire connaître l'approbation qu'il donne aux mesures prises dans l'assemblée générale des représentans de la commune, par son arrêté de ce jour, pour parvenir à découvrir les auteurs des trames et complots contre le bien public. Tous les bons citoyens s'empresseront sûrement à les seconder, et S. M. *veut bien assurer la grâce des auteurs des trames et complots contre le bien public, qu'ils auraient eux-mêmes dénoncés à la justice, ou aux représentans de la commune.* — *Signé*, arch. de Bordeaux. »

Dans la séance du soir, il fut décidé qu'on tiendrait secrète, autant que possible, la liste des membres du comité des recherches.

On apprit l'arrestation de deux individus qui avaient participé au meurtre du malheureux François.

L'Assemblée nationale approuva également cette création et ces dispositions. Le lendemain elle envoya une députation chargée d'inviter le comité des recherches de la ville à se mettre en rapport avec celui qu'elle avait créé dans son sein. Cela eut lieu en effet.

ASSEMBLÉE NATIONALE.
Seance du mercredi 21 octobre.

[M. le président fait lecture d'une lettre écrite par le comité municipal d'Alençon, en envoyant la procédure relative à l'affaire de M. le vicomte de Caraman. Par un événement malheureux, dit ce comité, notre milice nationale a été obligée d'arrêter M. le vicomte de Caraman. Notre but n'a jamais été de le juger. Nous avons seulement voulu recueillir les preuves d'un fait qui avait aigri les esprits.

Le comité des recherches est chargé de s'assembler à midi, pour s'occuper de cet objet.

On annonce une députation de la commune de Paris.

N...... portant la parole, rend compte de l'événement qui nécessite cette démarche. Ce matin, à sept heures et demie, un boulanger, demeurant rue du Marché-Palu, a été accusé par le peuple, d'avoir mis à l'écart un certain nombre de pains. Il a été amené à l'Hôtel-de-ville par la garde nationale. Le peuple s'y est introduit, et a demandé la mort de ce boulanger, dont les voisins sont venus assurer la probité. Les députés du district de ce citoyen ont assuré qu'il avait rendu les plus grands services à tout son quartier, en cuisant sept, huit et neuf fois par jour. Il a lui-même déclaré que jamais il n'avait refusé ni voulu refuser du pain au peuple; qu'il avait toujours eu une assez grande quantité de farine pour fournir à toutes les demandes; que dans ce moment ses fours étaient pleins; qu'il lui restait encore vingt-huit sacs, et qu'il s'était assuré sa provision pour un temps assez considérable. Il a dit qu'il croyait tous les boulangers de Paris dans la même position. Les représentans de la commune rendent compte de ses réponses au peuple. Ils se disposaient à interroger ce boulanger publiquement et dans la grande salle, lorsque des femmes, après les avoir menacés, l'ont arraché de leurs mains et l'ont livré au peuple, qui l'attendait pour lui donner la mort.

Ainsi les émeutes recommencent; et la situation de la commune est d'autant plus affligeante, qu'elle doute de l'obéissance des soldats. Les députés de la commune demandent que l'assemblée rende une loi martiale, et s'occupe de pourvoir aux subsistances de la capitale.

M. *de Foucault* propose de prendre sur-le-champ un arrêté, par lequel il serait ordonné à tous les districts et à la garde nationale d'employer tous leurs moyens et toutes leurs forces pour saisir les premiers fauteurs de ce délit, et de rédiger une loi martiale qui serait aujourd'hui même portée à la sanction.

M. *Barnave*. J'observe que l'assemblée s'éloignerait du terme de ses pouvoirs si elle faisait l'arrêté demandé par le préopinant. En se rappelant le fait énoncé du malheureux boulanger, il paraît certain que la crise actuelle ne provient pas d'une disette effective, et que la cause extraordinaire qui l'a produite doit être sévèrement recherchée. Il serait peut-être à propos que l'assemblée ordonnât au comité des recherches de se concerter avec le comité de police de la commune pour découvrir les manœuvres coupables qui occasionnent ces mouvemens. L'assemblée ne peut non plus se refuser à rendre une loi martiale, qui serait exécutée dans tout le royaume.

— Les comités de rédaction et de constitution se retirent pour rédiger cette loi.

M. le garde-des-sceaux, conformément au décret d'hier, se présente à l'assemblée et est admis.

M. *Cicé, garde-des-sceaux*. Messieurs, je viens offrir les éclaircissemens que vous pouvez désirer, et qui sont relatifs aux fonctions qui m'ont été confiées par le roi. Devenu dépositaire du sceau de la loi, sans avoir cessé d'être membre de cette assemblée, ma première parole a été de professer hautement la responsabilité des ministres; et je verrai toujours avec satisfaction qu'il me soit permis de faire connaître les principes et les actes de mon administration, non-seulement à l'assemblée nationale, mais même à chacun de ses membres.

Si, malgré mon extrême attention à me conformer à vos décrets, il m'échappait quelque erreur, elle serait involontaire, et je m'empresserai de la rétracter.

Les éclaircissemens que vous attendez de moi, Messieurs, ont pour objet divers décrets de cette assemblée, ou plutôt la manière dont ils ont été sanctionnés ou publiés.

Et d'abord, je prendrai la liberté de vous observer que les conditions désormais nécessaires pour constituer une loi et pour la rendre exécutoire, n'ont été déterminées par vous que dans les articles de constitution que vous avez décrétés, et que le roi a acceptés purement et simplement à Versailles le lundi 5 octobre.

C'est depuis cette époque et d'après les dispositions décrétées par vous, que les ministres du roi ont pu connaître la loi à laquelle ils étaient soumis. Depuis cette époque vous n'avez présenté à la sanction du roi que le décret des 8 et 9 octobre, portant réformation de quelques points de la jurisprudence criminelle.

J'ai pris aussitôt les ordres du roi, et en conséquence des lettres-patentes, portant sanction de ce décret, ont dû être adressées à tous les tribunaux du royaume.

Je dis que ces lettres-patentes ont dû être adressées aux tribunaux, parce que l'envoi aux tribunaux, et la publication quelconque des lois n'est pas une fonction de mon office, mais de MM. les secrétaires-d'état. Mais vous le savez, mon zèle n'a rien négligé pour qu'une loi aussi intéressante reçût partout une prompte et facile exécution.

Antérieurement à l'époque du 5 de ce mois, c'est-à-dire, avant qu'une loi précise eût déterminé notre conduite, les ministres du roi n'ont pu que suivre les mouvemens de leur zèle pour correspondre à vos intentions; et vous-mêmes, Messieurs, vous n'aviez pas encore exprimé ni même délibéré les principes que vous avez depuis établis pour la confection et la sanction des lois.

Vous avez diversifié la forme de vos demandes. Tantôt vous avez demandé la sanction pure et simple; d'autres fois vous avez voté la promulgation, quelquefois la simple publication, et enfin l'acceptation. Il est des décrets dont vous avez spécialement demandé l'adresse aux tribunaux ; d'autres où cette condition n'est pas stipulée.

Les ministres du roi, privés du précieux avantage de communiquer avec vous, n'ont pu que proposer au roi, pour satisfaire à vos décrets, les mesures que leur indiquaient les formes antiques non encore abrogées.

C'est par cette raison que vos célèbres arrêtés du 4 août et jours suivans ont été imprimés à l'imprimerie royale, avec l'ordre signé du roi, qui en ordonne l'impression et la publication, conformément à la réponse que sa majesté vous avait faite sur la demande de la promulgation de ces arrêtés.

Vous aviez vous-mêmes envoyé ces arrêtés dans toutes les provinces, avant de les présenter à la sanction du roi ; vous avez depuis ordonné l'impression des observations que le roi vous a communiquées ; et il n'est pas connu que vous ayez jamais demandé au roi d'adresser vos arrêtés, soit aux tribunaux, soit aux municipalités.

Cependant, je crois être sûr que MM. les secrétaires-d'état en ont envoyé dans toutes les provinces avec profusion.

Il vous a été dit que la première réponse que le roi vous a faite sur les arrêtés avait eu la même publicité. Il est vrai, Messieurs, qu'elle a été imprimée le jour même qu'elle vous a été rendue, et cette circonstance est commune à toutes les communications qui ont existé entre l'assemblée nationale et sa majesté. Cette publicité est la suite du caractère qui distingue le roi, et je pourrais dire aussi, Messieurs, la suite de vos propres principes.

Les décrets concernant la libre circulation des grains dans l'intérieur du royaume ne pouvaient, suivant nous, être trop tôt connus dans tout le royaume. Mon zèle m'a inspiré de les faire d'abord adresser à toutes les municipalités, aux commandans des troupes du roi, à ceux des milices nationales, et à ceux des maréchaussées.

Cette adresse a été ordonnée par le roi, le 21 septembre dernier, et MM. les secrétaires-d'état ont mis sans doute le plus grand empressement à se conformer aux intentions de sa majesté.

Peu de jours après, une loi conforme aux mêmes décrets, et qui ne contient pas d'autres dispositions, a été adressée à tous les tribunaux.

Je dois dire ici, Messieurs, qu'on ne trouve pas dans cette loi le dernier article de votre décret du 18 septembre, qui prescrit l'envoi aux municipalités, et cette omission a eu deux motifs très-naturels.

Le premier est que l'envoi de ces décrets venait d'être fait par ordre du roi, directement à toutes les municipalités; le second est que, dans les formes anciennes, les lois ne s'adressent qu'aux seuls tribunaux, et que la publicité, qui est la suite de leur enregistrement, suffit pour astreindre légalement tous ces corps et les particuliers à l'observation des lois.

Je passe à l'article de la déclaration des droits de l'homme et du citoyen, et aux points de constitution que vous avez présentés au roi, en lui demandant son acceptation.

Il vous l'a accordée purement et simplement, ainsi que vous l'avez désirée, et aux points de constitution que vous avez présentés au roi, en lui demandant son acceptation.

Le décret sur la gabelle a été sanctionné purement et simplement dans son entier; mais le premier ministre des finances a cru devoir proposer d'y annexer un réglement dont l'objet est de prescrire les moyens d'exécution de votre décret. Par exemple, il fallait bien, après avoir ordonné que le sel serait désormais débité au poids et non à la mesure, déterminer le temps indispensable pour garnir les greniers des ustensiles nécessaires à la pesée, et fixer l'époque où le sel devra être débité au poids.

C'est ainsi que, dans le même réglement, le roi se réserve de faire incessamment les dispositions convenables pour la suppression des commissions de Valence, Saumur et Reims.

Cette suppression devait être opérée par des lettres-patentes adressées aux Cours des aides, et c'est ce qui a été exécuté.

Je crois, Messieurs, vous avoir donné les éclaircissemens que vous attendiez de moi, et surtout vous avoir prouvé de plus en plus la pureté des sentimens des ministres du roi.

Vous l'avez proclamé le *restaurateur de la liberté française* à l'instant même où vous daigniez le remercier du choix de ses nouveaux conseils. Il le sera, n'en doutez pas, Messieurs, pourvu qu'il ne rencontre pas des ministres qui osent à la fois tromper le meilleur des rois, et ne pas respecter les droits sacrés des peuples.

M. le président. L'assemblée nationale prendra en considération les éclaircissemens que vous venez de lui soumettre.

M. le garde-des-sceaux se retire, et l'on revient à la discussion que son arrivée avait interrompue.

M. de la Galissonnière propose de mander tous les ministres, pour leur ordonner d'empêcher, par les mesures les plus efficaces, les accaparemens dans les provinces, les exportations, et de favoriser la circulation intérieure. Il pense qu'il faut aussi mander MM. Bailly et de la Fayette, et leur enjoindre de se servir de tous leurs moyens pour réprimer les désordres de la capitale.

N..... La loi martiale demandée ne sera pas suffisante : les gens puissans trouveront moyen d'y échapper. Saisissez ce moment pour créer un tribunal qui jugera les crimes de lèse-nation ; mais il faut qu'il soit nouveau pour inspirer le respect nécessaire à la tranquillité de ses fonctions, qu'il soit pris dans votre sein, et composé d'un membre de chaque généralité ; il aura un président, deux procureurs-généraux, jugera en dernier ressort, et ses arrêts seront signés par le roi.

M. Gleizen. La motion de M. Barnave est susceptible d'un amendement. Il faut dire qu'il est enjoint au comité de police de se concerter avec le comité des recherches, et non au comité des recherches de se concerter avec le comité de police.

M. Pétion de Villeneuve. Quelque affligés que nous soyons de l'état de la capitale, nous devons l'être aussi de notre position. On nous engage à veiller aux subsistances de Paris ; nos seuls moyens consistent à rendre les décrets nécessaires. On a rendu le comité de subsistances inutile ; nos décrets n'ont pas été exécutés. Il serait dangereux que le peuple crût que nous pouvons exercer une surveillance qui est hors de nos fonctions ; bientôt il nous rendrait responsables des événemens. Faisons-lui connaître que nous avons rendu les décrets qui dépendaient de nous, et que c'est au pouvoir exécutif de veiller à leur exécution. J'adopte la motion de M. Barnave amendée par M. Gleizen.

M. Buzot. Il ne suffit pas d'effrayer le peuple par des lois sévères, il faut encore le calmer. Créons le tribunal demandé ; annonçons qu'ainsi que ses ennemis, des citoyens seront punis. Des promesses vaines aigrissent le peuple : la loi martiale seule pourrait exciter une sédition. Ce tribunal augmentera nos forces et le zèle des bons Français à nous offrir les renseignemens nécessaires à leur vengeance. Je demande que le comité de constitution présente lundi un projet sur la formation de ce tribunal.

M. Robespierre. Ne serait-il donc question dans cette discussion que d'un fait isolé, que d'une seule loi ?... Si nous n'embrassons pas à la fois toutes les mesures, c'en est fait de la liberté. Les députés de la commune vous ont fait un récit affligeant; ils ont demandé du pain et des soldats. Ceux qui ont suivi la révolution, ont prévu le point où vous êtes : ils ont prévu que les subsistances manqueraient ; qu'on vous montrerait au peuple comme sa seule ressource : ils ont prévu que des situations terribles engageraient à vous demander des mesures violentes, afin d'immoler à la fois et vous et sa liberté. On demande du pain et des soldats; c'est dire : le peuple attroupé veut du pain ; donnez-nous des soldats pour immoler le peuple. On vous dit que les soldats refusent de marcher.... Eh! peuvent-ils se jeter sur un peuple malheureux dont ils partagent le malheur ? Ce ne sont donc pas des mesures violentes qu'il faut prendre, mais des décrets sages pour découvrir la source de nos maux, pour déconcerter la conspiration qui peut-être, dans le moment où je parle, ne nous laisse plus d'autres ressources qu'un dévoûment illustre. Il faut nommer un tribunal vraiment national.

Nous sommes tombés dans une grande erreur, en croyant que les représentans de la nation ne peuvent juger les crimes commis envers la nation. Ces crimes, au contraire, ne peuvent être jugés que par la nation, ou par ses représentans, ou par des membres pris dans votre sein. Qu'on ne parle pas de constitution quand tout se réunit pour l'écraser dans son berceau. Des mandemens incendiaires sont publiés, les provinces s'agitent, les gouverneurs favorisent l'exportation sur les frontières..... Il faut entendre le comité des rapports ; il faut entendre le comité des recherches, découvrir la conspiration, étouffer la conspiration..... Alors nous ferons une constitution digne de nous et de la nation qui l'attend.]

Voici le discours de Robespierre, tel que le rapporte le Point-du-Jour, *t.* 3, *p.* 399 :

« Si nous ne nous réveillons pas, c'en est fait de la liberté. Les députés de la commune vous demandent du pain et des soldats, et pourquoi ? pour repousser le peuple, dans ce moment où les passions, les menées de tout genre, cherchent à faire avorter la révolution actuelle. Ceux qui veulent l'exciter ont prévu que les émotions populaires seraient un moyen propre à vous demander des lois qui pourraient opprimer le peuple et la liberté. Quand le peuple meurt de faim, il s'attroupe ; il faut donc remonter à la cause des émeutes pour les apaiser ; il faut prendre des mesures pour en découvrir les auteurs, étouffer la conjuration qui nous menace et qui ne nous laisse plus que la ressource d'un dévoûment inutile ; il faut demander que la municipalité de Paris nous donne toutes les pièces qu'elle a ; il faut nommer un tribunal national, définitif, et non provisoire ; il ne faut pas laisser le procureur du roi au Châtelet faire les fonctions de procureur-général de la nation ; elle n'a que ses représentans ou elle-même pour juges de cette espèce de crime. Après avoir organisé un tribunal pris dans votre sein, il faudra vous occuper de tous les complots, de toutes les trames contre la chose publique et la liberté nationale. Ici ce sont des évêques qui donnent des mandemens incendiaires ; là ce sont des commandans des provinces frontières qui laissent passer des grains dans les pays étrangers. Il faut exciter le comité des rapports et celui des recherches à nous donner connaissance de tous les faits. Que l'on ne nous parle pas tant de constitution ; ce mot ne nous a que trop endormis; souvenez-vous que pendant qu'on se préparait à faire avorter la liberté dans son berceau, on ne cessait de nous parler de constitution, qui ne serait qu'une chimère, si nous ne portions remède aux maux actuels. »

M. de Cazalès. Je demande que le préopinant donne les notions qu'il a sur la conspiration; sinon il est criminel envers le public et l'assemblée.

[*M. le comte de Mirabeau.* On demande une loi martiale et un tribunal. Ces deux choses sont nécessaires; mais sont-elles les premières déterminations à prendre?

Je ne sais rien de plus effrayant que des motions occasionnées par la disette; tout se tait et tout doit se taire, tout succombe et tout doit succomber contre un peuple qui a faim; que ferait alors une loi martiale, si le peuple attroupé s'écrie : *Il n'y a pas de pain chez le boulanger !* Quel monstre lui répondra par des coups de fusil? Un tribunal national connaîtrait sans doute de l'état du moment et des délits qui l'ont occasionné; mais il n'existe pas; mais il faut du temps pour l'établir; mais le glaive irrésistible de la nécessité est prêt à fondre sur vos têtes. La première mesure n'est donc, ni une loi martiale, ni un tribunal. J'en connais une. Le pouvoir exécutif se prévaut de sa propre annihilation; demandons-lui qu'il dise, de la manière la plus déterminée, quels moyens, quelles ressources il lui faut pour assurer les subsistances de la capitale; donnons-lui ces moyens, et qu'à l'instant il en soit responsable.

M. Duport. Le tribunal ne peut être composé de membres de cette assemblée; vous l'avez décidé : vous ne pouvez le former à demeure que quand vous aurez créé tous les tribunaux. Chargez provisoirement le Châtelet de juger les crimes de lèse-nation, avec les adjoints qui lui ont été donnés. Ce tribunal a déjà toute la dignité de la vertu, toute la force que donne la confiance du peuple. La loi martiale, publiée dans les provinces, influera même sur les subsistances. Faites sanctionner ce soir et cette loi et l'attribution au Châtelet.

M. le duc de Larochefoucault. J'adopte la loi martiale et la proposition de M. de Mirabeau. Je ne pense pas que les crimes de lèse-nation puissent être jugés par le Châtelet, à raison de son organisation. Le comité de constitution rendra compte incessamment de son travail sur le tribunal demandé.

M. Milcent. Avant de venger le peuple, il faut le faire subsister. Mandez tous les ministres pour qu'ils rendent compte de ce qu'ils ont fait pour prévenir la détresse de la capitale.

M. le président. Voici, Messieurs; un fait relatif à l'opinion de M. Milcent. Informé des inquiétudes de tous les citoyens, je me suis rendu chez M. Necker, et j'ai appris que le comité de police des représentans de la commune avait cessé toute communication avec le ministère.

—M. le duc d'Aiguillon rassemble en une seule motion ses opinions, qu'on adopte parmi celles qu'on a présentées.

On lit une motion rédigée par M. Alexandre de Lameth.

La priorité est accordée à cette dernière, réunie à celle de M. de Mirabeau. Celle de M. Duport y est aussi jointe; et après un grand nombre d'amendemens, le décret est adopté comme il suit :

« L'assemblée nationale arrête :

1° Que le comité de constitution se retirera sur-le-champ, pour s'occuper de la rédaction d'un projet de loi contre les attroupemens, qui sera décrété dans ce jour, et porté à la sanction royale.

2° Qu'il sera enjoint au comité des recherches de faire toutes recherches et informations nécessaires pour découvrir les manœuvres qui pourraient avoir été faites contre la tranquillité publique.

3° Qu'il est enjoint au comité de police établi à l'hôtel-de-ville de Paris, de fournir au comité des recherches toutes les notions nécessaires.

4° Que le comité de constitution proposera lundi le plan d'un tribunal chargé de connaître des crimes de lèse-nation, et que provisoirement le Châtelet de Paris sera autorisé à juger en dernier ressort tous les prévenus et accusés du crime de lèse-nation.

5° Que les ministres du roi déclareront positivement quels

sont les moyens et les ressources que l'assemblée nationale peut leur fournir, pour les mettre en état d'assurer la subsistance du royaume, et notamment de la capitale, afin que l'assemblée nationale ayant fait tout ce qui est en sa disposition sur cet objet, puisse compter que les lois seront exécutées, ou rende les ministres et autres agens de l'autorité garans de leur inexécution. »

Un amendement avait été proposé à la troisième partie du décret en ces termes : « A charge que le procureur du roi se concertera avec deux membres du comité des recherches, pour poursuivre les délits qui seront dénoncés. »

Cet amendement est ajourné.

La première députation n'avait point été envoyée par la totalité des représentans de la commune. Une seconde députation vient pour réparer cette irrégularité ; elle insiste sur les demandes formées par la première.

Le comité de constitution rentre, et M. Target fait lecture d'un projet de loi sur les émeutes, à peu près semblable à celui qu'avait proposé M. de Mirabeau.

M. *Dupont* propose, afin d'allier la tranquillité avec la liberté, et de prévenir la nécessité de ces mesures terribles, d'ajouter un article qu'il rédige ainsi :

« Au premier attroupement apparent, il sera, par les officiers municipaux, demandé aux personnes attroupées, la cause de leur réunion et le grief dont elles demandent le redressement ; elles seront autorisées à nommer six personnes pour exposer leur réclamation et présenter leur pétition. Après cette nomination, les personnes attroupées seront tenues de se séparer sur-le-champ, et de se retirer paisiblement. »

Cette addition est adoptée et placée entre l'article premier et l'article second. Le décret est ensuite adopté en ces termes :

Loi martiale contre les attroupemens.

« L'assemblée nationale, considérant que la liberté affermit les empires, mais que la licence les détruit ; que loin d'être le droit de tout faire, la liberté n'existe que pour l'obéissance aux lois ; que si, dans les temps calmes, cette obéissance est suffisamment assurée par l'autorité publique ordinaire, il peut survenir des époques difficiles où les peuples, agités par des causes souvent criminelles, deviennent l'instrument d'intrigues qu'ils ignorent; que ces temps de crise nécessitent momentanément des moyens extraordinaires, pour maintenir la tranquillité publique et conserver les droits de tous; a décrété et décrète la présente loi martiale :

Art. Ier. Dans le cas où la tranquillité publique sera en péril, les officiers municipaux des lieux seront tenus, en vertu du pouvoir qu'ils ont reçu de la commune, de déclarer que la force militaire doit être déployée à l'instant pour rétablir l'ordre public, à peine d'en répondre personnellement.

II. Cette déclaration se fera en exposant à la principale fenêtre de la maison de ville, et dans toutes les rues, un drapeau rouge, et en même temps les officiers municipaux requerront les chefs des gardes nationales, des troupes réglées et des maréchaussées, de prêter main-forte.

III. Au signal seul du drapeau, tous attroupemens, avec ou sans armes, deviennent criminels, et doivent être dissipés par la force.

IV. Les gardes nationales, troupes réglées et maréchaussées, seront tenues de marcher sur-le-champ, commandées par leurs officiers, précédées d'un drapeau rouge, et accompagnées d'un officier municipal au moins.

V. Il sera demandé par un des officiers municipaux, auxdites personnes attroupées, quelle est la cause de leur réunion et le grief dont elles demandent le redressement; elles seront autorisées à nommer six d'entre elles pour exposer leur réclamation, et présenter leur pétition, et tenues de se séparer sur-le-champ, et de se retirer paisiblement.

VI. Faute par les personnes attroupées de se retirer en ce moment, il leur sera fait, à haute voix, par les officiers municipaux, ou l'un d'eux, trois sommations de se retirer tranquillement dans leurs domiciles. La première sommation sera exprimée en ces termes : *Avis est donné que la loi martiale est proclamée; que tous* attroupemens sont criminels : on va faire feu, que les bons citoyens se retirent. A la seconde et troisième sommation ; il suffira de répéter ces mots : *On va faire feu, que les bons citoyens se retirent.* L'officier municipal annoncera, à chaque sommation, que c'est la première ou la seconde, ou la dernière.

VII. Dans le cas où, soit avant, soit pendant le prononcé des sommations, l'attroupement commettrait quelques violences, et pareillement dans le cas où, après les sommations faites, les personnes attroupées ne se retireraient pas paisiblement, la force des armes sera à l'instant déployée contre les séditieux, sans que personne soit responsable des événemens qui pourront en résulter.

VIII. Dans le cas où le peuple attroupé, n'ayant fait aucune violence, se retirerait paisiblement, soit avant, soit immédiatement après la dernière sommation, les moteurs et instigateurs de la sédition, s'ils sont connus, pourront seuls être poursuivis extraordinairement et condamnés, savoir : à une prison de trois ans si l'attroupement n'était pas armé, et à la peine de mort si l'attroupement était en armes : il ne sera fait aucunes poursuites contre les autres.

IX. Dans le cas où le peuple attroupé ferait quelque violence, ou ne se retirerait pas après la dernière sommation, ceux qui échapperont aux coups de la force militaire, et qui pourront être arrêtés, seront punis d'un emprisonnement d'un an s'ils étaient sans armes, de trois ans s'ils étaient armés, et de la peine de mort s'ils étaient convaincus d'avoir commis des violences. Dans le cas du présent article, les moteurs et instigateurs de la sédition seront de même condamnés à mort.

X. Tous chefs, officiers et soldats des gardes nationales, des troupes et des maréchaussées qui exciteront ou fomenteront des attroupemens, émeutes et séditions, seront déclarés rebelles à la nation, au roi et à la loi, et punis de mort ; et ceux qui refuseront le service, à la réquisition des officiers municipaux, seront dégradés, et punis de trois ans de prison.

XI. Il sera dressé, par les officiers municipaux, procès-verbal qui contiendra le récit des faits.

XII. Lorsque le calme sera rétabli, les officiers municipaux rendront un arrêté qui fera cesser la loi martiale, et le drapeau rouge sera retiré, et remplacé pendant huit jours par un drapeau blanc. »

M. Fermont fait le rapport des demandes formées par le comité municipal électoral de la ville de Rouen.

Les troubles qui ont agité cette cité provenaient de ce qu'il s'y était établi cinq corps différens avec les fonctions de garde nationale. Le comité municipal électoral, après avoir cherché à opérer la réunion de ces différens corps, a fait un plan d'organisation d'un corps unique, et demande que l'assemblée en autorise l'exécution. Cette demande est accordée, sous la réserve qu'il sera fait à ce plan un changement qui consiste dans la suppression de l'article V. Cet article fixait à trois ans l'exercice des fonctions des officiers supérieurs, tandis qu'elles ne doivent être confiées que provisoirement.

Un autre rapport, relatif à la municipalité de Pezenas, est ajourné à demain.

Une troisième députation de la commune de Paris vient représenter la nécessité de faire sur-le-champ un exemple, en punissant les auteurs du crime commis ce matin, et demande que le prévôt soit autorisé à procéder suivant la forme ancienne, qui est beaucoup plus expéditive.

Cette proposition ne paraît pas devoir être agréée, et l'assemblée ne délibère pas.

La séance est levée à quatre heures.]

Paris, 22 octobre. — Ce jour, une terrible et lugubre cérémonie vint porter dans la ville la terreur des décrets de la veille. On afficha les arrêts de la commune, et l'on proclama la loi martiale qui avait été sanctionnée par le roi aussitôt que votée. Toute la journée fut employée à promener cette proclamation de place en place, et de carrefour en carrefour : elle fut faite en grande pompe, selon la forme solennelle et redoutable des anciens temps. Les huissiers de l'Hôtel-de-ville, revêtus de leur costume de cérémonie, en manteaux, s'avancèrent à cheval escortés chacun d'un sergent et de quatre gardes des villes, revêtus aussi d'un uniforme antique et étrange, précédés et suivis d'un détachement de cavalerie. En avant marchait un corps d'infanterie rangé sur deux files occupant chacune un côté de la rue. En tête étaient des tambours à pied, et les trompettes de l'Hôtel-de-ville à cheval. Ce cortége, arrivé sur l'un des lieux qui lui étaient désignés, s'arrêtait et se rangeait ; les tambours battaient, les trompettes sonnaient ; et l'huissier s'avançait, lisant à haute voix la loi votée la veille. Cette cérémonie, qui ne manquait ni d'éclat, ni de majesté, laissait partout où elle avait passé un profond sentiment de colère ou de terreur. Elle fut répétée en tant de lieux, que, bien qu'il y eût deux huissiers occupés en même temps à faire la même proclamation, bien qu'on l'eût commencée à huit heures du matin, elle ne fut terminée qu'à deux heures après-midi.

Pour apprécier l'effet de cette proclamation, il faut se rappeler que ce fut ce jour même que la brochure *Salvum fac regem* fut répandue dans Paris ; il faut se rappeler que les accusations qu'elle contenait furent acceptées comme vraies par la plupart des autorités ; il faut remarquer que la simultanéité de cet écrit, et des mesures violentes qu'on proclamait, était interprétée par la méfiance des patriotes : ils y voyaient l'effet d'un infâme guet-à-pens. Au reste, on verra bientôt ces soupçons produire des fruits. Pour le moment, ils causèrent une fermentation assez considérable pour que la commune craignît une insurrection dans la nuit, et ordonnât des mesures de précaution : elle s'attendait à être obligée à faire usage de la *Loi martiale* avant que les vingt-quatre heures fussent écoulées : elle nomma même ceux de ses membres qui seraient chargés de présider à ce triste devoir. (*Procès-verbal de la commune, du 22.*)

En même temps on faisait exécuter la condamnation à mort, prononcée le matin même, contre l'homme qui avait pendu François, et contre un autre individu qui avait été saisi distribuant des cartes pour exciter un soulèvement dans le peuple. Le premier déclara dans ses interrogatoires qu'il croyait *venger la nation*. Quelques jours plus tard, celui qui avait tranché la tête fut jugé et condamné à neuf ans de bannissement.

Pendant ce temps, l'assemblée des représentans s'occupait de réhabiliter la mémoire du pauvre boulanger; elle envoyait une députation à sa veuve.

Cette jeune femme, enceinte de trois mois, avait suivi de loin la foule, voulant aussi parler et demander grâce pour son mari. Elle ne put approcher assez près pour le sauver; elle ne put qu'assister à son supplice. Elle avait été reportée chez elle presque mourante. Ces détails qu'on répétait partout, excitaient dans tous les partis un vif sentiment d'intérêt; on eût voulu lui rendre son mari; cette triste et pure victime de la méfiance ou d'une infâme intrigue. Ne pouvant remplacer ce qu'elle avait perdu, on chercha à la consoler, en assurant l'avenir de son enfant : on leur fit une pension de 600 liv. Les patriotes ouvrirent des souscriptions. La reine et le roi envoyèrent chez elle, et lui firent remettre une somme de deux mille écus. La municipalité fit rendre les honneurs funèbres au boulanger François.

ASSEMBLÉE NATIONALE.
Séance du 22 octobre.

[Au commencement de la séance on s'occupe du départ du duc d'Orléans.

M. le duc de Liancourt. On ne peut présenter nul motif plausible de rappeler M. le duc d'Orléans. La notoriété publique et la connaissance particulière qui m'a été donnée par ce prince des motifs de son départ, doivent empêcher toutes dispositions à cet égard. M. le duc d'Orléans partait volontairement chargé d'une mission importante, et touché de la confiance que sa majesté lui avait témoignée. Il n'y a nul lieu à délibérer sur la motion du préopinant.

M. le comte de la Touche-Treville. Je suis aussi compromis dans les pamphlets relatifs au départ de M. le duc d'Orléans, et je demande que le comité des recherches examine sévèrement ma conduite.

L'assemblée décide qu'il n'y a pas lieu à délibérer quant à présent.

On passe à l'ordre du jour, qui a pour objet la suite des qualités d'éligibilité.

Deuxième qualité proposée par le comité : *être majeur*.

M. Chapellier. Les circonstances présentes, les réformes qui seront faites dans l'éducation publique, peuvent faire espérer que bien avant l'âge de vingt-cinq ans les hommes seront capables de remplir des fonctions publiques; et je pense que la majorité devrait être fixée à vingt-un ans.

M. Lepelletier de Saint-Fargeau. La majorité diffère dans plusieurs provinces; il faut que le droit d'éligibilité soit uniforme. Une loi ne doit jamais varier par des circonstances accidentelles. On doit donc déterminer l'âge de majorité, et je pense qu'il peut être fixé à vingt-cinq ans.

L'assemblée décrète la seconde qualité d'éligibilité comme il suit :

« Être âgé de vingt-cinq ans. »

On passe à la troisième qualité :

« Être domicilié dans le canton au moins depuis un an. »

M. Lanjuinais. Le mot *domicilié* est trop indéterminé : il y a domicile de droit et domicile de fait; il faut laisser l'alternative, et rédiger ainsi l'article. « A moins d'être domicilié de fait ou de droit, et compris au rôle d'impositions personnelles dans le canton. »

M. le duc de Mortemart. Il faut laisser la liberté du choix, et mettre simplement : avoir un domicile.

M. Dubois de Crancé. Il est important de rendre aux habitants des campagnes tous leurs droits, ou bien vous détruirez l'édifice qui vous a coûté tant de peines. Arrêtez donc qu'il faut avoir dans les campagnes un domicile de fait, au moins depuis un an, pour y exercer les droits de citoyen actif.

M. Lepelletier de Saint-Fargeau. J'applaudis à ces réflexions;

mais je crois qu'il est nécessaire de maintenir entre les villes et les campagnes une certaine fraternité. Les campagnes alimentent les villes ; les villes portent le numéraire dans les campagnes. Je propose en conséquence de rédiger ainsi l'article :

« Avoir déposé au registre de la municipalité, depuis un an, sa déclaration, qu'on est domicilié dans le canton, et y habiter au moins pendant quatre mois chaque année. »

M. Populus expose à l'appui de la nécessité du domicile, que l'attachement au local et la connaissance du local sont indispensables pour exercer des droits dans le canton.

N..... J'ajoute que le contraire ne pourrait que favoriser trois espèces d'hommes peu dignes de faveur ; les courtisans, les agioteurs et les financiers.

M. Biauzat propose de retrancher le mot canton, et d'y substituer un terme générique.

Plusieurs amendemens sont encore proposés.

L'assemblée décide qu'il n'y a pas lieu à délibérer sur les amendemens, et décrète la condition d'éligibilité en ces termes :

« Être domicilié au moins depuis un an dans l'arrondissement de l'assemblée primaire. »

Quatrième qualité d'éligibilité. « Payer une imposition directe de la valeur locale de trois journées de travail. »

M. l'abbé Grégoire attaque cet article ; il redoute l'aristocratie des riches, fait valoir les droits des pauvres, et pense que pour être électeur ou éligible dans une assemblée primaire, il suffit d'être bon citoyen, d'avoir un jugement sain, et un cœur français.

M. Duport. Voici une des plus importantes questions que vous ayez à décider. Il faut savoir à qui vous accorderez, à qui vous refuserez la qualité de citoyen.

Cet article compte pour quelque chose la fortune qui n'est rien dans l'ordre de la nature. Il est contraire à la déclaration des droits. Vous exigez une imposition personnelle, mais ces sortes d'impositions existeront-elles toujours? Mais ne viendra-t-il pas un temps où les biens seuls seront imposés? Une législature, ou une combinaison économique pourrait donc changer les conditions que vous aurez exigées.

M. Biauzat. Vous déterminez à la valeur d'un marc d'argent la quotité de l'imposition pour être député à l'assemblée nationale. Pourquoi ne pas suivre le même mode pour les autres assemblées? Indiquez donc pour les assemblées primaires, une contribution équivalente à une ou deux onces d'argent.

M. Robespierre. Tous les citoyens, quels qu'ils soient, ont droit de prétendre à tous les degrés de représentation. Rien n'est plus conforme à votre déclaration des droits, devant laquelle tout privilége, toute distinction, toute exception, doivent disparaître. La constitution établit que la souveraineté réside dans le peuple, dans tous les individus du peuple. Chaque individu a donc droit de concourir à la loi par laquelle il est obligé, et à l'administration de la chose publique, qui est la sienne. Sinon, il n'est pas vrai que tous les hommes sont égaux en droits, que tout homme est citoyen. Si celui qui ne paye qu'une imposition équivalente à une journée de travail, a moins de droits que celui qui paye la valeur de trois journées de travail, celui qui paye celle de dix journées, a plus de droit que celui dont l'imposition équivaut seulement à la valeur de trois; dès-lors celui qui a cent mille livres de rente, a cent fois autant de droits que celui qui n'a que mille livres de revenu. Il résulte de tous vos décrets, que chaque citoyen a le droit de concourir à la loi, et dès-lors celui d'être électeur ou éligible, sans distinction de fortune.

M. Dupont. Le comité de constitution a commis une erreur en établissant des distinctions entre les qualités nécessaires pour être électeur ou éligible.

Pour être éligible, la seule question est de savoir si l'on paraît avoir les qualités suffisantes aux yeux des électeurs. Pour être électeur, il faut avoir une propriété, il faut avoir un manoir. Les affaires d'administration concernent les propriétés, les secours dus aux pauvres, etc. Nul n'y a intérêt que celui qui est propriétaire, et si nul n'a droit de se mêler que de ses affaires, si nul n'a d'affaires à lui que quand il est propriétaire, les propriétaires seuls peuvent être électeurs. Ceux qui n'ont pas de propriété ne sont pas encore de la société, mais la société est à eux.

M. *Defermont.* La nécessité de payer une imposition détruirait en partie la clause de la majorité ; car les fils de famille majeurs ne payent pas d'impositions. La société ne doit pas être soumise aux propriétaires, ou bien on donnerait naissance à l'aristocratie des riches qui sont moins nombreux que les pauvres. Comment d'ailleurs ceux-ci pourraient-ils se soumettre à des lois auxquelles ils n'auraient pas concouru ? Je demande la suppression de cette quatrième qualité.

M. *Desmeuniers* combat au nom du comité les diverses objections faites contre cette condition. En n'exigeant aucune contribution, dit-il, on admettrait les mendians aux assemblées primaires, car ils ne paient pas de tribut à l'État ; pourrait-on d'ailleurs penser qu'ils fussent à l'abri de la corruption ? L'exclusion des pauvres, dont on a tant parlé, n'est qu'accidentelle ; elle deviendra un objet d'émulation pour les artisans, et ce sera encore le moindre avantage que l'administration puisse en retirer. Je ne puis admettre l'évaluation de l'imposition par une ou deux onces d'argent. Celle qui serait faite d'après un nombre de journées deviendrait plus exacte pour les divers pays du royaume, où le prix des journées varie avec la valeur des propriétés.

La rédaction du comité, pour la quatrième condition, est adoptée.

M. *Alquier,* membre du comité des rapports, fait le rapport du mandement de l'évêque de Tréguier, et des circonstances qui l'ont accompagné. Il lit les différentes pièces d'une information faite par toutes les municipalités réunies du diocèse de Tréguier. Il en résulte que non-seulement ce prélat a excité le peuple à la sédition par son mandement, mais encore qu'il a concouru, avec les nobles de son diocèse, à faire déserter de la milice nationale un nombre considérable de jeunes citoyens, qui, séduits par de l'argent et par des promesses, se sont engagés à n'obéir qu'aux gentilshommes, et à les prendre pour leurs chefs. Le plus grand nombre des témoins s'accorde à déposer que, députés vers M. l'évêque pour l'instruire des dispositions des jeunes gens en faveur de la noblesse, ce prélat a dit, « que si les municipalités du diocèse venaient défendre la milice de Tréguier, ce train ne durerait pas long-temps, qu'on ferait sonner le tocsin, et que les habitans des campagnes fondraient sur cette milice, et l'écraseraient. »

Les municipalités du diocèse ont dénoncé ces faits à l'assemblée nationale.

Le comité des rapports pense que le mandement est propre à exciter le soulèvement du diocèse, que cet écrit accuse le peuple français de ne plus aimer son roi, qu'il calomnie les opérations de l'assemblée, qu'il présente la division des ordres comme nécessaire au bonheur de l'Etat, etc. ; qu'enfin, son auteur a abusé des fonctions de paix qui lui sont confiées, pour exciter les peuples à la révolte. Il propose un projet de décret.

M. l'abbé.... représente ce mandement comme une paraphrase exacte de la lettre du roi aux évêques, et pense qu'il doit exciter la reconnaissance des Français.

M. l'abbé de Pradt demande qu'avant de porter un décret, l'évêque de Tréguier soit mandé.

« L'assemblée décrète ce qui suit :

Ouï le rapport, l'assemblée décrète que le président écrira une lettre circulaire aux municipalités du diocèse de Tréguier, pour les inviter à la paix, et les prémunir contre les insinuations des ennemis de l'Etat, relativement à la constitution et au zèle de l'assemblée nationale. Que le président se retirera vers le roi, pour prier sa majesté de donner les ordres les plus précis aux agens du pouvoir exécutif, afin de remédier aux troubles qui pourraient exister en Bretagne, et que le mandement du sieur évêque de Tréguier, ensemble les pièces et informations, seraient remises au tribunal chargé d'instruire et de juger les affaires qui ont pour objet des crimes de lèse-nation. »]

SÉANCE DU VENDREDI 23 OCTOBRE.

[On ouvre la séance par la lecture du procès-verbal de la veille, et de la liste des adresses de différentes villes : elles portent toutes des sentimens de respect et d'adhésion. Soissons a fait un arrêté pour favoriser l'approvisionnement de Paris.

On lit une lettre du comité d'Alençon, relative à l'affaire de M. le vicomte de Caraman. Elle est ainsi conçue :

« Nosseigneurs, s'il est possible que l'empressement à remplir ses devoirs puisse jamais occasioner des regrets, nous osons le dire, que dans cet instant nous éprouvons la peine la plus sensible de n'avoir pas cru pouvoir différer à vous envoyer une procédure que les circonstances nous avaient forcés de faire contre le vicomte de Caraman et les chasseurs de Picardie. Un événement malheureux ayant fait naître des inquiétudes sur le compte de cette troupe, l'alarme étant devenue générale, on a suivi peut-être trop promptement le parti d'une défiance mutuelle ; on a cru devoir approfondir des soupçons que les apparences changeaient en réalité ; les précautions les plus sérieuses ont précédé les informations ; mais des explications, que l'agitation des esprits n'a pu permettre qu'après un certain temps, nous avons passé à cette estime réciproque, que nous devions toujours conserver. Il ne nous reste plus qu'un vœu, et nous sommes persuadés que vous daignerez l'exaucer.

« Tous les jours il arrive que les amis les plus étroitement unis se trouvent malheureusement compromis ; et plus on s'est estimé, plus les sentimens opposés succèdent promptement. Quand on croit avoir été dans l'erreur les uns vis-à-vis des autres, n'est-il pas naturel, lorsque la vérité paraît, de revoir ses sentimens antérieurs reprendre plus de force que jamais, et de n'éprouver que le désir de pouvoir effacer jusqu'à la moindre trace de désunion ?

« Telle est la position de la ville d'Alençon et des chasseurs de Picardie. La réconciliation la plus touchante, les plus tendres effusions ne nous laissent plus d'autres impressions que celles de la plus tendre amitié, et de la plus parfaite estime.

« Nous espérons que la France ne verra pas sans édification que nous regretterions amèrement qu'on pût connaître quels ont été les torts des uns et des autres.

« Faits pour maintenir cette paix et cette concorde, les plus fermes appuis des lois qui occupent tous vos momens précieux, nous espérons que le paquet que nous vous avons envoyé, et qui contient la procédure, sera entièrement anéanti, et qu'il ne sera plus question que de faire connaître l'heureux accord qui règne parmi nous.

« Encore une fois, si quelques-uns de nous sont tombés dans l'erreur, si cette erreur est la cause de nos malheurs, nous désirons que le sujet en soit ignoré ; c'est la plus grande preuve que nous puissions donner de l'estime et de l'amitié réciproque qui doivent garantir pour toujours d'un événement aussi funeste. La ville comme la troupe se réunissant pour vous adresser cette prière, elle ne peut manquer d'être accueillie.

« Nous sommes, avec un très-profond respect, vos très-humbles et très-obéissans serviteurs, les membres composant le district d'Alençon, etc. »

Cette lettre sera imprimée, et M. le président est autorisé à écrire à la ville d'Alençon une lettre de félicitation.

N..... rappelle la motion ajournée de M. de Castellane, relativement aux prisonniers actuellement détenus par lettres-de-cachet, et représente que puisque l'assemblée ne peut s'en occuper en ce moment, il serait à propos de faire, en attendant, un travail préalable. Il propose en conséquence de nommer un comité de quatre personnes, qui se ferait remettre la liste des prisonniers détenus par lettre-de-cachet, et rendrait compte à l'assemblée des motifs de leur détention. La nomination de ce comité a été ordonnée.

M. le duc d'Aiguillon. Convaincu que la liberté doit être assurée par la tranquillité, et que la discipline et l'obéissance des troupes sont nécessaires au rétablissement de l'ordre, je propose de décréter « que tous les corps militaires doivent rentrer dans l'ordre; sans quoi ils encourront les peines portées par les ordonnances actuellement subsistantes, qui seront provisoirement exécutées, jusqu'à ce que l'assemblée nationale ait statué sur une nouvelle constitution militaire.

Sur la proposition de M. Cautin; cette motion est renvoyée au comité militaire. »

Ce jour étant destiné aux finances, M. le président propose de continuer la discussion ajournée de la motion de M. de Mirabeau sur les biens du clergé. Elle consiste à décréter ces deux principes : 1° que la propriété des biens ecclésiastiques appartient à la nation; 2° que le traitement des curés doit être porté à 1200 liv. au moins, avec le logement.

M. l'abbé Maury propose de continuer la discussion sur les qualités d'éligibilité.

M. le comte de Mirabeau. Quelque opinion que j'aie de la dialectique du préopinant, j'avoue qu'il est difficile, même pour lui, de prouver que le principe est la même chose que la conséquence. Je ne sais pas comment, dans un pareil terrain, on peut être sans cesse attaqué, et renvoyé continuellement à la constitution, comme si les finances étaient étrangères; la science du *pot au feu* est pour une maison comme pour un empire.

On ne peut pas attaquer ma motion, car je n'ai parlé que d'un principe qui doit être fixé dans votre constitution.

— L'assemblée décide que cet objet forme l'ordre du jour.

La discussion fut fort longue, trop longue pour que nous puissions l'insérer; peu intéressante, d'ailleurs, en ce qu'elle fut une répétition des mêmes argumens. Il n'y eut guère que des ecclésiastiques de haut rang qui prirent la parole contre la proposition de l'évêque d'Autun. Ils objectaient seulement la nécessité de soutenir l'éclat de l'Église. Les raisonnemens opposés nous paraissent parfaitement résumés dans ces paroles: L'Église, c'est la nation. Voici, au reste, le discours de l'abbé Grégoire, que nous empruntons au *Moniteur*:

M. l'abbé Grégoire. Le clergé n'est pas propriétaire, il n'est que dispensateur : s'il prend pour lui plus que le nécessaire, c'est, selon les canons, un véritable sacrilége. Mais la nation n'est pas propriétaire de tous les biens : il en est qui ne lui ont pas été donnés, et dont elle ne pourrait pas disposer. Les uns appartiennent aux familles; ils doivent y revenir dans le cas où les fondations ne seraient pas exécutées, ils y reviennent encore quand les héritiers sont dans la détresse, puisqu'alors ces héritiers sont les premiers pauvres du bénéfice. D'autres appartiennent aux paroisses; d'autres encore aux provinces, et si après que la vente en aurait été faite, par quelque événement extraordinaire, une province venait à cesser d'être française, où retrouverait-elle ses biens? Cependant, malgré ces observations, le principe est toujours que la nation peut ramener les biens à leur véritable destination, et changer le mode de leur administration. Il faudrait seulement verser les revenus dans les caisses des provinces, qui paieraient les dettes locales du clergé, et aviseraient aux moyens de fournir leur quote-part pour le service divin.

Paris, 23, 24 et 25 octobre. — District de Saint-Martin-des-Champs, 25 octobre.

L'assemblée désirant que l'on s'occupât de l'examen de la *loi martiale*, M. Martin, citoyen de ce district, fut engagé par différens membres à rédiger un projet d'arrêté, ce qu'il fit à peu-près dans ces termes : « L'assemblée considérant que la commune a le droit d'admettre ou de refuser dans son sein l'exercice d'une loi de haute-police, et considérant, en outre, les inconvéniens qui pourraient résulter de l'exécution de la loi martiale, a arrêté que cette loi martiale ne serait pas exécutée, et que le présent arrêté serait communiqué aux cinquante-neuf districts, pour avoir leur adhésion sur cet objet. »

Sur quoi un membre proposa cet amendement: que jusqu'à ce que la loi fût retirée, les citoyens du district s'abstiendraient de porter l'habit d'uniforme. Enfin, le président proposa de députer à la Ville, pour demander aux représentans de la commune les motifs qui les ont déterminés à solliciter, à deux reprises consécutives, la loi martiale, et de les sommer de se retirer pardevant l'assemblée nationale pour la supplier de retirer cette loi.

Extrait du registre des délibérations du district de la Trinité.

« Toute l'assemblée ayant demandé, à l'unanimité, lecture de la loi martiale; lecture faite, plusieurs membres ont fait une foule d'observations, dont ils ont fait résulter que cette loi est dangereuse, sa rigueur exorbitante, sa vocation sans motifs et sa promulgation désespérante dans ce moment où le peuple tourmenté depuis plusieurs jours par la disette, a plus besoin de secours que d'être menacé d'une loi qui force les citoyens à s'armer contre les citoyens ; que les mouvemens suscités jusqu'à ce moment, n'ont eu pour motif que le défaut d'approvisionnement de la capitale ; et que le peuple pénétré du plus profond respect pour la loi, le roi et les propriétés, et de vénération pour l'assemblée nationale, n'a jamais élevé le moindre murmure contre eux, même dans les plus affreux momens de son désespoir. L'assemblée, dans l'appréhension de cette loi et des dangers de son exécution, pleine de confiance en la bonté du monarque et dans les lumières patriotiques de l'assemblée nationale, témoigne le plus vif désir pour que cette loi soit à l'instant retirée : et ose assurer le roi et les représentans de la nation, que tous les citoyens de la capitale et notamment ceux du district, sont tous disposés à vivre dans la plus grande tranquillité, et qu'ils les supplient de vouloir bien assurer leurs premiers besoins sur lesquels leurs réclamations légitimes ne pourront jamais être considérées comme prétexte d'attroupement.

» En conséquence, l'assemblée a arrêté que sa présente délibération sera, à l'instant, communiquée par des commissaires nommés à cet effet, aux cinquante-neuf autres districts de la capitale, à l'effet de réunir leurs réclamations à la sienne, de les présenter ensemble directement à l'assemblée nationale et au roi.

— Fait à l'assemblée générale. — *Signé*, Dusort; Morel. »

Le district des Petits-Pères arrêta de son côté, le 24, de faire supplier l'assemblée nationale par les représentans de la commune, de retirer la loi martiale, dans la crainte que cette loi ne jetât la méfiance et la division entre les citoyens, et qu'elle n'autorisât les accapareurs et les fauteurs de la disette à continuer leurs manœuvres.

Le président et le vice-président du district de Saint-Leu convoquèrent, le 24, par lettres, les présidens et vice-présidens des cinquante-neuf autres districts pour délibérer sur ce qui se passait à l'Hôtel-de-ville, et établir une correspondance intime et suivie entre les soixante districts.

En effet, le dimanche 25, la réunion provoquée par le district de Saint-Leu, eut lieu dans son sein même. Quarante districts y avaient envoyé leurs présidens et vice-présidens, ou des commissaires nommés *ad hoc*. Il y fut décidé :

« 1° Qu'il y aurait un bureau de correspondance ou comité central, afin d'établir plus que jamais l'unité d'opinions et de principes, la communication des délibérations respectives, et la concorde générale entre tous les citoyens.

» 2° Que les districts réunis seraient invités à ne prendre aucun arrêté majeur, avant d'en avoir porté le projet au bureau de correspondance, pour le communiquer aux *districts unis*.

» 3° Que les districts unis ne prendraient aucun arrêté définitif sur aucun article de réglement de municipalité, avant de s'être communiqué respectivement les observations faites à ce sujet de part et d'autre.

» 4° Que les districts qui n'ont pas encore envoyé au comité central, seront invités à y envoyer dorénavant, pour se concerter avec les autres, et former une unité d'observations et de volontés, relativement à l'ordre public et à la perfection du plan de municipalité. »

Ce projet avait évidemment pour but de créer une opposition au pouvoir des représentans de la commune, et de soumettre leurs actes à un contrôle. On trouvait en effet le premier exorbitant; les seconds oppressifs.

« Malheureusement, disent les *Annales patriotiques*, l'importance du comité central du district n'est point aperçue par tous les citoyens : plusieurs y veulent voir absolument une municipalité qui s'élève contre la municipalité constituée, ils ne réfléchissent pas que ceux qui s'y rendent de la part des districts, n'ont et ne peuvent avoir aucun pouvoir ;.... que c'est purement et simplement un rendez-vous, où chacun se communique les nouvelles et les opinions de son district avec les observations qu'il juge à propos de faire ; d'où résultent une plus grande expansion de lumières sur la chose publique, et un développement mieux combiné de l'esprit public qu'on y va chercher ou produire. »

Cependant, malgré les craintes de Carra, ce bureau de correspondance se maintint.

Sous cette forme, se cachait, d'ailleurs, bien positivement la pensée de résister aux *trois cents* de l'Hôtel-de-ville, et de les arrêter surtout dans l'usage qu'ils pourraient faire de la nouvelle loi. Mais, la terreur du pouvoir dont était armée la commune empêchait d'avouer hautement ce but. On peut juger de la crainte qu'avait répandue la promulgation de cette sorte de mise en état de siége, par le silence des journaux patriotes sur une loi qu'ils désapprouvaient. Loustalot seul osa la critiquer dans ses *Révolutions de Paris*, encore ce fut indirectement. Il se fit écrire deux lettres, en voici une :

« Monsieur, dans la douleur et le désespoir où me plonge la loi martiale, ce n'est qu'à vous que j'ose m'adresser...... C'est en vain qu'on nous dit que cette loi rendra aux citoyens la tranquillité, la liberté aux travaux de l'assemblée nationale, et préviendra les sacrifices sanglans ; ce n'est que pour nous priver de l'insurrection populaire, ressource funeste et désastreuse, mais la seule qui nous ait sauvés jusqu'alors. Je m'abuse quand je dis l'insurrection populaire, c'est l'insurrection des citoyens que je devais dire, et qu'ils veulent étouffer.

» Les aristocrates, désolés de l'union qui subsiste encore entre le citoyen armé et le peuple, veulent les désunir, et peut-être pis. Voici la conséquence de cette loi : ou le citoyen, craignant d'être obligé d'en venir au point d'égorger le peuple, se dégoûtera et quittera un corps qu'ils avilissent : ou il se présentera quelque occasion de tremper ses mains dans le sang. Ma pénétration échoue sur ce qui peut arriver..... La motion de M. Robespierre m'a frappé. Ses cris n'ont point été écoutés ; l'éloquence fastueuse l'a emporté sur l'éloquence de la raison, et son énergie a été qualifiée d'irascibilité d'amour-propre. Oui, proclamer la loi martiale avant d'avoir établi un tribunal pour les criminels de lèse nation, est un acte impolitique, ou un coup de despotisme vigoureux. Ce sont des coups terribles qui, quand ils portent, forment une plaie profonde : ce coup était prévu depuis long-temps. M. de Mirabeau l'annonçait afin d'y accoutumer les esprits; et le boulanger, et les deux hommes exécutés le lendemain, sont peut-être trois victimes qui devaient les préparer; on n'a produit ces scènes sanglantes que pour avoir occasion de demander la loi martiale. Si c'est le hasard qui a produit cette scène, ils en ont profité; mais on jeta des cartes dans les boutiques, et les faubourgs fomentaient : la mort du boulanger les a peut-être servis plus heureusement qu'ils ne croyaient....

» J'ai observé que, pour prélude à la loi martiale, on a occasionné une disette factice qui a occasionné la mort du boulanger, qui a accéléré la proclamation. Maintenant l'abondance a reparu, jusqu'à ce qu'on croie nécessaire de la faire disparaître. »

Comment les représentans de la commune répondirent-ils à cette masse de réprobations? D'abord on frappa sur les individus, on poursuivit, dès le 24, M. Martin, le rédacteur de la motion de Saint-Martin-des-Champs, et on l'arrêta le 25, ainsi qu'un Duval de Stain, le premier moteur de la proposition. Pour répondre aux districts eux-mêmes, on en fit parler d'autres en sens contraire. On accueillit leurs protestations, tandis que les opposans n'osaient même se présenter. Dans le district de Saint-Martin-des-Champs, on mit en mouvement les officiers de la garde nationale soldée et non soldée, si bien que le dimanche le bataillon se réunit et jura qu'il était aux ordres de la commune, prêt à exécuter la loi martiale, déclarant indignes du titre même de soldat volontaire tous ceux qui refuseraient de prêter ce serment. (*Procès-verbal du 28 octobre*). Quant au comité central des districts, on se hâta de faire un réglement pour fixer leurs rapports entre eux et avec l'Hôtel-de-ville. Ainsi toute cette opposition menaçante s'évanouit en quelques jours. Cependant les trois cents nommèrent les membres du comité des recherches. Ils formèrent d'abord une liste de douze ; puis ils en choisirent six pour être membres définitifs. Dans la première liste nous remarquerons les noms de Condorcet, de Sémonville, etc.

Les membres définitivement nommés furent MM. Agier, Lacretelle, Perron, Oudard, Garan de Coulon, et Brissot de Warville. Ils prêtèrent le serment qui suit : « Nous jurons et promettons de remplir fidèlement les fonctions que la commune nous a confiées, et particulièrement de garder le secret que nos fonctions exigent. » Le comité des recherches se trouva constitué le 23 par la prestation de ce serment.

SÉANCE DU 24 OCTOBRE.

[Cette séance fut encore en partie occupée par la discussion sur les biens du clergé. Elle ne prit quelque intérêt qu'au moment des deux interruptions dont nous allons rendre compte.

Une députation de diverses villes de l'Anjou est introduite.

L'orateur. La province de l'Anjou, persuadée que la volonté générale doit être exprimée par les représentans de la nation, a juré de s'y soumettre, et nous sommes chargés de déposer ses sermens solennels dans cette auguste assemblée.

Mais si l'Anjou a reçu avec empressement tous vos décrets sur la félicité publique de cet empire, il est impossible de croire que votre décret du 23 octobre puisse ramener le calme. Vous avez cru devoir conserver le régime destructeur de la gabelle pour alimenter le trésor royal ; le peuple qui ne peut atteindre à la hauteur de vos idées a été mécontent. Inutilement lui a-t-on dit que vous aviez diminué le prix du sel, que vous aviez proscrit ce régime. Soixante mille hommes se sont armés, les barrières ont été détruites, les chevaux des commis ont été vendus à l'encan, et il a été enjoint aux employés de se retirer de la province sous huit jours.

Les habitans ont déclaré qu'ils ne paieraient pas d'impôts tant que la gabelle subsisterait. Le comité d'Anjou a été effrayé des conséquences d'une pareille commotion. Il a pensé qu'il était des circonstances impérieuses où le vœu de la volonté générale, exprimé d'une manière terrible, ne pouvait laisser aucun doute aux administrateurs. Il a pensé que le rétablissement provisoire de la gabelle ne devant avoir lieu que jusqu'au remplacement proposé par les assemblées provinciales; il en résulte que la province, réunie en assemblée provinciale, peut délibérer sur le remplacement de cet impôt.

Enfin, il a été arrêté que le remplacement de la gabelle serait fait à raison de 60 livres le minot. Nous offrons de payer les rôles d'avance. Que l'on ne nous dise pas que l'Anjou servira à faciliter la contrebande. Il est de l'intérêt des provinces de suivre notre exemple : le rétablissement de la gabelle est impossible; ce serait nous exposer aux horreurs de la guerre civile. L'aversion pour cet impôt est telle qu'il n'y a pas d'habitant qui ne soit prêt à verser des flots de sang contre ceux qui tenteraient de le rétablir. Le peuple n'est pas encore assez accoutumé aux soulagemens que vous promettez; il ne se souvient encore que de ses douleurs et de ses souffrances. Pardonnez si nous anticipons sur le moment où le bonheur et la liberté doivent régner partout.

M. le président à la députation. L'intérêt d'une grande province, fortement exprimé par des citoyens qui protestent de leur soumission à la justice des décrets de l'assemblée, la portera à examiner avec un sévère examen vos réclamations; les circonstances locales, dont vous venez de lui rendre compte, méritent toute son attention; laissez vos mémoires sur le bureau.

— M. le président prie le comité des recherches de s'assembler ce matin pour s'occuper de la malheureuse affaire de Troyes. Il y a plus de 80 accusés, les prisons en sont remplies, il y en a jusqu'à vingt dans un cachot : les prisonniers sont à chaque moment exposés à perdre la vie.

M. le duc de la Rochefoucault fait observer qu'il convient de porter un décret pour renvoyer au pouvoir exécutif concernant les mesures à prendre pour conserver la vie aux prisonniers.

— Nous avons vu, en rendant compte d'un procès-verbal de la commune que, dans la séance du 21, l'assemblée avait décrété que le ministère lui ferait un rapport pour lui indiquer les moyens qui leur seraient nécessaires pour pourvoir à la subsistance du royaume et de la capitale.

En conséquence, un ministre monte à la tribune et lit le mémoire suivant :

« Les ministres rendent compte de tous les efforts du roi pour pourvoir à la subsistance de la capitale, de la situation des pays qui nous entourent, et du peu de ressources qu'on en peut attendre; ils exposent celles sur lesquelles on peut compter, et les moyens efficaces pris pour empêcher l'exportation. Ceux qui ont été mis en œuvre pour favoriser la circulation intérieure, ont été rendus inutiles par les oppositions des provinces, des villes, des campagnes, malgré les décrets de l'assemblée nationale.

» Ils présentent le tableau de tous les obstacles qui s'opposent à l'exécution de ces décrets, la désobéissance des agens, le découragement des tribunaux, l'abus de la liberté de la presse. Partout on cherche en vain la paix et la subordination qui l'assure..... Que peut-on faire pour que la responsabilité demandée, pour que cette garantie ne soit pas de la part des ministres une folle imprudence? Ils déclarent qu'ils ne contracteront pas un tel engagement; que si l'on persiste à l'exiger au nom de la nation, ils abandonneront leurs places aux hommes assez téméraires pour ne pas s'effrayer de l'empire des circonstances.

Des questions vagues qui vous occupent depuis plusieurs mois, ne peuvent être indiquées; il faudrait être appelé à discuter au milieu de vous, ou au moins dans des conférences avec quelques-uns de vos membres. Il faudrait encore un abandon de toutes méfiances; il faudrait une confiance fondée sur l'estime..... Si d'autres personnes ont les moyens qui nous manquent, indiquez-nous-les, nous irons au-devant d'elles..... Il faut plus de courage pour conserver de pareilles places que pour les abdiquer. »

On demande l'impression de ce mémoire.]

SÉANCE DU LUNDI 26 OCTOBRE.

[M. le président rend compte d'une lettre qui lui a été écrite par les officiers municipaux de Saint-Marcellin en Dauphiné. En voici le sujet : « La commission intermédiaire a convoqué à Romans les membres intermédiaires des États, et le doublement, sans indiquer les motifs de cette convocation. La municipalité de Saint-Marcellin ignore si cette assemblée est autorisée par les représentans de la nation, et sanctionnée par le monarque. Le respect qu'elle a juré de porter aux arrêtés de l'assemblée nationale lui fait un devoir de s'en informer. »

M. le président a vu le roi, et a témoigné à sa majesté que si cette assemblée avait pour objet autre chose que la répartition des impôts ou des mesures relatives à la contribution patriotique, les conséquences pourraient en être fâcheuses.

M. Barnave. La convocation des États ne peut être relative aux impôts, puisque le doublement est aussi convoqué, et que cette convocation ne doit se faire que pour la nomination des députés aux assemblées de la nation : ainsi, elle a pour objet la révocation des députés actuels, ou du moins des opérations infiniment importantes.

M. Duport. Il faut d'abord savoir si c'est avec le consentement du roi que les États du Dauphiné sont convoqués; et si ce consentement n'a pas été donné, on doit demander aux ministres quelles mesures ils prendront pour empêcher cette convocation.

M. La Poule. Une lettre de Vienne m'apprend qu'on assemble les trois ordres du Dauphiné, pour s'occuper de la translation de l'assemblée, et qu'on annonce l'improbation de quelques décrets. Je vous engage à user de toute votre puissance et de tout votre courage pour réprimer des entreprises aussi dangereuses.

M. Arnoult. Le parti proposé par M. Duport ne remédierait pas au mal. Si les ministres disent qu'ils ont permis, l'assemblée ne pourra pas approuver cette permission; mais que fera-t-elle ? Il vaut mieux répondre à la municipalité de Saint-Marcellin, que l'assemblée nationale n'est pas instruite de cette convocation, et qu'elle la désapprouvera, si elle a un autre objet que les impositions.

M. Rewbel. Le moyen le plus sûr est de rendre un décret qui suspende l'assemblée, jusqu'à ce que la commission intermédiaire ait donné les motifs de la convocation.

M. de Blacons. On calomnie la province du Dauphiné, en lui supposant des projets qui puissent inspirer quelques craintes ; mais elle a assez prouvé son patriotisme, pour être à l'abri de tout soupçon. Un des membres de cette assemblée, qui a reçu long-temps des marques flatteuses de votre estime, est maintenant dans la capitale de cette province ; il rendra incessamment compte des motifs de son départ, et ne tardera pas à revenir parmi vous.

La députation du Dauphiné a écrit elle-même pour faire suspendre l'effet de la convocation.

M. Dupont. Il existe un principe certain applicable à toutes les circonstances : c'est de ne rien faire sans être bien instruits. Nous ne le sommes pas suffisamment ; il n'y a pas lieu à délibérer.

M. le comte de Mirabeau. Nous sommes assez instruits du fait intéressant qui nous occupe, puisqu'il est public et notoire. Nous le sommes du principe que nulle convocation ne peut être légale, juste, légitime, tant que nous n'aurons pas établi les formes des assemblées des provinces. Ce principe doit être ajouté au décret conforme à la proposition de M. Duport.

M. le duc de la Rochefoucault. J'adopte entièrement cet avis ; mais je pense que par estime pour cette province, le premier auteur de notre liberté, on peut écrire une lettre à la commission intermédiaire.

M. Lanjuinais. La province du Dauphiné n'est pas la seule qui s'assemble ; la noblesse de Bretagne se réunit à Saint-Malo, celle du Languedoc à Toulouse. Dans cette dernière ville, quatre-vingt-dix nobles et quatre-vingts parlementaires ont été convoqués le 10 octobre ; ils ont engagé les autres ordres à se rassembler *pour rendre à la religion son utile influence, à la justice sa force active, au roi son autorité légitime ; osons le dire, sa liberté ; et pour s'opposer à l'abolition des droits et franchises de la province et des villes.*

Ces expressions tirées de la déclaration imprimée de la noblesse du Languedoc, et tous les faits réunis rendent très-instant un décret selon les vues de M. Duport et de M. de Mirabeau.

M. *Pétion de Villeneuve* est de même avis et observe que les convocations qui se font par ordres dans différentes provinces, sont contraires aux décrets de l'assemblée et notamment à celui du 15 de ce mois, concernant la nomination des suppléans.

M. *de Blacons*. Le Dauphiné n'est coupable d'aucune infraction au décret du 15, puisque la convocation n'a été faite que le 12. Eh! d'ailleurs, pourquoi ravir à une province le droit de s'assembler, quand on souffre soixante districts qui croisent sans cesse les opérations de l'assemblée, quand on paraît ignorer qu'il en est un qui s'est permis de protester contre la loi martiale?

M. *Gleizen*. J'adopte l'avis de M. Duport et l'amendement de M. de Mirabeau; mais il a échappé aux préopinans une conséquence bien naturelle des faits qui sont discutés : c'est la nécessité, toujours plus pressante, de s'occuper uniquement de la constitution.

Après la lecture du décret proposé par M. Duport, et qui n'est que sa motion rédigée et unie à l'amendement de M. de Mirabeau, plusieurs demandent la question préalable.

M. *Dupont*. Les provinces ont cru difficilement à la liberté de la translation du roi et de l'assemblée, sollicitée par quinze mille hommes et par un train d'artillerie : ce ne sont pas des décrets qu'il faut envoyer contre elles pour les empêcher de s'assembler. Pour donner l'assurance de notre liberté, que notre président écrive; écrivons tous amiablement, et surtout faisons respecter nos décrets dans le lieu de notre résidence.

— M. Lavie et d'autres députés disent qu'ils ont reçu des lettres de félicitation sur l'établissement de l'assemblée dans la capitale. Leurs provinces pensent qu'elle est plus libre au milieu des bons Parisiens, qu'elle ne pouvait l'être dans l'antique séjour du despotisme ministériel.

M. *le comte de Mirabeau*. La convocation des diverses provinces est irrégulière, l'irrégularité est notoire; il y a donc lieu à délibérer sur cette irrégularité. Il n'est pas question des motifs des convocations ; il ne s'agit ni d'accuser ni de justifier. Quand le décret porte le mot *empêcher*, il ne dit que ce qu'il doit dire : le pouvoir exécutif ne peut-il pas enjoindre, permettre, défendre ? Ne dirait-on pas que nous avons déjà vomi des bataillons et des décrets contre ces provinces ? On propose d'écrire amiablement ; il le faut, et une adresse dans ces vues avait déjà été demandée ; mais agissons pour *empêcher* des convocations irrégulières, qui lanceraient de nouveaux désordres dans le royaume.

M. Pison du Galland. Les Etats du Dauphiné peuvent seuls s'occuper des impôts ; ils sont convoqués à ce sujet ; ils doivent dans ce moment nommer des suppléans à sept députés absens ; il fallait donc convoquer le doublement. Rien n'est donc irrégulier ; il n'y a donc pas lieu à délibérer.

M. Alexandre de Lameth. Les Etats du Dauphiné sont convoqués par ordre : première irrégularité. Ils le sont sans le consentement du roi, tandis que le réglement même de ces Etats exige ce consentement ; seconde irrégularité. La convocation n'a d'autre objet que les impôts et la nomination des suppléans. Je vois le contraire dans une lettre écrite par la députation de cette province, et signée par le préopinant.

— On délibère, et la question préalable est rejetée.

La division du décret proposé est demandée, accordée, et la première partie, relative seulement au principe, ainsi décrétée :

« L'assemblée nationale décrète que toute convocation, ou assemblée par ordre, ne pourra avoir lieu dans le royaume, comme étant contraire aux décrets de l'assemblée ; et que celui du 15 octobre, qui ordonne qu'aucune convocation ne se fera autrement que par individu, sera envoyé par le pouvoir exécutif aux tribunaux, municipalités et corps administratifs.

On demande l'ajournement de la seconde partie qui prononce sur les convocations des Etats des provinces.

M. Chapelier. L'ajournement décide contre la motion. Rien n'est plus raisonnable que la défense de l'assemblée pour délibérer sur les intérêts de l'Etat. Lorsque les représentans de la nation sont réunis, ils le sont pour s'occuper des intérêts de tous, pour le bien de tous.

Quel avantage peuvent offrir ces convocations de provinces? S'agit-il des impôts? Les commissions intermédiaires doivent agir sur la contribution volontaire; les fonctions qui y ont rapport, sont attribuées aux municipalités; mais l'intérêt véritable est pour les particuliers qui veulent exciter et fomenter des troubles.

C'est à l'assemblée seule à décider du sort de l'Etat; toute autre réunion serait dangereuse. Différer de rappeler le principe quand il est méconnu, c'est vouloir qu'il soit violé. Il faut donc indispensablement, non ajourner la question, mais la décider sur-le-champ conformément aux principes.

M. de Clermont-Tonnerre. On doit attendre la séparation des assemblées du patriotisme de ces assemblées; mais on ne peut l'exiger par un décret. Celle qui, représentant la totalité de la nation, a été créée pour créer la liberté, ne peut empêcher quelque portion de cette totalité de se réunir, pourvu que la forme qu'aura adoptée cette portion et ses opérations ne contrarient pas les décrets de l'assemblée nationale. Dans cette observation j'expose le principe; mais je n'entends pas admettre l'ajournement.

M. de Blacons a demandé qu'on ne souffrît plus l'établissement des districts. Ils ne sont point assemblées administratives; ils existent pour procurer une correspondance active entre les citoyens, et exécuter quelques points de police: on ne peut toucher à leur existence. Mais je demande la permission de dénoncer à un tribunal qui doit en connaître, celui de Saint-Martin-des-Champs, ainsi que l'arrêté par lequel il ose défendre l'exécution de la loi martiale portée par l'assemblée.

M. Target. Le préopinant réclame la liberté des assemblées particulières; mais il faut distinguer parmi elles les assemblées politiques: les unes tiennent aux droits naturels des citoyens; les autres existent par les conventions politiques; et si ces dernières peuvent arbitrairement se former et s'organiser, je vois dans ce pouvoir la lacération du royaume et le délabrement de la monarchie.

M. de Cazalès. On a dernièrement, lors d'une loi importante (la loi martiale), réclamé pour le peuple le droit de pétition; c'est ce droit que les assemblées de provinces veulent exercer. Quand les représentans sont assemblés, les corps sont plus en mesure de faire valoir leurs droits; les représentans sont plus en mesure de les connaître. Ce n'est pas dans un siècle de lumière et de liberté qu'on verra réussir le système d'oppression contraire à ces principes.

M. de Virieu. Les États du Dauphiné sont convoqués pour s'occuper des intérêts particuliers de la province; ils le sont suivant des formes que vous avez approuvées par un décret, lorsqu'il a été question de juger de la députation nommée par une assemblée qui existait avec ces formes.

Peut-on redouter les habitans d'une province qui a donné le signal de la liberté? peut-on craindre qu'ils portent atteinte à une liberté qu'ils ont aimée les premiers, et quand elle était dangereuse?

M. le comte de Mirabeau. Je vais répondre aux faibles réflexions des deux préopinans.

M. de Cazalès a fort bien dit qu'on avait reconnu et qu'on devait reconnaître au peuple un droit de pétition. Ce droit n'est point un droit politique. Les pétitions se font sans convocation d'assemblée. On a dit : la pétition de telle corporation, de telle jurande, et non des États de Bretagne, de Provence, et je ne crois pas que les corporations, les jurandes, aient le droit d'organiser à leur guise une assemblée politique.

M. de Virieu est bien plus faible encore; il parle d'un décret nullement applicable, et qui n'a jugé qu'une question provisoire de représentation.

Tous deux sont hors de la question : qui se réduit à ceci : autorisera-t-on les provinces à se convoquer avec des formes non réfléchies, et sans aucun rapport avec la nouvelle allure que ses représentans doivent donner à la monarchie? Et d'ailleurs, est-il vrai qu'une province ait pu s'assembler sans le concours du pouvoir exécutif, sans consulter l'assemblée nationale? Non, sans doute, et le pouvoir exécutif est en ce moment occupé à réprimer la démarche du Dauphiné. Quand je pense que nous avons passé une matinée à savoir si nous enverrons notre président vers le roi, relativement à un objet de la plus dangereuse conséquence, je ne puis que demander que nous allions sur-le-champ aux voix.

— La seconde partie de l'article est décrétée comme il suit :

« Qu'il soit sursis à toute convocation d'États et de provinces, jusqu'à ce que l'assemblée en ait déterminé les formes avec l'acceptation du roi. Décrète, en outre, que le président se retirera par-devers le roi, à l'effet de demander à S. M. si c'est avec son consentement qu'aucunes commissions intermédiaires aient convoqué les États des provinces ; et dans le cas où ils auraient été convoqués sans le consentement de sa majesté, le roi sera prié de prendre les mesures les plus propres pour en prévenir les effets.

» Arrête enfin que la présente délibération sera envoyée sur-le-champ par le pouvoir exécutif à la commission intermédiaire du Dauphiné, aux officiers municipaux de Saint-Marcellin, ainsi qu'aux municipalités et corps administratifs. »

M. de la Rochefoucault. Je fais la motion positive d'une adresse aux provinces sur les décrets précédens.

Cette motion est sur-le-champ adoptée.

M. de Richier. Je propose de décréter que, toute affaire cessante, l'assemblée ne s'occupera que des municipalités.

M. le président fait observer qu'il y a déjà deux décrets sur cet objet, et qu'on ne peut y revenir encore.

L'assemblée se sépare pour procéder au nouveau scrutin, remis à la fin de cette séance.]

SÉANCE DU 27 OCTOBRE.

M. le président, après avoir annoncé que M. de Marsanne, député de Romans, a été assailli à Montelimart par le peuple, et que la milice nationale l'a mis hors de toute atteinte, est chargé d'écrire à ce sujet à la municipalité de cette ville.

Les arrêtés d'hier ont été présentés à la sanction ; le roi a répondu qu'il s'en occuperait incessamment. Sa majesté a dit que la permission de convoquer les États du Dauphiné lui avait en effet été demandée, mais qu'il n'avait pas eu l'intention de l'accorder sans consulter l'assemblée.

Le décret concernant la nomination des suppléans est accepté.

L'ordre du jour ramène la question des conditions d'éligibilité: il s'agissait de savoir si les *serviteurs à gages* pourraient être électeurs. On paraissait unanime pour les repousser de cette fonction publique; mais on variait sur la rédaction de l'article. En ce moment, Mirabeau vint proposer d'exclure, à l'imitation des Genevois, les faillis, les banqueroutiers, les débiteurs insolvables, et les fils qui n'auraient pas acquitté, dans le terme de trois ans, leur portion des dettes de leur père mort insolvable. Un membre proposa d'ajouter à la liste les interdits et les repris de justice. L'assemblée vota la première partie de cette motion en ces termes :

« Aucun failli, banqueroutier, ou débiteur insolvable, ne pourra être, devenir, ni rester membre d'aucun conseil ou comité municipal, non plus que des assemblées provinciales, ou de l'assemblée nationale, ni exercer aucune charge publique ni municipale. »

SÉANCE DU 28 OCTOBRE.

L'assemblée décide que la seconde partie des motifs d'exclusion, présentés dans la séance précédente, est renvoyée au comité de constitution, pour être soumise à une rédaction nouvelle.

M. *le comte de Mirabeau.* Pendant que vous vous occupez des conditions à exiger pour être électeur ou éligible, je vous propose de consacrer une idée qui m'a paru très-simple et très-noble, et que je trouve indiquée dans un écrit publié récemment par un de nos collègues (Sieyès). Il propose d'attribuer aux assemblées primaires la fonction d'inscrire solennellement les hommes qui auront atteint l'âge de 21 ans, sur le tableau des citoyens; et c'est ce qu'il appelle l'inscription civique.

Ce n'est point le moment d'entrer dans cette question vaste et profonde d'une éducation civique, réclamée aujourd'hui par tous les hommes éclairés, et dont nous devons l'exemple à l'Europe. Il suffit à mon but de vous rappeler qu'il est important de montrer à la jeunesse, les rapports qui l'unissent à la patrie, de se saisir de bonne heure des mouvemens du cœur humain pour les diriger au bien général; et d'attacher aux premières affections de l'homme, les anneaux de cette chaîne qui doit lier toute son existence à l'obéissance des lois et aux devoirs du citoyen. Je n'ai besoin que d'énoncer cette vérité. La patrie, en revêtant d'un caractère de solennité l'adoption de ses enfans, imprime plus profondément dans leur cœur, le prix de ses bienfaits et la force de leurs obligations.

L'idée d'une inscription civique n'est pas nouvelle; je la crois même aussi ancienne que les constitutions des peuples libres. Les Athéniens en particulier, qui avaient si bien connu tout le parti qu'on pouvait tirer des forces morales de l'homme, qui avaient réglé par une loi que les jeunes gens, après un service militaire de deux années, espèce de noviciat où tous étaient égaux, où tous apprenaient à porter docilement le joug de la subordination légale, étaient inscrits à l'âge de vingt ans sur le rôle des citoyens. C'était pour les familles et pour les tribus une réjouissance publique, et pour les nouveaux citoyens un grand jour : ils juraient au pied des autels, de vivre et de mourir pour la patrie. Les effets de ces institutions ne sont bien sentis que par ceux qui ont étudié les véritables crises du cœur humain ; ils savent qu'il est plus important de donner aux hommes des mœurs et des habitudes, que des lois et des tribunaux. La langue des signes est la vraie langue des législateurs. Tracer une constitution, c'est peu de chose ; le grand art est d'approprier les hommes à la loi qu'ils doivent chérir.

Si vous consacrez le projet que je vous propose, vous pourrez vous en servir dans le Code pénal, en déterminant qu'une des peines les plus graves pour les fautes de la jeunesse, sera la suspension de son droit à l'inscription civique, et l'humiliation d'un retard pour deux, pour trois ou même cinq années. Une peine de cette nature est heureusement assortie aux erreurs de cet âge, plutôt frivole que corrompu, qu'il ne faut ni flétrir, comme on l'a fait trop long-temps, par des punitions arbitraires, ni laisser sans frein, comme il arrive aussi quand les lois sont trop rigoureuses. Qu'on imagine, combien dans l'âge de l'émulation, la terreur d'une exclusion publique agirait avec énergie, et comment elle ferait de l'éducation le premier intérêt des familles. Si la punition qui résulterait de ce retard paraissait un jour trop sévère, ce serait une grande preuve de la bonté de notre constitution politique ; vous auriez rendu l'état de citoyen si honorable, qu'il serait devenu la première des ambitions.

Je n'ai pas besoin d'ajouter qu'il sera nécessaire de donner à cette adoption de la patrie la plus grande solennité ; mais je le dirai : voilà les fêtes qui conviennent désormais à un peuple libre ; voilà les cérémonies patriotiques, et par conséquent religieuses, qui doivent rappeler aux hommes d'une manière éclatante, leurs droits et leurs devoirs. Tout y parlera d'égalité ; toutes les distinctions s'effaceront devant le caractère de citoyen : on ne verra que les lois et la patrie. Je désirerais que ce serment, rendu plus auguste par un grand concours de témoins, fût le seul auquel un citoyen français pût être appelé ; il embrasse tout, et en demander un autre, c'est supposer un parjure.

Je propose donc le décret suivant :

« L'assemblée nationale décrète, qu'après l'organisation des municipalités, les assemblées primaires seront chargées de former un tableau des citoyens, et d'y inscrire à un jour marqué, par ordre d'âge, tous les citoyens qui auront atteint l'âge de 21 ans, après leur avoir fait prêter le serment de fidélité aux lois de l'État et au roi. Et nul ne pourra être ni électeur, ni éligible dans les assemblées primaires, qu'il n'ait été inscrit sur ce tableau. »

Cette proposition est adoptée, pour ainsi dire, par acclamation.

M. *Target* propose de discuter l'article X, à cause de son analogie avec ceux qui ont déjà été décrétés.

Voici cet article :

« Pour être éligible à l'assemblée communale, ainsi qu'à celle de département, il faudra réunir aux conditions d'électeur, c'est-à-dire à celle de citoyen actif, celle de payer une contribution directe plus forte. Cette contribution se montera au moins à la valeur locale de dix journées de travail. »

M. Dupont de Nemours. La seule qualité nécessaire pour être éligible doit être celle-ci : paraître aux électeurs propre à faire leurs affaires. Eh! pourrait-on leur dire : vous croyez à Monsieur un tel toutes les qualités, tous les talens qui peuvent mériter votre confiance; il ne les a pas, parce que sa contribution directe ne s'élève pas au prix de dix journées de travail. Je pense, et j'ai toujours pensé que la capacité devait suffire, et que pour être élu il ne fallait qu'être choisi.

M. le comte de Virieu pense que l'élu appartenant, non aux électeurs, mais à la nation entière, la nation peut imposer telle condition qu'elle jugera convenable.

Il regrette que l'on n'ait pas exigé la qualité de propriétaire, et réclame ce principe pour base de toute représentation.

N..... observe que l'établissement des assemblées communales n'étant pas décrété, ce mot ne doit pas être employé dans l'article.

M. Target. On peut le remplacer par celui-ci : *assemblées intermédiaires.*

M. Bouche. Il faut dès-lors ôter l'expression *assemblées primaires* de tous les articles où elle se trouve.

M. Desmeuniers. Il est impossible qu'il n'y ait pas *d'assemblées primaires* : ces mots désignent les premières assemblées, quelle que soit leur composition.

L'article est décrété, sauf la rédaction, et avec le changement de l'expression *assemblée communale et de département*, en celle-ci : *assemblées intermédiaires.*

N..... rend compte, au nom du comité des rapports, de lettres écrites par deux religieux et une religieuse, pour demander que l'assemblée s'explique sur l'émission des vœux; il propose de défendre les vœux perpétuels et monastiques.

M. *Target* demande l'ajournement du fond, et présente le décret suivant :

« Ouï le rapport.... l'assemblée ajourne la question sur l'émission des vœux, et cependant, et par provision décrète que l'émission des vœux sera suspendue dans les monastères de l'un et de l'autre sexe. »

Plusieurs ecclésiastiques représentent que la suspension provisoire juge la question, et réclament l'exécution du réglement qui exige trois jours de discussion pour les matières importantes.

Le décret proposé par M. Target est adopté.

M. le maire de Paris est introduit; il rend compte d'un événement arrivé ce matin à Vernon.

Le sieur Planter, habitant de cette ville, chargé des approvisionnemens de Paris, a été saisi par le peuple, qui a voulu le pendre. La corde a cassé deux fois : ce citoyen n'est pas mort, et l'on s'efforce en ce moment, à le soustraire aux fureurs de la populace. Des troupes vont être envoyées à son secours ; mais elles ne peuvent arriver qu'à cinq heures. Une lettre de l'assemblée pourrait rétablir le calme et sauver le sieur Planter. Il ne s'agit pas seulement de garantir la vie de ce citoyen, il faut encore ordonner une punition exemplaire pour réprimer des fureurs qui s'étendent sur tous les approvisionneurs.

L'assemblée autorise le juge de Vernon à informer, et décrète que le président écrira à cette ville sur-le-champ, et qu'il se concertera avec le pouvoir exécutif pour l'exécution des lois.

La séance est levée à quatre heures.]

— La disette était la première cause des troubles de Vernon. M. Planter était envoyé dans cette ville par le comité des subsistances de Paris pour travailler à l'approvisionnement de la capitale. Le peuple de Vernon attribua à sa présence la difficulté qu'il éprouvait à se procurer du pain : de là une émeute terrible à laquelle rien ne pouvait s'opposer, car il y avait anarchie parmi les autorités : il y avait alors deux municipalités qui se disputaient le pouvoir. Cet accident était arrivé par des circonstances dont nous allons dire quelques mots ; nous donnerons ainsi une idée de ce qui se passait à la même époque dans beaucoup de villes de France. Nous extrayons ce récit d'un rapport fait aux *trois cents* de Paris par les commissaires qu'ils y envoyaient pour rétablir l'ordre ainsi que nous le verrons tout à l'heure.

« Dès avant la révolution, Vernon avait une municipalité et une milice bourgeoise. A l'époque du mois de juillet dernier, les officiers municipaux convoquèrent les principaux habitans, et firent nommer un comité pour les aider dans les fonctions municipales qui se multipliaient. Les artisans et la classe moyenne du peuple réclamèrent, ayant à leur tête quelques-uns des officiers municipaux du bailliage; ils formèrent une assemblée particulière dans laquelle ils nommèrent un maire, des officiers municipaux, et allèrent s'emparer de l'Hôtel-de-ville dont ils étaient les maîtres au moment de l'émeute. Les anciens officiers municipaux proposèrent des arrangemens qui ne furent pas écoutés. »

Ainsi, l'unité manquant dans le pouvoir municipal, l'émeute eut un libre cours. M. Planter fut saisi ; deux fois, il eut la corde passée au cou, et fut élevé en l'air; deux fois la corde cassa (1). Grâces à ce retard, il put être arraché des mains qui le tenaient. Les membres de la municipalité révolutionnaire agirent avec énergie pour le sauver ; un jeune Anglais se distingua avec eux par son dévoûment.

Cependant, aussitôt la nouvelle de ces troubles arrivée à Paris, un corps d'armée sortit de la capitale: il fut renforcé par des détachemens du régiment de Flandre, et des chasseurs des trois-évêchés. Ces troupes entrèrent dans la ville, proclamèrent la loi martiale; destituèrent la municipalité révolutionnaire, rendirent le pouvoir à l'ancienne, puis, par son ministère, convoquèrent une assemblée générale des habitans qui élurent un troisième conseil municipal auquel l'autorité resta définitivement.

(1) Ce fait que nous empruntons à la narration officielle, est contesté par une lettre d'un habitant de Vernon, insérée dans le journal des *Révolutions de Paris*. Planter, dit cette lettre, fut menacé, mais il n'eût point à subir cette violence.

La ville de Paris décerna au jeune Anglais une couronne civique, et une épée sur laquelle étaient gravés ces mots : *La commune de Paris, à C. J. W. Nesham, Anglais, pour avoir sauvé la vie à un citoyen français.*

Au reste, les approvisionnemens n'étaient nulle part chose facile. « Le Roussillon, disait le mémoire des ministres, refuse des secours au Languedoc; le Haut-Languedoc au reste de la province; la Bourgogne au Lyonnais : le Dauphiné se cerne; une partie de la Normandie retient les blés achetés pour secourir Paris..... Les villes maritimes de la Bretagne ne reçoivent point les approvisionnemens qui leur sont nécessaires. » Sous ce rapport, des nouvelles affligeantes arrivaient à Paris tous les jours : Tonnerre, Crépy, Nevers, etc., demandaient à l'assemblée nationale des secours contre la famine. Rouen retenait les navires chargés de grains et farines achetés pour la capitale, et s'en emparait pour son propre usage.

Et cependant la récolte avait été abondante. Les fermes étaient pleines de grains; on en importait encore de l'étranger. Ainsi, cette disette devenait chose inconcevable, et chacun était porté à l'attribuer à quelque infâme machination; quelques-uns n'y voyaient cependant qu'un effet de l'égoïsme local, et disaient qu'on recueillait dans cette circonstance les fruits fâcheux des habitudes de localité et de province, établies si profondément par l'ancien régime.

SÉANCE DU JEUDI 29 OCTOBRE.

M. le président rappelle l'ordre du jour, c'est à-dire la question de la contribution nécessaire pour être nommé représentant à l'assemblée nationale.

Le nouveau comité de constitution propose la valeur d'un marc d'argent.

M. Pétion de Villeneuve. J'ai été long-temps dans le doute sur la question de savoir si un représentant doit payer une contribution directe.

D'un autre côté, je me disais que tout citoyen doit partager les droits de cité; de l'autre, lorsque le peuple est antique et corrompu, j'ai cru remarquer quelque nécessité dans l'exception proposée par votre comité de constitution.

Cependant elle me paraît aller trop loin ; elle ne devait se borner qu'à la qualité d'électeur. L'on vous a fait une distinction que je crois très-vraie ; il faut, comme l'a remarqué M. Dupont, distinguer l'électeur et l'éligible ; et dès que vous avez jugé que l'électeur peut être admis, il l'est par la nation entière ; mais l'éligible ne l'est que par ceux des électeurs dont il a la confiance.

Mais dès que vous avez épuré vos assemblées primaires, dès que vous avez déterminé ceux qui peuvent être électeurs, dès que vous les avez jugés capables de faire un bon choix, je vous demande si vous devez mettre des entraves à ce choix, si vous devez, en quelque sorte, leur retirer la confiance que vous leur avez accordée : tout homme qui a des talens et qui n'a pas de fortune, doit être éligible, si les électeurs le jugent capable.

L'on parle sans cesse de corruption ; mais ce ne sont pas ces hommes-là qui sont les plus corruptibles.

Et d'abord, croyez-vous qu'un membre de l'assemblée nationale puisse être facilement corrompu, lorsqu'il n'est dans l'assemblée que pour un instant, et lorsqu'il sera surveillé par tous ceux qui l'environneront.

Je me résume, et je dis qu'il suffit de remplir toutes les conditions pour être électeur, et que l'électeur doit être libre dans son choix ; je dis qu'on doit laisser à la confiance le choix de la vertu.

M. Thibault, curé de Souppes. En admettant l'article, on exclurait un grand nombre de citoyens, et surtout d'ecclésiastiques.

N..... Il faut ajouter à l'article, *et les propriétaires de biens-fonds de terre.*

M. Ramel-Nogaret. L'article doit excepter les *fils de famille dont les pères paient l'imposition exigée.*

M. Desmeuniers. Le comité de constitution a pensé qu'à la fin de la session présente, vous porteriez une loi qui émanciperait les fils de famille. Au reste, je ne vois personnellement nul inconvénient à admettre l'amendement du préopinant.

Celui qui exige une propriété territoriale n'est conforme ni à l'esprit de vos précédens décrets, ni à la justice. Les Anglais suivent à la vérité cet usage, mais eux-mêmes s'en plaignent. Le comité pense avoir fait tout ce qu'il fallait faire, en demandant une contribution d'argent. Cette imposition indique assez d'aisance, parce que la malignité ne suppose pas les législateurs plus ou moins susceptibles de corruption.

M. de Cazalès. En dernière analyse, tous les impôts portent sur les propriétaires des terres, serait-il juste d'appeler ceux qui ne possèdent rien, à fixer ce que doivent payer ceux qui possèdent ?

Le négociant est citoyen du monde entier, et peut transporter sa propriété partout où il trouve la paix et le bonheur. Le propriétaire est attaché à la glèbe, il ne peut vivre que là, il doit donc posséder tous les moyens de soutenir, de défendre et de rendre heureuse son existence. Je demande, d'après ces réflexions, que l'on exige une propriété foncière de 1,200 livres. En Angleterre, pour arriver à la chambre des communes, elle doit être de 7,200 livres.

M. Barère de Vieuzac. Si vous n'admettez que les propriétaires, vous éloignez un grand nombre de citoyens : et que deviennent alors l'industrie et les arts !

Au lieu de déterminer la contribution par la valeur d'un marc d'argent, valeur variable, il serait plus convenable de la fixer à cinquante journées de travail.

M. Target. Les dix-neuf vingtièmes de la nation ne possèdent aucune propriété ; ainsi, en en exigeant une, vous excluez presque la totalité des Français : en Angleterre au contraire, le plus grand nombre est propriétaire ; et d'ailleurs, la source de l'excès qu'on vous a indiqué, se trouve dans la féodalité qui y est encore vivante. Si vous imitez ce funeste exemple, l'avantage de la fortune donnera naissance à une aristocratie nouvelle, et vous rétablirez les distinctions que vous avez voulu détruire.

J'adopte l'amendement relatif aux fils de famille.

M. Pison du Galland. La condition de la propriété doit être ainsi exprimée : *et posséder une propriété territoriale quelconque.*

N.... propose de substituer au marc d'argent six cents livres pesant de blé.

M. Prieur. Substituez *la confiance* au marc d'argent.

— On se dispose à délibérer.

M. le comte de Mirabeau. Je demande la priorité pour l'amendement de M. Prieur, parce que, selon moi, il est seul au principe.

L'assemblée rejette cet amendement.

Celui de M. Pison du Galland, est mis aux voix. « Outre la contribution équivalente à un marc d'argent, avoir une propriété foncière quelconque. »

Cet amendement est adopté.

M. le comte de Mirabeau, au président. Vous venez de faire faire une mauvaise loi, par la manière de poser la question.

Beaucoup de membres réclament contre le décret. La parole leur est refusée.

On propose divers amendemens sur la qualité de la propriété. L'assemblée décide qu'il n'y a lieu à délibérer.

La question de savoir si on évaluera l'imposition en un nombre de journées ou en un marc, ou quelque partie de marc d'argent, est présentée.

L'assemblée décrète l'imposition équivalente à un marc d'argent.

Sur l'amendement de M. Ramel-Nogaret, on demande la question préalable, et il est arrêté qu'il n'y a lieu à délibérer.

On se dispose à passer à un autre article.

MM. Pétion de Villeneuve, Garat, le comte de Mirabeau, l'abbé Grégoire, montent à la tribune pour réclamer contre les décrets, contre la manière dont les questions avaient été posées, et pour faire observer qu'on n'a pas délibéré sur tous les amendemens et sur la motion principale, composée de l'article du comité et et des amendemens admis.

Après un temps assez long, employé à des réclamations tumultueuses, l'assemblée se décide à passer à un autre article.

M. Desmeuniers. Je ne reviens pas sur les décrets, mais j'observe qu'il est important, si l'on veut éviter le tumulte qui vient de se faire, de ne refuser la parole à aucun des membres qui pensent qu'une question a été mal posée : c'est le seul moyen d'arriver à des délibérations sages, paisibles et régulières.

M. Barère de Vieuzac. Vous devez être justes; puisque vous êtes législateurs vous devez être éclairés, et le choix de la nation atteste vos lumières.

La moitié du royaume est régie par le droit écrit : là, les fils de famille n'ont ni domaines, ni propriétés. La loi romaine avait sagement déclaré que, dans les fonctions publiques, le fils de famille était père de famille, ou réputé tel. Quand vous exigez pour la représentation nationale une propriété, une imposition d'un marc d'argent, vous le privez de la première des magistratures ; vous obligez la moitié du royaume à aller chercher des représentans dans les provinces coutumières. Je demande si lorsqu'on a proposé en faveur des fils de famille une exception juste, si lorsqu'il s'agit de délibérer sur leur sort, vous, législateurs, vous pouvez ne pas délibérer. Il est avéré, et le tumulte a fait que tous les membres qui m'entourent ont cru, en se levant pour la question préalable, que cette exception était admise. Ceci doit nous faire connaître les avantages des délibérations tumultueuses, en nous en montrant les succès.

M. l'abbé Grégoire. En réclamant en faveur des fils de famille, on fait un acte de justice. Je remplis un devoir en m'élevant contre un prétendu décret qui blesse ma province, où le numéraire est très-rare; je remplis encore un devoir, en observant qu'en exigeant une propriété, ou vous préjugez la question de la propriété des biens du clergé, ou vous excluez les ecclésiastiques de la représentation nationale. Je réclame donc contre un décret qui n'est pas même rendu.

M. Pétion de Villeneuve. L'article du comité de constitution n'a pas été mis aux voix avec les amendemens ; on n'a donc pas délibéré sur la question principale. Il fallait donc, lorsqu'on croyait avoir délibéré au fond, que je prisse la parole pour faire observer cette irrégularité : plusieurs questions importantes étaient proposées comme amendemens; il pouvait être utile de présenter quelques réflexions, et je croyais que tout membre en avait le droit.

Je me borne à présent à demander que le décret entier soit lu.

L'assemblée décide que le décret a été régulièrement porté comme il suit :

Pour être éligible à l'assemblée nationale, il faudra payer une contribution directe équivalente à un marc d'argent, et avoir une propriété quelconque.

On fait lecture de l'amendement de M. Barère, rédigé en article séparé.

Seront exceptés du présent article les fils de famille dont les pères possèdent une propriété foncière quelconque, et payent la contribution prescrite.

La discussion est ouverte sur cet article.

M. Rewbell. L'assemblée a certainement décidé qu'il n'y avait pas lieu à délibérer.

Je ne conçois pas la chaleur avec laquelle on soutient cet article : il s'en suivrait qu'un père de famille qui payerait l'imposition exigée, et qui aurait dix enfans non mâles, ne fournirait qu'un éligible, tandis que, ne payant pas davantage, s'il avait cinq fils il en fournirait six; et d'ailleurs ne pourra-t-il pas quand il voudra donner à son fils les qualités d'éligibilité, en lui transmettant une propriété?

M. Garat le jeune. Par votre décret, vous excluez toute une province, la mienne. Dans le pays de Labour, les fils aînés sont seuls propriétaires, et les pères de famille sont si peu riches, qu'il n'y en a peut-être pas cinq qui payent une imposition de 50 livres.

Je réclame les droits des fils de famille, comme ceux de ma province.

M. Robespierre. Faire une exception en faveur des fils de famille, c'est une exception sans motif; car les fils qui, en pays de droit écrit, ne possèdent rien, sont dans le même cas que les citoyens sans propriété. Dès lors que vous avez confirmé votre décret, cette exception serait odieuse et injurieuse à une grande partie des habitans du royaume.

M. Pison du Galland. Les fils de famille peuvent, selon la loi romaine, acquérir dans certains cas, et alors ils deviendront éligibles. Si un père, payant 50 livres d'imposition, pouvait donner cette qualité à cinq enfans, il s'ensuivrait qu'une somme de 10 livres rendrait un fils de famille éligible, tandis que la loi refuserait cette qualité à un citoyen imposé à 48 livres.

M. le chevalier de Boufflers. Je propose cet amendement : « Un père de famille pourra rendre éligible autant d'enfans que son imposition comprendra de fois la valeur d'un marc d'argent. »

On demande encore la question préalable sur l'objet de la discussion.

M. de la Chèze. Il n'est pas de la dignité et de l'honneur de l'assemblée de dire qu'il n'y a pas à délibérer, quand, après l'avoir déjà dit, elle a rouvert la discussion.

M. Ramel-Nogaret. On doit ou exclure, ou admettre les fils de famille.

M. le comte de Mirabeau. Il n'y a de véritable dignité que dans la justice, d'honneur qu'à être juste. Quand on dit qu'il faut exclure ou admettre, on dit une grande vérité. Des législateurs doivent répondre à une importante question, et accorder ou refuser un droit réclamé. Ils ne peuvent pas ne point délibérer sur ce droit, sans donner lieu à une infinité de contestations dans les assemblées électives. Les fils de famille diraient : « Les législateurs n'ont pas prononcé, à cause de l'évidence de notre droit. »

Leur répondrait-on : « Ils n'ont pas délibéré, donc ils ont rejeté votre droit? »

M. de Mirabeau fait ensuite des observations sur les clameurs qui se sont élevées dans l'assemblée, et sur leur résultat insignifiant.

M. le comte Charles de Lameth. C'est en réclamant contre l'aristocratie, que vous avez préparé la régénération, et votre décret consacre l'aristocratie de l'argent. Vous n'avez pas pu mettre la richesse au-dessus de la justice : on ne peut capituler avec le principe, quand de ce principe il doit naître des hommes.

Je demande l'ajournement d'une délibération nouvelle sur les décrets, parce que le désordre de la discussion présente donne lieu à celui de la délibération.

M. Garat l'aîné. Vous avez, dans le tumulte, rendu un décret qui établit l'aristocratie des riches; on demande que vous épuriez ce décret dans le calme, et je citerai dans la présente session vingt exemples de cette pratique salutaire.

L'assemblée décide que « toutes choses restant en état, sont remises à lundi prochain. »

M. le président rend compte de la réponse apportée de Vernon par le courrier extraordinaire expédié hier.

Le sieur Planter a échappé à la fureur du peuple; le calme commence à renaître dans l'intérieur de la ville; les habitants des campagnes donnent encore des craintes, et des mesures efficaces sont toujours nécessaires.

Une députation de la commune de Paris vient rendre compte des mesures de ce genre qu'elle s'est empressée de prendre, et l'assemblée y applaudit.]

— « Voilà donc, s'écrie Loustalot (*Révolutions de Paris*), l'aristocratie des riches consacrée par un décret national...... D'un seul mot, on prive le tiers de la nation de la faculté de représenter la nation, en sorte que ces deux tiers se trouvent invités à se préférer à la patrie, à faillir, et à se jouer de l'opinion publique..... Il ne se formera donc point d'esprit public, et le patriotisme expirera dans son berceau.

» On rira peut-être de ma prédiction. La voici toutefois : avant dix ans, cet article nous ramènera sous le joug du despotisme, ou il causera une révolution qui aura pour objet les *lois agraires*.

» L'unique titre, le titre éternel à l'éligibilité, est et sera toujours, quoi qu'on fasse, la confiance de ceux qui doivent être représentés..... Quoi! l'auteur du *Contrat social* n'aurait pas été éligible! Quoi! nos plus dignes députés actuels ne seront plus éligibles! Quoi! cette précieuse portion de citoyens qui ne doit qu'à la médiocrité ses talens, son amour pour l'étude, pour les recherches profondes, ne sera pas éligible!

» Je m'attends à entendre dans nos futures assemblées d'électeurs ce singulier dialogue : Messieurs, je vous propose de députer à l'assemblée nationale M. *** ; vous le connaissez ; il suffit de le nommer pour réunir en sa faveur tous les suffrages. — Il ne paie pas une contribution d'un marc d'argent. — Oui, satisfait d'un modique revenu que lui ont laissé ses aïeux, ou qu'il a acquis lui-même, il ne s'est occupé que de s'instruire, et il s'en est occupé avec tant de succès qu'on le regarde comme le meilleur publiciste de l'Europe. — Qu'importe! il ne paie pas un marc d'argent. — Il s'est d'ailleurs acquitté avec autant d'intelligence que d'activité des diverses fonctions publiques qui lui ont été confiées. — Tant mieux! mais il ne paie pas un marc d'argent. — Daignez vous rappeler que redevenu simple citoyen, au lieu d'être fier de ses succès, il n'est aucune vertu dont il n'ait donné l'exemple. — C'est fort bien ; mais il ne paie pas un marc d'argent. — Eh! qui, Messieurs, oserait se préférer à lui? — Nous qui payons un marc d'argent? — Savez-vous qu'on peut être taxé pour sa contribution à un marc d'argent et être un sot et un malhonnête homme? — Nous payons un marc d'argent. — Que les richesses sont loin de mettre l'homme à l'abri de la corruption, et ne le rendent souvent que plus avide. — Nous payons un marc d'argent. — Qu'il y a de quoi révolter la nation, de voir que les riches seuls composeront l'assemblée nationale, qu'ils feront des lois favorables aux capitalistes et aux grands propriétaires, au détriment des colons médiocres et des ouvriers? — Nous payons un marc d'argent! — ....

» Quoique cette loi ait à peu près tous les inconvéniens, sans avoir absolument rien d'utile qui les compense, il sera difficile qu'elle soit revue dans les législatures suivantes, composées de députés au marc d'argent : elles ne consentiront point à ruiner leur propre aristocratie...... »

En effet, les patriotes commençaient à douter de l'avenir; ils ne le voyaient déjà plus tel qu'ils l'avaient espéré, heureux et pacifique, mais hérissé de difficultés et plein de combats. La liberté restait encore à conquérir; le privilége et l'égoïsme étaient encore debout. Mais ce triste sentiment n'atteignit que les intelligences supérieures. Le peuple était tout entier, corps et âme, à la nécessité de pourvoir à son existence, et n'espérant plus guère; la bourgeoisie était distraite par quelques satisfactions données à l'opinion publique. On venait d'afficher un arrêté de la commune qui ordonnait à son procureur-syndic de poursuivre devant le Châtelet, érigé en tribunal de lèse-nation, Besenval, Lambesc, etc., c'est-à-dire les hommes les plus détestés des Parisiens. La délibération qui précéda cet arrêté dans l'assemblée des *trois-cents*, bien que très-abrégée dans le procès-verbal, mérite d'être citée, parce qu'elle reconnaît la justice des plaintes qu'élevaient alors généralement les patriotes. « Il a été observé, dit le procès-verbal, qu'il était pressant de prendre une détermination définitive; qu'il s'élevait de justes plaintes sur ce que, depuis le nouveau règne de la liberté, le glaive de la justice n'avait encore frappé que des coupables d'un rang inférieur, tandis que la voix publique l'appelait sur des têtes illustres; que c'était en vain que nous nous flatterions d'être libres, s'il continuait d'exister parmi nous des individus assez privilégiés pour pouvoir se soustraire à l'empire de la loi; qu'il fallait des exemples pour convaincre le peuple; que tous étaient égaux aux yeux de cette *loi*, si mal exécutée jusqu'à la révolution actuelle; que c'était peut-être le moyen le plus efficace pour le faire rentrer dans les limites d'une subordination légitime, etc. »

Cette démarche de la commune n'eût pas suffi sans doute pour faire fermer les oreilles aux récriminations des patriotes; mais il y avait bien d'autres sujets de distraction: c'étaient les nouvelles de Brabant. On venait d'apprendre que Joseph II ayant réformé les priviléges de cette province, Bruxelles avait protesté. Une grande conspiration avait été ourdie pour briser le joug de la maison d'Autriche: elle venait d'être découverte. En conséquence, les troupes impériales avaient été mises en garnison chez les particuliers, les prisons encombrées : alors les bourgeois étaient sortis de la ville. Ils étaient, disait-on, au nombre de 40,000. Plusieurs avaient pris les armes, et avaient attaqué les troupes impériales avec quelque succès ; ils avaient pris deux forts qui commandaient l'Escaut aux environs d'Anvers, entre autres celui de Lillo. Les impériaux avaient été chassés à coups de fusil de plusieurs villes qu'ils occupaient. Le clergé s'était jeté avec vivacité dans l'insurrection : tout annonçait qu'elle serait persistante ; car les deux partis s'étaient mis en position de ne point reculer. Le général d'Alton, commandant pour l'Autriche, mettait sous le séquestre et en vente les biens des insurgés ; et ceux-ci ne pouvaient poser les armes sans exposer même leur vie. La proclamation suivante, qui donne une idée de cette guerre, remplissait d'indignation les Parisiens.

« Comme plusieurs villages, disait-elle, ont déjà arboré l'étendard de la révolte, que leurs habitans s'y sont armés et ont tiré sur le militaire...... nous faisons savoir à un chacun que, malgré la répugnance et l'aversion que nous sentons à verser le sang humain, et à faire éprouver des malheurs à des personnes innocentes qui pourraient se trouver parmi les coupables, nous ne pouvons néanmoins nous dispenser de faire mettre le feu à tous les villages qui arboreront l'étendard de la révolte, et dont quelques habitans se montreraient armés, dans la vue de faire résistance aux troupes de S. M. qui sont sous nos ordres.

» 26 octobre. »   « Signé, D'Alton. »

Cette guerre de Brabant ouvrait d'ailleurs un vaste champ de spéculations. La Prusse, disait-on, allait venir au secours des insurgés ; et que ferait la France ? il y avait plusieurs Français compromis, et quelques autres arrêtés, entre autres l'écrivain Linguet.

Ce qui se passait en Pologne attirait aussi l'attention. La diète était réunie, et s'occupait ardemment d'une réforme propre à assurer l'indépendance nationale ; elle venait d'arrêter le chiffre de son armée, et on avait proposé de donner une part dans la représentation aux bourgeois et aux cultivateurs.

L'état des provinces attirait aussi vivement l'attention : il ne se passait pas de semaine, et presque pas de jour, qu'on ne reçût la nouvelle de quelque commotion inattendue. Parmi plusieurs événemens de ce genre, nous choisissons le plus important, celui qui termina l'opposition armée qu'avaient méditée les privilégiés de Bretagne.

A la fin d'octobre, il ne restait de blé dans les magasins de la marine de Brest que pour trois semaines au plus, et le directeur des vivres avait par jour 12 ou 15 mille hommes à nourrir. Ne recevant de sa compagnie que des réponses vagues et des promesses de cargaisons de grains achetés chez l'étranger, qui tous les jours devaient arriver et cependant n'arrivaient point, il eut recours dans sa détresse à la municipalité. Après qu'il eut été vérifié par sa correspondance qu'il était personnellement exempt d'inculpation, on arrêta qu'il serait envoyé douze commissaires tirés du conseil même, et qu'ils se diviseraient en quatre commissions pour tirer des secours de toute la Bretagne, et y acheter les grains nécessaires à l'approvisionnement du port. On s'empressa de toutes parts de venir à l'aide d'une cité aussi intéressante par le nombre et le patriotisme de ses habitans, que par l'importance de ses arsenaux, et sa position qui la rend une des clefs de l'empire.

La ville de Lanion seule, ou plutôt une faction qui la tyrannisait, repoussa avec dureté les demandes qui lui furent faites, et joignit l'injustice la plus révoltante aux traitemens les plus odieux exercés sur les commissaires. La municipalité y était sans force et sans pouvoir. Un prétendu conseil du peuple s'était emparé de toute l'autorité, et appesantissait un joug de fer sur tous les bons citoyens. Les députés de Brest furent traduits devant ce nouveau sénat ; ils lui exposèrent l'objet de leur mission, et le prévinrent de la prochaine arrivée des blés qu'ils avaient achetés dans les villes voisines, et dont le transport devait s'effectuer par Lanion, pour y être embarqués. Ils demandèrent protection et secours : l'un et l'autre leur furent refusés. Cependant le convoi de grains qu'ils attendaient arrive le lendemain avec une escorte commandée par le brave Chrétien, major de la garde nationale de Pontrieux. Une multitude emportée l'attaque avec fureur, s'empare du convoi, désarme ceux qui l'escortaient, et veut pendre leur chef, qui ne dut son salut qu'à son sang-froid et à son courage.

Les commissaires sont encore mandés au conseil du peuple, dont le président excite comme à dessein la colère par les questions insidieuses qu'il leur adresse. On nie la validité de leurs pouvoirs; on les accuse d'être des accapareurs; les couteaux s'aiguisent, les cordes se préparent pour les massacrer ou les pendre; on les charge d'indignes traitemens et d'outrages; on les réduit à implorer, comme une faveur, une mort prompte qui abrège leurs tourmens; enfin on leur déclare que le seul moyen qui leur reste de racheter leur vie, est de faire au peuple un abandon pur et simple de leurs grains.

Ils sont forcés d'y consentir, et n'en obtiennent pas davantage leur liberté. Le lieutenant du maire, instruit du danger qui les menace, vient à leur secours, obtient à force de prières qu'ils seront relâchés, et croit ne pouvoir les placer dans un plus sûr asyle, que dans la maison même de M. Cadiou, président du conseil du peuple. Mais quelle est sa surprise et la leur, lorsque cet homme, violant dans sa propre maison les droits de l'hospitalité, vient leur signifier, à la tête d'une troupe de séditieux, qu'il faut mourir ou signer un acte dans lequel, en faisant au peuple un nouvel abandon de leurs blés, ils se reconnaissent pour des accapareurs qui n'ont eu pour en faire l'achat aucun titre légal.

Dans le premier mouvement de leur indignation, ils préfèrent la mort à une telle ignominie. Mais bientôt réfléchissant qu'un acte arraché avec une violence aussi révoltante, était radicalement frappé de nullité, ils se décident à signer la déclaration qu'on leur présente, et se hâtent de sortir d'une cité asservie par une faction aussi cruelle. Ils en partent, non sans péril, et après avoir reçu plusieurs coups de pierre. Arrivés à Morlaix, ils protestent contre l'acte de violence exercé sur eux dans la ville de Lanion, et lui font sur-le-champ signifier leur protestation.

De retour à Brest, ils rendent compte de leur mission au conseil-général assemblé en présence d'une foule de peuple qui assistait à la séance. Au récit des maux qu'on leur a fait endurer, un cri universel retentit dans toute la salle. La ville entière veut partir sans délai pour effacer du nombre des cités, une cité inhospitalière qui a violé les droits des hommes, les droits des nations, et préparé des supplices à ceux qui venaient au nom de l'humanité, des lois et de la patrie, demander à des citoyens du pain et des secours pour des concitoyens. Ce n'est qu'avec peine qu'on parvient à calmer ce premier mouvement et à persuader aux habitans de remettre le soin de leur vengeance à 1,800 hommes, dont moitié de la garde nationale, moitié de troupes de ligne et de marine, sous les ordres d'un major d'infanterie et d'un major de marine. Le commandement en chef de l'expédition fut donné à M. Daniel, major-général de la garde nationale de Brest.

Cette petite armée partit le lendemain, précédée de quatre pièces de campagne, de plusieurs brigades de maréchaussée et des archers de la marine qui formaient un petit corps de cavalerie. Celles des villes voisines vinrent s'y joindre pendant la route. Lesneven, Landernau, Landivisiau et Morlaix fournirent des détachemens qui firent monter l'armée à deux mille quatre cents hommes.

La nouvelle de ce qui venait de se passer à Lanion excita dans toute la province la même indignation qu'à Brest; elle fit craindre aux patriotes éclairés que cette ville ne devînt le foyer d'un incendie qui pourrait se propager au loin, et qu'il ne serait pas facile d'éteindre. On fit partir aussitôt de toutes parts des médiateurs pour ramener la paix, et des troupes pour punir les coupables, s'ils tentaient de soutenir par les armes les excès auxquels l'erreur d'un moment ou des intentions criminelles les avaient entraînés. Vingt-cinq mille hommes furent en marche en un instant, et s'avancèrent sur Lanion. M. Daniel craignit que l'apparition subite d'une telle armée dans un pays dépourvu de vivres, n'exposât et l'armée et le pays entier aux horreurs de la famine; et, quoique persuadé qu'il faut avoir une force imposante pour être dispensé d'en faire usage, il se pressa d'envoyer des courriers pour faire rétrograder les troupes. Malgré les avis alarmans qu'il recevait de divers côtés, des dispositions militaires et des intentions hostiles des habitans de Lanion, il continua sa route, et arriva à la vue de cette ville, à dix heures du matin, le troisième jour de son départ de Brest.

Il fit ranger ses soldats en bataille sur la hauteur, et, après leur avoir recommandé l'esprit de clémence et les sentimens d'humanité qui sont dus à des hommes qui ne font aucune résistance, et à des citoyens égarés, mais repentans, il attendit à leur tête la réponse qui serait faite aux conditions que devaient proposer les commissaires conciliateurs de Brest qui les avaient devancés : elles se réduisaient à la restitution des grains arrêtés, à la punition légale des auteurs de la sédition, et au paiement des frais de la campagne.

Après une demi-heure de conférence, on vint lui annoncer qu'elles étaient acceptées. Il s'avance aussitôt vers la ville à la tête de sa troupe, et trouve en arrivant la municipalité et les notables qui lui annoncent les engagemens qu'ils venaient de prendre, et implorent son indulgence pour les malheureux habitans. Il répond qu'il n'est pas venu leur apporter la guerre, mais pour faire exécuter les lois, et que, quelque atroce qu'eût été leur conduite envers les députés de Brest, son intention n'était pas d'user de représailles.

On avait renvoyé au lendemain la signature des articles arrêtés la veille, et tous les commissaires-médiateurs des différentes villes avaient été invités, ainsi que le commandant de l'armée, à assister à la conclusion de ce traité. Mais on avait manœuvré pendant la nuit, et les chefs des factieux osèrent engager la municipalité à refuser de remplir les promesses qu'elle avait faites la veille. Le commandant indigné se proposait de se retirer, après avoir déclaré qu'il allait employer les moyens violens qu'une mauvaise foi aussi insigne l'obligeait de prendre pour faire rendre justice à ses commettans. Les commissaires annoncèrent pareillement que si la ville de Lanion persistait dans le refus de tenir ses engagemens, ils allaient s'éloigner à l'instant même, et faire connaître à toute la France l'indignité d'une telle conduite. Les municipaux signèrent enfin, et firent arrêter de leur propre mouvement plusieurs personnes accusées d'avoir excité l'insurrection populaire.

M. Cadiou fut mis en état d'arrestation à l'arrivée de l'armée; beaucoup d'autres furent dénoncés à la justice. Des privilégiés furent accusés par les détenus d'avoir répandu de l'argent, et distribué de l'eau-de-vie le jour que la vie des députés de Brest avait été menacée. Plusieurs d'entre eux prirent la fuite pour se soustraire à la rigueur des lois : leurs co-accusés y échappèrent également à la faveur de la faiblesse des tribunaux, de la complication des formes de la justice criminelle et de cette agitation générale qui, dans les temps de troubles et de révolution, fait vaciller dans les mains incertaines des juges, le glaive de la justice. Cette expédition produisit cependant un effet salutaire, et en imposa aux mauvais citoyens très-nombreux dans ce canton, par la réunion des forces et des volontés des bons citoyens pour le succès de la cause commune.

La ville de Brest ayant ratifié le traité, les grains ayant été rendus, et le procès des coupables commencé, l'armée, après avoir séjourné six jours à Lanion, retourna en bon ordre à Brest et y rentra aux acclamations de tous les citoyens.

———

Pendant ce temps, que faisait la commune de Paris ? elle recevait les réponses des villes de province à l'adresse qu'elle leur avait envoyée; elle faisait consigner dans son procès-verbal ces mots de la ville de Rue : « Nous lions nos intérêts aux vôtres : ils en sont inséparables, parce que nous sommes persuadés que *l'union des communes* peut et doit seule assurer la puissance et la prospérité de l'empire français. » (Procès-verbal du 30 octobre.) En outre, *les trois-cents* s'occupaient d'administration. La question des subsistances était permanente. Ainsi, le président du comité consacré spécialement à cet objet venait se plaindre, tantôt des obstacles apportés par les villes à l'approvisionnement; tantôt de quelque émeute et de quelque pillage à la Halle. Pour parer à ce dernier désordre, on créa une compagnie de chasseurs soldés affectés au service spécial de la Halle aux grains ; pour parer aux autres, on envoyait des ambassades.

De son côté, le comité des recherches s'était mis en activité. Il ouvrit les prisons à Saint-Hurugue ; mais il fit arrêter Rutledge qui poursuivait Necker de ses accusations, et, comme par compensation, l'auteur du *Salvum fac regem*. Il fit aussi arrêter un sieur Deschamps, qui courait les environs de Paris, effrayant les fermiers, et les engageant à fermer leurs greniers, etc.

Assemblée nationale. — Séance du 2 novembre.

[La question des biens du clergé qui avait occupé toutes les séances précédentes, fut terminée par l'adoption de la motion de Mirabeau rédigée en ces termes :

« Qu'il soit déclaré premièrement que tous les biens ecclésiastiques sont à la disposition de la nation ; à la charge de pourvoir d'une manière convenable aux frais du culte, à l'entretien de ses ministres et au soulagement des pauvres, sous la surveillance et d'après les instructions des provinces. Secondement, que selon les dispositions à faire pour les ministres de la religion, il ne puisse être affecté à la dotation des curés moins de 1,200 livres, non compris le logement et jardin en dépendant. »

Le résultat de l'appel nominal donne 568 voix, pour adopter et décréter la motion ; 346 pour la rejeter, et 40 voix nulles.

La séance est levée à 6 heures, au bruit des applaudissemens de l'auditoire.

Séance du mardi 3 novembre.

Parmi les adresses, dont la lecture suit toujours immédiatement l'ouverture de la séance, on en remarque aujourd'hui plusieurs.

La ville de Romans en Dauphiné, et deux autres de la même

province protestent contre la convocation des Etats, faite par la commission intermédiaire. La municipalité de Romans annonce qu'elle n'enverra pas ses députés ordinaires à l'assemblée, mais huit personnes qui seront chargées d'exprimer le respect de la commune pour les décrets des représentans de la nation, et l'intention formelle de s'opposer à tout ce qui pourrait y être contraire.

Une délibération de l'assemblée générale de la commune de Saint-Malo porte que la noblesse et le clergé de cette ville viennent d'abjurer leur serment de reconnaître l'assemblée nationale légalement constituée, d'adhérer à tous ses décrets, et de protester contre les différentes protestations faites à Rennes et à Saint-Brieuc.

M. Sentetz présente une délibération par laquelle la ville d'Auch, dont il est le député, exprime la satisfaction et la confiance avec lesquelles elle a reçu l'engagement solennel et sacré pris par les représentans de la commune de Paris, relativement à l'indépendance des délibérations de l'assemblée nationale. Le conseil permanent de cette ville *adhère de cœur et d'âme* aux décrets qui ont déterminé la translation de l'assemblée nationale dans la capitale.

L'ordre du jour était de suivre la délibération ajournée jeudi dernier, toutes choses étant demeurées en état.

M. le comte de Mirabeau demande la parole sur un objet qui n'est pas exactement à l'ordre du jour, mais qui paraît y avoir quelque rapport.

En ce moment, dit-il, toutes les anciennes municipalités sont prêtes à se renouveler : lorsqu'il est question de le détruire, vous devez empêcher ce renouvellement ; c'est dans cette vue que je propose la motion suivante :

Décréter que les municipalités actuelles subsisteront jusqu'à ce que la nouvelle organisation soit arrêtée ; que cependant les échevins qui doivent sortir de place sortiront, et seront remplacés par cinq personnes pour les villes où il y a trois échevins, et par trois personnes pour les villages. Ces nouveaux officiers municipaux seront élus librement et au scrutin.

Après des débats fort tumultueux sur la question de savoir à quel point devait être reprise la délibération de jeudi dernier, l'assemblée regarde comme régulièrement et définitivement rendus tous les décrets qui y ont été portés.

M. *de Biauzat* demande qu'on s'occupe à l'instant de l'organisation des municipalités. Trois pouvoirs, dit-il, règnent dans chaque ville : la municipalité ancienne, le comité permanent et la garde nationale. Tout annonce l'anarchie et réclame vos soins et votre activité. En créant un corps on doit d'abord établir ses élémens : les municipalités sont les élémens du corps politique.

M. *Desmeuniers.* J'opine pour que, selon un ancien décret, vous discutiez le projet de division du royaume proposé par le comité, et non l'organisation des assemblées municipales, qui doit être une suite de ce projet.

Après de légères discussions, l'assemblée adopte cet avis.

On fait lecture des trois premiers articles, qui concernent la division du royaume.

M. *Thouret.* Un plan de division d'un grand empire est presqu'à lui seul la constitution. Pour avoir des représentans, il faut les élire ; pour fixer l'ordre des élections, il faut des divisions.

Il faut établir des assemblées administratives, sans cela rien ne sera fait pour la constitution. On ne peut établir ces assemblées sans déterminer des divisions.

Faire la constitution, c'est régénérer l'État, il ne faut pas apporter dans une aussi grande opération une pusillanimité routinière. Il ne faut pas craindre de présenter des idées nouvelles. Il n'y a point de régénération, si rien n'est changé. Si vous ne présentez que des palliatifs, votre travail est superficiel et passager, et vous n'avez point fait de constitution. Il se présentera nécessairement des difficultés ; les difficultés ne doivent pas détruire le courage. Des circonstances accidentelles, des besoins locaux s'offriront en foule. Ils ne doivent pas influer sur des déterminations permanentes : ne pas faire la constitution en entier, c'est la faire défectueuse. La constitution est l'ouvrage des siècles. Il est égal de ne pas la faire ou de la faire peu durable.

Ecartons donc tout ce qui pourrait nous arrêter dans ce tratail, ou gêner nos opérations. Songeons au bien général d'où résulte toujours le bien particulier.

Si nous mettions des intérêts provinciaux à la place de l'intérêt national, oserions-nous nous dire les représentans de la nation? Serions-nous dignes de faire une constitution? Rappelons-nous ce que nous disions sur les ordres : si les provinces remplacent les ordres, nous décuplons les obstacles et le travail. Rappelons-nous encore ce que nous disions sur les mandats impératifs : il n'y a pas que représentans de bailliages ou de provinces, il n'y a que des représentans de la nation. Nous devons nous réunir au grand tout national.

Le but d'un plan est que les inconvéniens soient moindres que les avantages, et que ceux-ci soient plus grands qu'ils n'ont jamais été.

Des divisions territoriales à peu près égales sont nécessaires pour la facilité de l'action des différens pouvoirs. Les hommes sont attachés aux habitudes de leur existence; mais la confiance peut naître, lorsque ces habitudes seront changées par des divisions nouvelles. Premièrement, parce que dans un moment où il s'agit de réparer les maux de tous, chacun cédera à l'espoir d'une situation plus douce; secondement, parce que la nation va tout rallier à elle par la constitution; troisièmement, parce que ces affections d'unités provinciales ne seront pas même attaquées, puisque les provinces ne cesseront pas d'exister en provinces.

Toutes les provinces sont maintenant réunies en droits et en intentions; elles avaient dû se créer des corps assez puissans pour résister à l'oppression ministérielle; mais à présent, ne rendons pas ces corps aussi forts. Elus par le peuple, leurs membres acquerront une trop grande prépondérance, pour qu'on ne doive pas redouter une force que ces établissemens tireraient de leur masse. Une administration doit pouvoir être présente dans tous les lieux de son ressort; elle ne fera le bien qu'à demi, si son territoire est trop étendu. En conséquence je propose au nom du comité les articles suivans :

« I. La France sera partagée en divisions de trois cent vingt-quatre lieues carrées chacune, c'est-à-dire, de dix-huit lieues de longueur sur dix-huit de largeur, autant qu'il sera possible, à partir de Paris comme centre, et en s'éloignant en tous sens jusqu'aux frontières du royaume. Ces divisions seront appelées *départemens*.

» II. Chaque département sera partagé en neuf divisions de trente-six lieues carrées de superficie, c'est-à-dire, de six lieues sur six, autant qu'il sera possible. Ces divisions porteront le nom de *communes*.

» III. Chaque commune sera partagée en neuf divisions appelées *cantons* de quatre lieues carrées, c'est-à-dire de deux sur deux. »

M. le comte de Mirabeau. Messieurs, j'admets une partie des principes du comité de constitution sur l'établissement de la représentation personnelle, et sur la nouvelle organisation du royaume. Certainement il faut changer la division actuelle par provinces, parce qu'après avoir aboli les prétentions et les priviléges, il serait imprudent de laisser subsister une administration qui pourrait offrir des moyens de les réclamer et de les reprendre.

Il le faut encore, parce qu'après avoir détruit l'aristocratie, il ne convient pas de conserver de trop grands départemens. L'administration y serait, par cela même, nécessairement concentrée en très-peu de mains, et toute administration concentrée devient bientôt aristocratique.

Il le faut encore, parce que nos mandats nous font une loi d'établir des municipalités, de créer des administrations provinciales, de remplacer l'ordre judiciaire actuel par un autre, et que l'ancienne division, par provinces, présente des obstacles sans nombre à cette foule de changemens.

Mais, en suivant le principe du comité de constitution, en vous offrant même de nouveaux motifs de l'adopter, je suis bien éloigné d'en approuver toutes les conséquences.

Je voudrais une division matérielle et de fait, propre aux localités, aux circonstances, et non point une division mathématique, presque idéale, et dont l'exécution me paraît impraticable.

Je voudrais une division dont l'objet ne fût pas seulement d'établir une représentation proportionnelle, mais de rapprocher l'administration des hommes et des choses, et d'y admettre un plus grand concours de citoyens; ce qui augmenterait sur-le-champ les lumières et les soins, c'est-à-dire la véritable force et la véritable puissance.

Enfin je demande une division qui ne paraisse pas, en quelque sorte, une trop grande nouveauté; qui, si j'ose le dire, permette de composer avec les préjugés, et même avec les erreurs; qui soit également désirée par toutes les provinces, et fondée sur des rapports déjà connus; qui surtout laisse au peuple le droit d'appeler aux affaires publiques tous les citoyens éclairés qu'il jugera dignes de sa confiance.

D'après ces principes, j'ai à vous proposer un plan très-simple dans la théorie, et plus simple encore dans l'exécution. Mais je dois d'abord vous faire quelques observations sur le plan qui vous a été présenté.

On vous propose quatre-vingts départemens, sept cent vingt communes, et mille quatre cent quatre-vingts cantons. Pour moi, je ne voudrais ni cantons ni communes. Au lieu de quatre-vingts départemens je voudrais en former cent vingt. En augmentant ainsi le nombre des grandes divisions, il ne serait plus nécessaire d'avoir des communes, que je regarde comme un intermédiaire inutile. On communiquerait directement des villes et des villages au chef-lieu de département, et de chaque département au pouvoir exécutif et à l'assemblée nationale. Il me semble qu'il y aurait alors plus d'unité, plus d'ensemble ; que la machine serait moins compliquée; que ses mouvemens seraient tout à la fois plus réguliers et plus rapides. Mais il se peut que je me trompe, et j'entre dans quelques détails.

On vous propose d'abord d'établir quatre-vingts départemens, de prendre Paris pour centre, de s'étendre de là jusqu'aux frontières du royaume, et de donner à peu près à chaque département trois cent vingt-quatre lieues de superficie.

Je ne saurais approuver cette division sous aucun de ses rapports.

Quatre-vingts départemens pourraient suffire si on établissait sept cent vingt communes ; mais, si l'on rejette cette seconde et immense sous-division comme embarrassante et comme inutile, le nombre des départemens doit être, par cela seul, augmenté ; soit pour rapprocher de plus en plus les représentans des représentés, ce qui doit être le but principal de toute administration, soit pour que les gouvernemens, tels qu'ils sont maintenant divisés, ne soient pas seulement coupés en deux ; ce qui laisserait subsister des masses encore trop considérables, et ne remplirait plus l'objet d'une nouvelle division ; soit parce qu'en multipliant les départemens, l'on pourra accorder à un plus grand nombre de villes l'avantage d'être chef-lieu, et ouvrir à un plus grand nombre de citoyens la carrière des affaires publiques. Il est inutile de prouver que ces avantages infiniment précieux doivent l'emporter sur le léger inconvénient d'avoir quelques bureaux et quelques agens de plus pour correspondre avec un plus grand nombre de départemens. Le but de la société n'est pas que l'administration soit facile, mais qu'elle soit juste et éclairée.

La forme de division que l'on voudrait suivre n'est pas moins vicieuse : en l'étendant de Paris jusqu'aux frontières, et en formant des divisions à peu près égales en étendue, il arriverait souvent qu'un département serait formé des démembremens de plusieurs provinces ; et je pense que cet inconvénient est des plus graves. Je sais bien qu'on ne couperait ni des maisons ni des clochers ; mais on diviserait ce qui est encore plus inséparable, on trancherait tous les liens que resserrent, depuis si long-temps, les mœurs, les habitudes, les coutumes, les productions et le langage.

Dans ce démembrement universel, chacun croirait perdre une partie de son existence ; et s'il faut en juger par les rapports qui nous viennent des provinces, l'opinion publique n'a point encore assez préparé ce grand changement pour oser le tenter avec succès.

L'égalité d'étendue territoriale que l'on voudrait donner aux quatre-vingts départemens, en composant chacun à peu près de trois cent vingt-quatre lieues de superficie, me paraît encore une fausse base.

Si par ce moyen l'on a voulu rendre les départemens égaux, on a choisi précisément la mesure la plus propre à former une inégalité monstrueuse. La même étendue peut être couverte de forêts et de cités; la même superficie présente tantôt des landes stériles, tantôt des champs fertiles; ici des montagnes inhabitées, là une population malheureusement trop entassée, et il n'est point vrai que, dans plusieurs étendues égales de trois cent vingt-quatre lieues, les villes, les hameaux et les déserts se compensent.

Si c'est pour les hommes et non pour le sol, si c'est pour administrer et non pour défricher qu'il convient de former des départemens, c'est une mesure absolument différente qu'il faut prendre. L'égalité d'importance, l'égalité de poids dans la balance commune, si je puis m'exprimer ainsi, voilà ce qui doit servir de base à la distinction des départemens; or, à cet égard, l'étendue n'est rien, et la population est tout. Elle est tout, parce qu'elle est le signe le plus évident, ou des subsistances qui représentent le sol, ou des richesses mobilières et de l'industrie qui les remplacent, ou des impôts dont le produit, entre des populations égales, ne peut pas être bien différent.

Si de cette partie du plan du comité, je passe à l'établissement des sept cent vingt communes, je découvre encore des inconvéniens sans nombre.

On veut former les communes de six lieues carrées, ou de trente-six lieues de superficie; fixer un chef-lieu à chaque commune; donner neuf communes à chaque département, neuf cantons à chaque commune; une assemblée primaire à chaque canton, et composer chaque commune d'environ vingt-sept députés, en supposant que tous les cantons aient six cents citoyens actifs, et nomment un député sur deux cents.

J'observe d'abord que de tous les inconvéniens que j'ai déjà remarqués sur la mesure de l'étendue territoriale, prise pour base de la division des départemens, se font encore mieux sentir dans la division des communes, parce qu'il est évident que, sur une moindre surface, toutes les causes d'inégalités qui peuvent se trouver entre deux masses égales de territoire, doivent moins facilement se compenser. On trouverait certainement dans le royaume plusieurs divisions de six lieues carrées, qui ne présenteraient aucune habitation, aucune trace d'hommes; on en trouverait qui n'auraient qu'un seul village, d'autres que deux ou trois, d'autres qu'une seule ville beaucoup trop grande pour une commune : comment donc pourrait-on parvenir, je ne dis pas à rendre égaux de pareils districts, mais à les établir, mais à les créer?

Mais en supposant que le sol du royaume fût à peu près également peuplé, quelle difficulté ne trouverait-on pas, soit pour choisir des chefs-lieux entre des villages égaux et rivaux l'un de l'autre, soit pour forcer des villages à se réunir à telle commune plutôt qu'à telle autre, soit pour obliger les communautés à renoncer à leur administration, soit pour former cette division géométrique de six cents citoyens par canton, de neuf cantons par commune, et de neuf communes par département? N'est-on pas déjà assez embarrassé pour former quatre-vingts divisions à peu près égales, sans chercher à rendre ce travail insurmontable, comme il le serait certainement, s'il fallait trouver encore sept cent vingt autres divisions pour les communes, et six mille quatre cent quatre-vingts pour les assemblées primaires?

L'on n'a trouvé d'autre moyen de vaincre ces difficultés que de renvoyer la division à des assemblées locales; mais la prudence permet-elle d'adopter ce moyen? Toute votre sagesse n'échouerait-elle pas inévitablement contre les contradictions, contre les oppositions sans nombre que vous verriez naître? Le bouleversement que produiraient sept cent vingt assemblées préalables, formerait bientôt, de tout le royaume, un véritable chaos.

D'ailleurs, Messieurs, quelle peut être l'utilité de cette immense complication d'assemblées que l'on exige pour la représentation proportionnelle ? Les véritables mandans ne sont-ils pas dans les villes et villages ? Les premières agrégations politiques ne peuvent-elles pas députer d'une manière directe à l'assemblée des départemens, comme les départemens à l'assemblée nationale? Dès-lors, qu'est-il besoin d'intermédiaire? qu'est-il besoin de communes et de cantons? On dirait que nous rejetons volontairement la simplicité des moyens que nous offre l'état réel de la société, pour nous environner de difficultés qui ne sont que notre ouvrage.

Les mêmes obstacles se reproduisent, s'il s'agit de former six mille quatre cent quatre-vingts cantons de deux lieues carrées. Sur vingt, sur cent divisions pareilles, prises au hasard, dans le royaume, on n'en trouverait pas la moitié qui pût former un canton, dans le sens qu'on attache à ce mot ; c'est-à-dire, qui pût donner lieu à une assemblée primaire de six cents citoyens actifs. Presque partout il faudrait doubler et tripler l'étendue de quatre lieues carrées; presque partout il faudrait réunir plusieurs villages, souvent éloignés les uns des autres, et composer ainsi la même assemblée d'élémens entièrement inégaux. Je loue, j'admire même le courage de ceux que tant de difficultés n'arrêtent point : pour moi, j'avoue sincèrement qu'elles me paraissent invincibles.

Je sens, Messieurs, soit qu'on approuve, soit qu'on rejette l'établissement des communes, qu'il est impossible d'accorder à chaque village, à chaque communauté d'habitans, une députation particulière à l'assemblée de département. Le nombre des membres qui formeront ces assemblées, borne celui des députations. Le nombre des députations une fois fixé, celui des électeurs qui pourront nommer un député doit être également fixé par la loi ; et comme il est impossible que chaque agrégation politique ait ce nombre d'électeurs, c'est, sans doute, ce motif qui a porté le comité à diviser le royaume en cantons et en assemblées primaires; mais vous verrez bientôt, messieurs, qu'il se présentait un moyen beaucoup plus facile.

En augmentant le nombre des départemens, on augmente, par cela même, celui des députations. Les députations étant plus nombreuses, la masse des électeurs pour chaque député devient beaucoup moindre. Une plus grande quantité, ou plutôt la presque universalité des communautés peut alors y concourir directement; et un moyen très-naturel se présente, pour que celles qui n'auraient pas le nombre suffisant d'électeurs puissent participer à la même élection, sans se réunir et sans se déplacer: c'est d'accorder un député commun, nommé par des électeurs séparés, aux communautés qui ont besoin de réunir leur suffrage pour avoir le droit à une députation.

Jusqu'ici, Messieurs, je ne vous ai présenté que des difficultés contre le plan du comité de constitution, et j'aurais bien voulu pouvoir m'en dispenser, par le respect que m'inspirent les intentions et les lumières des honorables membres qui le composent. Je ne puis cependant vous dissimuler une objection encore plus grave : j'avais pensé, j'avais espéré du moins que la division que l'on formerait du royaume pour opérer une représentation proportionnelle, serait propre tout à la fois à l'établissement d'un système uniforme, soit pour la perception des impôts, soit pour le remplacement de l'ordre judiciaire, soit pour l'administration publique. C'est principalement à réunir ces différens rapports que je me suis attaché dans le plan que je vais soumettre à votre examen. Je ne parlerai, dans ce moment, ni des impôts, ni de l'ordre judiciaire; mais je considérerai les assemblées de département sous le double rapport d'assemblées d'administration et d'assemblée d'élection. Il me semble que ces deux points de vue doivent être regardés comme inséparables.

La théorie du plan que je propose consiste à faire une division qui remplisse les trois conditions suivantes :

1° Que les provinces actuelles soient distribuées en départemens, de manière que la totalité du royaume en renferme cent vingt;

2° Que chaque département soit placé dans une ville principale, et que son arrondissement soit tel qu'il puisse facilement se prêter à un système uniforme d'administration pour tout le royaume.

3° Que l'étendue du département et sa position géographique permettent aux députés des villes et des villages qui en feront partie, de se rendre facilement au chef-lieu, et qu'ainsi l'on n'ait besoin que de deux assemblées, soit pour l'administration, soit pour la représentation proportionnelle, savoir : des assemblées de chaque ville et de chaque village, et des assemblées de département.

L'exécution de ce plan n'est pas moins simple que sa théorie.

Ce n'est pas le royaume que je veux faire diviser, mais les provinces ; et cela seul fait déjà disparaître une grande partie des difficultés.

D'un autre côté, ce n'est point par des surfaces égales, qu'il s'agira de procéder à cette division ; car ce n'est point d'une manière égale que la nature a produit la population, laquelle, à son tour, accumule les richesses.

Je demande seulement que ceux qui savent que leur province est dans ce moment un quarantième du royaume, la divisent en trois départemens, pour qu'elle n'en soit plus à l'avenir que le cent vingtième ; et j'ajoute que cette division doit avoir principalement pour base des distinctions déjà connues, des rapports déjà existans, et, par-dessus tout, l'intérêt des petites agrégations que l'on voudra fondre dans une seule.

Cette division exige deux opérations distinctes l'une de l'autre.

La première consiste à déterminer en combien de sections telle et telle province doit être divisée ; la seconde, à fixer l'étendue et les limites de chaque section.

La première opération ne peut être faite que par un comité que l'on composera d'un député de chaque province. Elle aura pour base des données assez connues : l'étendue géographique, la quantité de population, la quotité d'imposition, la fertilité du sol, la qualité des productions, les ressources de l'industrie. Ainsi, le travail du comité se bornera à établir la règle de proportion suivante : si telle province doit être divisée en tant de sections, en combien de sections faudra-t-il diviser telle autre province, d'après cette donnée générale, qu'il s'agit d'avoir environ cent vingt départemens?

La seconde opération ne peut pas être faite par le même comité; elle exige, au contraire, que l'assemblée se divise en autant de comités qu'il y a de provinces, et qu'elle ne place dans chaque comité que les députés de la même province. On sent qu'il sera facile à des personnes qui connaissent la population, les impositions, les ressources et la position géographique de leur pays, de le diviser en autant de sections que le premier comité aura déterminées; de se prêter à toutes les convenances, à toutes les localités, et d'offrir des divisions partout utiles et partout désirées.

Le travail de chacun de ces comités consistera donc à fixer les chefs-lieux des différens départemens de leur province, à déterminer les villes et villages qui en feront partie, à faire cette distribution de manière que les départemens soient égaux, autant que l'on pourra, non point en étendue territoriale, ce qui serait impossible, ce qui serait même contradictoire, mais en valeur foncière, en population, en importance; enfin à établir une division qui facilite l'établissement d'un système uniforme, tant pour l'ordre judiciaire que pour la perception des impôts.

Le résultat d'une pareille division est facile à prévoir; les départemens ne seront formés que par les citoyens de la même province, qui déjà la connaissent, qui déjà sont liés par mille rapports. Le même langage, les mêmes mœurs, les mêmes intérêts ne cesseront pas de les attacher les uns aux autres; des sections connues dans chaque province, et nécessitées par leur administration secondaire, seront converties en départemens, soit que le nombre des citoyens y soit assez considérable, soit qu'il faille en réunir plusieurs, pour n'en former plus qu'une seule. Par là l'innovation sera, j'ose le dire, moins tranchante, et le rapprochement plus facile; l'attente des ennemis du bien public sera trompée, et la dislocation des provinces, impérieusement exigée par un nouvel ordre de choses, n'excitera plus aucune commotion.

Je crois devoir ajouter, Messieurs, pour justifier en quelque sorte mes idées, que j'ai puisé dans l'administration de la province qui m'a fait l'honneur de me députer, et dont le régime intérieur, vanté par plusieurs publicistes, est certainement un des mieux organisés que je connaisse.

La Provence a une administration provinciale, ou de prétendus Etats, qui n'ont en quelque sorte que trois fonctions à remplir : voter les impôts, les répartir entre les villes et les villages, et régler quelques détails d'administration.

La répartition des impôts est d'autant plus facile dans cette province, qu'elle a été divisée en différens feux, mesure conventionnelle, qui exprime une valeur quelconque; et cette valeur, appliquée à chaque ville, à chaque village, a été déterminée tout à la fois, d'après l'étendue et la fertilité de son territoire, d'après le nombre de ses habitans, leur position locale, leur industrie, leurs ressources, et les charges auxquelles ils sont soumis. Cette opération des Etats se borne donc à dire : si l'on divise la province en tant de feux, combien telle ville doit-elle avoir de feux par rapport à telle autre? Et ensuite, si la province doit payer telle somme, combien doit-on payer par feu? Le travail de l'administration pourrait n'être là qu'une simple règle d'arithmétique; mais calculer est précisément ce que les hommes, même les plus éclairés, savent le moins.

Outre ses États, la Provence a tout à la fois des municipalités dans chaque ville et dans chaque village, et des assemblées par district, qu'on appelle vigueries, et qui comprennent une certaine étendue de pays.

Les fonctions des municipalités consistent principalement à choisir et à établir des impositions suffisantes pour produire la somme qu'exige la quotité de leur affouagement, opération très-simple, qui rend en quelque sorte l'impôt volontaire, par le choix de ceux qui doivent le supporter. Et qui doute que le seul moyen de parvenir à une égale répartition ne soit de l'opérer de cette manière ; non de loin, non par de grandes masses, non sur de vagues aperçus, mais de proche en proche, mais par ceux qui, connaissant tous la fortune de leurs voisins et de leurs égaux, ne peuvent pas se tromper, et n'ont plus à craindre, ni l'arithmétique ministérielle, ni la balance inégale des commis et des valets des intendans?

Les fonctions des assemblées des districts et des vigueries, consistent à régler quelques dépenses locales, dont les États ne s'occupent point, et à établir d'après l'affouagement respectif de chaque communauté, l'imposition que les dépenses exigent. Le corps entier aide ainsi chacun de ses membres, et chaque partie du tout exerce des fonctions qu'aucun autre ne pourrait aussi bien remplir; si l'administration entière n'en est pas plus éclairée pour cela, ce n'est pas à la constitution de la Provence, mais aux abus qui la déparent qu'il faut l'imputer.

Ces abus sont universellement connus.

D'un côté, presque aucune municipalité n'est élective, et ce vice est commun à tout le royaume.

D'un autre côté, les vigueries ou districts sont tellement inégaux, qu'un seul forme presque le quart de la province, et que plusieurs n'en font pas la quarantième partie.

Enfin, chaque village et chaque ville envoient un nombre égal de députés à l'assemblée du district; et chacun de ces districts n'envoyant qu'un seul député aux États, il est difficile, sans parler d'une foule d'autres vices, que ces assemblées soient plus mal organisées.

Mais je suppose maintenant, pour mieux faire juger de mes principes, en prenant une seule province pour exemple, que toutes les communautés de la Provence eussent une municipalité légale, fondée sur ces deux bases invariables : éligibilité de tous les officiers publics et concours de tous les citoyens à l'élection ; que la Provence entière ne fût divisée qu'en trois districts ou départemens; que l'administration fût concentrée dans ces trois assemblées; que les États fussent supprimés, et que les assemblées de chaque département fussent formées d'un nombre proportionnel de députés envoyés par chaque ville ou par chaque village ; n'est-il pas évident qu'une pareille division pourrait servir de base tout à la fois à la représentation personnelle, à l'administration des impôts et à l'ordre judiciaire, et qu'en appliquant le même principe à chaque province, nous trouverions partout facilement cette division qui nous a été présentée, pour ainsi dire, comme un problème, et que nous cherchons à résoudre avec tant d'efforts ?

Il ne me reste, Messieurs, qu'à vous présenter un projet d'arrêtés relatifs aux principes que je viens d'établir, et à la forme des divisions que je vous propose d'adopter ; mais je vous prie de ne pas perdre de vue une observation que je crois importante ; c'est qu'il ne faut pas se borner à faire des arrêtés pour fixer la représentation nationale. Des arrêtés feront connaître les principes et les bases d'une division ; mais il est indispensable de s'occuper ensuite d'un réglement général qui exprime toutes les divisions et tous les cas auxquels soit annexé le tableau du royaume, et d'après lequel les assemblées d'administration et la seconde législature puissent se former sans confusion et sans obstacle, dans l'instant même que vous croirez convenable de déterminer. Si des principes suffisent à quelques hommes, il faut toute la précision et tous les détails d'un réglement pour l'universalité des citoyens.

Art 1ᵉʳ. La France sera divisée en cent vingt départemens égaux, autant qu'il sera possible, en population et en importance. L'égalité de population suppose environ trente-six mille citoyens actifs, et deux cent mille individus. La ville de Paris portant à cet égard des règles ordinaires, ne fera qu'un département.

II. Quoique l'ancienne division par provinces ne doive plus subsister à l'avenir, l'arrondissement de chaque département sera déterminé de manière qu'il ne comprenne pas des habitans de différentes provinces, à moins qu'il ne s'agisse de quelque fraction peu considérable.

III. On distinguera dans chaque département deux sortes d'assemblées : l'assemblée d'administration, et l'assemblée d'élection pour la représentation nationale. Ces deux sortes d'assemblées seront inégales en nombre, d'après les dispositions des articles suivans.

IV. L'assemblée d'administration de chaque département sera formée des députés de chaque ville et de chaque village compris dans ce département, savoir : d'un député sur cinq cents citoyens actifs, de deux sur mille, et ainsi de suite dans la même proportion. Si tous les départemens pouvaient être égaux en population, chaque assemblée d'administration serait d'environ soixante-douze députés.

V. On doit entendre par citoyen actif celui, etc. (Ici je me réfère aux articles proposés par le comité.)

VI. Les nombres rompus seront réglés de cette manière : deux cent cinquante et sept cent cinquante équivaudront à cinq cents ; sept cent cinquante-un à douze cent cinquante équivaudront à mille, et ainsi de suite.

VII. Les villes et les villages qui n'auront pas le nombre de cinq cents citoyens actifs, réuniront leurs suffrages à ceux d'une autre ville ou d'un autre village les plus voisins, pour former le nombre de cinq cents citoyens, et nommeront un député commun sans se déplacer ; ce qui se fera de cette manière : on procédera simultanément dans chaque ville ou village à l'élection du député ; après quoi, les officiers municipaux se rendront respectivement dans le lieu le plus nombreux avec les procès-verbaux d'élection, et déclareront, d'après le calcul des suffrages, quel aura été le député commun.

VIII. Les villes et les villages auront autant d'assemblées primaires qu'elles auront de fois cinq cents citoyens actifs, en suivant la règle qui a été prescrite sur les nombres rompus dans l'art. VI.

IX. Les assemblées d'élection pour chaque département seront formées d'un député sur cent citoyens actifs de chaque ville et de chaque village compris dans le département, de deux députés sur deux cents, de trois sur trois cents, et ainsi de suite. Si tous les départemens étaient égaux en population, chaque assemblée serait d'environ trois cent soixante députés.

X. Les villages qui n'auront pas cent citoyens actifs, se réuniront à d'autres villages les plus voisins qui n'auront pas non plus ce nombre de citoyens; et l'élection d'un député commun sera faite dans la forme prescrite par l'art. VII.

XI. Les nombres rompus seront réglés de cette manière : cinquante et cent quarante-neuf équivaudront à cent cinquante; et deux cents quarante-neuf équivaudront à deux cents, et ainsi de suite.

XII. Les assemblées des villes et des villages ne pourront pas être de plus de cinq cents citoyens : s'il s'en trouve un plus grand nombre, on suivra la règle prescrite par l'art. VIII.

XIII. L'assemblée nationale sera formée de sept cent vingt députés, et par conséquent de six députés par département, en supposant que tous les départemens fussent parfaitement égaux.

XIV. L'assemblée d'élection de chaque département nommera trois députés, à raison de sa qualité de département, ce qui forme trois cent soixante députés. La même assemblée aura ensuite autant de députés qu'elle réunira de trois cents soixantièmes de la population totale du royaume; ce qui suppose un député sur environ douze mille citoyens actifs.

XV. Les nombres rompus seront réglés de la manière suivante : six mille un, et dix-sept mille neuf cents quatre-vingt-dix-neuf équivaudront à douze mille.

XVI. Attendu que la population des villes et des villages n'est pas encore parfaitement connue, il se tiendra d'abord une première assemblée d'administration dans chaque département, laquelle sera composée, non-seulement d'un député de chaque ville et de chaque village sur cinq cents citoyens actifs, mais d'un député de tous les villages qui n'auront pas ce nombre de citoyens. Les députés porteront un relevé très-exact des citoyens actifs de leur communauté, et sur ce tableau, l'assemblée fixera le nombre de députés que chaque communauté aura le droit d'envoyer à la prochaine assemblée. Elle déterminera en même temps quels seront les villages et les villes qui n'auront qu'un député commun, et qui seront dans le cas de réunir leurs suffrages.

Il est inutile, Messieurs, que je fasse aucune observation sur ces différens arrêtés; ils sont fondés sur des principes aussi simples que leurs résultats.

Les cent vingt départemens seraient chacun de trente-six mille citoyens actifs, c'est-à-dire d'environ deux cent mille ames. Cette population est sans doute assez nombreuse pour exiger une administration séparée.

Les assemblées de département qui ne seraient composées que de soixante-douze citoyens, lorsqu'il ne s'agirait que de simples objets d'administration, seraient formées d'environ trois cent soixante députés, lorsqu'il faudrait s'occuper d'un objet aussi important que la nomination de la législature. C'est alors qu'il convient, si l'on ne veut pas se tromper, de multiplier les organes de la volonté publique. Un droit plus sacré, un droit, en quelque sorte plus incessible, exige un concours plus individuel. Or, d'après mon système, la totalité du royaume aurait environ quarante-trois mille électeurs définitifs et sans intermédiaires.

D'un autre côté, vous ne sauriez sans doute regarder comme une chose indifférente d'établir une députation aussi directe qu'il est possible. Le droit de choisir son représentant par soi-même, diffère si essentiellement du droit de déléguer ce choix à un autre, qu'il importe de supprimer toutes les filières qui permettant de détourner le choix des premiers mandans, fournissent par cela même mille moyens de corruption, et détruisent toute confiance.

Enfin, Messieurs, si j'accorde la moitié de la députation à la seule qualité de département, c'est qu'il est presque impossible que les départemens, s'ils sont faits avec quelque soin, n'aient pas entre eux une certaine égalité d'importance; y eût-il quelque inégalité, elle serait suffisamment corrigée, en réglant l'autre moitié de la députation d'après la population proportionnelle de chaque département. Et si je n'ai aucun égard à la différence des impositions, c'est que, dût-on espérer d'en connaître parfaitement les rapports (ce que je crois impossible pendant quelques années), l'égalité rigoureuse de population, jointe à l'égalité présumée d'importance, ne permet pas de supposer entre deux départemens une différence sensible dans le produit des impôts.

M. le chevalier Alexandre de Lameth. Ce n'est pas pour un objet étranger aux importantes et pressantes questions que vous agitez maintenant, Messieurs, que j'ai osé réclamer en ce moment votre attention ; je suis pénétré, au contraire, de l'instante nécessité de la diriger tout entière vers les moyens de rétablir l'ordre et le calme dans toutes les parties du royaume, d'assurer la perception des impôts, sans laquelle il n'existe pas de force publique; de mettre en exécution la constitution que votre sagesse prépare à la France, et de donner au pouvoir exécutif toute l'énergie dont il a besoin pour maintenir cette constitution, et assurer par elle la liberté et le bonheur de la nation.

Je pense comme vous, Messieurs, qu'il n'est pas de moyen plus sûr ni plus efficace pour arriver à ce but, que d'organiser le plus tôt possible les assemblées municipales et provinciales; et c'est dans cette vue que j'ai cru devoir vous proposer d'écarter tous les obstacles qui pourraient nuire à leur établissement. Vous n'avez pas oublié, Messieurs, quelles difficultés éprouvèrent dès leur naissance ces sages institutions, de la part de plusieurs parlemens du royaume.

Vous n'ignorez pas quelles sont en ce moment les dispositions de quelques-unes de ces Cours : de quel œil elles voient l'établissement de la constitution, quels regrets elles manifestent de voir s'évanouir de si longues jouissances et de si hautes prétentions. De quel danger ne serait-il donc pas de leur laisser reprendre, en ce moment, une activité qu'elles pourraient opposer à l'établissement des assemblées administratives? Il n'est personne parmi vous, Messieurs, qui n'ait senti la nécessité d'établir un nouvel ordre judiciaire, et qui n'ait approuvé, parmi les dispositions qui vous étaient présentées par notre premier comité de constitution, celles qui substituent à ces grands corps politiques des tribunaux plus près du peuple, et bornés à la seule administration de la justice.

Ce n'est pas, Messieurs, que je veuille anticiper sur l'ordre de vos travaux, et vous proposer de prononcer d'une manière absolue sur le sort des parlemens; mais je pense qu'il est une mesure importante à prendre à leur égard, et que vous ne sauriez arrêter trop tôt, puisqu'il ne reste précisément que le temps nécessaire pour son exécution, c'est de retenir ces cours en vacances, et de laisser aux chambres des vacations le soin de pourvoir aux objets les plus pressans de l'administration de la justice.

Je n'ai point oublié, Messieurs, les importans services que nous ont rendus les parlemens. Je sais que si, dans l'origine, la puissance royale leur a dû son aggrandissement, on les a vus depuis, dans plus d'une occasion, lui prescrire des limites, et souvent combattre avec énergie, et presque toujours avec succès, les efforts du despotisme ministériel. Je sais qu'on les a vus, lorsque l'autorité l'emportait, soutenir avec fermeté des persécutions obtenues par leur courage; je sais que, dans ces derniers temps surtout, ils ont repoussé avec force les coupables projets qui devaient anéantir entièrement notre liberté. Mais la reconnaissance qui, dans les hommes privés, peut aller jusqu'à sacrifier ses intérêts, ne saurait autoriser les représentans de la nation à compromettre ceux qui leur sont confiés; et nous ne pouvons nous le dissimuler, Messieurs, tant que les parlemens conserveront leur ancienne existence, les amis de la liberté ne seront pas sans crainte, et ses ennemis sans espérance.

La constitution ne sera pas solidement établie, tant qu'il existera auprès des assemblées nationales des corps rivaux de sa puissance, accoutumés long-temps à se regarder comme les représentans de la nation, si redoutables par l'influence du pouvoir judiciaire; des corps dont la savante tactique a su tourner tous les événemens à l'accroissement de leur puissance, qui sans cesse seraient occupés à épier nos démarches, à aggraver nos fautes, à profiter de nos négligences, et attendre le moment favorable pour s'élever sur nos débris.

Non, messieurs, il n'est pas à craindre que la même assemblée qui a fixé les droits du trône, qui a prononcé la destruction des ordres, qui ne laissera aux nobles d'autres priviléges que la mémoire des services de leurs ancêtres, et aux ecclésiastiques que la considération attachée à leurs honorables fonctions ; que l'assemblée qui a fondé la liberté sur l'égalité civile et politique, et sur la destruction des aristocraties de toute espèce, puisse jamais consentir à laisser subsister des corps, jadis utiles, mais aujourd'hui incompatibles avec la constitution.

Au reste, messieurs, en renvoyant la question au fond, au moment où vous statuerez définitivement sur le pouvoir judiciaire, je me borne en cet instant à vous proposer un arrêté qui ordonne que les parlemens resteront en vacances.

L'orateur propose un projet d'arrêté.

M. Target présente des considérations historiques et politiques, qui le déterminent à appuyer l'opinion de M. de Lameth ; il y ajoute seulement pour amendement que les bailliages et sénéchaussées continueront d'exercer leurs fonctions.

M. Fréteau. Je reviens d'un bureau où j'étais occupé pour le service de l'assemblée. J'apprends qu'il se discute une question nouvelle, et avant d'avoir pu réunir toutes mes idées, une réflexion me frappe d'abord. Il est impossible que les chambres des vacations, étant très-peu nombreuses, puissent juger tous les criminels dont les prisons sont remplies. Je demande qu'on ajourne à jeudi.

M. Thouret. Cet ajournement équivaut, par le fait, à l'ajournement après la rentrée. Le temps nécessaire pour sanctionner le décret, et les distances que les courriers auront à parcourir feraient que les parlemens, avant de connaître légalement ce décret, seraient déjà en activité.

S'il est vrai que l'esprit de corps et d'intérêt qu'ils ne peuvent dépouiller, ne peut s'allier avec l'esprit public ; s'il est vrai que leur puissance doive compromettre la liberté nécessaire pour l'établissement des municipalités, la motion présente a un rapport très-direct avec l'ordre du jour. Comme *corps*, à tous égards l'assemblée du corps constituant a le droit de les détruire. Comme *tribunaux*, vous ne pouvez pas les encadrer dans la constitution que vous devez faire.

La nation n'a pas concouru à l'élection de leurs membres ; tous sont arrivés à la magistrature par l'hérédité et la vénalité ; tous sont d'anciens privilégiés que je ne crois pas encore parfaitement convertis. Les corps antiques se font une religion de leurs maximes ; ils sont toujours attachés à ce qu'ils appellent leurs droits et leur honneur.

Rien ne peut donc vous empêcher de prendre aujourd'hui une disposition provisoire, prudente pour vous et convenable pour eux-mêmes. On peut, si cela paraît nécessaire, augmenter la compétence des chambres de vacations.

—M. l'évêque de .... réclame, en s'autorisant de son cahier, la conservation du parlement de Navarre.

Plusieurs amendemens sont présentés. L'assemblée rejette les uns, décide qu'il n'y a pas lieu à délibérer sur les autres, accueille ceux de M. Thouret, et adopte presque unanimement la motion rédigée comme suit :

L'assemblée nationale décrète :

1°. Qu'en attendant l'époque peu éloignée où elle pourra s'occuper de la nouvelle organisation du pouvoir judiciaire ; premièrement, que tous les parlemens du royaume continueront à rester en vacances, et que ceux qui seront déjà rentrés, reprendront l'état de vacations : les chambres des vacations continueront ou reprendront leurs fonctions, et connaîtront de toutes causes, instances et procès, nonobstant toutes lois et réglemens contraires, jusqu'à ce qu'il ait été autrement statué à cet égard ; tous les autres tribunaux continueront à rendre la justice en la manière accoutumée.

2°. Que M. le président se retirera sur-le-champ par-devers le roi pour lui demander de faire expédier tous ordres et toutes lettres à ce nécessaires.

Une députation de la commune de Paris est introduite.

M. Bailly. Les administrateurs du comité de police m'envoient vous prier de décréter un réglement provisoire de police, sans lequel ils ne peuvent remplir les fonctions qui leur sont confiées par leurs commettans. Ils ne se croient pas suffisamment autorisés à exercer le pouvoir d'administration et de juridiction, s'ils n'obtiennent votre sanction.....

Un lieutenant de maire fait lecture d'un projet de réglement que l'assemblée renvoie au comité de constitution, pour en être rendu compte jeudi prochain à une heure.

La séance est levée à quatre heures et un quart.]

SÉANCE DU MERCREDI 4 NOVEMBRE.

[Des adresses de Grenoble, Die et Saint-Vallier expriment une adhésion formelle aux arrêtés de l'assemblée nationale, et une opposition manifeste à la convocation des Etats du Dauphiné.

M. le président annonce qu'ayant présenté hier à l'acceptation et à la sanction les décrets relatifs aux biens du clergé et aux vacances prolongées des parlemens, le roi a promis de faire sur-le-champ publier l'un, et de sanctionner l'autre sans délai.

On observe sur le premier, que *publication* n'est pas *acceptation*, et que le décret relatif à la convocation pour la nomination des suppléans est publié et imprimé, mais ne porte pas une *acceptation* formelle.

M. Duquesnoy remarque que le formulaire de la loi n'étant pas encore *accepté*, les ministres ne peuvent s'en servir. Il demande que le comité de constitution apporte les articles de constitution arrêtés depuis quelque temps, ainsi que la formule, à la séance de demain, après laquelle le président se retirera par-devers le roi pour les présenter à l'*acceptation.*

L'assemblée adopte cette proposition.

On rentre dans l'ordre du jour.

M. Duquesnoy. La division de la France doit être soumise aux lois physiques et aux bornes naturelles. Elle doit avoir pour but de fondre les esprits et les mœurs, de manière qu'il n'y ait en

France que des Français, et non des Provençaux, des Normands, etc. Le plan du comité remplit cet objet important..... Il faut adopter ce projet; il ne faut pas différer de l'admettre; et, j'ose le dire, l'assemblée, qui a tué en deux jours les deux corps les plus redoutables, doit mettre à créer autant de zèle qu'à détruire..... Il ne faut pas laisser les provinces se tracer elles-mêmes des divisions. Nous devons tout faire ici....

M. le marquis de Vaudreuil. Je suis chargé, par la province du Languedoc, de demander que, dans le cas où elle serait divisée en plusieurs parties, elle fût autorisée à réunir ces divisions en une seule assemblée, suivant l'ancien régime.

M. de Landine. Le plan du comité présente plutôt une théorie satisfaisante qu'une pratique aisée.... Les différences de population dans une étendue égale, rendront nécessairement les divisions inégales en importance.... Le génie des peuples, les grandes villes formant des touts particuliers, les diversités d'intérêt des habitations commerçantes et des villages agricoles, etc., rendront ces divisions difficiles et dangereuses.

Combien, par exemple, la province que je représente n'aura-t-elle pas à se plaindre, si elle est réunie à la ville de Lyon? Le Forez est divisé sur la carte en deux parties : l'une réunie au Beaujolais, l'autre au Lyonnais; bornée de toutes parts par des montagnes presque inaccessibles, concentrée en elle-même, ayant des intérêts particuliers par des localités et des circonstances qui n'existent que dans elle; il est important, pour sa prospérité, pour son avantage politique, qu'elle se régisse elle-même : elle avait autrefois demandé une administration particulière, elle l'a demandé encore....

M. Barnave. Le comité de constitution a présenté un plan digne de la plus grande confiance; mais peut-être a-t-il trop cherché à corriger par le génie ce que les usages et l'habitude ont consacré.

La nécessité de l'unité monarchique a déterminé avec raison à diviser le royaume en 80 départemens. Adopter cette division, je pense qu'elle pourrait s'étendre ou se restreindre un peu; qu'il est indispensable d'entendre les observations des provinces, et de ne pas tenir absolument au nombre des départemens, parce qu'il doit être subordonné aux circonstances locales.

Les divisions en 720 communes sont trop grandes pour des municipalités, et trop petites pour des districts d'administration.

Il se présente encore deux défauts. Premièrement trois degrés d'élection : il faut que les élections soient plus immédiates, et que les électeurs choisis par le peuple nomment directement les représentans à l'assemblée nationale. Secondement, un grand nombre de députés est nommé par un trop petit nombre d'électeurs. En effet, le comité fait choisir 9 représentans par 81 électeurs, et il en résulte que si 9 de ceux-ci étaient sûrs de 5 ou 6 voix, et qu'ils s'entendissent entre eux, ils seraient tous choisis.

Je propose premièrement qu'il y ait 80 divisions ou départemens, plus ou moins.

Secondement, que dans chacun il y ait trois ou quatre assemblées de districts administratifs seulement.

Troisièmement, que les municipalités plus nombreuses soient autorisées à envoyer immédiatement leurs électeurs dans les chefs-lieux des districts, pour y procéder à la nomination des députés à l'assemblée nationale, et que ces électeurs soient au moins au nombre de 300.

M. Desmeunier. Je me propose de prouver la prééminence du plan du comité sur ceux qui ont été présentés, et d'examiner quelques objections. Le comité a voulu éviter deux dangers. Premièrement celui qui résulterait de l'esprit et des intérêts particuliers des provinces, qui voudraient, aux dépens des vues générales, conserver leurs convenances. Secondement, celui de la multiplicité des municipalités.

On rejette la base territoriale pour se borner à celles de population et d'impositions; mais le nombre des départemens varierait, parce que ces deux bases sont variables. La base territoriale est plus fixe, et offre une division sans efforts et sans convulsions.

On demande pourquoi 270 ressorts, municipalités ou communes, qui ne donnent pas de municipalités à toutes les villes et villages? mais les uns et les autres auront des agences ou bureaux de municipalités ; mais tout ce qui est purement d'administration, sera renvoyé aux assemblées administratives, et les municipalités, considérées comme de grandes familles, seront uniquement occupées de leur administration intérieure.

On a reproché que les divisions étaient purement géométriques. En jetant les yeux sur la carte où elles sont tracées, on verra que le comité a eu égard aux localités, aux frontières des provinces, etc. Dans mon opinion particulière, je crois que le nombre des départemens peut être augmenté.

On paraît blâmer les trois degrés d'élection ; mais c'est afin que les élections soient épurées que le comité a proposé d'établir des assemblées intermédiaires.

La division en 120 départemens présentera plus d'inconvéniens que celle en 80. Il ne sera pas facile de diviser le royaume en cent vingtièmes de population et de contribution ; cette opération exigera un temps considérable, et donnera peut-être lieu à des discussions entre les provinces. J'ai de plus indiqué le danger de l'extrême variabilité de ces bases.

On a proposé d'augmenter le nombre des électeurs, et de supprimer l'intermédiaire des élections. Je crois ces observations justes, et j'adopte le plan du comité avec ces deux modifications.

M. *de Biauzat.* Je regarde le plan du comité comme impraticable, dangereux et inutile. Impraticable, à raison des localités ; dangereux, à cause de l'inégalité qu'il introduirait dans les divisions ; inutile, parce que la base seule de population éviterait ces inconvéniens. L'étendue du ressort des assemblées provinciales étant déterminée d'après cette base, il serait formé des districts de cent mille ames qui fourniraient à peine chacun cent vingt citoyens actifs. Les élections se feraient alors avec facilité ; chaque district élirait pour l'assemblée provinciale et pour l'assemblée nationale ; et tout le monde concourant à cette nomination, les délégans ne se plaindraient pas des délégués.

M. Biauzat insiste fortement sur la conservation des municipalités inférieures ; il demande qu'il en soit créé dans tous les lieux où l'on a établi une collecte.

M. le président fait lecture d'une lettre par laquelle M. le garde-des-sceaux annonce que le décret concernant les biens du clergé, est accepté; que celui relatif aux parlemens est sanctionné, et que des courriers sont expédiés, conformément aux dispositions qu'il contient.

M. l'évêque de Clermont dénonce un livre intitulé : *Catéchisme du genre humain*, comme rempli de blasphèmes contre la religion. Le prélat en cite quelques passages : « Qu'entendez-vous par les religions ? J'entends ce qui a été établi par les plus forts et les plus rusés, pour commander par la force au nom d'une idole qu'ils se sont créée. — Qu'est-ce que le lien conjugal ? C'est la propriété que l'homme a de la femme. » L'auteur trouve cette propriété aussi injuste que celle des terres, et ne voit d'autre moyen de détruire cette injustice, que le partage des terres et la communauté des femmes.

Dans une pièce de vers qui termine le volume, et qui est intitulée : *Extrait des minutes du Vatican*, l'auteur attaque les trois personnes de la Trinité. Il les introduit sur la scène comme des êtres insensés, et les charge de ridicules.

M. l'évêque de Clermont demande que ce livre soit remis au comité des recherches, qui s'occupera d'en connaître l'auteur et l'imprimeur, et qu'il soit ordonné au procureur du roi du Châtelet de faire sur cet objet ce que son devoir lui prescrit.

M. Chapelier. Ce livre ne nous est pas assez connu pour statuer en ce moment sur la dénonciation. Je propose de le renvoyer au comité des rapports, en se conformant ainsi à ce qui a été fait au sujet du mandement de M. l'évêque de Tréguier, qui, sous un autre sens, était plus dangereux encore.

L'assemblée adopte cette opinion.

Le comité permanent de Valenciennes et celui du Pont-de-Beauvoisin ont arrêté, l'un une grande quantité d'argenterie qui passait à Bruxelles pour M. le comte de Duras; l'autre, quatre cents marcs qui étaient envoyés à M. de Renaud, en Savoie. Ce gentilhomme demande que cette saisie-arrêt soit levée,

Après quelques discussions, cette affaire est renvoyé au comité des recherches.

La séance est levée à quatre heures.]

SÉANCE DU JEUDI 5 NOVEMBRE.

[On fait lecture de quelques adresses parmi lesquelles il s'en trouve une relative à la convocation des États du Dauphiné; elle est envoyée par la commission intermédiaire, qui expose que son intention avait été de fixer les yeux des États sur les circonstances extraordinaires qui ont amené le roi à Paris, et qu'elle a remis au 14 décembre cette assemblée, dont l'objet sera la répartition des impôts et le remplacement à l'assemblée nationale des députés qui sont morts, ou qui ont donné leur démission.

M. Pellerin. La province de Bretagne, dont j'ai l'honneur d'être un des représentans, consentira très-certainement au nouvel ordre politique et civil que l'assemblée nationale établira pour la prospérité du royaume; mais, très-probablement aussi, cette province ne consentira que très-difficilement à perdre ses États, plus anciens dans l'Armorique que l'établissement des Francs dans les Gaules, et à partager leur administration en cinq, sept ou huit administrations supérieures également principales.

A ces mots d'*États* et d'États de Bretagne, je vous prie, Messieurs, de ne pas croire que je réclame pour la conservation des assemblées bretonnes, qui depuis deux siècles étaient devenues le fléau de cette province.

Des assemblées prétendues politiques, dans lesquelles la noblesse entrait individuellement pour dominer sur deux millions d'hommes représentés par quarante-deux députés qu'ils n'avaient pas même la liberté de choisir, étaient des assemblées, non pas administratives, mais oppressives; non pas protectrices, mais destructives de la liberté des peuples: les Bretons ont attaqué l'administration de leurs États, et ce colosse, élevé par le despotisme de l'aristocratie, est tombé en pièces; il ne se relèvera jamais.

Mais si je suis loin de redemander des États d'une constitution aussi vicieuse, je n'entends pas dire qu'il n'en faut plus en Bretagne; qu'une administration provinciale y serait dangereuse; qu'il faut anéantir cette unité de régime, pour lui substituer une multitude de régimes particuliers et indépendans de toute autre surveillance que celle de l'assemblée nationale.

Indépendamment de cette longue habitude où est la Bretagne d'avoir une administration commune à toutes ses parties, et à laquelle elle ne renoncera pas tout d'un coup sans y avoir été préparée par le temps, par l'expérience, par les effets nécessaires de sa nouvelle situation respectivement à la France; cette province a de grands besoins qui exigent de grandes ressources, et ces ressources n'existeront plus dans un état de division qui isolera chaque partie détachée du tout, qui rendra les divers départemens de cette grande corporation ainsi morcelée, étrangers les uns aux autres.

La Bretagne a des dettes immenses: si elles sont réparties entre les cinq ou sept départemens qu'on voudra lui donner, il y en aura plusieurs qui ne pourront pas acquitter leur contribution sans une gêne effroyable: il faudra donc que l'État s'en charge; et peut-être que l'intérêt de la province, que celui de ses créanciers, s'opposeront à cette libération apparente dont on voudrait se servir ensuite pour étayer une surtaxe dans la contribution de cette province à la masse générale des impôts, ou pour la grever d'un impôt qu'elle ne doit pas connaître.

La Bretagne a des travaux publics considérables à supporter, auxquels l'expose sa situation sur la mer; des quais et ports, des ponts et chaussées, sa navigation intérieure, son commerce, les encouragemens qu'il demande, les débouchés nécessaires, les grands chemins, tous ces objets également importans demandent une administration générale: divisez la province en cinq ou sept départemens; les uns seront en état de fournir aux dépenses qui leur seront relatives; les autres n'en auront pas la faculté, et dès qu'ils seront étrangers les uns aux autres, aucun de ces départemens ne voudra venir au secours d'un autre département;

ainsi une partie de la même province sera dans une situation florissante, pendant qu'une autre sera dans un état de négligence et d'abandon. Une administration commune prévient un pareil désordre, elle porte partout ses regards; et lorsqu'elle est également juste, toutes les parties du territoire qu'elle régit sont également traitées, également favorisées; les besoins sont satisfaits là où ils existent réellement; le canton qui réclame est assuré de trouver des secours qu'il ne se fût jamais procurés s'il eût été livré à ses propres ressources.

Enfin, Messieurs, lorsque vous aurez établi l'impôt et réglé sa répartition, sans doute que vous laisserez à chaque province le soin d'en faire l'assiette et la levée, suivant ce qui conviendra le mieux à ses intérêts, à son genre de production ou d'industrie. Et comment se ferait dans la Bretagne une assiette uniforme? Comment se ferait une perception régulière? A qui les contribuables porteraient-ils leurs plaintes, avec la confiance de trouver dans leurs juges même poids, même mesure?

Des administrations séparées et respectivement principales, comme respectivement indépendantes, introduiraient dans la même province une confusion de règles et de principes qui établirait entre les contribuables une inégalité de traitemens souverainement injuste, et entre les administrations elles-mêmes des rivalités dangereuses pour l'ordre public de la province.

J'ajouterai pour dernier trait à ce tableau que je ne fais encore que crayonner, que si la France veut exposer les provinces qui jusqu'à présent ont pu opposer une résistance courageuse aux entreprises des agens du pouvoir exécutif, à perdre peu à peu cette force qui a si utilement servi la nation elle-même, il n'y a qu'à morceler les provinces d'États, et surtout la Bretagne; bientôt chaque département deviendra successivement la proie d'un pouvoir qui aura toujours assez d'étendue pour gêner les administrations, et assez de moyens pour les vexer quand il voudra.

L'assemblée nationale subsistera. Oui, Messieurs, mais ce corps-législatif entrera-t-il dans tous les détails d'une administration devenue minutieuse par la multiplicité extrême des corps administratifs. Qu'il donne aux provinces de l'énergie, ou qu'il conserve du moins à celles qui en ont, cette force politique, cette ressource puissante qui a préparé le bonheur de la France, et à qui peut-être elle en devra la consommation.

J'ai entendu dire qu'il y avait lieu de craindre d'établir des corps administratifs assez forts pour entreprendre de résister au chef du pouvoir exécutif, et qui puissent se croire assez puissans pour manquer impunément de soumission au corps-législatif.

Cette crainte est chimérique, Messieurs; quelque considérable que puisse être une administration de province, elle ne sera jamais en état, quand elle oserait le tenter, de résister à l'autorité légitime du pouvoir exécutif, et de se soustraire aux volontés de la nation entière.

Un autre a dit, Messieurs, qu'après avoir aboli les prétentions et les privilèges des provinces, il serait imprudent de laisser subsister une administration qui pourrait offrir des moyens de les réclamer et de les reprendre.

Mais en quoi consistaient les privilèges de quelques provinces, et entre autres de celle de la Bretagne? Dans la délibération sur les lois et sur l'impôt, voilà quels étaient les principaux privilèges de cette province, si l'on peut qualifier de *privilèges* ce qui était droit et franchise naturelle, ce que la nation recouvre elle-même aujourd'hui, et ce que la Bretagne n'a abandonné que parce qu'elle exercera, de concert avec la nation, ces droits essentiels à tout peuple libre.

Ils sont donc abandonnés ces prétendus privilèges. Oui, Messieurs, la Bretagne est soumise à vos sages décrets, et sa soumission ne peut jamais être ni altérée, ni affaiblie par l'effet d'une administration absolument étrangère à l'exercice de ses anciens droits.

Mais enfin, l'esprit de province n'est-il pas nuisible? Oui, quand il s'exerce sur des prétentions particulières; et encore une fois, il n'existe plus de prétentions de cette espèce; l'esprit de province est aujourd'hui l'esprit national, puisqu'il n'existe plus de véritable autorité que dans la nation, et que je ne réclame pour ma province qu'une administration subordonnée à la nation, et sous la surveillance continuelle et immédiate de l'assemblée permanente qui la représentera.

Je demande donc pour la Bretagne, en tout cas, au nom de mes commettans, que les administrations de départemens qui y seront établies, ressortissent à une administration supérieure et principale dont l'assemblée voudra bien régler l'organisation d'une manière convenable, laquelle administration correspondra immédiatement avec l'assemblée nationale.

M. *Barère de Vieuzac.* La base territoriale est fautive et inexacte, à raison des différences de fertilité et de productions, et à cause des obstacles locaux. La base de contribution serait variable et contraire à la déclaration des droits. Les administrations existent pour les hommes et non pour les métaux.

Je préfère la base de population, parce que ce sont les hommes qui sont l'Etat, les lois, l'administration. Je ne rejette cependant pas entièrement la base territoriale; mais je pense qu'elle doit être considérée comme secondaire. Je propose de mettre en délibération : 1° quel sera le nombre d'individus qui composera un département; 2° savoir si la première division par population sera confiée aux députés ou aux provinces, pour combiner cette base avec celle de l'étendue.

Je ne puis admettre trois degrés d'élection et de représentation; ils favoriseraient les lenteurs, les injustices, les obscurités. S'il n'existe que deux degrés, la surveillance sera plus facile; les citoyens actifs ne seront pas éloignés des citoyens véritables, la nation représentée de la nation représentante. J'admets donc seulement des municipalités et des administrations provinciales, et je propose de décider : 1° si dans chaque ville, bourg et village, il y aura des municipalités, quel sera leur régime et le nombre des officiers qui les composeront; 2° si les villes auront des municipalités principales où ressortiront les municipalités des bourgs et villages, considérées comme secondaires.

M. Target présente la rédaction qui lui avait été demandée, après plusieurs amendemens qui avaient pour objet de rendre le décret tellement explicatif, qu'il serait entièrement de règle pour l'élection des députés et suppléans en remplacement ; il est adopté comme il suit :

Il n'y a plus en France aucune distinction d'ordres ; et dans le cas où il échéra par la mort ou la démission d'un député, et à défaut de suppléant, de faire une élection, tous les citoyens qui, aux termes du règlement du 24 janvier et autres subséquens, ont provisoirement le droit de voter aux assemblées élémentaires, seront assemblés, de quelque état et condition qu'ils soient, pour faire ensemble la nomination médiate ou immédiate de leurs représentans, soit en qualité de députés, soit en qualité de suppléans. Et leurs électeurs auront la liberté de nommer leur président et autres officiers.

M. le comte de Mirabeau. Je demande qu'on traduise ces mots : « dans le cas où il échéra de faire, » et d'autres expressions un peu recherchées.

Le décret n'est adopté que sauf la rédaction.

M. l'évêque d'Autun présente au nom du comité des rapports, un règlement provisoire de police pour la ville de Paris, rédigé sur la demande des administrateurs de la commune.

Il contient ces objets principaux :

Chaque comité de district sera chargé de veiller à la police dans son arrondissement. Un ou deux membres passeront les nuits au comité, et pourront faire relaxer ou déposer dans les prisons de l'hôtel de la Force les personnes qu'ils auront arrêtées, dans leur arrondissement, et qui leur seront amenées. Les particuliers arrêtés, prévenus de vol ou autres crimes, seront conduits sur-le-champ de patrouille en patrouille, chez un commissaire au Châtelet. Ce commissaire interrogera ces particuliers, et enverra dans le jour son procès-verbal au lieutenant de maire au département de la police. Ce lieutenant de maire visitera chaque jour les prisons de l'hôtel de la Force, et invitera deux adjoints notables à l'accompagner, il interrogera les prisonniers, et pourra les condamner à huit jours de prison et 50 livres d'amende. Faute de payer cette amende, ou de donner caution, ils resteront en prison. Les prisonniers ci-devant arrêtés, et actuellement détenus, seront interrogés et jugés, en ayant toutefois égard au temps qu'aura déjà duré leur emprisonnement. Il sera établi un tribunal de police, composé de......, et de huit adjoints, présidé par un lieutenant de maire, où un adjoint du procureur du roi remplira les fonctions du ministère public. Le tribunal de police jugera en dernier ressort, et pourra condamner à 100 livres d'amende, ou à un mois de prison. Le produit de ces amendes sera employé à la salubrité des prisons.

M. *Desmeuniers.* Je ne crois pas qu'un homme, un magistrat quelconque, ait le droit de retenir hors de la loi un citoyen huit jours en prison. Nos lois sacrées défendent de retenir un homme en prison plus de vingt-quatre heures, sans lui faire son procès.

Sur l'avis de M. Desmeuniers, le terme de huit jours est changé en trois jours.

M. *Dupont de Nemours.* L'assemblée a pensé que Paris, dont la population égale trois départemens du Poitou, et surpasse celle des trois départemens du Dauphiné, devait former à lui seul un département.

On a jugé que c'était le moyen d'assurer à cette grande ville toute l'étendue de la représentation à laquelle elle a droit de prétendre dans l'assemblée nationale; de la rendre, non plus par hasard, mais constitutionnellement, capitale du royaume, et de favoriser, le plus qu'il sera possible, ses approvisionnemens, en y intéressant la totalité de l'empire français, et en tarissant la source de tous les prétextes qui pourraient y porter obstacle.

Il n'est pas inutile de rappeler ou du moins d'indiquer les raisonnemens qui établissent la justesse de cette opinion, car on y trouvera les principes de la forme d'administration que l'existence constitutionnelle de département paraît devoir imprimer à la municipalité de Paris.

§ Ier. *La ville de Paris, formant un département, sera mieux représentée.*

Si la ville de Paris était la capitale d'un département, elle ne pourrait y former qu'un district, et serait environnée de huit autres districts, qui composeraient le département le plus peuplé du royaume.

Chacun de ces districts concourrait à fournir des électeurs en raison de ses contributions directes et du nombre de ses citoyens actifs.

Or, on doit remarquer que les contributions directes sont proportionnellement beaucoup plus fortes dans les campagnes que dans les villes, et surtout que dans la capitale. La raison en est qu'une grande partie des contributions des villes, et surtout de la capitale, sont acquittées par des droits d'entrées, c'est-à-dire par des contributions indirectes.

Il en résulte que le nombre des citoyens actifs est proportionnellement beaucoup plus considérable dans les campagnes que dans les villes, et (nous devons en convenir au sein de la première ville du royaume) cela même est un bien ; car dans les campagnes les mœurs sont plus simples et plus pures, c'est-à-dire, en d'autres termes, que la raison y est plus saine, et que les idées y sont plus justes, quoiqu'il y ait en général plus de talens dans les villes.

Cependant il faut que les villes soient représentées, et la nature des impositions qu'elles affectionnent y diminuant le nombre des citoyens actifs, une ville de six cent mille âmes ne doit pas en présenter beaucoup plus qu'une campagne peuplée de trois cent mille.

Les huit districts qui environneraient Paris ayant une population supérieure à celle de Paris même, il pourrait se trouver qu'à l'assemblée générale de département il n'y eût qu'un tiers d'électeurs fournis par la ville de Paris, et que les deux autres tiers le fussent par les paroisses et communautés de campagne.

Alors, pour peu qu'il se fût élevé quelque animosité entre les Parisiens et les campagnes de leur département, une majorité combinée, que la différence des mœurs et celle des costumes rendrait très-facile, pourrait faire que la totalité des représentans fût choisie dans les districts extérieurs, et que la ville de Paris ne fût aucunement représentée, quoiqu'elle parût l'être *in globo* dans son département, et que ses citoyens actifs eussent participé aux élections.

On pense bien que la chose n'arriverait pas rigoureusement ainsi; mais il suffirait que Paris pût perdre un tiers, ou même un seul des représentans auxquels sa population et ses contributions lui donnaient droit, pour que l'arrangement qui l'exposerait à ce danger ne dût pas être agréable aux habitans de Paris.

Il leur est sensiblement plus avantageux que la ville, réunie tout au plus à sa banlieue, forme à elle seule un département, dans lequel ses citoyens ne concourront qu'entre eux, et qui sera certain d'avoir dans l'assemblée nationale toute la représentation qui lui est due. Cet intérêt doit vivement toucher les Parisiens, quoiqu'il soit moins pressant que celui dont nous allons parler dans le paragraphe suivant.

§ II. *Intérêt de Paris, relativement à la subsistance.*

Une ville qui renferme six à sept cent mille habitans ne peut subsister qu'autant qu'une immense étendue de pays concourt à son approvisionnement.

Elle ne saurait l'y contraindre par la force.

Elle n'en a le droit vis-à-vis de personne; et contre une immense étendue de pays, elle n'en aurait pas le pouvoir.

La liberté de la circulation des denrées, des conventions, des prix qui présentent de l'avantage aux fournisseurs, et l'évidence impérieuse de ses besoins sont donc le seul gage qu'elle puisse avoir des secours qui lui seront donnés par ses compatriotes.

Elle peut et doit *obtenir* d'eux; elle ne doit rien leur *prendre* et ne pourrait le tenter sans péril.

Ce serait une idée très-injuste et très-inconstitutionnelle, que d'imaginer qu'aucune municipalité puisse exercer aucun droit coercitif sur une autre municipalité. Les municipalités sont entre elles comme les hommes, et la révolution a été faite précisément pour que les grands n'opprimassent pas les petits, pour que la puissance fût uniquement employée à protéger le peuple.

Paris, chef-lieu d'un département, n'aurait aucun droit de plus sur le moindre village de ce département. La municipalité de Paris n'aurait même aucune autorité sur le moindre village de son district.

L'assemblée de district, qui prendrait les ordres de l'assemblée de département, les intimerait également à la municipalité de Paris et aux autres municipalités.

Ces ordres, quels qu'ils fussent, ne pourraient rien ajouter à la sûreté des approvisionnemens de Paris; car, encore une fois, cette sûreté ne pourra jamais être garantie que par l'intérêt des fournisseurs, les moyens de payer des habitans, et la liberté de la circulation des subsistances, qui est et doit être une loi constitutionnelle de l'Etat, dont la confédération n'a pour objet que de faire respecter toutes les propriétés, et de pourvoir à tous les besoins en raison de leur urgence.

Or, le degré d'urgence des besoins ne peut se manifester que par le prix qu'offrent les consommateurs. Ceux qui ont le plus de besoin paient le plus cher : on ne peut ni les priver des secours qu'ils appellent, ni obliger les vendeurs de les donner à perte, pour fournir à des besoins moins pressans. C'est ainsi que les approvisionnemens et les prix s'égalisent partout, au grand avantage de l'humanité, et avec équité pour tout le monde.

Mais si la liberté de la circulation peut seule assurer l'approvisionnement des grandes villes, il n'est pas inutile, pour son parfait établissement, après un long espace de troubles et d'orages, que chacun soit convaincu de l'indispensable nécessité de cette liberté, et de l'impossibilité où seraient les villes de subsister par elles-mêmes et par leur territoire.

Or, lorsque Paris n'aura pour territoire qu'une banlieue, il n'y a personne qui ne sente que cette ville doit tirer son approvisionnement des provinces, et qu'on ne pourrait lui refuser à cet égard toute la facilité nécessaire, sans démence, sans injustice, sans cruauté : toutes les forces du royaume concourront donc en ce cas à l'approvisionnement de Paris.

Si, au contraire, Paris, semblait commander à un département dont la ville serait le chef-lieu, et auquel sa municipalité ne commanderait pas, les départemens environnans pourraient croire ou feindre de croire que le département de Paris suffit pour fournir à cette ville tout ce qui peut être nécessaire à sa subsistance ; et cependant un département de neuf lieues de rayon, ou d'une lieue de rayon, une province, une banlieue, y sont également insuffisans.

C'est à quoi Paris s'est exposé toutes les fois qu'il a demandé une sorte de préférence dans un arrondissement déterminé. Les arrondissemens environnans sont devenus ennemis de Paris. Chaque ville a voulu avoir le sien ; la circulation a été obstruée ; des cantons abondans ont manqué de débouchés pour leurs productions, et ont été privés d'une partie de leurs revenus ; d'autres qui manquaient déjà d'approvisionnement, sont tombés dans un dénuement plus grand encore ; et Paris lui-même reconnaissant l'insuffisance de son arrondissement, a été obligé d'avoir recours à des approvisionnemens faits en pays étranger, et cela au milieu d'une récolte abondante et dans un royaume fertile, mais où le système des arrondissemens, devenu général de fait, malgré le droit naturel et politique, malgré les lois, malgré les décrets de l'assemblée nationale, malgré la sanction du roi, interceptait tous les approvisionnemens.

Cependant, quoiqu'un arrondissement de neuf lieues de rayon, où d'environ trois cents lieues de superficie, soit aussi incapable de fournir à l'approvisionnement de Paris qu'une simple banlieue, il ne le paraît pas autant ; et l'on objecterait à Paris comme une richesse, un territoire de trois cents lieues, qui ne pourrait lui être presque d'aucun secours.

C'est un principe, lorsqu'on veut approvisionner une grande ville, de commencer les achats au loin, afin de les ramener progressivement sur elle, et de faire participer à son abondance les provinces environnantes. L'institution des arrondissemens est tout-à-fait contraire à ce principe. Au moment de la récolte, la ville, éblouie par les ressources faciles que lui présente son arrondissement, l'épuise; et lorsqu'ensuite il faut qu'elle tire de plus loin, ce n'est pas sans alarme, ni sans humeur, que les villes de l'arrondissement, déjà dénuées de provisions, voient passer les grains destinés à la consommation de la ville principale. On multiplie donc les obstacles à la subsistance des villes par les arrondissemens qu'on leur attribue.

Si l'on voulait embrasser dans le département de Paris tous les lieux d'où cette ville tire les choses nécessaires à ses besoins, il faudrait comprendre la Normandie, l'Auvergne, le Limousin, pour ses bœufs; l'Orléanais, la Bourgogne, la Champagne et la Guyenne, pour ses vins; la Provence et le Languedoc, pour ses huiles, le Nivernais, pour ses bois, etc., etc.

Mais quel est le moyen de faire que toutes les provinces soient, pour ainsi dire, dans le département de Paris? c'est de n'y en mettre aucune, c'est de les intéresser toutes, et d'intéresser l'opinion publique, qui se forme à Paris plus qu'ailleurs, à faciliter partout l'échange et la communication des denrées; c'est de lever tous les obstacles qui s'opposent à la liberté du commerce.

Quelques personnes ont cru qu'il serait nécessaire que les moulins qui servent à l'approvisionnement de Paris, fussent placés dans le département dont cette ville soit le chef-lieu; leur erreur à cet égard vient de ce qu'elles ont confondu la propriété avec l'administration, et l'administration municipale avec celle de département.

La ville de Paris, comme toute autre corporation, peut être propriétaire de moulins et de magasins; sa municipalité peut régir ses moulins et ses magasins, comme les représentans de toutes les corporations régissent, par tout le royaume, leurs propriétés. Un grand nombre d'établissemens publics à Paris, et un bien plus grand nombre de bourgeois de Paris, ont des propriétés hors de Paris : ils les administrent comme ils le jugent convenable, et toutes les lois du royaume sont faites, tous les pouvoirs sont établis pour leur en conserver, pour leur en garantir la liberté.

Il n'y aurait aucune sûreté publique, ni particulière, l'Etat serait renversé, la constitution serait nulle, si, après que celle-ci aura été complétement décrétée et sanctionnée, on pouvait empêcher un seul particulier de faire travailler ses moulins comme il lui conviendra, d'y porter des grains, d'en retirer la farine : à plus forte raison une ville, à plus forte raison la première ville du royaume. Si Paris achetait les moulins de Moissac, la puissance entière du roi et de la nation devrait lui en garantir l'usage aussi assuré que celui des moulins de Corbeil ou des moulins de Montmartre, qui peuvent lui appartenir.

On ne peut supposer rien de contraire qu'en supposant l'abus de la force, la guerre civile, la dissolution de la société; mais dans ce cas, comme dans l'autre, la distance de Pontoise ou de Corbeil à Paris ne serait ni augmentée, ni diminuée : soit que l'on eût compris ou non ces villes dans le département de Paris, les difficultés ou les facilités de la communication seraient exactement les mêmes.

Ainsi, ou il y aura paix et bon ordre, et alors tout le royaume approvisionnera Paris avec d'autant plus de zèle, que ne lui sachant qu'une banlieue, tout le royaume sera convaincu que cette banlieue et Paris doivent être nourris par les provinces; ou il y aura guerre, désordre, anéantissement de la monarchie, de la république, de tout, et alors, il n'y aura plus de puissance qu'à la portée des armes, et la destruction de Paris par la disette deviendrait inévitable; mais Dieu, la sagesse de l'assemblée nationale, la bonté du roi, la modération des Parisiens eux-mêmes, le respect qu'ils doivent au corps-législatif, au pouvoir exécutif, garantiront la patrie d'un tel malheur.

§. III. *Paris, capitale du royaume ou d'un département.*

Si Paris était compris dans un département, il ne serait considéré par les autres départemens que comme une partie de province. Ils ne se regarderaient pas comme ayant des relations avec Paris, mais seulement avec le département de Paris. Et en effet, jamais ils n'auraient avec la municipalité de Paris aucune correspondance directe; ils ne pourraient en avoir qu'avec l'assemblée du département dans lequel la ville de Paris serait située; car ce n'était pas le dérangement de la constitution que quelques districts de Paris avaient demandé, en sollicitant un département de neuf lieues de rayon, c'était la conformité de régime avec les autres villes.

Il aurait donc fallu établir à Paris, au-dessus de la municipalité, une assemblée de district, formée par les représentans des citoyens actifs compris dans Paris, et de ceux qui se seraient trouvés dans les villes et dans les villages qui auraient fait partie du district de Paris.

Au-dessus de cette assemblée de district, qui, dans toutes les matières d'administration, commande directement à la municipalité de Paris, il aurait fallu établir encore l'assemblée de département, formée des députés des citoyens actifs des huit districts environnans, et de ceux du district de Paris; et nous avons vu dans le premier paragraphe, que, par le simple usage de la liberté des élections dirigées par quelque mécontentement particulier, soit que ce mécontentement fût bien ou mal fondé, il aurait pu quelquefois arriver que, dans l'assemblée de département, comme dans l'assemblée nationale, il ne se trouvât aucun député direct de la ville de Paris.

Si la municipalité de Paris avait donc eu quelque pétition à faire, elle aurait été tenue de s'adresser à l'assemblée du district dans lequel auraient été comprises la ville et sa banlieue: cette assemblée de district, ou en aurait décidé, si la chose avait été de sa compétence, ou bien elle en aurait référé à l'assemblée de département qui aurait prononcé si l'objet eût été de son ressort, ou qui en aurait référé elle-même à l'assemblée nationale et au roi. Comme il faut en tout de l'ordre, et un ordre régulier et impartial, Paris n'aurait pu à cet égard avoir aucun droit de plus que le moindre village.

Cette cascade d'autorités a paru ne pouvoir convenir à la ville de Paris, qui a toujours été regardée comme un département particulier, qui n'a jamais été comprise dans l'intendance où elle était enclavée, et qui même formait à elle seule un gouvernement. Il n'y a point de Parisien qui n'eût été affligé de l'état subalterne auquel il aurait fallu réduire cette grande ville : il n'y en a point qui ne doive applaudir aux citoyens qui se sont occupés des moyens de procurer à la ville de Paris une plus grande existence politique dans l'État.

Cette existence politique sera la plus grande possible, si la municipalité de Paris est honorée des fonctions d'une assemblée de département; si elle peut correspondre directement avec les autres départemens, avec l'assemblée nationale et avec le roi.

Alors on saura que Paris, inférieur en territoire, mais supérieur en contributions et en population aux plus grandes provinces du royaume, vaut et pèse autant et plus qu'aucune de ces provinces. Alors la ville de Paris ne sera plus regardée comme une simple municipalité; elle sera un des élémens principaux de l'organisation de l'État; et ce ne sera que de ce moment qu'elle deviendra véritablement capitale du royaume, non par une simple accumulation de maisons, mais par la constitution qui lui sera donnée.

Nous examinerons dans le paragraphe suivant, quelle doit être la forme que la dignité de département oblige de donner en effet à la constitution de Paris, afin qu'il n'y ait dans son sein aucune autorité supérieure à celle de sa municipalité, que celle de l'assemblée nationale et celle du roi.

§. IV. *Comment organiser un département dans la ville de Paris et sa banlieue.*

La ville de Paris formant un département, il faut de toute nécessité qu'il présente les mêmes élémens que les autres, et qu'on ne puisse remarquer aucune dissemblance importante entre son organisation et la leur.

Il faut donc qu'il s'y trouve des cantons où se tiennent des assemblées primaires, afin que les citoyens actifs y procèdent en la même forme établie dans les autres cantons du royaume aux élections pour lesquelles ils ont un droit direct.

Il faut que dans ces cantons de Paris, des juges de Paris remplissent les mêmes fonctions qui leur seront attribuées partout ailleurs.

Ces cantons sont déjà formés; leur nombre, leur étendue, ont paru proportionnés à celle de la ville. On est accoutumé à y tenir des assemblées primaires : ce sont les soixante districts actuellement subsisans. Ils n'auraient à changer que de nom et de fonctions. Ils éliraient un nombre de juges de paix suffisant, pour qu'à toute heure du jour et de nuit on pût en trouver un ou deux séans dans la salle commune du canton, aujourd'hui nommé district : la vigilance perpétuelle que demande la police d'une grande ville, exige dans chaque canton cette séance permanente des juges de paix, et les districts actuels de Paris en ont contracté l'habitude.

On pourrait encore y conserver, par les mêmes raisons tenant à la multiplicité des détails, un comité composé d'un président, d'un vice-président et de quatre conseillers chargés des fonctions d'administration qui leur seraient déléguées, et notamment de l'inspection des hôtels garnis et autres maisons publiques, et de l'exécution des réglemens relatifs à l'illumination et à la propreté des rues.

Il faut que ces cantons soient divisés en sections, qu'ils soient à plusieurs égards une image des petites municipalités champêtres, et dans lesquelles un syndic et deux conseillers, assistés d'un greffier, et tous les quatre élus par les citoyens de leur section, fassent, comme le bureau municipal dans les paroisses de campagne, la répartition des impositions entre les contribuables, et veillent, sous les ordres du comité de leur canton, à tout ce qui concerne la propreté et la sûreté publiques.

On diviserait la banlieue en douze cantons, où l'on tiendrait pareillement des assemblées primaires, et où l'on établirait le nombre de juges de paix qui serait convenable.

L'administration de ces cantons *hors des murs*, et celle des municipalités qui s'y trouveraient comprises, seraient en tout semblables à celles des cantons et des municipalités de tous les autres départemens.

La totalité de celui de Paris, ville et banlieue comprises, serait donc divisée en soixante-douze cantons, que l'on pourrait partager en huit districts, composés chacun de neuf cantons.

Chacun de ces huit districts aurait, comme ceux des provinces, un directoire et un conseil. Le directoire remplirait précisément les mêmes fonctions que les directoires des districts provinciaux ; il répartirait les impositions entre les cantons et les sections de canton ; il ferait entretenir, sous les ordres de la municipalité ou de l'assemblée de département, le pavé, les chemins de son district ; ils inspecteraient l'administration des établissemens publics, colléges, hôpitaux, casernes qui se trouveraient dans son district, d'après les instructions qu'il recevrait de la municipalité générale qui ferait les fonctions d'assemblée de département.

On n'établirait point de tribunal dans les districts, parce que la seule raison qui ait porté l'assemblée nationale à placer un tribunal dans chaque district des autres départemens, est le louable désir de rapprocher la justice des justiciables. Mais cette raison est inapplicable aux districts du département de Paris, puisqu'il ne s'y trouvera pas un canton, ni pas une section de canton, qui ne soit à une distance très-rapprochée du Châtelet, lequel exercera les fonctions de tribunal de district sur tous ceux du département.

Enfin la municipalité, présidée par le maire, et formée pareillement d'un directoire et d'un conseil à la fois municipal pour la ville, et de département pour tous les districts, aurait l'administration générale, partagerait l'impôt entre les districts, recevrait et vérifierait les comptes de leurs directoires et de leurs conseils, leur intimerait les ordres qui lui seraient donnés par l'assemblée nationale et par le roi, dirigerait les établissemens publics qui seraient d'une utilité commune à tout le département, surveillerait tous les autres, exercerait la police générale, administrerait la rivière, convoquerait et présiderait les assemblées générales d'électeurs, remplirait toutes les mêmes fonctions que les assemblées de département des provinces.

La grande municipalité de Paris, correspondant directement

avec l'assemblée nationale et avec le roi, serait donc parfaitement organisée jusque dans ses moindres ramifications, et comme municipalité, et comme assemblée de département.

Les cantons et les sections de cantons de Paris seraient, en quelque façon, de petites municipalités, dont les officiers seraient revêtus par délégation d'une subdivision du pouvoir administratif.

Les districts, formés de neuf cantons, seraient en tout semblables aux districts des provinces; la ville de Paris garderait sans inconvénient la plus grande dignité dont elle soit susceptible; la constitution de son département serait complétement analogue à celle des autres départemens, et aurait atteint le plus haut degré de perfection que l'on puisse donner à un département urbain.

Il me semble que, pour peu que l'on ait de connaissance du cœur humain, ainsi que la grande nécessité d'éviter dans l'administration tous les conflits d'autorité et la complication des ressorts inutiles, on jugera que cette constitution pour la ville de Paris et pour son département, formée d'elle-même, et, au-delà de ses murs, d'une simple banlieue, est incomparablement préférable à celle qui ne mettrait la municipalité de Paris qu'au troisième rang dans l'administration, et qui la soumettrait à l'assemblée de son district, qui serait soumise elle-même à une assemblée de département.

J'offre à la fois ces idées à la commune de Paris et à l'assemblée nationale, et je désire qu'elles y trouvent ce que je crois y voir: le moyen de concilier tous les droits, tous les intérêts, tous les besoins, et, ce qui est bien plus difficile, toutes les prétentions.

—L'assemblée renvoie au comité de constitution, le discours de M. Dupont, et adopte en ces termes le réglement proposé par M. l'évêque d'Autun.

« L'assemblée nationale, vu le projet de réglement qui lui a été présenté par les maire, lieutenant de maire, conseillers, assesseurs et administrateurs de la ville de Paris, et les observations faites par le comité de constitution; considérant que la nature des circonstances exige impérieusement que l'action de la police soit rétablie, et qu'il est important de donner dès à présent un moyen provisoire d'activité à cette partie essentielle de l'ordre public, en attendant qu'elle puisse recevoir une organisation régulière, a décrété et décrète ce qui suit :

Art. Ier. Chaque comité de district remplira provisoirement dans son arrondissement, sous l'autorité du corps municipal, les fonctions de police ci-après désignées.

II. Les comités des districts veilleront, chacun dans son arrondissement, aux objets de police journalière, conformément aux ordres et instructions qui seront donnés par la municipalité.

III. Il y aura nuit et jour au comité au moins un des membres, qui sera spécialement chargé d'entendre et interroger les gens arrêtés pour faits de police, avec pouvoir de les faire relâcher après une simple réprimande, ou de les faire déposer dans les prisons de l'hôtel de la Force. Le secrétaire-greffier, dont il va être parlé, enverra tous les matins les procès-verbaux qui auront été dressés, au maire ou à son lieutenant, ayant le département de la police.

IV. Un secrétaire-greffier assistera le commissaire de service, et il sera par lui tenu un registre de tout ce qui se fera de relatif à l'exercice de la police. Ledit registre sera paraphé par le président du comité du district.

V. Les particuliers arrêtés, prévenus de vols ou d'autres crimes, seront conduits sur-le-champ et directement par les patrouilles devant un commissaire du Châtelet, avec les effets pouvant servir à charge et décharge; et dans le cas où ces particuliers auraient été conduits d'abord aux comités des districts, ils seront renvoyés à l'instant devant un commissaire au Châtelet, à l'effet de commencer la procédure suivant les formes judiciaires.

VI. Le commissaire au Châtelet, qui aura interrogé les prévenus de vols ou autres crimes, enverra, dans le jour, une expédition de son procès-verbal au maire ou au lieutenant de maire au département de la police.

VII. Le lieutenant de maire au département de la police, où

l'un de ses conseillers administrateurs, visitera chaque jour les prisons de l'hôtel de la Force, interrogera les prisonniers arrêtés la veille, et envoyés dans cette prison par les comités des districts; seront à cette visite invités deux adjoints notables pris alternativement dans chaque district.

VIII. Le lieutenant de maire, ou le conseiller administrateur qui le remplacera, pourra mettre les prisonniers en liberté, s'il y a lieu; ou, selon la nature des circonstances, les condamner, soit à garder prison pendant trois jours au plus, soit à une amende qui ne pourra excéder la somme de cinquante livres; et dans le cas où ils mériteraient une plus longue détention, ou une amende plus forte, il en sera référé au tribunal de police.

L'amende sera payable, à l'instant où elle aura été prononcée, entre les mains du greffier des prisons, qui en comptera au trésorier de la ville, et le produit de ces amendes sera employé à la propreté et à la salubrité des prisons. A défaut de paiement, le condamné gardera prison, à moins qu'il ne donne bonne et valable caution; le tout sauf l'appel au tribunal.

IX. Les prisonniers ci-devant arrêtés, et actuellement détenus dans les prisons de police, seront interrogés et jugés le plus promptement qu'il sera possible, en ayant égard au temps qui se sera écoulé depuis le jour de leur détention.

X. Il sera établi un tribunal de police, composé de huit notables adjoints, élus dans la forme qui sera indiquée par le bureau de ville. Il sera présidé par le maire ou par son lieutenant au département de la police, et, à leur défaut, par le plus âgé des conseillers administrateurs du département. Les fonctions du ministère public y seront exercées par l'un des adjoints du procureur-syndic de la commune, et les causes jugées sommairement et sans frais.

XI. Le tribunal de police jugera en dernier ressort jusqu'à concurrence de cent livres d'amende, ou d'un mois de prison.

XII. Le présent décret ne sera exécuté que provisoirement et jusqu'à ce qu'il ait été statué par l'assemblée nationale sur l'organisation définitive tant des municipalités que de l'ordre judiciaire. »

M. le comte de Mirabeau. Messieurs, la réclamation que j'ai l'honneur de vous porter au nom de ma province, est relative à l'inexécution de vos décrets, et notamment de celui qui intéresse le plus les hommes sensibles : je veux parler de la loi provisoire sur la procédure criminelle, ce premier bienfait que vous deviez à la classe la plus malheureuse de l'humanité.

Depuis trois mois, Messieurs, une des plus importantes villes du royaume, Marseille, qui fut le berceau de mes pères, et dont je suis le fils adoptif, Marseille tout entière est sous le joug d'une procédure prévôtale, que l'esprit de corps et l'abus du pouvoir ont fait dégénérer en oppression et en tyrannie.

Il était difficile que cette ville ne se ressentît pas de l'agitation du royaume. Plus de sagesse dans son administration municipale aurait prévenu des désordres. C'est pour les punir que la procédure a été prise ; mais des mains cauteleuses ont su la diriger vers un autre but. Les vrais coupables ne sont pas jugés, et mille témoins ont été entendus. On a informé, non sur des pensées. On a voulu remplacer par cette procédure celle qu'on n'avait pas permis au parlement de commencer, ou qu'on avait arrachée de ses mains ; et des haines secrètes dont le foyer ne nous est pas inconnu, ont rempli les cachots de citoyens.

Ne croyez point en effet que cette procédure soit dirigée contre cette partie du peuple que, par mépris pour le genre humain, les ennemis de la liberté appellent la canaille, et dont il suffirait de dire qu'elle a peut-être plus besoin de caution que ceux qui ont quelque chose à perdre. Non, Messieurs, c'est contre les citoyens de Marseille, les plus honorés de la confiance publique que la justice s'est armée ; et un seul fait vous prouvera si les hommes qu'on a décrétés sont les ennemis du bien. M. d'André, à qui l'assemblée accorde son estime et le roi sa confiance, ayant fait assembler les districts de Marseille, pour nommer des députés et former une municipalité provisoire, partout la voix publique s'est manifestée ; elle a nommé ces mêmes décrétés; et comme des lois susceptibles sans doute de quelque réformation, s'opposaient à ce qu'ils fussent admis dans le conseil, où le suffrage de leurs concitoyens les appelait, on a choisi pour les remplacer, leurs parens, leurs amis, ceux qui partageaient les principes des accusés, ceux qui pouvaient défendre leur innocence.

Le temps viendra bientôt où je dénoncerai les coupables auteurs des maux qui désolent la Provence, et ce parlement qu'un proverbe trivial a rangé parmi les fléaux de ce pays, et ces municipalités dévorantes qui, peu jalouses du bonheur du peuple, ne sont occupées depuis des siècles qu'à multiplier ses chaînes ou à dissiper le fruit de ses sueurs. Je dois me borner à vous entretenir aujourd'hui de l'inexécution de votre décret sur la procédure criminelle.

Ce décret fut sanctionné le 4; le 14, il fut enregistré par le parlement de Paris; le 18, il était connu publiquement à Marseille.

Cependant le 27, des juges arrivés d'Aix le même jour, et réunis à quelques avocats, ont jugé suivant les anciennes formes une récusation proposée par les accusés. Ce fait est prouvé par plusieurs lettres que je puis remettre sur le bureau.

Par quel étrange événement s'est-il donc fait que le décret de l'assemblée ne soit parvenu ni au prévôt, ni à la municipalité de Marseille? Les ministres chercheraient-ils encore des détours? voudraient-ils rendre nuls vos décrets en ne s'occupant qu'avec lenteur de leur exécution; ou bien les corps administratifs, les tribunaux oseraient-ils mettre des entraves à la publicité de vos lois? Je ne sais que penser de ces coupables délais. Mais ce que personne de nous ne peut ignorer, c'est qu'il est impossible de relever l'empire écrasé par trois siècles d'abus, si le pouvoir exécutif suit une autre ligne que la nôtre, s'il est l'ennemi du corps législatif, au lieu d'en être l'auxiliaire; et si des corps auxquels il faudra bien apprendre qu'ils ne sont rien dans l'Etat, osent encore lutter contre la volonté publique dont nous sommes les organes.

Je propose le décret suivant : « Qu'il sera demandé à M. le garde-des-sceaux et au secrétaire-d'état de représenter les certificats, on accuser de la réception des décrets de l'assemblée nationale, et notamment de celui de la procédure criminelle qu'ils ont dû recevoir des dépositaires du pouvoir judiciaire, et des commissaires départis, auxquels l'envoi a dû être fait; et qu'il sera sursis provisoirement à l'exécution de tous jugemens en dernier ressort, rendus dans la forme ancienne par tous les tribunaux, antérieurement à l'époque où le décret a dû parvenir à chaque tribunal.

A peine M. de Mirabeau eut-il fini cette motion, qu'une foule de députés firent, au nom de leurs provinces, des plaintes du même genre.

M. Dubois de Crancé dénonce le prévôt de Champagne.

M. Lavie, les juges criminels d'Alsace.

M. *Lapoule*. Le défaut de circulation des décrets vient du défaut d'enregistrement des Cours. Le parlement de Besançon a refusé d'enregistrer le décret sur la jurisprudence criminelle, et ceux qui concernent l'exportation et la circulation des grains, enfin tous les décrets de l'assemblée nationale.

Je demande que, faute par les Cours d'enregistrer les décrets, ils le soient dans les municipalités.

Un membre propose d'ajourner la motion.

M. le comte de Mirabeau. Si l'on devait vous pendre, Monsieur, proposeriez-vous l'ajournement d'un examen qui pourrait vous sauver? Eh bien! cinquante citoyens de Marseille peuvent être pendus tous les jours.

N..... se plaint qu'il n'est parvenu dans le Beaujolais que les décrets utiles, sous quelque rapport, au pouvoir exécutif.

La motion de M. le comte de Mirabeau est décrétée comme ci-dessus.

M. Chapelier propose de rendre, relativement à celle de M. Lavie, un décret constitutionnel qui est arrêté et adopté, ainsi qu'il suit :

« Toutes Cours, même en vacations, tribunaux, municipalités

et corps administratifs qui n'auront pas inscrit sur leurs registres, dans les trois jours, et publié dans la huitaine après la réception, les lois faites par les représentans de la nation, sanctionnées ou acceptées, et envoyées par le roi, seront poursuivis comme prévaricateurs et coupables de forfaiture. »

M. Alexandre de Lameth demande que six personnes soient chargées de savoir où en est l'expédition des différens décrets sanctionnés ou acceptés, qui doivent avoir été envoyés dans les provinces.

L'assemblée juge qu'il n'y a lieu à délibérer sur cette motion.

M. *Target* propose d'ordonner la remise au comité des recherches des diverses pièces relatives aux dénonciations de MM. Lapoule, etc., pour en être demain rendu compte à l'assemblée.

Cette proposition est agréée et transformée en décret.]

SÉANCE DU 9 NOVEMBRE.

Les séances du 6 et du 7 avaient été occupées de questions étrangères à la constitution. Nous aurons ailleurs occasion d'en parler.

Celle du 9 eut lieu dans un nouveau local, dans la *salle du manège*, près des Tuileries, qu'on avait disposée à cet effet.

Les divers partis qui divisaient l'assemblée y prirent à droite, à gauche et en face du président, les places qu'ils occupaient à Versailles et à l'archevêché. Mais on avait oublié les noms de *côté du Palais-Royal*, *côté de la reine*; et l'on en cherchait de nouveaux : par allusion à l'ancien usage de la nouvelle salle, on appela le côté droit, *les noirs*; le côté gauche, *les enragés* ou les *blancs*; et le centre se donna le titre d'*impartiaux*. Mais revenons à la narration de la séance : la discussion de la constitution était à l'ordre du jour.

[M. *Thouret*. Depuis long-temps les publicistes et les bons administrateurs désirent une meilleure division territoriale du royaume, parce que toutes celles qui existent sont excessivement inégales, et qu'il n'y en a aucune qui soit régulière, raisonnable et commode, soit à l'administrateur, soit à toutes les parties du territoire administré.

Il y a d'ailleurs une confusion de divisions très-embarrassante, puisqu'il n'y a pas un seul genre de pouvoir ou d'autorité qui n'en ait une particulière ; en sorte que le même lieu pourrait appartenir à autant de districts divers qu'il y a de différentes espèces de pouvoirs publics. Tout le monde sent combien, dans un vaste empire, il importe pour l'uniformité de l'administration, pour la bonne surveillance des administrateurs, pour la facilité des gouvernés, d'avoir des divisions de territoire à peu près égales, et d'une étendue calculée sur celle qui convient au meilleur exercice des différens pouvoirs.

L'époque la plus convenable pour poser ce fondement d'une foule d'améliorations futures, est celle où la désorganisation de l'ancien gouvernement en fait sentir le pressant besoin, en même temps qu'elle a produit l'attente d'un nouvel ordre de choses, et a disposé les esprits à le recevoir. Si le moment actuel n'est pas mis à profit, si la nouvelle division territoriale n'est pas liée à la nécessité d'admettre la constitution dont elle fera partie, et dont on ne peut plus se passer, il faut y renoncer pour jamais. Sur quel prétexte en reproduirait-on la proposition, après que la nation elle-même aurait ratifié de nouveau les anciennes divisions, en les établissant pour bases constitutionnelles des nouveaux districts de représentation et d'administration ?

Je sais bien qu'on paraît craindre qu'en ce moment où les hommes sont comme malgré eux entraînés vers leurs anciennes liaisons, *parce que le gouvernement*, dit-on, *n'a pas la force de les rallier à lui*, on ne risquât à augmenter la confusion, en voulant rompre les unités provinciales.

Mais 1° il est assez naturel que dans ce moment du passage à la liberté, et du relâchement des anciens pouvoirs, les citoyens aient vu dans leurs anciennes relations le moyen de mieux supporter la commotion passagère qui les agite. Cette affection produite par les circonstances doit cesser avec elles, et cédera, n'en doutons pas, au sentiment universel de douceur et de sécurité que l'établissement de la constitution répandra dans toute la France.

2° On s'est replié sur les anciennes liaisons, parce que le gouvernement n'a pas la force de rallier à lui; mais c'est la nation qui va tout rallier à elle par la constitution. Qui ne sentira pas que l'attachement à la grande union nationale vaut mille fois mieux que l'état de corporation partielle qui sera désavoué par la constitution?

3° Enfin ces affections d'unité provinciale qu'on croit si dangereux de blesser, ne sont pas mêmes offensées par le plan du comité, puisque aucune province n'est détruite, ni véritablement démembrée, et qu'elle ne cesse pas d'être province, et la province de même nom qu'auparavant, pour avoir des districts nouveaux, de représentation ou d'administration.

Le comité présente quatre-vingts divisions nouvelles, parce que sous ces deux rapports, l'étendue de trois cent vingt-quatre lieues carrées, dont chaque division est composée, paraît la plus avantageuse. Elle donne lieu d'ailleurs à de bonnes subdivisions intérieures, puisque chacune fournit neuf districts de *commune*, qui se fractionnent encore chacun en neuf *cantons* : distribution heureuse sur laquelle on pourra, avec le temps, établir le mécanisme facile de toutes les parties du régime intérieur de chaque administration.

Une surface de trois cent vingt-quatre lieues offre une étendue moyenne, qui convient à des districts d'élection directe, qui convient encore plus à des districts d'administration, et qui pourra convenir, par la suite, pour réunir dans les mêmes divisions l'exercice des autres pouvoirs publics. Ne désespérons pas que le jour viendra, où l'esprit national étant mieux formé, tous les Français réunis en une seule famille, n'ayant qu'une seule loi, et un seul mode de gouvernement, abjureront tous les préjugés de l'esprit de corporation particulière et locale. La constitution doit prévoir, provoquer et faciliter ce bon mouvement, qui rendra la nation française la première et la plus heureuse nation du monde.

Mais c'est des départemens administratifs surtout qu'il importe essentiellement de borner l'étendue. Cette précaution est nécessaire politiquement, et d'ailleurs l'intérêt de chaque territoire administré l'exige.

La position n'est plus la même qu'elle était avant la révolution actuelle. Lorsque la toute-puissance était par le fait dans les mains des ministres, et lorsque les provinces isolées avaient des droits et des intérêts particuliers à défendre contre le despotisme, chacune désirait, avec raison, d'avoir son corps particulier d'administration, et de l'établir au plus haut degré de puissance et de force qu'il était possible : mais toutes les provinces sont maintenant associées en droits et en intérêts, et la liberté publique est assurée par la permanence du corps-législatif. Il ne s'agit plus aujourd'hui que de conserver l'esprit, et d'assurer les effets de la constitution actuelle. Craignons donc d'établir des corps administratifs, assez forts pour entreprendre de résister au chef du pouvoir exécutif, et qui puissent se croire assez puissans pour manquer impunément de soumission à la législature. Les membres de ces corps seront déjà très-forts par leur caractère de députés élus par le peuple: n'ajoutons pas à cette force d'opinion la force réelle de leurs masses.

Considérons ensuite que l'intérêt des gouvernés se joint ici à la nécessité politique. Cet intérêt consiste à ce que le district de chaque administration soit mesuré, de manière qu'elle puisse suffire à tous les objets de surveillance publique, et à la prompte expédition des affaires particulières. En administration, c'est aux effets réels et à l'efficacité de l'exécution, qu'il faut principalement s'attacher, parce qu'une administration n'est bonne qu'autant qu'elle administre réellement. Or elle ne remplit bien cet objet que lorsqu'elle est présente, pour ainsi dire, à tous les points de son territoire, et qu'elle peut expédier avec autant de célérité que d'attention toutes les affaires des particuliers. Cette exactitude sans laquelle le bien ne se fait pas, ou ne se fait qu'à demi, serait impossible à des administrations qui auraient un trop grand territoire. C'est donc aux citoyens mêmes qu'il importe de multiplier les administrations pour en resserrer les districts.

Il semble au premier coup d'œil qu'il n'y a pas d'objections qui puissent balancer tant d'avantages; et l'examen des principales difficultés qui ont été faites confirme cette vérité.

Vous changez, nous dit-on, les anciennes divisions des provinces; vous les anéantissez en confondant leurs territoires. Quand cela serait, quel inconvénient en résulterait-il? Puisque le gouvernement est devenu national et représentatif, puisque tous les citoyens y concourent, puisque les lois, les impôts et les règles d'administration vont être les mêmes dans toutes les parties du royaume, qu'importe à quelle division de son territoire on soit attaché, les avantages politiques et civils étant parfaitement égaux dans toutes?

Il serait bien désirable, sans doute, que l'assemblée pût faire ce mal imaginaire qu'on reproche au plan du comité, pour acquérir le bien réel et inappréciable de détruire l'esprit de province, qui n'est, dans l'État, qu'un esprit individuel, ennemi du véritable esprit national. Si son influence nous domine ici, je répète que nous ne ferons pas, ou, ce qui est pire peut-être, que nous ferons mal la constitution.

La division proposée est impraticable par les obstacles physiques qu'elle rencontrera, et par la résistance de l'opinion; il faudrait, d'ailleurs, pour l'exécuter, un temps très-long qui nous manque.

Réponse. 1°. Si quelqu'un a pu croire que la division s'exécuterait par carrés géométriques parfaits, qui feraient de la surface du royaume un échiquier; il a dû regarder que les montagnes, les fleuves, les villes déjà existantes, ne permettraient pas en effet de tirer de l'est à l'ouest de la France, et du nord au midi, des lignes parfaitement droites. Mais puisque l'exécution n'est pas cela, et que les sinuosités nécessaires que le local ou la convenance économique occasionne sont observées, et n'empêchent pas la division, cette première partie de l'objection s'évanouit.

2°. Quant à la résistance d'opinion, quand ce plan sera présenté aux provinces sous son vrai point de vue; quand elles le recevront émané de vous, et faisant partie de la constitution générale et uniforme du royaume; quand enfin elles seront à portée d'en apprécier sainement les motifs et les effets, ne désespérons pas de l'empire si puissant de la raison, du patriotisme et de l'intérêt réel de chaque territoire. Le comité a déjà vu des députés de plusieurs provinces prévenus contre le projet par les objections vulgaires qui ont été faites au premier instant, déposer leurs préventions, lorsqu'ils ont examiné sur la carte le tracé provisoire des divisions de leurs provinces, et conçu d'après leurs connaissances locales la facilité de les perfectionner définitivement. Il en sera de même partout. Au surplus, il ne faut jamais s'effrayer d'entendre fronder d'abord ce qui s'écarte des habitudes anciennes, et des idées communes.

Enfin, si les préjugés d'une, de deux ou de trois provinces, devaient l'emporter sur le bien général et démontré de tout le royaume; si les parties ne devaient pas céder raisonnablement au tout, ou si la nation en corps n'avait aucune autorité sur les membres; si ceux enfin qui concourent par leurs députés à faire les décrets constitutionnels, pouvaient ensuite refuser de s'y soumettre, il n'y a point ici d'association politique, point de corps législatif, point de régénération à espérer, point de constitution à faire; disons le mot, nous ne serions point une assemblée nationale, parce que nous n'aurions pas voulu l'être, et parce qu'après en avoir conquis le titre, contens du mot, nous n'aurions pas voulu prendre l'esprit de la chose, ni en remplir les obligations.

3° A l'égard de l'objection relative à la longueur du temps qu'exigerait l'exécution de la division proposée, le comité a été convaincu qu'il en faudrait un plus long peut-être que la durée de la session actuelle, pour arrêter définitivement l'état de chaque division; mais il a vu aussi que pour rendre le plan provisoirement applicable à la première formation des assemblées administratives, qui seules pourront servir à le perfectionner, il ne faudra pas, à beaucoup près, un temps aussi long. Que, d'après le plan du comité et le travail fait sur la carte, les chefs-lieux de chacun des quatre-vingts départemens soient indiqués, ainsi que la démarcation approximante des trente-six lieues de leur territoire; que, dans chaque département, les chefs-lieux des neuf communes soient annoncés de même, avec le secours des députés de chaque province; que les officiers municipaux du chef-lieu de chaque commune soient chargés de tracer provisoirement leurs arrondissemens : cela va suffire pour la formation des premières assemblées; et ce mouvement, qui n'est pas moins nécessaire en rejetant le plan du comité, qu'en l'admettant, ne prendra pas plus de temps que la distribution intérieure des provinces dans leurs anciennes divisions.

J'opine, par ces raisons, à l'admission de la nouvelle division du royaume en quatre-vingts départemens de représentation et d'administration, proposée par le comité.

M. le président propose de statuer sur les trois premiers articles du comité.

Ici le désordre s'introduit; d'un côté on demandait le plan du comité; de l'autre côté on voulait le rejeter; au milieu de cette opposition, le vicomte de Mirabeau élève la voix pour faire un prologue qui n'a pas été entendu.

Dans cette confusion M. Barnave a pris la parole, pour proposer un ordre de délibération.

Sera-t-il procédé à une nouvelle division du royaume pour la formation des départemens de représentation et d'administration?

Les départemens seront-ils au nombre de quatre-vingts, plus ou moins?

Ces départemens seront-ils subdivisés en districts?

Les districts seront-ils au nombre de neuf dans chaque département, plus ou moins?

La netteté et la simplicité de cet ordre de travail a fait sensation dans l'assemblée; mais la question a été traversée par plusieurs membres.

M. Bouche se déclare opposant à toutes délibérations sur cette matière; attendu que l'assemblée, dit-il, n'est pas instruite, et qu'elle a ordonné l'impression d'un projet présenté par M. de Puy-Vallée, qu'elle ne connaît pas encore.

M. le président fait donner lecture d'une lettre du garde-des-sceaux, dont voici l'extrait :

« Le roi a été informé hier au soir de l'arrêté pris par la chambre des vacations du parlement de Rouen, en enregistrant la loi qui la proroge, sa majesté n'a pas cru devoir différer un instant de manifester son animadversion contre l'arrêté de cette chambre, et de donner aux peuples les preuves de l'union intime de sa majesté avec l'assemblée nationale; d'où dépend le bonheur commun de tous ses sujets.

» M. le garde-des-sceaux fait passer à M. le président l'arrêt que les circonstances exigent : le roi accepte le décret du 7 de ce mois, qui interdit aux membres de l'assemblée l'entrée au ministère, et le décret relatif à la milice nationale du Hâvre.

» Signé † *archevêque de Bordeaux.* »

Voici l'arrêt du conseil :

« Sur le compte qui a été rendu au roi par la chambre des vacations du parlement de Rouen, du 6 de ce mois, en enregistrant les lettres-patentes qui la prorogent, sa majesté n'a pu voir qu'avec autant de surprise que de mécontentement un arrêté qui ne peut qu'exciter la fermentation, égarer l'esprit de ses fidèles sujets, et élever des doutes sur une union d'où dépend le bonheur commun; sa majesté jugeant nécessaire de dissiper les alarmes qui pourraient être la suite d'un pareil acte, le roi en son conseil casse et annule l'arrêté, et fait très-expresses inhibitions à cette chambre de récidiver, avec impression, affiche et publication du présent arrêt. »

Arrêté de la chambre des vacations du parlement de Rouen, du 6 novembre 1789.

La chambre, considérant qu'à une époque désastreuse de troubles de tout genre, d'insurrections réfléchies contre tous les principes, et d'atteinte portée à l'autorité sacrée du plus juste et du meilleur des rois, la résistance même la mieux fondée, ne ferait peut-être qu'accélérer l'exécution des projets sinistres qui semblent menacer encore jusqu'aux ruines de la monarchie;

Que si d'un côté, et en maxime générale, les magistrats ne doivent écouter que l'impérieux cri de leur conscience, sans composer avec leurs devoirs; de l'autre cependant et dans des conjonctures si cruelles, que jamais sans doute les fastes de l'histoire n'en fourniront un second exemple, il est de la prudence de ces mêmes magistrats de prévenir, par une sorte de flexibilité, les nouveaux maux incalculables que plus de fermeté pourrait entraîner.

En effet, ce n'est pas au moment où la plupart des citoyens semblent volontairement frappés d'un aveuglement absolu, qu'il peut être opportun de faire luire la lumière.

Quand partout les lois sont attaquées, calomniées et avilies, vouloir opposer leur puissance, serait évidemment les livrer à de nouveaux outrages.

Quand le premier monarque de l'univers, accablé de chagrins aussi cuisans qu'immérités, daigne faire taire en lui tout autre sentiment que celui de son inépuisable tendresse pour ses peuples; enfin, quand on a vu ce prince, digne à jamais du respect des nations, bravant tous les dangers, venir au milieu de sa capitale essayer encore, par l'exemple de ses vertus et des témoignages touchans de sa popularité, de ramener ses sujets égarés; de vrais et fidèles magistrats ne peuvent que bénir tant de bonté, et gémir en silence sur l'erreur de leurs concitoyens.

Par ces différentes considérations, la chambre des vacations a arrêté d'enregistrer provisoirement la déclaration du roi du 3 de ce mois, portant prorogation des vacances du parlement et des séances de ladite chambre.

Déclare néanmoins que si elle se détermine à procéder à cet enregistrement, ce n'est que pour donner au seigneur roi de nouvelles preuves de son amour inviolable, de son respect profond et de sa soumission sans bornes, et aussi dans la crainte de contrarier les vues de sa majesté et d'augmenter peut-être par une juste résistance les troubles affreux qui déchirent l'état; mais qu'au surplus il ne pourra en aucun cas être tiré de conséquence dudit enregistrement, attendu que ladite chambre y a procédé sans liberté ni qualités suffisantes, et uniquement entraînée par la force des circonstances; qu'en conséquence elle ne cessera jamais de regarder ladite déclaration comme lui attribuant indûment une compétence formellement contraire au titre même de son institution, comme interdisant et dépouillant injurieusement et par une force inouïe, des magistrats dignes de la confiance de leurs justiciables, comme tendant par l'absence forcée des parlemens, à établir plus que jamais l'anarchie dans le royaume, comme contraire aux droits et aux vrais intérêts de la province qu'on veut, arbitrairement et sans aucun motif raisonnable, priver des lumières et des travaux du plus grand nombre de ses juges supérieurs; surtout enfin comme entraînant infailliblement la ruine des justiciables, dont toutes les affaires resteront nécessairement, par l'immense diminution du nombre de leurs juges, dans l'état de stagnation le plus affligeant.

Arrête en outre qu'expéditions en forme du présent seront envoyées à monseigneur le garde-des-sceaux et à M. le comte de Saint-Priest, et que M. de Guichainville, doyen, leur écrira pour les prier de mettre ledit arrêté sous les yeux de sa majesté, et lui protester que jamais elle n'aura de sujets plus fidèles que les magistrats qui composent la chambre des vacations de son parlement de Rouen; qu'ils ne veulent vivre que pour servir et respecter son autorité légitime, ainsi que les lois dont elle leur a confié le dépôt, et qu'ils périront plutôt que de consacrer jamais les atteintes qu'on pourrait y apporter.

M. Barère de Vieuzac. Tandis que la première cour du royaume vient de donner l'exemple de la soumission, la chambre des vacations de Rouen se rend coupable d'une violation de la représentation nationale et d'une véritable forfaiture..... La moindre indulgence serait faiblesse; la moindre faiblesse serait un oubli de vos devoirs.....

Je vous propose de faire instruire le procès pour cause de forfaiture, et de donner aux tribunaux du ressort pouvoir de juger toutes les causes, conformément au décret relatif à la chambre des vacations.

M. de Clermont-Tonnerre demande la parole dans les mêmes intentions que M. Barère. Les expressions les plus fortes, dit-il, ne s'éleveraient pas à la hauteur de ce délit; je rougirais de vous en occuper davantage, et j'appuie la motion du préopinant.

M. Desmeuniers pense que, selon les règles et les principes, il faut nommer quatre commissaires, qui seront chargés de poursuivre au nom de la nation....

M. Pétion de Villeneuve. Je demande que le président se retire pardevers le roi, pour remercier sa majesté, de la célérité avec laquelle il a proscrit l'arrêté séditieux du parlement de Rouen.

Plusieurs amendemens relatifs à l'attribution à donner aux tribunaux qui devront remplacer la chambre des vacations du parlement de Rouen, sont proposés.

La discussion est ajournée.]

Paris. — Nous avons vu, il y a quelques jours, les patriotes presque effrayés du présent, et alarmés sur l'avenir; les résultats des dernières séances que nous venons d'exposer, le décret sur les biens du clergé, celui sur les parlemens, enfin l'annonce d'un nouveau système administratif, commencèrent à rassurer l'opinion. C'étaient des garanties données à l'esprit révolutionnaire : elles changèrent en une critique paisible, une colère qui pensait déjà recourir à quelque nouvelle violence. En même temps, grâce à des mesures assez habiles, dont nous aurons bientôt occasion de parler, et qui avaient été indiquées par Loustalot dans son journal, l'abondance reparut chez les boulangers. Au reste, la terreur momentanée qui avait saisi les patriotes, et qui se manifesta moins par la presse que par des conversations et des projets menaçans; les convulsions populaires dont la faim et le défaut de travail étaient les causes évidentes, et qui, d'ailleurs, parcouraient encore en cet instant toutes les provinces, étaient un avertissement suffisant qui inspira une nouvelle énergie au parti révolutionnaire de l'assemblée nationale. Les résistances des corps provinciaux de diverses espèces lui commandaient encore de se hâter.

Nous avons vu par quelles discussions fut inaugurée la division administrative qui partage aujourd'hui le territoire français. Cette question fut l'objet constant des travaux de l'assemblée nationale, pendant le reste du mois de novembre. Elle fut interrompue plusieurs fois par des affaires de circonstance, et par des discussions financières qui étaient aussi un objet du moment.

Il serait oiseux d'exposer tous les détails des délibérations qui présidèrent à la rédaction de chaque article de l'organisation départementale, cantonale, etc. Plusieurs difficultés qui faisaient question alors, n'en sont plus aujourd'hui. Nous nous bornerons donc à en énoncer les résultats.

Ce fut le 9 novembre que la discussion générale fut fermée par ces mots de Thouret soutenant le plan du comité : « Hâtons-nous, Messieurs, de donner une constitution aux *provinces*; hâtons-nous de prononcer ce décret que toute la nation attend de nous avec l'impatience du besoin : les détails inutiles, ou même peu utiles, sont désormais nos seuls ennemis. »

La première question fut ainsi posée dans la séance du 11 : » Fera-t-on une nouvelle division du royaume, oui ou non ? » — L'affirmative fut décidée à une très-grande majorité. — La seconde question fut ensuite posée : « Les *départemens* seront-ils au nombre de soixante-quinze à quatre-vingt-cinq, oui, ou non? — L'affirmative fut encore décidée.

Dans la séance du 12, on a lu l'article du comité relatif à la division du département en neuf parties. — Il fut décrété que « chaque département serait subdivisé en *districts*, et que cette division, qui serait toujours en nombre *ternaire*, serait fixée par l'assemblée nationale. »

Dans la séance du 16, les articles suivans furent successivement décrétés : — « Chaque district sera partagé en divisions appelées *cantons*, d'environ quatre lieues carrées, lieues communes de France.

— » Dans tout canton, il y aura au moins une assemblée primaire.

— » Tant que le nombre des citoyens actifs d'un canton ne s'élevera pas à neuf cents, il n'y aura qu'une assemblée primaire; mais dès le nombre neuf cents, il s'en formera deux de quatre-cent cinquante chacune au moins.

— » Chaque assemblée tendra toujours à se former, autant

qu'il sera possible, au nombre de six cents, qui sera le taux moyen ; de telle sorte néanmoins que s'il y a plusieurs assemblées dans un canton, la moins nombreuse soit au moins de quatre cent cinquante. Ainsi, au-delà de neuf cents, mais avant mille cinquante, il ne pourra y avoir une assemblée complète de neuf cents, puisque la seconde aurait moins de quatre cent cinquante. Dès le nombre mille cinquante et au-delà, la première assemblée sera de six cents, et la deuxième de quatre cent cinquante au plus. Si le nombre s'élève à quatorze cents, il n'y en aura que deux : une de six cents, et l'autre de huit cents ; mais à quinze cents, il s'en formera trois : une de six cents, et deux de quatre cent cinquante ; et ainsi de suite, suivant le nombre de citoyens actifs de chaque canton. »

Dans la séance du 17, on décréta d'abord que « le nombre des députés à l'assemblée nationale, pour chaque département, serait déterminé selon la proportion de la population, du territoire et de la contribution directe. »

On n'eut aucun égard aux observations de quelques membres si bien résumées par le discours de Pétion, que nous croyons devoir le consigner ici. Il est vrai qu'on écoutait ce représentant avec une certaine défaveur sur cette question, parce que, dans la discussion générale, il avait défendu et soutenu l'utilité de l'esprit de province, et voté pour sa conservation autant que possible.

M. Pétion de Villeneuve. La combinaison des trois bases est une idée ingénieuse, beaucoup plus subtile que solide. Les deux bases factices qu'on veut réunir à la population, donneront lieu à une inégalité certaine dans la représentation.

« La représentation est un droit individuel : voilà le principe incontestable qui doit déterminer à admettre uniquement la base de la population. On vous a dit que cette base variera, tandis que celle du territoire est invariable ; mais vos divisions territoriales seront nécessairement inégales en étendue ; la différence de leur valeur respective sera encore une autre source d'inégalité. Ainsi, cette base immuable sera immuablement inexacte et injuste.

La base de la contribution n'est pas plus convenable. En donnant une représentation à la fortune, vous blessez tous les principes, et dans votre supposition même, vous êtes encore injustes, puisque vous n'accordez pas de représentation aux impositions indirectes.

N'espérez pas, en combinant ces élémens vicieux, parvenir à un sage résultat.

Vous n'avez pas même l'avantage de simplifier l'opération. En effet, pour donner à la population le tiers que vous lui réservez dans la représentation, il en faudra connaître la totalité. Si vous adoptez cette base unique, cette connaissance suffirait seule à l'organisation d'un système aussi juste que simple. La population changera, dit-on ; vous changerez vos propositions avec elle, et tous les dix ans vous pourrez réparer les erreurs que l'expérience vous aura dénoncées. »

Il fut décrété ensuite que « l'élection des députés à l'assemblée nationale se ferait dans chaque département, en assemblée générale des électeurs choisis par les assemblées primaires du département. »

Dans la séance du 18, on vota les dispositions suivantes :

— « Les assemblées d'élection, pour la nomination des députés à l'assemblée nationale, se tiendront alternativement dans les chefs-lieux des différens districts.

— » Les assemblées primaires choisiront les électeurs parmi tous les citoyens actifs de leurs cantons.

— » Les électeurs choisis par les assemblées primaires de chaque district, pourront choisir les membres des administrations de district parmi les éligibles de tous les cantons de ce district.

— » Les électeurs choisiront les membres de l'administration du département, parmi les éligibles de tous les districts de chaque département, de manière cependant que, dans l'administration du département, il y ait au moins deux membres de chaque district.

— » Les députés à l'assemblée nationale qui seront nommés par chaque assemblée de département seront pris parmi les éligibles du département électeur.

— » Le nombre des électeurs que les assemblées primaires de

chaque canton auront à nommer, sera déterminé à raison d'un sur cent citoyens actifs présens ou non présens à l'assemblée, en sorte que, jusqu'à cent cinquante il en sera nommé un, deux depuis cent cinquante-un jusqu'à deux cent cinquante; ainsi de suite. »

Dans la séance du 19, les articles suivans furent décrétés :

« Chaque *administration* soit de département, soit de district, sera permanente, et les membres en seront renouvelés par moitié tous les deux ans : la première fois au sort, après les deux premières années d'exercice, et ensuite à tour d'ancienneté.

» Les membres des assemblées administratives seront en fonctions pendant quatre ans, à l'exception de ceux qui sortiront par le premier renouvellement au sort, après deux premières années.

» Après avoir choisi les députés de l'assemblée nationale, les mêmes électeurs de chaque département choisiront ensuite les membres à élire pour l'administration du département. »

» Les électeurs du district, revenus au chef-lieu du district, choisiront les membres à élire pour l'administration de leur district.

» L'assemblée administrative de département sera composée de trente membres; l'administration des districts sera composée de douze.

» Chaque administration de département sera divisée en deux sections : l'une, sous le titre de *Conseil de département*, tiendra annuellement une session pendant un mois au plus, si la nécessité des affaires l'exige, pour fixer les règles de chaque partie d'administration, et ordonner les travaux et les dépenses générales du département; l'autre, sous le titre de *Directoire* du département, sera toujours en activité pour l'expédition des affaires, et rendra compte de sa gestion au conseil de département: ce compte sera, chaque année, rendu public par la voie de l'impression.

» Les membres de chaque administration de département éliront, à la fin de leur première session, huit d'entre eux pour composer le directoire; ils le renouvelleront tous les deux ans par moitié; les vingt-huit autres formeront le conseil du directoire. »

On allait renvoyer ce sujet à la prochaine séance, lorsque M. Target demande la parole.

M. Target: Des circonstances urgentes et qui nous environnent de très-près, forcent votre comité à vous proposer de délibérer sans délai sur les deux articles suivans :

1°. Les représentans nommés par les cantons pour l'administration de district ne pourront jamais être regardés que comme les représentans de la totalité des districts, et non d'aucun canton particulier.

Les représentans envoyés par les districts à l'administration de département ne pourront jamais être regardés que comme les représentans de la totalité des départemens.

Les représentans envoyés par les départemens à l'assemblée nationale, ne pourront jamais être regardés que comme les représentans de la totalité des départemens, c'est-à-dire de la nation.

2°. En conséquence, les membres des administrations de districts ou départemens, non plus que les membres de l'assemblée nationale, ne pourront jamais être révoqués, et leur destitution ne pourra être que la suite d'une forfaiture jugée.

Ces deux articles sont décrétés à une très-grande majorité.

M. le président se retire pour présenter sur-le-champ ces deux décrets à l'acceptation royale.

Dans la séance du 23, on arrêta les articles qui suivent :

« Chaque administration de district sera entièrement subordonnée à celle de département. Elle sera divisée en deux sections: l'une destinée, sous les yeux du conseil, à préparer les matières soumises à l'administration des départemens, et des comptes de gestion; elle tiendra ses séances quinze jours chaque année au plus; l'autre, sous le nom de directoire, sera chargée de l'exécution.

» Tout ce qui est prescrit par les articles précédens sur les assemblées de département aura lieu de même pour les assemblées de district.

« Les assemblées administratives étant instituées dans l'ordre du pouvoir exécutif, seront les agens de ce pouvoir, dépositaires de l'autorité du roi, comme chef de l'autorité nationale, elles agiront en son nom et lui seront entièrement subordonnées. »

Dans la séance du 24, on termina la constitution départementale par les articles suivans :

« Les fonctions des administrations de département et de celles des districts, sous l'autorité des premières, seront de régler, en exécution des décrets de l'assemblée nationale législative, la répartition, par les départemens, entre les districts, et par les districts, entre ses communautés, de toutes les contributions directes imposées sur chaque département; de diriger tout ce qui concerne la perception et le versement des contributions; d'inspecter les agens qui en seront chargés, et le paiement des dépenses et assignations locales ; de surveiller, sous les ordres du roi, et toujours d'après les décrets du corps-législatif, tout ce qui concerne le soulagement des pauvres, les maisons et ateliers de charité, les maisons d'arrêt et de correction, les prisons, la police des mendians et vagabonds, les propriétés publiques, la police des eaux et forêts, celle des chemins, rivières et autres choses communes; les routes, chemins, canaux et travaux publics de toute espèce, relatifs aux besoins particuliers du département; la salubrité, la sûreté et la tranquillité publiques; l'entretien, réparation et reconstruction des églises, presbytères, et autres objets relatifs au service du culte; l'éducation publique, et l'enseignement politique et moral; enfin, les milices nationales, ainsi qu'il sera exposé dans des articles particuliers.

» Les assemblées administratives sont subordonnées au roi, comme chef suprême de la nation et de l'administration générale, et elles ne pourront exercer les fonctions qui leur seront confiées, que selon les règles prescrites par la constitution, et par les décrets des législatures, sanctionnés par le roi.

» Les assemblées administratives ne pourront établir aucun

impôt pour quelque cause et sous quelque dénomination que ce soit, en répartir aucun au-delà des sommes et du temps fixés par le corps-législatif; faire aucun emprunt, sans y être autorisées par l'assemblée nationale, sauf à pourvoir à l'établissement et au maintien des moyens propres à leur procurer les fonds nécessaires au paiement de leurs dettes, aux dépenses locales et aux dépenses imprévues et urgentes.

« Elles ne pourront être troublées dans l'exercice de leurs fonctions administratives par aucun acte du pouvoir judiciaire. »

Dans la séance qui suivit, l'assemblée nationale commença à s'occuper de l'organisation des municipalités. Mais ayant d'exposer ce travail, il faut étudier les événemens qui se passaient dans les corps administratifs de la ville de Paris. On ne peut douter qu'à cause même de leur voisinage et de leur gravité, ils n'eurent une grande influence sur les déterminations de la Constituante.

Nous avons vu agir les représentans de la commune de Paris; nous avons exposé quelques-unes des réflexions que sa conduite inspirait. Mais l'on ne peut prendre d'après ces citations, qu'une faible idée de l'opposition qui s'était élevée contre elle. Les actes que provoquèrent la loi martiale et l'établissement du comité des recherches, paraissent uniquement dirigées dans le seul but de ces institutions; ils ne suffisent pas peut-être pour faire comprendre l'opinion qui s'était emparée de tous les esprits patriotes, sur la tendance de la Commune. Arrêtons-nous donc un moment sur ce sujet.

« Citoyens, où en sommes-nous? disait Loustalot, le 8 novembre, dans un article ayant pour titre : *État actuel de la Commune.* Est-il vrai que nous ayons combattu pour la patrie, que nous ayons terrassé le despotisme et l'aristocratie? est-il vrai que la Bastille n'existe plus? qu'est devenue cette liberté si brillante dès son aurore? elle s'est éclipsée devant une nouvelle aristocratie, l'aristocratie de nos mandataires.

» Des lois générales, dont il était important que tout Français saisît l'esprit, nous ont trop occupé pendant quelque temps, pour que nous ayons pu mettre sous vos yeux, le tableau des usurpations successives de la municipalité sur les droits de la Commune.....

« En peu de temps, le pouvoir municipal a franchi toutes les barrières : déjà la Commune n'est rien, et la municipalité est tout ; c'est-à-dire que notre régime est aristocratique et non pas démocratique et populaire : d'où il suit que nous sommes moins libres que sous le despotisme royal, car le pire de tous les despotismes est celui de plusieurs.

» Nous allons donc, citoyens, vous dévoiler un système bien lié, bien suivi, dont l'objet est de concentrer dans les mains des officiers municipaux, le pouvoir qui ne peut appartenir qu'à l'universalité des citoyens.

» Nous ne pouvons vous dissimuler, citoyens, que ce système a tellement réussi, que ce n'est pas sans danger qu'on peut maintenant le heurter de front. Ceux qui *peuvent plus que ce qu'ils doivent*, s'irritent plutôt d'une résistance légitime que d'une attaque fausse : celle-ci ne les arrête pas ; l'autre les empêche d'arriver à leur but....

»... *Commune* signifie l'universalité des citoyens ; *municipalité* les officiers chargés, par la commune, de l'administration..... Or, nos *municipaux* ont usurpé les pouvoirs de l'universalité des habitans, en prétendant être la *commune* et en prenant ce nom. Il suit de cette usurpation de nom qu'une députation de la *municipalité* se présente à l'assemblée nationale comme une députation de la *commune*; qu'elle fait des pétitions qu'elle suppose être l'objet du vœu de la *commune*; tandis qu'il ne s'agit souvent que d'un vœu qui lui est diamétralement opposé, celui de la *municipalité*, etc... Par un abus non moins grave, on appelle *districts* les comités des districts.

» Les *trois-cents*, nommés par la *commune*, étaient absolument sans autre pouvoir que de travailler à un plan de municipalité. Cependant ils ont nommé un *conseil des soixante*, chargé de l'ad-

ministration, les deux cent quarante restans, se réservant pour le travail de la législation municipale (1).

» Le conseil des soixante, qui n'a pas cru ses pouvoirs assez étendus relativement à la police, a dressé un réglement sur cet objet ; c'est-à-dire qu'il a créé la loi qu'il fera exécuter, ce qui est aussi libéral que si les ministres composaient les lois.... Mais le conseil des soixante a senti qu'il révolterait toute la commune, s'il tentait de faire publier ce réglement de son chef. Il a donc proposé aux deux cent quarante, soi-disant représentans de la commune, de donner force de loi à ce réglement.... L'assemblée générale n'a pas cru devoir accéder à cette proposition....

» Le conseil des soixante ne s'est pas tenu pour battu ; il s'est adressé à l'assemblée nationale, et il lui a présenté son plan comme formant le vœu de la commune de Paris.

» L'assemblée nationale a-t-elle pu faire un réglement particulier pour la police de la ville de Paris ? Oui, si un réglement pour la ville de Paris seulement est une loi nationale. Mais, comme il est évident que ce réglement n'est une loi que pour la ville de Paris, et que ses habitans seuls y sont intéressés, et non les habitans des provinces, il s'ensuit que ce réglement ne pouvait être voté que par les habitans de Paris.

» Il y a dans cette loi un article qui permet au maire de faire détenir un homme en prison pendant trois jours par précaution. Il y avait pendant huit jours dans le plan des soixante, qui n'avaient pas trouvé les vingt-quatre heures de l'ancienne police assez redoutables. Comme on voit, notre liberté individuelle se régénère comme un malade qui tombe *de fièvre en chaud mal.*

» ..... Ainsi il n'y a pas, dans ce moment, un citoyen dans la capitale qui puisse dire : *Ce soir je souperai avec ma femme et mes enfans ; demain j'irai chez mes débiteurs, pour toucher de quoi faire mes paiemens après-demain.* Il faut toujours sous-entendre : s'il ne

(1) La phrase imprimée en italique a été ajoutée au texte de Loustalot, afin de rendre intelligible la suite de ses raisonnemens.

plaît pas à quelque ennemi de me susciter quelque affaire à la police, et au magistrat de me faire détenir trois jours.....

» Mais la municipalité était déjà en possession de se jouer et des droits de la commune, et de la liberté des individus. Dès le 21 octobre, l'assemblée municipale s'était permis de créer un comité des recherches, un comité d'inquisition civile, composé de membres pris dans son sein, qui, SANS AUCUN POUVOIR ADMINISTRATIF, *s'assureraient, en cas de besoin*, DES PERSONNES DÉNONCÉES.... Quoi! votre comité n'aura, dites-vous, *aucun pouvoir administratif*, et cependant il pourra, en cas de besoin, *s'assurer des personnes dénoncées!*

» Citoyens! il administre votre liberté!..... Le comité des recherches de l'assemblée nationale n'a pas le pouvoir de s'assurer des personnes.

» Un moyen destructif des mœurs, de toute confiance entre citoyens, et de toute sécurité; un moyen qui excite la calomnie, qui favorise les délations, ne doit jamais être employé que dans un moment de crise, et ne doit jamais survivre au danger : il ressemble à la dictature..... Cependant les membres qui composent ce comité trouvent beau, sans doute, d'être à la place des lois, et de pouvoir, à leur gré, *s'assurer de la personne d'un citoyen.*

» Il ne serait pas juste de les dérober au tribut de reconnaissance qui leur est dû.... Ce sont MM. (voyez plus haut p. 224.) Un plus long exercice du pouvoir arbitraire pourrait peut-être devenir funeste à leurs vertus.... Il est temps qu'ils abdiquent. L'esprit d'inquisition a déjà détruit les bons principes chez celui d'entre eux (Brissot) qui, martyr de la liberté sous le régime ministériel, semblait avoir entrepris d'en être le défenseur *dans le nouveau système qui se prépare.* (Patriote Français.)

» *Quelques auteurs d'écrits incendiaires ont été arrêtés dans ces derniers temps*, dit M. Brissot de Warville; *des énergumènes ou des mal-intentionnés crient que ce sont des attentats à la liberté de la presse, qu'on viole la déclaration des droits.* — Avant de passer outre, nous demandons à M. Brissot de Warville, le journaliste, sur quelle règle M. Brissot de Warville, membre du comité des recherches, juge si un écrit est incendiaire ou ne l'est pas ? Il est impossible qu'il nous en cite une autre que son opinion, ou celle de MM. ses collègues...... *Quel est le pays, continue M. Brissot, où la déclaration des droits ne soit pas suspendue en temps de guerre et d'alarmes ?* — Comparer les gens de lettres avec des espions, et des canons avec un pamphlet, c'est avoir une furieuse envie de prouver sa thèse.

» *Quoi!* poursuit cet écrivain, *on pourrait arrêter l'auteur d'une machine infernale, qui, par une explosion subite, pourrait faire sauter une ville, et l'on ne pourrait arrêter un homme dont les calomnies peuvent, en un instant, armer le peuple contre les chefs, et les provinces contre les provinces? Demander qu'on respecte alors la liberté de la presse, c'est nous prier de nous laisser paisiblement égorger.* — On juge toujours mal quand on a peur..... Une calomnie imprimée est facilement détruite par une vérité imprimée : poursuivre les auteurs des ouvrages *incendiaires,* c'est les rendre célèbres, c'est donner une espèce de consistance à leurs extravagances. Il faudrait, pour qu'un pamphlet pût produire une explosion subite, qu'au moment où il paraît tout un peuple perdît la faculté de réfléchir, de parler, d'imprimer ou d'écrire, tout en conservant celle de lire, de comprendre et d'agir.

» Tant que ce comité sera en activité, il ne peut y avoir ni sûreté, ni liberté dans les délibérations des assemblées générales de la commune. Qu'un membre fasse, dans son district, une motion qui contrarie les projets des municipaux, le comité des recherches croira avoir besoin *de s'assurer de sa personne*. Cette inquisition flétrit nécessairement l'âme des citoyens, et laisse aux municipaux toutes les voies ouvertes pour établir une nouvelle aristocratie.

» Le comité de police exerce aussi son autorité de manière à ôter toute énergie aux citoyens. Il se permet de faire arrêter sur leurs foyers, et par des hommes armés, des citoyens, des pères de famille, des domiciliés, et de les faire conduire au bureau de police entre quatre soldats.

» Cette manière de mander un individu est mille fois plus tyrannique que celle de l'ancienne police. Ses agens n'entraient jamais dans la maison d'un citoyen qu'en vertu d'une lettre-de-cachet. Telle était l'opinion que l'on avait de la sainteté de l'asyle d'un citoyen, même sous un gouvernement dépravé, qu'il ne fallait pas moins qu'un ordre du roi pour le violer..... Ajoutons à cela que le comité de police tient ses audiences *à huis-clos*.

» Mais ce qui doit surtout faire craindre que la *municipalité* n'envahisse le droit de la *commune*, c'est le défaut d'intelligence qui règne presque dans chaque district entre les pouvoirs civil et militaire. Les gardes nationaux ont des assemblées où ils prennent des délibérations particulières. Rien n'est plus contraire à la saine politique. Il se forme nécessairement dans les assemblées militaires un esprit de corps, contraire à l'esprit public; et lorsque la force se trouve réunie à l'esprit de corps, l'esprit public a nécessairement le dessous.

» Voici un des principaux vices de l'institution de la garde nationale : *c'est qu'elle est bornée à un nombre fixe*. Si, comme cela devrait être, tout citoyen en état de porter les armes était garde national, il n'y aurait qu'une seule sorte d'assemblée, parce que tous les intérêts seraient communs; mais dès qu'un citoyen armé peut avoir des intérêts qui ne sont pas ceux du citoyen non armé, il n'y a plus d'unité d'action dans le corps politique, et sa fin prochaine est facile à prévoir.» (*Révolutions de Paris*, n° XVIII, p. 2 à 15.)

Tel était l'acte d'accusation dressé contre la municipalité par le journal le plus lu à Paris et en France: encore ce n'était là que le résumé de mille plaintes consignées dans ses numéros antérieurs. Mais on allait bien plus loin encore dans les conversations particulières, et même dans les districts, autant qu'on en peut juger par les procès-verbaux même de l'hôtel-de-ville, bien qu'ils soient très-réservés sur ces matières. On ne se bornait pas à attaquer le corps des représentans; on élevait des soupçons contre les individus; on n'épargnait ni la Fayette, ni Bailly; on mettait en doute la probité et la bonne foi de quelques autres représentans.

On voyait avec peine augmenter chaque jour le nombre des compagnies soldées, commandées par des officiers, nommés par l'Hôtel-de-ville, qui étaient devenues alors assez nombreuses pour former une petite armée. A cette occasion, quelques districts firent plus que se plaindre, ils opposèrent des protestations ; mais ils formaient la minorité, et on ne les écouta pas. Ce fut, ainsi que nous l'avons vu, pour donner de l'ensemble à cette opposition contre l'omnipotence de la municipalité que le district de Saint-Leu proposa l'établissement d'un bureau central des districts ; quarante districts acceptèrent cet arrangement : mais le bureau probablement parce qu'il ne réunissait pas encore la totalité des districts, resta sans agir ; et ce qu'on nommait les usurpations, continua.

Enfin, le district des Cordeliers, présidé par Danton, trouva le moyen, si ce n'est d'arrêter, au moins d'effrayer les *trois cents*. Il décréta, en assemblée générale, et députa à tous les districts afin qu'ils décrétassent ainsi que lui : « 1° Que les noms des citoyens qui composaient actuellement la municipalité, et ceux des personnes qui la composeraient dans la suite, seraient, pendant quinze jours au moins, affichés dans tous les districts ; 2° qu'il serait tenu incessamment des assemblées extraordinaires, dans lesquelles on ratifierait, ou infirmerait, à la majorité absolue des suffrages la nomination de chaque membre de la liste affichée ; 3° qu'aussitôt qu'il serait constaté que la majorité des districts a refusé de voir un citoyen quelconque siéger au milieu de ses représentans, le district par lequel la personne refusée aura été élue, serait tenu de procéder à la nomination d'un autre ; 4° que toute personne qui aurait été forcée de se retirer sur la notification des intentions de la majorité des districts, ne pourrait, sous aucun prétexte, demander judiciairement les motifs de ce refus de confiance. »

Ce ne fut pas tout, les Cordeliers arrêtèrent que les représentans de leur district à l'assemblée de l'Hôtel-de-ville prêteraient serment de s'opposer à ce que les *trois cents* pourraient faire de préjudiciable aux droits généraux des citoyens ; de s'opposer à toute institution civile ou militaire qui n'aurait pas la sanction de la majorité des districts; enfin de se considérer comme révocables à volonté, quelles que fussent les décisions contraires prises par la municipalité.

En conséquence, trois des représentans des Cordeliers à l'Hôtel-de-ville donnèrent leur démission. On en nomma de nouveaux qui prêtèrent le serment; mais l'assemblée des *trois cents* ne voulut pas les recevoir, et rappela les anciens. Elle refusa de plus de recevoir la députation du district qui venait lui faire part de ces différens arrêts. Cependant, ces rigueurs n'empêchèrent pas les autres districts de s'occuper de la question soulevée. Vingt-deux, celui des Prémontés en tête, se rangèrent de l'avis des Cordeliers; trente-huit, celui des Filles-Saint-Thomas et celui de Saint-Germain-l'Auxerrois en tête, votèrent contre. A cette occasion, voici ce que dit Loustalot : «Un journal, celui du sieur Brissot de Warville, représentant de la commune, a affirmé que trente-huit districts avaient déclaré ne point adhérer à la résolution prise par celui des Cordeliers. M. Brissot de Warville, le journaliste, *mentait impudemment*, parce que personne ne sait mieux que lui que des *Comités de district* ne sont pas plus des *Assemblées générales de district* qu'il n'est, lui, la société de citoyens qui travaille à son journal.»

Les démarches des districts continuèrent pendant tout le mois de novembre. Cependant, le 17, une députation de la commune dénonça le district des Cordeliers à l'assemblée nationale. Mais le 23, l'assemblée, sur un rapport de Treilhard, déclara que cette affaire était ajournée indéfiniment.

Ce fut le 25, deux jours après, que l'assemblée nationale commença à s'occuper de l'organisation des municipalités. Elle décréta presque sans discussion, sur le projet présenté par Target au nom du comité de constitution, et sans y introduire d'autres modifications que des changemens de rédaction, des dispositions qui rappellent assez exactement celles que les événemens révolutionnaires, et les nécessités du moment, avaient mises en usage à Paris, ainsi que l'expérience qui en était résultée. Nous ne donnerons pas le texte de cette législation communale, ce serait consommer un espace inutilement : car nous nous proposons de terminer l'*Histoire de l'assemblée nationale*, par la réimpression textuelle de la constitution tout entière. Nous croyons en cela faire la chose la plus commode pour le lecteur. D'ailleurs, quand même nous mentionnerions le texte des lois au fur et à mesure de leur création, nous ne serions pas dispensés de donner plus tard la constitution. En effet, celle-ci fut le résultat d'un remaniement complet de tous les articles votés séparément; et à cause de cela, elle offre des différences de détail assez considérables. Les diverses parties qui la composent avaient été décrétées souvent avec tant de précipitation et tant d'irrégularité, qu'il restait des omissions et quelquefois des contradictions qu'il fallait effacer. C'est afin que ce fait fût évident, que nous avons mentionné un assez grand nombre de décrets constitutionnels : on verra que quelques-unes des dispositions qu'ils consacraient, ne furent pas conservées. Mais maintenant que le fait est indiqué, que des preuves suffisantes de son existence ont été administrées, nous nous bornerons quand il s'agira de constitution à citer les dispositions dont l'effet doit être prochain, et par suite explicatif des événemens qui suivent immédiatement. C'est ce que nous ferons pour les municipalités, en citant quelques articles seulement.

« Les municipalités actuellement subsistantes en chaque ville, bourg, paroisse ou communauté, sous le titre d'hôtel-de-ville, mairie, échevinat, consulat, et généralement sous quelque titre et dénomination que ce soit, sont supprimées et abolies; et cependant les officiers actuellement en exercice, continueront leurs fonctions jusqu'à ce qu'ils aient été remplacés.

» Les officiers et membres des municipalités actuelles seront remplacés par voie d'élection.

» Tous les citoyens actifs de chaque ville, bourg, paroisse ou communauté, auront droit de concourir à l'élection des membres du corps municipal.

» Le chef du corps municipal portera le nom de maire.

» Les assemblées ne pourront se former par métiers, professions ou corporations, mais par quartiers ou arrondissemens.

» Toutes les assemblées particulières des citoyens actifs, ne seront regardées que comme des sections de l'assemblée générale de chaque ville ou communauté.

» En conséquence, chaque section de l'assemblée générale des citoyens actifs, fera parvenir à sa maison commune ou maison de ville, le recensement de son scrutin particulier, contenant la mention du nombre des suffrages que chaque citoyen nommé aura réunis en sa faveur, et le résultat général de tous ces recensemens sera formé dans la maison commune.

» Ceux qui réuniront la pluralité absolue seront élus.

» Il y aura dans chaque municipalité un procureur de la commune, sans voix délibérative, qui sera chargé de défendre les intérêts et de poursuivre les affaires de la communauté.

» La ville de Paris, à cause de son immense population, sera gouvernée par un règlement particulier qui sera fait sur les mêmes bases et d'après les mêmes principes que les autres municipalités du royaume.

» Les membres du bureau seront choisis par le corps municipal tous les ans, et pourront être réélus pour une seconde année.

» Les membres de l'administration municipale seront deux ans en exercice; la moitié en sera renouvelée par élection tous les ans, et quand les nombres seront impairs, il sortira alternativement un membre de plus ou un membre de moins chaque année. Le maire restera en exercice pendant deux ans : il pourra être continué pour deux autres années; mais ensuite il ne sera permis de l'élire de nouveau qu'après un intervalle de deux années. Le procureur de la commune et son substitut conserveront leur place pendant deux ans, et ils pourront également être réélus pour deux autres années : néanmoins le substitut du procureur de la commune n'exercera qu'une année; et dans toutes les élections, le procureur de la commune et son substitut seront élus alternativement. »

Le réglement sur les municipalités ne fut terminé qu'en décembre; et ce fut moins, ainsi que nous l'avons dit, à cause des difficultés de la discussion, que par suite des interruptions qui vinrent occuper l'assemblée nationale, et l'arrêter sur des questions tout administratives : les unes relatives à l'opposition des provinces, et les autres aux nécessités financières de l'époque. Nous allons en rendre compte, car les unes et les autres créaient des obstacles qu'on ne pouvait vaincre que par des mesures révolutionnaires.

Opposition dans les provinces.

Nous avons déjà vu l'arrêté du parlement de Normandie. L'assemblée nationale s'en occupa dans la séance du 10; il n'y eut guère d'autre discussion que sur le degré de peine que méritait cette tentative coupable. Il fut décidé que les auteurs de l'arrêté seraient renvoyés devant le tribunal chargé de poursuivre les crimes de *lèse-nation*, devant le Châtelet de Paris. Il fut décidé que le roi serait supplié de nommer une autre chambre de vacation, prise parmi les autres membres du parlement de Rouen, avec les mêmes pouvoirs et les mêmes fonctions que la précédente, laquelle enregistrerait purement et simplement le décret du 3 novembre.

Ce décret sévère ne fut pas appliqué. Le 12, intervint une lettre du roi à l'assemblée, faisant observer que l'arrêté du parlement de Rouen avait été pris en secret, n'avait reçu, par sa volonté, aucune publicité; que d'ailleurs la chambre coupable s'était rétractée. Il annonçait qu'elle était remplacée, et il terminait en demandant qu'on oubliât la faute des coupables : c'était, ajoutait-il, le vœu de son cœur. À la lecture de cette lettre, l'assemblée presque tout entière se leva, prête à voter selon les désirs du roi.

M. Alexandre Lameth. Le roi peut être indulgent..... Il pourra l'être lorsque l'affaire sera jugée.

M. Prieur. Il faut, avant de pardonner, savoir ce que feront les autres parlemens.

A ces paroles, un tumulte effroyable s'élève dans l'assemblée.

Messieurs, s'écrie M. Menou, il s'agit d'un crime de lèse-nation... Si le parlement de Rouen n'est pas jugé, le peuple aura le droit de dire que la justice n'est sévère que pour les pauvres, et qu'elle est toujours indulgente pour les riches et les puissans. Malgré ces observations, la majorité de l'assemblée décréta *que le vœu de S. M. devenait le sien.*

Quatre jours après, vint la nouvelle de l'opposition du parlement de Metz. Il en fut donné communication officielle le 16 novembre. Voici les pièces qui furent lues à l'assemblée.

Extrait des registres du parlement de Metz, du 12 novembre 1789.

Vu par la Cour, toutes les chambres assemblées, les lettres-patentes du roi, données à Paris le troisième jour de novembre présent mois, signées *Louis,* et plus bas : par le roi, *la Tour-du-Pin,* et scellées du grand sceau de cire jaune, portant sanction d'un décret de l'assemblée nationale, concernant les parlemens. Ouï Regnier, doyen des substituts du procureur-général du roi, qui en a requis l'enregistrement en la manière accoutumée :

La cour, pénétrée des sentimens de fidélité qu'elle doit au roi et à la nation, incertaine sur la manière de remplir, dans les circonstances actuelles, les engagemens qu'elle a contractés par son serment, et croyant ne pas reconnaître, dans le décret de l'assemblée nationale du 3 du courant, et dans la sanction du roi qui y est jointe, le caractère de liberté nécessaire pour rendre les lois obligatoires, a protesté et proteste contre ledit décret, ainsi que contre ladite sanction. Mais pour prévenir de plus grands maux, et jusqu'à ce que l'opinion du peuple français soit fixée sur cet objet, ordonne provisoirement que ledit décret et ladite sanction seront enregistrés. Ouï, et ce requérant le procureur du roi, pour être exécutés selon leur forme et teneur, que copies collationnées en seront incessamment envoyées dans tous les présidiaux, bailliages et autres siéges ressortissant dûment en la Cour, pour y être pareillement exécutés ; enjoint aux substituts du procureur général du roi sur les lieux, de tenir la main à leur exécution, et d'en certifier la Cour dans le mois. Fait à Metz en parlement, toutes les chambres assemblées, le douzième novembre 1789.

Signé, Collignon. Collationnée, *Signé*, Gimel.

« Sur le compte rendu au roi en son conseil, de l'arrêt du parlement de Metz, en enregistrant les lettres-patentes du 3 de ce mois, portant prorogation de la chambre des vacations; sa majesté a reconnu, qu'au lieu d'enregistrer lesdites lettres-patentes purement et simplement, et de les exécuter, ledit parlement se serait permis de supposer que le décret de l'assemblée nationale du 3 de ce mois, et la sanction de sa majesté, *sont dépourvus du caractère de liberté nécessaire pour rendre les lois obligatoires*, et n'aurait pas craint de protester, tant contre ledit décret que contre ladite sanction; que ledit parlement présente pour motif unique de son obéissance, *le désir de prévenir de plus grands maux, en attendant que l'opinion du peuple français soit fixée sur cet objet.*

« Le roi doit au maintien de son autorité et de celle de l'assemblée nationale, de réprimer promptement de pareils écarts : il doit à ses peuples fidèles de les prémunir contre des suppositions et des protestations aussi téméraires.

« A quoi voulant pourvoir, ouï le rapport, le roi étant en son conseil, a cassé et annulé l'arrêt rendu par le parlement de Metz le 12 de ce mois, en tout ce qui excède l'enregistrement pur et simple des lettres-patentes du 3 du présent mois. Fait sa majesté très-expresses inhibitions et défenses aux officiers de son parlement de Metz d'en rendre à l'avenir de semblables. Fait au Conseil-d'État du roi, sa majesté y étant, tenu à Paris le... »

La discussion de cette affaire est renvoyée au lendemain 17, au soir.

SÉANCE DU 17 NOVEMBRE AU MATIN.

Un de MM. les secrétaires fait lecture d'un arrêté des États du Cambresis. En voici les principaux objets :

Les États du Cambresis, sensiblement affectés des justes alarmes qu'inspirent quelques arrêtés de l'assemblée nationale, croiraient trahir le vœu de leur province et les générations futures, s'ils consentent à la destruction des franchises du Cambrésis, et à l'anéantissement des droits des propriétaires. Il n'est pas au pouvoir des représentans de la nation, ni de la nation elle-même de disposer des biens des citoyens....

Les capitulations du Cambrésis consacrent le maintien de ses coutumes et de ses franchises; elles sont le gage de la soumission et la règle de ce qui lui est dû; si le contrat est violé, il est relevé de ses engagemens. Certains arrêtés de l'assemblée nationale préparent la ruine du royaume et l'anéantissement de la religion. Si elle a pu mettre certains biens à la disposition de la nation, tous les propriétaires ne peuvent-ils pas s'attendre au même sort?

D'après ces considérations, les états du Cambrésis déclarent qu'au moyen de la renonciation que la noblesse et le clergé ont faite à toutes exemptions et priviléges, et qu'ils réitèrent, les intérêts sont devenus communs, et tous les citoyens sont frères; déclarent en conséquence, au nom de tous, qu'ils n'ont donné et ne peuvent donner aucune renonciation à leurs capitulations, et désavouent celle qui pourrait avoir été faite en leur nom.

Déclarent, dès à présent, les pouvoirs des députés du Cambrésis à l'assemblée nationale, nuls et révoqués.

Délibèrent en outre de demander au roi que la province puisse s'assembler pour donner suite à la présente délibération.

Ce 9 novembre 1789.

M. Treilhard. On ne peut sévir avec trop de sévérité et de promptitude contre des actes aussi condamnables. Je demande que la délibération sur cet arrêté soit ajournée à la séance de ce soir.

L'ajournement est prononcé, et l'on passe à l'ordre du jour, qui est la discussion sur l'organisation départementale.]

SÉANCE DU MARDI 17 NOVEMBRE, AU SOIR.

[*M. le vicomte de Mirabeau.* Je sens, Messieurs, la défaveur qui doit suivre à la tribune celui qui y monte pour parler contre le sentiment général de l'assemblée. Je connais peu les formes judiciaires ; je ne distingue pas un enregistrement pur et simple d'avec un enregistrement provisoire, accompagné de protestations. J'examine les motifs du parlement de Metz. Cette cour ne croit pas que l'assemblée et le roi soient libres. Personne n'est plus que moi convaincu que le roi est libre; il l'a dit. Je ne doute point de ce qu'il atteste; mais quand il ne le serait pas, il tiendrait le même langage.

Je crois aussi que l'assemblée est libre, et ce que j'éprouve en ce moment me le garantit; mais au bout du royaume est-il surprenant qu'on ne le pense pas? Il est possible que les quinze mille hommes, qui sont allés inviter le roi à venir à Paris, aient paru le forcer à s'y rendre.... Je demande que le parlement de Metz enregistre purement et simplement, et que pour rassurer les provinces, l'assemblée, par un décret, reconnaisse qu'elle est libre.

Un membre demande que le préopinant soit ramené à l'ordre, et que la parole lui soit interdite pour trois mois, attendu que son discours est irrespectueux.

La motion est appuyée d'un côté; de l'autre, on demande la question préalable.

M. de Cazalès parle en faveur de M. le vicomte de Mirabeau. Il invoque les principes de liberté.

M. Goupil de Préfeln. Faut-il donc, pour user de la liberté, se livrer à des déclamations, à des excès d'une licence effrénée?

M. Robespierre. Je demande que le discours de M. le vicomte de Mirabeau soit imprimé, afin de prouver la liberté de l'assemblée.

M. Rœderer. En prenant la parole au sujet du parlement de Metz, dont je suis membre, on ne me soupçonnera ni de vouloir l'accuser, ni de vouloir le défendre : je veux examiner l'arrêt qu'il a rendu, et vous présenter quelques observations.

Cet acte est répréhensible; il contient appel au peuple : l'autorité du roi et de la nation y est méconnue. Il suppose que l'assemblée est capable de porter des lois dans les chaînes, et de rédiger dans la contrainte le code de la liberté.... Voilà ce qui m'a frappé, et je ne tairai pas que j'ai reconnu le danger local de cet arrêté dans une ville frontière. Cependant il ne doit pas échapper à votre justice, que ses expressions renferment un sens séditieux, plutôt qu'elles ne sont séditieuses ; qu'elles peuvent autoriser la révolte, mais non l'exciter....

L'arrêt a été rendu, les chambres assemblées. Cette circonstance ne doit pas le faire paraître plus coupable : le décret est du 3 ; c'est le 9 qu'il est arrivé ; la chambre des vacations avait fini son service, on la convoqua le 10. Les membres ne purent se réunir ; le 11 on ne put délibérer ; le 12 le parlement s'assembla selon l'usage, et l'arrêté fut pris. Plusieurs membres ont protesté : ainsi, quoique cet acte soit coupable, tout le parlement ne l'est pas.

Je pense que c'est à vous seuls qu'il appartient de juger ce tribunal. Le pouvoir judiciaire ne peut, il est vrai, être uni au pouvoir législatif ; mais l'insurrection contre le corps-législatif ne peut être punie que par lui. S'il y avait un corps pour juger de tels faits, il serait supérieur au corps-législatif.

Pour savoir quel jugement il faut porter, il convient d'examiner quelle sera la conduite des autres parlemens, et de vous rappeler ce que vous avez fait pour le parlement de Rouen.... L'erreur du parlement de Metz s'est propagée dans les provinces, et les effets en sont près de vous....

Je demande que six des magistrats qui ont assisté à l'arrêt soient tenus de se rendre à la barre, pour déclarer ceux qui ont concouru à cet acte, et que M. le président soit chargé de leur exprimer le mécontentement de l'assemblée. Il m'appartient peut-être plus qu'à vous, Messieurs, d'apprécier l'effet de cette censure ; moi qui, nouvellement arrivé parmi vous, suis encore tout plein de la majesté de cette assemblée.... Je me reproche peut-être d'être trop sévère, en vous proposant cette peine ; si j'étais obligé de la subir, ce serait pour moi la mort.

Ce discours, prononcé avec beaucoup de force et de noblesse, est vivement applaudi.

M. Barère. Je propose l'arrêté suivant :

Le parlement de Metz sera supprimé; les bailliages nommeront provisoirement deux membres pour composer une cour supérieure, et son procès lui sera fait à la diligence du comité des recherches.

M. Barnave. Nous avons désormais assez de preuves qu'il se forme une réunion contre l'heureuse révolution que vous avez commencée avec tant de succès. Nous ne sommes pas à la fin de nos efforts; il faut encore au courage joindre la persévérance. Les parlemens ne sont pas les seuls qui sèment les intrigues; dans cette capitale même, des bruits sourds se répandent, et l'on dit qu'à un jour déjà désigné l'on nous prépare de grands événemens...

L'assemblée nationale et le roi, dit-on, ne sont pas libres....

—Après une très-vive discussion, l'arrêté suivant a été porté :

L'assemblée nationale ordonne que ceux des membres du parlement de Metz, qui ont assisté à la délibération du 12 de ce mois, paraîtront à la barre de l'assemblée nationale dans le délai de huitaine, à compter du jour de la notification qui leur sera faite du présent décret, pour y rendre compte de leur conduite; que le syndic ou le greffier apportera à leur suite le registre de la compagnie : arrête que le roi sera supplié de former une chambre des vacations, prise parmi les membres de ce parlement qui n'ont point concouru à cette délibération; laquelle chambre enregistrera purement et simplement le décret de l'assemblée nationale du 3 du présent mois, et exécutera ses dispositions;

« Arrête que son président se retirera par-devers le roi, pour le remercier de la promptitude avec laquelle il a réprimé les écarts du parlement de Metz; lui annoncer que l'assemblée nationale est déterminée à prévenir, par une juste sévérité, des attentats d'un si dangereux exemple, et le prier de donner sa sanction au présent décret, et les ordres nécessaires pour son exécution.»].

Cet arrêt ne fut pas exécuté. Le 25, au lieu des membres de la chambre arriva une supplique de la municipalité de Metz, et une humble rétractation des parlementaires. On réclamait encore une fois l'indulgence ; et l'assemblée, *déférant au vœu des citoyens de Metz*, dispensa les magistrats de paraître à sa barre.

Enfin, le 19, à la séance du soir, vint l'affaire du Cambrésis. Cette protestation était l'œuvre d'une représentation composée de six ecclésiastiques, de six nobles et de trois maires, nombre parfaitement en rapport avec l'importance de l'État. Le côté gauche ne sut témoigner trop de mépris pour cette protestation ; mais, comme il fallait en finir, on proposa soit de les mander à la barre, soit de les renvoyer devant le Châtelet.

Le côté droit non-seulement défendit avec acharnement les personnes des opposans, mais encore il essaya de justifier l'acte lui-même. L'abbé Maury le défendit en se fondant en droit sur les capitulations du Cambrésis. La discussion dégénéra en une dispute entre les deux parties extrêmes de l'assemblée ; et l'on se sépara sans qu'aucune décision eût été prise.

Robespierre, au reste, avait proposé d'écarter cette question, et de laisser aux municipalités le soin de faire l'éducation de ces prétendus États.

En effet, partout ces tentatives d'opposition tombaient au milieu d'une population où elles ne recueillaient que mépris ou colère. Nous avons vu précédemment l'essai qu'entreprirent les nobles de Toulouse, se disant *ordre de la noblesse de la sénéchaussée de Toulouse*; nous avons vu leur appel au Tiers-état. Le Tiers-état leur répondit. Comme garde nationale, il rédigea une protestation menaçante contre ces prétentions surannées, laquelle parvint à Paris, au commencement du mois de décembre ; ensuite, comme citoyens, les membres du Tiers rédigèrent trois adresses, la première à l'assemblée nationale, la seconde au roi, la troisième à la *commune de Paris*, où ils témoignaient de leur dévoûment à la cause révolutionnaire.

Presque en même temps, en Béarn, les habitans de Pau s'assemblaient, et arrêtaient une protestation dans laquelle ils déclaraient renoncer aux priviléges de province que les états voulaient maintenir. En cela, ils étaient les interprètes de toutes les communes prêtes déjà à recourir à la violence. Cette adresse ne parvint à Paris que dans le mois de décembre.

A Rouen, malgré la rétractation de son parlement, la commune s'assembla pour protester. Elle envoya une adresse à l'assemblée et une autre à la *ville de Paris*.

A Lyon, plus de deux mille citoyens signèrent une protestation contre les prétentions de l'aristocratie dauphinoise. Cette démarche fut spontanée de leur part; la municipalité de la ville n'y prit aucune part. Néanmoins, ils envoyèrent leur déclaration à l'assemblée nationale, et à la commune de Paris.

[Une lettre de Langres du 19, racontait l'événement qui suit :
Sur la route de Dijon à Autun, près Monmagny, est le château de *Colombier*, très-fortifié. Les paysans ont imaginé que le seigneur, ses amis, et une multitude de personnes de tous états y avaient des projets et des moyens de guerre. Cette idée a gagné les villes de Dijon, Beaune, Chagny et Autun, qui y ont envoyé des détachemens de garde nationale. Le rendez-vous de 1,100 hommes a été à Monmagny. Le seigneur de Colombier leur a député pour les prier de venir, en détachement seulement, visiter son château, dont il leur a envoyé les clés, et il a annoncé qu'il pouvait recevoir, ce jour, cent personnes à sa table. Le détachement a trouvé le seigneur fort tranquille, et des tables fort bien servies.

A Saint-Étienne-en-Forez, le peuple s'est porté à des excès effrayans. Voici comme on raconte le fait : Un ecclésiastique avait tenu des propos séditieux contre la municipalité et le comité; il en avait été quitte pour une verte réprimande et des excuses très-humiliantes. Un ouvrier en avait tenu de plus violens encore, et avec plus de publicité; il a été mis en prison. La crainte que le peuple ne le délivrât a été cause qu'on l'a transféré dans les prisons de Montbrison.

Le lendemain, le peuple de Saint-Etienne s'est attroupé, a forcé la garde nationale, et a pénétré jusqu'à la salle où se tenait le comité. Là, des femmes insensées et féroces se sont jetées sur M. de Rochetailler, lieutenant-colonel de cette garde, homme estimé, citoyen respectable. On désespère qu'il survive. Il a la générosité, pour sauver les coupables, de dire qu'il s'est laissé tomber lui-même. Bientôt la fureur n'a plus de bornes; le drapeau rouge est insulté; la loi martiale est sans force. Le peuple court à un magasin d'armes, et force la municipalité de lui donner un ordre pour aller délivrer le *coupable* à Montbrison. Vingt hommes de cette multitude effrénée marchent toute la nuit, et le lendemain ramènent le prisonnier en triomphe; le peuple en tumulte est allé au-devant; leur retour a répandu la terreur dans la ville. La plupart des bons citoyens ont quitté Saint-Etienne, dont la municipalité a été forcée d'écrire à Lyon qu'on n'avait pas besoin de secours. Cependant les ouvriers, cette classe de citoyens qui sait allier le courage à la raison, montent seuls la garde, et mettent dans la ville une espèce d'ordre dans ce désordre extrême.]

Mais, en supposant que sur chaque point du territoire où l'ancien privilége voulait relever la tête, il n'eût pas rencontré ainsi une réprobation immédiate et invincible, l'assemblée avait encore pour elle la majorité des provinces; la plupart apprirent les événemens d'octobre avec indifférence, ou en les approuvant. Quelques autres achevèrent leur révolution. Ainsi fit la Corse.

Dans la séance du lundi 30 novembre, M. de Volney annonça à l'assemblée qu'il y avait eu une insurrection en Corse, occasionnée par le mécontentement des habitans, de ce que jusqu'à présent aucuns des décrets de l'assemblée nationale ne leur étaient parvenus. Leur dessein était de former une milice nationale; et sur l'opposition qu'ils éprouvèrent de la part du commandant, ils se réunirent dans l'église de Saint-Jean de Bastia. Cette assemblée déplut au gouvernement, qui voulut la rompre. Alors, l'émeute éclata; il y eut un combat entre les citoyens et les troupes; plusieurs personnes furent tuées, et notamment deux enfans reçurent des coups de baïonnettes. La victoire resta aux bourgeois, qui s'emparèrent de la citadelle et des magasins à poudre; ensuite ils prêtèrent serment entre les mains des officiers municipaux, à la loi, au roi et à l'assemblée nationale, et prirent la garde de tous les postes, un instant auparavant confiés aux soldats.

Les habitans ont manifesté leurs intentions dans un écrit dont la lecture fut faite à l'assemblée nationale : « Nous n'avons pris
» les armes, disent-ils, que pour faire exécuter les décrets de l'as-
» semblée, et nous ne les quitterons pas qu'ils ne soient proclamés
» et exécutés. » Après la lecture de cette espèce de manifeste, un député de Corse a fait en forme la motion suivante :

« Que l'île de Corse soit déclarée partie intégrante de l'empire
» français;
» Que ses habitans soient régis par la même constitution que
» les autres Français;
» Et que, dès ce moment, le roi soit supplié d'y faire parvenir
» et publier tous les décrets de l'assemblée nationale. »

Cette motion venait d'être décrétée, lorsque M. le comte de Mirabeau entra, et, sur-le-champ, fit une autre motion en ces termes :

« Que les Corses, qui, après avoir combattu pour la défense de leur liberté, se sont expatriés par l'effet des suites de la conquête de l'île de Corse, et qui cependant ne sont coupables d'aucuns délits légaux, aient dès ce moment la faculté de rentrer dans leur pays pour y exercer tous les droits de citoyens français, et que M. le président soit chargé de supplier S. M. de donner sans délai les ordres convenables sur cet objet. »

Cette motion a excité quelques débats; on craignait qu'en la décrétant on ne fût obligé de retirer les troupes de l'île de Corse, pour les enlever à la fureur du peuple, on demandait la définition des expressions *délits légaux*, dans lesquelles on trouvait de la contradiction. M. le comte de Mirabeau a observé que l'on ne pouvait être réputé coupable pour avoir défendu la liberté de son pays, et qu'il était du devoir de l'assemblée nationale de protéger une si belle cause; il a dit qu'il cherchait à expier par cette motion la participation qu'il avait eue dans sa jeunesse, à la réduction de cette île, en servant dans les détachemens qui y avaient été envoyés, etc. Des murmures se sont élevés dans un certain coin de la salle..... M. de Mirabeau a dit qu'il n'était pas surprenant que le mot *liberté* causât sur certains esprits le même effet que l'eau sur les hydrophobes.

La motion de M. le comte de Mirabeau a passé, mais avec beaucoup de peine et après diverses épreuves : on a substitué aux expressions incorrectes, *délits légaux*, celles-ci : *délits déterminés par la loi*.

Le mouvement dont nous venons de voir le résultat en Corse, eut lieu, sous d'autres formes, et pour d'autres buts, dans diverses provinces.

— A Bourges, il y eut une émeute contre l'intendant de la province, il prit la fuite. Le peuple voulut ensuite mettre le feu à la maison d'un député du côté droit; la bourgeoisie armée s'y opposa.

— A Issoudun, le peuple chassa les commis aux aides. Le procureur du roi décréta les coupables. Alors, il y eut une véritable insurrection : le magistrat fut saisi, arrêté, promené dans la ville, comme pour faire amende honorable, et enfin forcé de donner cent écus pour les pauvres.

A la fin de novembre, il n'y avait plus que trois parlemens, ceux de Dijon, de Pau et de Rennes, qui n'eussent pas enregistré les décrets de l'assemblée. On remarquait, il est vrai, qu'il n'y avait mauvaise volonté que de la part de celui de Rennes. Il était le seul qui eût reçu des lettres de jussion. Mais nous verrons que sa mauvaise volonté fut aussi impuissante que celle des chambres de Rouen, de Metz, etc.

Le mois de novembre fut fermé par la lecture d'une réclamation de l'ordre de Malte contre la vente de ses biens. Mais, c'était là plutôt un appel à une mesure politique qu'une opposition réelle. C'était une ouverture donnée à la diplomatie française pour acquérir un port militaire de plus dans la Méditerranée. Mais on négligea complétement cet intérêt.

Dans cette note, qui fut communiquée à l'assemblée, dans la séance du 30, le grand-maître faisait remarquer que l'île de Malte devait être considérée comme une frontière de France, que l'ordre était particulièrement dévoué aux intérêts de la nation française, que la suppression des dîmes des commanderies de l'ordre, prononcée le 4 août, le mettrait dans l'impossibilité de continuer ses services, etc. — Malgré les ouvertures contenues dans cette note, cette affaire ne reçut aucune suite, au moins, de la part de l'assemblée.

Toutes ces menaces d'opposition firent qu'on demanda à entendre le comité des recherches de l'assemblée nationale.

Son rapporteur, Goupil de Préfeln, monta à la tribune dans une séance du soir, le 21. Après avoir abordé, en termes généraux et vagues, le sujet habituel des occupations du comité des recherches, il déclara qu'on était sur la trace des coupables menées des opposans, et en conséquence conclut à demander la continuation du comité dans ses fonctions, et la permission de garder provisoirement un silence nécessaire au succès de ses investigations. Alors le côté droit se récria, il somma le comité de parler. Le rapporteur se renferma d'abord dans les mêmes généralités; mais attaqué de nouveau par Malouet, il déclara que le comité était plus instruit que ce membre lui-même ne le pensait; qu'il avait acquis la preuve du projet de transporter le roi à Metz, et qu'il avait saisi une lettre de M. Malouet lui-même, qui prouvait qu'il n'ignorait rien de ce projet. Alors la discussion devint entièrement personnelle; et le désordre le plus violent s'empara de l'assemblée. Le résultat fut qu'on décréta que le terme du comité actuel des recherches était expiré, et qu'il serait procédé au choix des nouveaux membres qui devraient le composer.

Finances.

Jusqu'au jour où fut prononcée la confiscation des biens du clergé, l'assemblée ne s'était occupée de finances qu'accessoirement, et pour créer des ressources momentanées; tels furent les deux emprunts, l'un de trente, l'autre de quatre-vingts millions. L'un et l'autre furent à peu près stériles. Le défaut de confiance, et l'agiotage, les firent, dès le premier jour, tomber à un cours inférieur.

Les spéculateurs seuls y purent faire quelques profits. Aussi le public en conçut une profonde haine contre les capitalistes et les agioteurs, qui, disait-on, avaient plus *d'argentisme* que de *patriotisme*. Vint ensuite l'impôt du quart du revenu. Celui-ci fut sans doute assez productif, puisque l'on remarqua que, dans une seule ville, à Reims, il donna deux millions; mais il fut rapidement dévoré par les besoins d'un trésor auquel manquaient la plupart de ses ressources ordinaires. Nous avons vu, en effet, que les anciennes contributions étaient presque partout mal payées, et dans quelques provinces, pas du tout. A Paris seulement, les fermes avaient repris le cours habituel de leurs perceptions.

Les dons patriotiques ne pouvaient être comptés comme une ressource suffisante. Cependant le don des bijoux d'or et d'argent s'élevait à une somme déjà assez considérable. La totalité des effets portés à l'hôtel des monnaies de Paris, depuis le 22 septembre jusqu'au 9 novembre, montait, en or, à 363 marcs 7 onces 15 deniers 6 grains de poids; et, en argent, à 134,604 marcs 1 once 8 deniers 12 grains de poids. Pour faire cette masse, les femmes s'étaient dépouillées de leurs anneaux d'or et de leurs boucles d'oreilles; les hommes avaient sacrifié aussi leurs bijoux. Les petits dons avaient été nombreux; et leur source était bien près d'être épuisée.

Les biens du clergé étaient une richesse qui paraissait suffisante pour éteindre la dette. Mais, la dette payée, il fallait assurer à l'État des revenus, proportionner les dépenses à ces revenus, en un mot, établir le budget. Tout restait à créer sur cette matière.

Aussi la presse s'occupait activement, depuis un certain temps, de projets de finances. Quelques écrivains, remarquant que la nation n'était pas solidaire des fautes d'un pouvoir qui l'opprimait depuis si long-temps, qu'elle n'était pas comptable de ses profusions et de ses folies, proposaient de se débarrasser du fardeau de la dette par une banqueroute. Dans cette opinion, les confiscations opérées étaient des ressources qui les mettaient à l'aise pour l'avenir. D'autres proposaient de créer un papier-monnaie, portant un intérêt par chaque année de sa durée, et remboursable à un terme fixe de quelques années, avec les intérêts accumulés. Enfin, quelques-uns voulaient que la dette fût partagée entre les provinces. Un écrivain (*Lettre de M. le comte de M...., ou observations sur le discours de M. Necker*) présentait le projet d'une *caisse d'amortissement* pour épuiser la dette. Elle devait être formée par la retenue d'un décime sur toutes les rentes, et sur les appointemens, par celle de deux décimes sur les bénéfices des finances, par le montant des rentes viagères, au fur et à mesure de leur extinction, etc. Enfin, il n'est pas jusqu'à cette confiscation des biens du clergé que nous avons vu décréter, qui n'eût été proposée long-temps avant qu'on ne vînt à s'en occuper dans l'assemblée nationale ; et ce qui est remarquable, c'est que ce projet fut particulièrement soutenu par un abbé (1).

D'un autre côté, on cherchait un nouveau système d'impôts.

Il fallait en effet supprimer les cordons de douanes intérieures, abolir ou au moins modifier les gabelles : les provinces n'en voulaient plus ; tout ce qui formait la base du revenu des cinq grosses fermes, tout ce que nous appelons aujourd'hui contributions indirectes, était menacé, attaqué ou refusé. Pour remplacer l'ancien système, les uns proposaient l'impôt sur les personnes ; les autres l'impôt territorial réparti à l'aide du cadastre ; d'autres, un impôt sur les fenêtres ; d'autres, une capitation de l'industrie, etc. Mais ce ne sont point ces projets qu'il est intéressant pour nous de connaître ; ils n'avaient aucun caractère de nouveauté. Ceux qui les présentaient n'en étaient point les inventeurs, puisqu'ils en trouvaient l'exemple dans des pays voisins. Il n'en est pas de même de ceux dont nous allons parler, et qui avaient tous pour but de créer en même temps un moyen de crédit pour l'État, et un moyen de crédit pour les particuliers ; en un mot, de fonder un puissant instrument de richesse et d'unité industrielle. Nous voudrions les analyser dans l'ordre de

(1) Voyez l'ouvrage ayant pour titre *Considérations sur des moyens de concourir au rétablissement des finances, en vendant pour deux milliards de biens du clergé, par l'abbé Désodoard.* Cet écrit parut à la fin de septembre.

leur publication; mais nous sommes obligés de renoncer à ce genre d'exactitude, les brochures portant tout au plus la date de l'année où elles parurent.

M. Audibert-Caille, un médecin comme Quesnay, présenta le 7 septembre à l'assemblée nationale le projet suivant :

Il proposait de créer une *caisse nationale de crédit et de secours* (1). Elle aurait été autorisée à émettre une somme limitée de billets, qu'elle eût prêtés sur hypothèques à l'industrie, aux municipalités, moyennant un intérêt de 3 pour cent, agissant en cela avec les précautions et suivant les méthodes d'une banque ordinaire.

Le change des billets contre de l'argent devait avoir lieu au pair dans les grands bureaux, et à 1 pour cent dans les petits.

L'auteur, par des calculs annexés à ce plan, cherchait à prouver qu'elle donnerait un bénéfice annuel de 150 millions. Il voulait qu'on appliquât cette somme à solder les dépenses de l'État, et par suite, disait-il, on pourrait supprimer l'impôt onéreux des gabelles, des aides et la ferme des tabacs. Il trouvait dans cet établissement les avantages suivans : d'abord il en résulterait une réduction générale de l'intérêt à 3 pour cent, ensuite, un puissant excitant pour l'industrie. En outre, dans les momens de crise, l'État y trouverait des secours assurés.

Ce projet est loin de la perfection; mais en même temps, ou presqu'en même temps, Linguet en présentait un autre (2) déjà plus exécutable.

Ce plan, extrêmement détaillé, est rédigé en forme de projet de loi, avec discussion suivie article par article. En voici les principales dispositions :

Il sera établi sous la sauvegarde de la nation, une *banque ou caisse nationale* dont l'hôtel sera à Paris, avec faculté d'établir des bureaux là où elle le jugera nécessaire. — Le gouvernement ne pourra s'immiscer ni dans la connaissance, ni dans la conduite de ses opérations.—La caisse nationale sera surveillée et vérifiée

(1) *Projet de caisse Nationale* présenté à l'assemblée nationale par Audibert-Caille, ancien consul à Maroc. 1789.

(2) *Point de banqueroute. Plus d'emprunt.* Plan proposé à tous les peuples libres et notamment à l'assemblée nationale par Linguet. 1789.

par une assemblée de députés nommés par les provinces. Ses gérans seront nommés par cette assemblée. — Tous les payemens de la caisse nationale se feront en billets au porteur. Ils seront échangeables contre de l'argent. Ils seront reçus dans les caisses publiques et particulières comme de l'argent ; mais personne ne pourra être forcé de les recevoir.—La caisse nationale succédera aux engagemens de la caisse d'escompte ainsi qu'à ceux de la dette publique.

Ainsi, Linguet voulait que les moyens financiers qu'on devait nécessairement prendre pour assurer la liquidation de la caisse d'escompte, ainsi que ceux destinés à rembourser ou assurer la dette, passassent dans les mains de sa banque, fussent administrés par elle, et servissent à former son crédit. Il voulait de plus que tous les fonds de consignation y fussent déposés.

Mais il ne cherchait pas dans cet établissement, seulement un instrument de crédit ; il y cherchait encore une puissance philantropique. Il espérait, avec son aide, assurer le sort des ouvriers et l'existence des pauvres. Dans un article, il déterminait que tout ouvrier déclaré invalide recevrait une pension de la caisse, ainsi qu'un soldat de celle de l'armée ; dans un autre, il disait que, chaque année, dans chaque communauté, il serait ordonné des travaux publics qui seraient autorisés et payés par la caisse. Voici comment il créait des fonds pour ces usages philantropiques. Il ordonnait qu'une retenue de dix pour cent serait faite sur tous les appointemens. Cette retenue devait servir à former une sorte de tontine dont moitié appartiendrait toujours aux pauvres. — En outre, il exigeait que nul mariage, nul baptême, ne pussent avoir lieu, et nul testament ne pût être valable sans un dépôt préalable d'une somme quelconque à la caisse. Il n'exceptait de cette disposition que les actes des pauvres.

Ainsi, Linguet apercevait dans le crédit le germe d'une organisation industrielle pour tout le pays. Son ouvrage mérite d'être lu. Nous n'avons pu en donner ici qu'un exposé très-abrégé. Les projets dont nous allons donner une idée sont bien moins complets que les deux précédens ; ils étaient bien moins exécutables; mais en les comparant, l'on verra qu'avec ceux qui précèdent, ils forment un ensemble dont on eût pu déduire l'idée d'un établissement social de crédit que nous attendons encore.

Un auteur (1) propose l'établissement d'une *banque nationale*, dont le fonds aurait été fixé à la somme totale des contributions de l'Etat, et les billets escomptables à vue moyennant une prime de un pour cent.

Un autre écrivain (2) voulait qu'on établît un *lombard* dans chaque province, destiné à recevoir les engagemens de biens-fonds. Il eût prêté seulement jusqu'à la concurrence des deux tiers de la valeur des propriétés. L'emprunteur eût payé, s'il eût voulu de l'argent, l'intérêt au taux fixé par la loi, et un pour cent seulement s'il eût accepté des billets.

Enfin Reboul Sennebier (3) vint proposer une *banque nationale perpétuelle*, au capital de deux milliards, fondé sur le montant de la valeur des biens du clergé, sur la masse des contributions sur les forêts et les domaines du roi. — Les billets de cette caisse eussent été échangeables contre de l'argent, moyennant une retenue de un pour cent. — Ces billets eussent été employés à faire des prêts, et à escompter à quatre pour cent les effets des particuliers. — Enfin, tous les six mois, on eût tiré une loterie qui eût donné une bonification considérable à certains des numéros de ces billets.

Reboul Sennebier disait dans le titre de sa brochure que la création d'une *banque nationale* de ce genre était l'objet du vœu de la France. En effet, les projets de même nature sont très-nombreux, mais ils se répètent tous. Nous avons cité ceux qui nous ont paru présenter les plus grandes différences, ceux dont la combinaison et la réduction en un projet unique, pourraient donner origine à une création utile.

Mirabeau introduisit ces questions dans l'assemblée nationale;

(1) *Avis d'un bon citoyen.* 1789.
(2) Projet de l'établissement d'un lombard en biens-fonds. 1789.
(3) Moyen unique de sauver la France, ou création d'une banque nationale, objet du vœu général de la France par Reboul-Sennebier, de Genève. 7 octobre 1789.

il semblait que l'initiative en toutes choses fût réservée à ce grand orateur. Il s'était en effet donné ce rôle, et il faisait tout pour le bien remplir et le conserver. Il allait à la recherche des projets et des idées nouvelles, pour s'en faire le promoteur à l'assemblée; tous ceux qui venaient à lui avec une proposition sur les affaires publiques, étaient sûrs d'être accueillis et écoutés avec attention. Un grand nombre de ses collègues même, qui étaient dépourvus du talent de la tribune, mais qui étaient riches de pensées, l'avaient choisi pour être en quelque sorte le rapporteur de leurs projets et même de leurs objections; ils lui en laissaient la gloire, pour prix du service qu'il rendait au pays. Etait-ce par ambition, ou par désir de bien faire seulement, que Mirabeau se fit ainsi l'avocat de tous les plans conçus dans le sens de l'intérêt public, quelque hardis qu'ils fussent? il importe peu. Il est certain que ce fut par là qu'il obtint et qu'il mérita le titre du plus grand orateur de la révolution.

Mirabeau choisit, pour traiter de la réforme financière, l'un des jours que l'assemblée avait réservés aux questions de ce genre. Il venait en effet d'être décidé qu'on ne s'occuperait de finances que deux séances par semaine, celles des vendredi et samedi. Elles furent d'abord consacrées à résoudre les diverses difficultés d'exécution que soulevait la décision prise sur les biens du clergé ; difficultés qu'augmentait à plaisir l'opposition du côté droit, mais sans intérêt pour des lecteurs de nos jours qui savent que le décret a été accompli. Enfin, le vendredi 6 novembre, la séance se trouva libre.

SÉANCE DU VENDREDI 6 NOVEMBRE.

[*M. le duc d'Aiguillon.* Le comité des finances n'a pas dans ce moment de point de travail arrêté à présenter à l'assemblée: premièrement, la translation et le défaut de local convenable qui ont empêché la réunion de tous les membres qui composent ce comité.

Secondement, quelques retards dans l'impression des états de finance concernant les revenus, les dépenses et les pensions.

Troisièmement, la connaissance qu'avait le comité que M. Necker devait incessamment présenter un plan de banque nationale.

Plusieurs membres témoignent des inquiétudes sur les causes qui ont pu faire différer l'impression de l'état des pensions. M. le duc d'Aiguillon calme leurs craintes, en assurant que les épreuves sont déjà entre ses mains.

M. Bouche propose de décréter la suppression de toutes les pensions au-dessus de 300 livres, sous quelque titre que ce soit, sauf aux pensionnaires à les faire rétablir en tout ou en partie, en indiquant l'époque et les motifs des pensions, se réservant l'assemblée de réduire ou de supprimer toutes celles qu'elle croira susceptibles de suppression ou de réduction.

M. le comte de Mirabeau. Le préopinant ne pense pas à l'effet de sa motion; il ferait manquer de pain 40,000 personnes, avant qu'on eût examiné si elles ont le droit de vivre; il oublie dans son zèle patriotique, que beaucoup de pensions et de grâces, très-faiblement tarifées sur des blessures ou de longs services, s'élèvent cependant au-dessus de 300 livres. Peut-on en attendant laisser mourir des malheureux, parce qu'ils n'ont pas été tués par les coups de fusil qu'ils ont reçus?

La motion de M. Bouche est ajournée.

M. le comte de Mirabeau. Messieurs, une nation habituée à l'usage du numéraire, une nation que de grands malheurs ont rendue défiante sur les moyens de le suppléer, ne peut pas en être privée long-temps sans que le trouble s'introduise dans toutes ses transactions, sans que les efforts des individus pour les soutenir ne deviennent de plus en plus ruineux, et ne préparent de très-grandes calamités.

Elles s'approchent à grands pas, ces calamités. Nous touchons à une crise redoutable; il ne nous reste qu'à nous occuper, sans relâche et sans délai, des moyens de la diriger vers le salut de l'état.

Observez, Messieurs, que non-seulement le numéraire ne circule plus dans les affaires du commerce, mais encore que chacun est fortement sollicité pour sa propre sûreté, à thésauriser, autant que ses facultés le lui permettent.

Observez que les causes qui tendent à faire sortir le numéraire du royaume, loin de s'atténuer, deviennent chaque jour plus actives, et que cependant le service des subsistances ne peut pas se faire, ne peut pas même se concevoir sans espèces.

Observez que toutes les transactions sont maintenant forcées ; que dans la capitale, dans les villes de commerce, et dans nos manufactures, on est réduit aux derniers expédiens.

Observez qu'on ne fait absolument rien pour combattre la calamité de nos changes avec l'étranger ; que les causes naturelles qui les ont si violemment tournés à notre désavantage, s'accroissent encore par les spéculations de la cupidité ; que c'est maintenant un commerce avantageux, que d'envoyer nos louis et nos écus dans les places étrangères, que nous ne devons pas nous flatter d'être assez régénérés ou instruits, pour que la cupidité fasse des sacrifices au bien public ; qu'il y a trop de gens qui ne veulent jamais perdre, pour que la seule théorie des dédommagemens ne soit pas dans ce moment très-meurtrière à la chose publique.

Observez que les causes qui pourraient tendre au rétablissement de l'équilibre restent sans effet ; que l'état de discrédit où les lettres de change sur Paris sont tombées, est tel que dans aucune place de commerce on ne peut plus les négocier.

Observez qu'elles ne nous arrivent plus par forme de compensation, mais à la charge d'en faire passer la valeur dans le pays d'où elles sont envoyées ; en sorte que depuis le trop fameux système, il ne s'est jamais réuni contre nous un aussi grand nombre de causes, toutes tendantes à nous enlever notre numéraire.]

Suivant l'orateur, on accuserait à tort la révolution de ce désordre dans le crédit ; ils sont complétement indépendans des événemens politiques ; ils fussent arrivés aussi bien à une tout autre époque qu'à celle-ci. En effet, c'est dans la caisse d'escompte qu'il faut chercher l'origine du mal. Elle inonde le pays d'un papier-monnaie de l'espèce la plus alarmante, puisque la fabrication de ce papier reste dans les mains d'une compagnie nullement comptable envers l'État, d'une association que rien n'empêche de chercher dans des émissions sans rapport avec son capital, les profits si souvent promis à ses actionnaires.

Ce papier, dont le cours est forcé en France, et dont le remboursement n'est pas exigible à présentation, est sans valeur sur les marchés étrangers. On ne peut donc y acheter qu'au comptant; on n'y reçoit pas les billets de nos négocians; car, en venant au remboursement, on pourrait être soldé en billets de la caisse; pendant que s'il s'agit de faire quelque remboursement à des Français, on leur livre des billets de cette caisse. Par ces causes, le numéraire doit sortir de France jusqu'au dernier écu, si l'on n'y porte remède. Le besoin d'avoir des grains, la nécessité de les payer en argent précipite encore ce résultat.

[Bordeaux manque de numéraire au point que les plus riches commerçans craignent de se voir dans l'impossibilité physique de payer leurs engagemens, quoique leur fortune les mette infiniment au-dessus de leurs affaires.

A Nantes, les commerçans ont établi des billets de crédit réciproque, et acquittent ainsi leurs engagemens. Un tel moyen ne peut pas durer.

Le Hâvre ne s'est soutenu jusqu'ici que parce qu'il est dans l'usage de faire tous ses paiemens à Paris, ce qui épargne à ce port les embarras de la balance.

Les villes intérieures et manufacturières offriraient un tableau plus effrayant. Amiens n'est pas en état de remplir ses engagemens pour les achats de grains faits par une société patriotique.

Lyon, qui donnait toujours des secours au commerce, a eu besoin d'être aidé par les banquiers de Paris.

Genève, partageant le discrédit de nos fonds, ne peut faire ses circulations qu'avec Lyon et la capitale. Cette ville éprouve la même pénurie que nous. Elle s'avance vers la nécessité d'une suspension totale de paiemens. Cette suspension une fois déclarée, les suites en sont incalculables.

Des situations aussi critiques pressent les pas d'une grande catastrophe, et l'état de la capitale est loin d'être rassurant.

Je propose donc, en me résumant, que l'assemblée décrète:

« 1° Que sa majesté sera suppliée de dépêcher incessamment auprès des États-Unis, comme envoyés extraordinaires, des personnes de confiance et d'une suffisante capacité, pour réclamer, au nom de la nation, tous les secours en blés ou en farines qu'elles pourraient obtenir, tant en remboursement des intérêts arriérés dont les États lui sont redevables, qu'en acquittement d'une partie des capitaux.

» 2° Que le comité des finances proposera le plus tôt possible, à l'assemblée, le plan d'une caisse nationale, qui sera chargée dorénavant du travail des finances, relatif à la dette publique, d'en faire ou d'en diriger les paiemens, de percevoir les revenus qui seront affectés à ces paiemens, et en général de tout ce qui peut assurer le sort des créanciers de l'État, affermir le crédit, diminuer graduellement la dette, et correspondre avec les assemblées provinciales, sur toutes les entreprises favorables à l'industrie productive.

» 3° Que les ministres de sa majesté seront invités à venir prendre dans l'assemblée voix consultative, jusqu'à ce que la constitution ait fixé les règles qui seront suivies à leur égard. »]

A peine Mirabeau fut-il descendu de la tribune, qu'une discussion vive, mais irrégulière, s'éleva sur son discours : la majorité conclut à l'ajournement, et il fut décidé, en effet, que les deux premiers articles de la motion seraient ajournés ; sur le troisième il y eut doute : il fut renvoyé au lendemain.

Cette séance fut terminée par la lecture d'un rapport ministériel qui mérite d'être cité. Il annonçait que les habitans de la ville de Besançon ayant cru devoir prendre des précautions pour assurer les subsistances pendant l'hiver qui commençait, avaient pensé ne pouvoir y subvenir par un plus sûr moyen que par celui d'une taxe proportionnelle sur tous les habitans, dont seraient exceptés seulement les ouvriers et les journaliers. Le conseil municipal demandait à être autorisé à prendre cette mesure. Le rapport fut envoyé au comité des finances.

La séance du lendemain, celle du samedi 7 novembre, devait être encore consacrée aux finances ; cependant il arriva qu'elle fut employée à une discussion entièrement étrangère à ce sujet : es débats roulèrent sur le troisième article de la motion de Mirabeau. Quelques membres avaient cru que cette proposition avait

été conçue moins dans une vue d'utilité que dans un but personnel. Son auteur, disait-on, espérait conquérir le ministère par la supériorité de son talent. Un grand nombre de membres s'insurgèrent, en conséquence, contre cette motion; et sur la proposition de Lanjuinais, soutenue par Pétion, Target, etc, la majorité décréta que « pendant la session actuelle, aucun mem-
» bre de l'assemblée nationale ne pourrait accepter aucune place
» dans le ministère. »

SÉANCE DU SAMEDI 14 NOVEMBRE.

On s'occupa encore des moyens d'exécuter la loi sur les biens du clergé, les moyens d'en constater la valeur et d'en assurer la conservation; enfin on rendit le décret suivant.

[« Tous titulaires de bénéfices, quels qu'ils soient, seront tenus de faire sur papier libre et sans frais, dans deux mois pour tout délai, à compter de la publication du présent décret, par-devant les juges royaux et municipaux, une déclaration détaillée des effets mobiliers et immobiliers appartenans aux bénéfices ou établissemens ecclésiastiques, en affirmant qu'il n'en a été fait aucune distraction, lesquelles déclarations seront par eux affirmées véritables devant lesdits officiers, et seront publiées et affichées aux portes des églises et paroisses, et envoyées à l'assemblée nationale; elles ne pourront donner lieu aux recherches du fisc. »

M. Lebrun rend compte au nom du comité des rapports de la demande et de la proposition faite par la province d'Anjou. Cette proposition, dit-il, est un ouvrage irrégulier du zèle; elle présente l'exécution partielle d'un plan qui doit être général pour le royaume, et qui devrait être préparé par vous. La province d'Anjou propose 1,600,000 liv. en remplacement de la gabelle. Jamais cette imposition n'a produit une pareille somme à l'État, et en remboursant les offices, etc., le trésor public trouverait encore dans cette offre un très-grand avantage.

—Le comité des rapports présente un décret qui a pour objet d'autoriser le pouvoir exécutif à accepter l'offre de la province d'Anjou, et d'établir les règles à suivre pour la perception de ce remplacement.

M. le président annonce que M. Necker demande à être reçu. Ce ministre est introduit.

Il apporte un mémoire dont la lecture dure plus d'une heure et demie. En voici une analyse aussi exacte que l'immensité des détails et la rapidité d'une seule lecture peuvent le permettre.

M. Necker. C'est une pénible position pour moi que d'avoir si souvent à vous entretenir de l'embarras des finances. Je n'ai eu que des inquiétudes et des déplaisirs depuis que j'ai repris cette administration.... Un avenir favorable se présente devant nous ; mais il n'est embrassé que par l'espérance, et les affaires des finances n'en éprouvent aucun soulagement.

L'assemblée nationale, de concert avec le roi, a pris deux grandes déterminations : par l'une, elle assure l'équilibre et la dépense pour le 1er janvier prochain ; par l'autre, elle décrète une contribution patriotique. Mais cette contribution n'est qu'une ressource graduelle, et le crédit n'en offre aucune sur laquelle on puisse solidement compter : les dépenses de cette année s'élèvent à 90 millions ; celles extraordinaires pour l'année prochaine à 80. Si en janvier prochain l'équilibre entre la recette et les dépenses fixes n'est pas établi dans son entier, si le paiement des droits des impositions éprouve quelque retard, il en résultera un déficit qu'on ne peut établir positivement. Dans tous les cas, il faut trouver un secours de 170 millions.

On doit encore porter ses regards sur la caisse d'escompte. Cet établissement est étroitement lié avec le crédit public, il a efficacement secouru le commerce et l'État : il serait encore dans sa splendeur, si on avait rempli et si l'on remplissait à leurs époques les engagemens pris avec lui. Il participe encore aux effets de la rareté du numéraire.

(Ici le ministre jette un coup d'œil rapide sur les causes de cette rareté.)

Il faut donc trouver un secours extraordinaire de 170 millions, au milieu d'un discrédit absolu : il faut de plus soutenir l'édifice de la caisse d'escompte, lui procurer une nouvelle force, être juste envers les actionnaires et les porteurs des billets. Il faut remettre au moins assez au courant le paiement des rentes, pour qu'il n'y ait plus qu'un semestre en arrière; il faut enfin s'opposer à la disparition du numéraire ou y remédier.

Le grand malheur des ministres en des temps si difficiles, c'est d'avoir toujours à employer leurs moyens à adoucir les maux et à remédier aux circonstances; les ministres n'en retirent jamais d'avantage. On leur demande la perfection; on ne saisit pas le rapport entre la situation, les moyens et les effets; peu de gens sont tentés de faire ce rapprochement, car on ne prend pas de peine pour louer autrui.

J'ai examiné s'il était possible, par la voie ordinaire des emprunts, de se procurer ce secours extraordinaire de 170 millions, et j'ai vu qu'il serait impossible d'y réussir, même avec un intérêt usuraire, qui rendrait toujours plus difficile l'équilibre entre la recette et la dépense.

J'ai réfléchi ensuite sur la manière très-simple que plusieurs personnes ont proposée de créer des billets d'état remboursables ou non remboursables; on s'acquitterait, on rembourserait les billets de caisse, on résoudrait ainsi tous les embarras....... Mais si les circonstances ne permettent pas de les établir, de manière qu'ils soient payables à volonté, il faut adopter l'usage que le crédit a consacré.

Voici le plan auquel j'ai donné la préférence.

La caisse d'escompte serait convertie en banque nationale; elle aurait un privilége pour 10, 20 ou 30 ans; le nombre des administrateurs serait porté à 24 personnes élues par les actionnaires; 8 ou 10 seraient choisies parmi des gens absolument étrangers aux affaires des finances; vous nommerez des commissaires chargés de surveiller cet établissement; tous les statuts intérieurs seraient revus et examinés, et le résultat de cet examen deviendrait le réglement légal de la nouvelle administration; la somme totale des billets serait fixée à 240 millions; la nation, par un nouveau décret, les garantirait; ils porteraient un timbre aux armes de

France, et auraient pour légende : *garantie nationale* ; ce timbre serait apposé par vos commissaires, et ces billets continueraient à être perçus pour argent comptant. Vous décideriez si cette disposition doit être rendue générale par un de vos décrets, ou par le consentement des principales villes de commerce.

M. Necker, pour développer ce plan, examine huit objets.

1° Le fonds capital de la caisse d'escompte converti en banque nationale.

Il consisterait dans ceux qui appartiennent déjà à la caisse, et dans les 70 millions qui sont déposés au trésor royal. La propriété actuelle des actionnaires s'élève à 100 millions ; 50 millions proviendraient de la création de 12,500 actions nouvelles qui, avec les 25,000 anciennes, formeraient 150,000,000 d'actions ; première caution des 240,000,000 de billets.

La seconde caution se trouverait dans les effets pris à escompte par la banque nationale, et dont la valeur serait nécessairement égale à la somme des billets.

La garantie pleine et entière de la nation serait la troisième caution.

2° Emploi des fonds de la banque nationale.

Ces fonds s'élèveraient à la somme de 390 millions.

Sont déjà prêtés à l'État............ 70
Lui seraient encore prêtés............ 70
Destinés aux escomptes............... 80
Aux fonds de caisse en numéraire..... 70

Total............ 390

3° Comment l'État ne courrait aucun risque en se portant caution de 240 millions.

Les avances que la banque ferait à l'État étant de 170,000,000, il en résulterait un total équivalent aux 240,000,000 de billets, et la nation serait ainsi garantie de sa propre dette.

4° Avantage que l'État retirerait de ce plan.

Les intérêts que le roi paie à la caisse d'escompte seraient réduits à quatre pour cent. Indépendamment de cette réduction, l'État trouverait 170 millions à un faible intérêt, dans une époque où il n'existe point de crédit.

5° *Secours pour le commerce.*

Les fonds pour l'escompte des lettres-de-change se trouveraient augmentés de 40 millions.

6°. *Assurances ou rescriptions qui seront délivrées à la banque nationale contre ses avances.*

Il importe à la nation que ces recouvremens ne soient pas confondus avec les dépenses de l'Etat. Le ministre propose d'établir une caisse pour les fonds extraordinaires provenant de la contribution patriotique, et de la vente des biens du clergé et du domaine. Des commissaires seraient autorisés à tirer sur le receveur, appelé *receveur extraordinaire*, des rescriptions égales en sommes aux avances de la banque nationale, et payables de mois en mois par somme de dix millions.

7° *Calcul sur le profit des actions.*

Il résulte de ce calcul un produit annuel de dix millions cinq cent mille livres, ce qui porterait l'intérêt à 7 pour cent du fonds. La banque nationale pourrait encore bénéficier par les caisses des particuliers qui la choisiraient comme dépositaire; elle pourrait aussi servir de caissier au trésor royal : il n'y aurait point d'inconvénient à lui confier pareillement les fonds judiciaires.

8° *Moyen de faciliter la levée des nouvelles actions.*

Ces actions, divisées en demies et en quarts, seraient payables en argent effectif. On aurait pour attrait la garantie nationale d'un intérêt de 6 pour 100, et la certitude morale de 7 pour 100, avec amélioration. Il serait possible encore de faire, avec des maisons de banque et de commerce, au lieu d'une remise réelle de fonds, l'engagement de remettre des fonds à première réquisition, ou à telle époque qui serait fixée.

M. Necker présente encore d'autres moyens, tels qu'un tirage de primes, une souscription, etc.

Ainsi, des billets de caisse garantis par la nation, et remboursables avec certitude en 1791, ne seraient pas moins dignes de la confiance pour n'être pas payés comptant et à bureau ouvert.... Il n'est aucune difficulté qui ne disparaisse par une volonté générale.... Considérez que cette affaire achevée, tout sera dans le plus grand ordre dans les finances.

M. Necker présente un aperçu des autres ressources, et examine quelques objections relatives à la caisse d'escompte, telle qu'elle existe aujourd'hui. Il résume le plan qu'on vient d'analyser et ses avantages.

A mes propres yeux, dit-il, tout se ressent, dans ce plan, de la désolante nature des circonstances. Seul je suis confident de ce qu'il m'en coûte pour vous éloigner des principes ordinaires d'administration. Je demande qu'on en considère le résultat comme une simple opinion : jugez, discutez... Je n'adopterais point que vous vous en rapportassiez à moi de confiance. Je n'ai pas décliné cette détermination, lorsqu'il s'agissait d'un simple projet de contribution.... Je ne dois pas rester seul à répondre des événemens ; c'est assez de vivre d'inquiétude pour chercher le bien ; c'est assez d'user de sa pensée pour soulager les maux de l'Etat ; c'est assez d'aller en dépérissant sous l'immense fardeau dont je suis continuellement chargé sans aucune distraction.... Pardonnez, si en vous parlant d'affaires, je vous offre l'hommage de mes sentimens et de mes pensées... Je me réduirais à vous parler le simple langage de la raison ; mais il est incomplet sans le sentiment, parce que le sentiment seul peut réunir les idées qui échappent aux effets et aux atteintes de l'esprit.

M. le président. Monsieur, l'assemblée donnera, aux vues que vous venez de lui présenter, toute l'attention qu'elles méritent par l'importance de leur objet, et par la confiance que votre dévoûment au bien public inspire à la nation.

On ajourne à lundi la suite de la discussion sur l'affaire des gabelles d'Anjou.]

Le projet de M. Necker ne fit pas une grande sensation dans le public, si l'on en juge par la presse périodique. Plusieurs des journaux que nous avons sous les yeux n'en disent pas un mot.

« Necker, dit Loustalot, a proposé de convertir la caisse d'escompte en caisse nationale. On dit que c'est associer la nation à la banqueroute de la caisse d'escompte ; que si la caisse d'escompte a du crédit, elle n'a pas besoin de la garantie nationale ; que si c'est la nation qui a le crédit, elle n'a pas besoin de la caisse d'escompte pour établir une caisse nationale.

» L'opinion publique semble décidée pour ce dernier parti, s'il faut absolument en venir à du *papier-monnaie*. Le papier-monnaie n'est autre chose qu'une lettre-de-change tirée par l'Etat. Une lettre-de-change n'a de valeur qu'en raison du crédit de celui qui la tire. L'Etat a-t-il dans ce moment assez de crédit pour donner cours à son papier-monnaie, sans qu'il éprouve une baisse considérable ?

» Dans la révolution d'Amérique, cet Etat n'avait à craindre que les ennemis du dehors : jamais peuple n'avait plus ardemment voulu être libre. S'il demeurait victorieux, son sort paraissait devoir être brillant. La disparition du numéraire força le congrès à créer du papier-monnaie. Il eut beau l'entourer des emblèmes de la liberté et du patriotisme, le papier-monnaie ne reçut que des affronts des patriotes américains : il était trente fois au-dessous de sa valeur dans la circulation entre particuliers ; et le congrès fut forcé de déclarer traîtres à la patrie, tous ceux qui ne le recevraient pas comme ils auraient reçu de l'or. Imiterait-on cet acte de despotisme, si notre papier-monnaie tombe au-dessous de sa valeur écrite ? et ne serait-ce pas une espèce de banqueroute, que de payer les dettes de l'Etat avec une valeur fictive, qui décroîtrait subitement dans les mains du créancier ?

» Il y aurait peut-être un moyen de ranimer le crédit et la confiance. L'état nominatif des pensions au-dessus de 20,000 liv. est publié : il n'est pas exact à beaucoup près ; il se monte à 2,895,623 liv. Dans toutes ces pensions, il y en a au plus trois qui soient justes et méritées. Quels services ont rendu *à la nation* MM. d'Aligre, Amelot, Bertin, Broglie, Calonne, du Châtelet, Richelieu, Joly de Fleury, de Castries, Lamoignon, Lenoir, Breteuil, Lambesc, etc.? Quels services a rendus M. de Polignac, pour avoir une pension de 80,000 livres, reversible sur sa femme? On peut supprimer, sans être injuste, ni même sévère, 2,500,000 livres. Faites cette réduction, et vous commencerez à donner quelque confiance à vos opérations sur la finance. »

Voici maintenant les réflexions que Marat adressait, du fond de sa retraite, dans son journal l'*Ami du Peuple*, dont il venait de reprendre la continuation :

« La caque sent toujours le hareng. Quoi! toujours des spéculations d'agiotage! toujours des emprunts accumulés sur des impôts (l'impôt du quart du revenu)! toujours des anticipations! toujours des opérations désastreuses! toujours la masse de la dette royale rendue plus lourde, et l'Etat toujours plus écrasé sous le poids qui l'accable!

» C'en est fait! les derniers plans que le ministre des finances a proposés à l'assemblée nationale fixeront irrévocablement sa réputation, aux yeux même de ces aveugles partisans qui n'ont aucun intérêt à le prôner. En le voyant sans cesse tourner dans un cercle étroit de spéculations de banque, l'homme d'état s'éclipsera pour ne plus laisser paraître que l'agioteur.

» Et quel agioteur! un dilapidateur audacieux, un ennemi mortel de la régénération des finances, un dépréciateur de toutes les opérations qui offrent à l'Etat des ressources assurées. Il connaissait ce plan d'une caisse nationale de 500 millions à 1 pour 100 (il est de M. Chantoiseau) ; ce plan si ingénieux, si simple, si propre à opérer le soulagement du peuple, la sûreté des effets de commerce, l'accroissement de l'agriculture, la circulation du numéraire, la liquidation d'une partie de la dette royale, et cela sans emprunt, sans contrainte, et sans aggraver les charges de l'Etat.

» Que fait M. Necker? il le repousse avec mépris, et il vous annonce gravement qu'il préfère le sien ; ce qu'on n'a pas de peine à croire, quand on se rappelle qu'il ne songea de sa vie qu'à gorger les sangsues publiques du sang du peuple..... »

SÉANCE DU 18 NOVEMBRE.

Le commencement de la séance fut consacré à la discussion

de l'organisation départementale. On l'interrompit pour entendre le rapport du comité des finances.

[*M. le marquis de Montesquiou, au nom du comité des finances.* Messieurs, le comité des finances a cru qu'il était temps de vous présenter le résultat de ses travaux. La bonté avec laquelle vous avez accueilli ses premières observations, l'a encouragé à leur donner plus d'étendue. Il a cherché à embrasser l'ensemble des finances du royaume, et à réunir, sous un seul point de vue, votre état présent, vos besoins, vos ressources et vos espérances.

Après avoir assuré une heureuse constitution à l'empire français malgré toutes les résistances, malgré tous les orages qu'ont fait naître les ennemis de la liberté, il ne vous reste plus qu'à relever la fortune publique, sans laquelle les peuples ne jouiraient pas du grand bienfait qu'ils tiendront de vous. La confusion que nous avons vu régner dans les finances, ne doit plus être le sujet de nos regrets, puisque, sans des besoins extraordinaires, nous aurions gémi, peut-être pendant plusieurs siècles encore, sous le joug du pouvoir arbitraire. Mais, ainsi que le désordre a fait périr le despotisme, il ferait bientôt périr la liberté. Peut-être même les maux dont nous nous plaignons encore tiennent-ils, en grande partie, à la sourde inquiétude vague que l'avenir inspire à chaque citoyen. Le peuple est depuis long-temps écrasé sous le poids des impôts. Il craint encore de recevoir une surcharge nouvelle. Il sait qu'une dette prodigieuse a été reconnue par ses représentans, et il n'applaudira à la loyauté des dépositaires de sa confiance, que lorsqu'il n'aura plus à craindre d'en être la victime.

Il faut donc promptement entreprendre et consommer ce grand ouvrage, et pour y parvenir, il ne s'agit plus de combiner les petites ressources de la fiscalité et de l'agiotage, pour varier les impôts et pour solliciter la cupidité. Ces talens si recommandés, et regardés si long-temps comme recommandables, ne feront plus fortune parmi nous. Ils sont finis ces jours de notre enfance. C'est d'un plan général, d'un plan régénérateur, que nous avons besoin. Tous les bons esprits seront en état de les juger, si des moyens simples sont présentés dans un langage intelligible. Il n'est plus permis d'en employer d'autres; et désormais, en finance, tout ce qui n'est pas à la portée de tout le monde, n'est plus à la portée de personne.

Mais, avant d'adopter aucun système, il faut connaître bien notre situation; avant de songer à perfectionner le mode de nos revenus, il faut établir une recette assurée; il faut distinguer nettement nos dépenses, nos dettes constituées, et celles auxquelles nous oserons donner la dénomination bien vulgaire, mais triviale, mais très-expressive, de *dettes criardes*. Réduire et déterminer les dépenses, assurer l'acquittement et l'extinction des dettes constituées, rembourser les *dettes criardes*, et en même temps soulager le peuple, voilà quels sont nos devoirs.

Les dettes auxquelles nous donnons ici le nom de *dettes criardes*, ont été, dans tous les temps, et sont encore le plus grand obstacle à toute régénération. C'est pour y satisfaire, sans causer un grand engorgement dans le paiement des dépenses courantes, qu'ont été imaginées ces funestes anticipations qui absorbent à gros intérêts les revenus futurs, et qui rendent l'administration tributaire des capitalistes.

Ce sont ces mêmes dettes qui, s'opposant à tous les marchés faits au comptant, et qui, obligeant de laisser dans toutes les comptabilités des objets arriérés, ont fait imaginer ces comptes d'exercice, interminables tant que toutes les dépenses ne sont pas soldées; de sorte qu'au bout de douze années, la situation d'un département qui devrait toujours être connue, ne l'est pas encore.

C'est dans la même classe qu'il faut placer la somme des intérêts arriérés sur les rentes. Le point de vue le plus favorable, sous lequel on pût les présenter, serait celui d'un emprunt; mais cet emprunt est forcé, mais il est sans intérêts, et, pour trancher le mot, c'est une véritable violation de la foi publique, que la seule nécessité peut excuser, comme tant d'autres. Il est donc de la dignité et de la loyauté nationale de faire cesser cette injustice.

C'est encore dans la même liste que nous inscrirons, moins en raison de leur nature que de leur dangereux effet, ces emprunts connus sous le nom de cautionnemens, ou de fonds d'avances de compagnies de finance, qui mettent l'administration dans l'éternelle dépendance de ces compagnies; car enfin il est impossible de congédier les individus qui les composent, en retenant le cautionnement qu'ils ont fourni; et comme l'appât de ces cautionnemens les a fort multipliés, et qu'il est juste de payer aux hommes qu'on emploie, le travail qu'on leur impose, les frais de perception se sont accrus en proportion du nombre de ces employés inutiles. Il est constant cependant que quarante fermiers-généraux ne sont pas nécessaires pour faire aller la ferme générale, et qu'un moindre nombre y suffirait, quand la machine est montée. La même vérité peut s'appliquer aux différentes régies, au double exercice des receveurs-généraux, et aux sous-ordres de ces diverses parties.

Nous renfermerons sous la même dénomination les sommes dont on ne saurait se passer pour atteindre au moment où la recette régulière des revenus nécessaires suffira au paiement régulier des dépenses déterminées. Le calcul rigoureux de tout ce que nous venons de comprendre sous le titre de *dettes criardes*, est donc le premier de tous les calculs à faire; c'est à y pourvoir qu'il faut consacrer tous ses moyens, toutes ses ressources: dons patriotiques, vaisselle des églises et des particuliers, ventes extraordinaires, banque nationale, banque particulière, tout est bon s'il opère ce grand bien. Tout ce qui laissera cet ouvrage imparfait ne sera que palliatif, et les palliatifs ne nous conviennent plus.

Il s'agit donc avant tout, de fixer le nombre et la quotité de ces créances.

1° Les anticipations. Elles se montent au premier novembre, y compris les assignations suspendues sur les domaines et bois, à . . . . 225,300,000 liv.

2° L'arriéré des rentes pour un semestre, à. 81,000,000

3° Le cautionnement des fermiers-généraux

et régisseurs généraux, etc.............. 201,799,400
4° Les receveurs-généraux et particuliers, payeurs et contrôleurs des rentes, grand-maître des eaux et forêts, et autres à...... 119,178,835
5° Avances de la caisse de Poissy........ 902,673
6° Arriéré des départemens, évalué à.... 80,000,000
7° Besoins extraordinaires de cette année et de l'année 1790...................... 170,000,000

Total...... 878,180,908 liv.

Cette dette, sans doute, est immense, mais son immensité même prouve combien il est important de la faire disparaître. Comment compter sur la rentrée des revenus pour acquitter les rentes, ou pour payer les dépenses publiques à jour fixe, si l'absence momentanée du crédit peut s'opposer au renouvellement des anticipations, et par conséquent à la rentrée des revenus ?

Comment mettre de l'ordre dans les dépenses, si on manque d'argent comptant pour ses marchés, et si on ne peut jamais terminer ses comptes avec tous les dépositaires des deniers publics ?

Comment améliorer les revenus affermés, si l'on est lié invinciblement avec les compagnies de finance, et si aucune concurrence ne peut aider à faire fructifier les baux ? Et comment améliorer les régies, s'il est impossible de régir à volonté le nombre des régisseurs et des employés ?

Comment enfin atteindre au moment où l'ordre pourra renaître, si, faute de fonds, il fallait vivre d'industrie jusque-là, et arriver obéré au jour de la libération ?

En vain nous craindrions de mettre sous vos yeux cette effrayante réunion de dettes : le faux ménagement qui engagerait à les dissimuler, empêcherait-il leur existence ? Il est certain que le même art meurtrier prolongerait long-temps encore la durée des anticipations, et que même il serait commode dans certains momens où l'administration pourrait se trouver en faveur, d'user de la faculté de les étendre sans bruit et sans scandale; mais il faut convenir qu'indépendamment des intérêts considérables que coûte cette ressource, elle nous endort sur les bords d'un abîme, et que le moindre choc pourrait nous y précipiter.

Il y aurait moins de risque, sans doute, à laisser subsister les cautionnemens; mais comment, sans ce remboursement, sortir de la servitude où nous sommes? car une dette semblable est une chaîne impossible à briser. Comment mettre une administration paternelle à la place d'une administration tyrannique, lorsqu'on aura toujours devant les yeux une dette exigible de 200,000,000 liv. au moment où on voudrait changer de régime.

Pour se résoudre à supporter plus long-temps de semblables entraves, il faudrait qu'il fût impossible de s'en délivrer, et cette impossibilité, seule excuse valable, n'est pas démontrée. C'est ce que nous examinerons dans la suite de ce mémoire. Et peut-être aurons-nous quelque solution heureuse à donner à ce problème; mais avant de fixer votre attention sur ce grand objet, qui formera, dans notre plan, un chapitre particulier, nous allons examiner l'état des affaires dégagé de tous ces obstacles.

Nous supposons d'abord que vous êtes dans l'intention de consacrer le principe de la division des finances de l'État en deux caisses. Nous avons déjà essayé de vous en démontrer l'avantage; mais soit que vous l'adoptiez, soit que vous le rejetiez, les résultats seront les mêmes. En admettant cet établissement, qui nous paraît utile et important, et qui présenterait à l'Europe le gage constant et inviolable de tous les engagemens de la France, la première de ces caisses, *caisse nationale*, percevrait tous les impôts directs, et acquitterait toutes les dettes, ainsi que la liste civile. La seconde, *caisse d'administration*, percevrait le reste des revenus publics, et acquitterait les dépenses des différens départemens, sous l'inspection des ministres devenus responsables à la nation.

Nous allons examiner les besoins de chacune de ces caisses, et leur assigner des revenus. Parmi ces revenus, il y en a qui existent, et dont le régime est sans doute susceptible d'amélioriation ; mais la nouvelle combinaison dont ils profiteront dans la suite, n'entre pas dans le plan de ce mémoire ; c'est une ressource que nous réservons à des temps plus tranquilles ; et qui, avant d'être employée, exigera les plus grandes précautions et les plus profondes connaissances : l'établissement des assemblées provinciales vous fournira, à cet égard ; la réunion de toutes les lumières, et la connaissance, si nécessaire en administration, de toutes les localités. Nous nous hâtons seulement d'effacer dès à présent, de la liste des revenus de l'État, les impôts que la voix des peuples, celle des siècles, et les cahiers précurseurs de vos décrets ont proscrits. La gabelle, les aides et les droits réservés doivent cesser d'exister à l'instant marqué par votre sagesse pour notre régénération, et nous ne vous proposerons de remplacer ces impôts dont le produit effectif est de cent neuf millions ; et la surcharge incalculable, que par une subvention de soixante millions répartis sur les provinces qui les ont payés jusqu'à présent, acquittés proportionnellement par elles, et soumis par vos décrets au régime le plus doux. Nous posons donc pour première base de l'édifice que nous élevons, une remise à la nation de quarante-neuf millions effectifs sur les impositions qu'elle a toujours payées, sans compter les frais de régie de ces impôts, les bénéfices considérables des fermiers et régisseurs ; les saisies, les procès et les vexations de tout genre ; et ce qui nous reste en revenu suffit pour atteindre le but que nous nous sommes proposé.

Voici, Messieurs, l'état des dépenses que la caisse nationale serait chargée d'acquitter :

1° Les rentes viagères constituées se montent à.................................... 105,233,076 liv.

2° Les rentes perpétuelles constituées..... 56,796,924

3° Les gages actuels des charges de magistrature, jusqu'à ce que la liquidation ait été faite................................... 9,333,160

4° Intérêts d'effets publics, d'emprunts à termes suspendus et autres, en ayant retran-

tranché les objets compris dans les remboursemens précédens........................ 31,443,082
5° Les indemnités dues à différens titres (1).. 3,179,000
6° Emprunt national de septembre 1789... 2,000,000
7° Dépenses de la maison du roi ou liste civile............................. 20,000,000

Total........... 228,027,242 liv.

Dépenses concernant les provinces.

Savoir :
1° Les ponts et chaussées............... 5,680,000 liv.
2° Les primes et encouragemens accordés au commerce et aux manufactures............. 3,262,000
3° Les frais de procédures criminelles...... 3,180,000
4° Les frais de perception ou traitement des receveurs-généraux et particuliers des finances, réduits au moyen du remboursement de leurs charges................................ 3,400,000
5° Remise en moins imposé sur les différentes généralités et pays d'Etats............... 7,123,000
6° Les travaux de charité et la mendicité.... 3,055,000
6° Construction et entretien des bâtimens publics................................. 1,874,000
8° Dépenses variables dans les provinces.... 4,500,000
9° Police et garde de Paris............... 3,985,000

Total............. 36,059,000 liv.

Parmi les objets qui composent cette somme de 36,059,000 liv., il nous a paru qu'il était nécessaire de faire une distinction entre ceux qui devaient rester à la charge de tout le royaume, et ceux qui ne devaient être considérés que comme dépenses locales.

Les travaux des ponts et chaussées rendus aux différentes provinces, ne seront plus l'objet

(1) Il y a des réductions à espérer dans la liquidation de cet article, qui n'est pas encore terminée.

d'une administration particulière. Les fonds qui
y étaient employés n'auront plus de destination
que comme secours accordés pour quelques
travaux extraordinaires, connus sous le nom
de travaux d'art, auxquels toutes les provinces
participeraient également : d'après cette observation, il nous a paru que cette dépense ne devait
rester aux frais de l'universalité des frais du
royaume que pour moitié, ci.................. 2,840,000 liv.

Les primes et encouragemens accordés au
commerce et aux manufactures, peuvent être
considérés comme objet d'utilité générale, ci.. 3,262,000

Les frais de procédures criminelles, susceptibles peut-être de réduction dans le nouvel
ordre judiciaire, sont encore un objet de dépense générale de 8,180,000

Les frais de perception et de versement des
impositions de chaque province, sont évidemment une dépense commune ; mais comme elle
est commune à tout le royaume, nous croyons
devoir la comprendre au rang des dépenses générales, ci............................. 3,400,000

TOTAL............... 17,682,000 liv.

Les objets suivans nous ont paru de nature à être regardés
simplement comme dépenses locales.

1° Le moins imposé montant à 7,125,000 liv. : l'imposition
étant mieux répartie, et n'étant plus vexatoire, le moins imposé
n'aura plus d'application que dans le cas d'un accident particulier
ou d'une calamité locale.

2° Les travaux de charité et la mendicité montent à 3,055,000
liv. ; ce sera l'objet des soins particuliers des administrations provinciales et municipales. Les ressources à cet égard ne peuvent
être mesurées que sur des besoins locaux ; et la sagesse de l'administration y sera plus utile que les secours d'argent. Il est donc

certain que ce genre de dépense, dirigé désormais par une administration paternelle, et d'autant moins nécessaire que cette administration sera perfectionnée, ne doit plus faire partie des dépenses de la caisse nationale.

3° La construction et l'entretien des bâtimens publics monte à 1,874,000 liv. Cet article, plus que tout autre, ne peut être considéré que comme dépense locale ; s'il l'eût toujours été, il en serait résulté plus de sagesse dans les entreprises, et plus d'économie dans l'exécution.

4° Les dépenses variables dans les provinces montent à 4,500,000 liv. Cet article est du même genre que le précédent; il est uniquement composé de dépenses locales.

5° La police et garde de Paris, le pavé de Paris, et les travaux des carrières, montent à 3,985,000 liv. Il en doit être de Paris à cet égard comme des autres villes du royaume; cette dépense rentre naturellement dans la classe des dépenses locales.

Nous avons pensé cependant que sur ces différens objets, les localités pourraient avoir besoin de secours, et il nous a paru prudent de distraire sur la totalité de ces dépenses, montant ensemble à 20,537,000 liv. une somme équivalente au quart de leur montant, pour secourir chacune de ces parties en cas de besoins extraordinaires, ci...................... 5,134,250 liv.
6° Frais de la justice gratuite dans le royaume. 6,000,000
7° Frais d'administration de la caisse nationale............................... 1,350,000

Total de la dépense de la caisse nationale... 253,193,492 liv.

Nous proposons de comprendre dans la recette de la caisse nationale les objets de revenus suivans :

État de recette de la caisse nationale.

1° Les recettes générales des impositions des pays d'élection et pays conquis que nous présentons, ainsi que les articles suivans, sous leur

ancienne dénomination, seulement pour faire ressortir la vérité des calculs, et cependant bien persuadés qu'ils changeront de nom, de régime et de principes à l'avenir.................. 155,655,000 liv.
2° Les recettes générales des pays d'Etats... 24,556,000
3° Abonnement de la Flandre maritime..... 825,000
4° Impositions pour les fortifications des villes, 575,000
5° La nouvelle contribution des privilégiés, que nous avons évaluée, y compris la capitation du clergé, au moins à (1)................. 30,000,000
6° Le subside dont nous avons parlé ci-dessus, destiné à remplacer la gabelle, les aides et les droits réservés........................ 60,000,000
7° Les droits casuels qui, dans leur état actuel, valent,................................ 3,000,000
8° Les loteries, déduction faite des frais.... 12,000,000
9° La créance sur les Etats-Unis de l'Amérique, 1,600,000 liv que nous ne portons ici que pour................................ *mémoire,*
10° Créance sur un prince d'Allemagne, 300,000 liv. de même pour............... *mémoire,*

Total des revenus de la caisse nationale..... 286,609,000 liv.

Il résulte de la comparaison de la recette à la dépense de la caisse nationale, un excédant de recette de 33,415,508 liv. et vous allez voir qu'il vous reste encore un revenu suffisant pour tous les besoins de la caisse d'administration.

Ces besoins sont calculés dans l'état suivant, d'après les réductions dont chaque partie nous a paru susceptible, sans aucune

---

(1) Il y a déjà une certitude acquise de 15 millions sur la seule augmentation des vingtièmes : or, l'imposition ordinaire étant fort supérieure en quotité à celle des vingtièmes, il est incontestable que l'augmentation résultante de l'imposition des privilégiés sera beaucoup plus considérable; les bois seuls offrent une grande masse de contribution, et il faut y ajouter la nouvelle capitation du clergé : ainsi, il est plus que probable que cet article s'élèvera plutôt à 40 millions qu'à 30.

exagération, et nous croyons pouvoir vous répondre que nos calculs à cet égard posent sur des bases certaines (1).

État des dépenses que la caisse d'administration serait chargée d'acquitter.

1° Les affaires étrangères................	6,500,000 liv.
2° La guerre.........................	79,000,000
3° La marine........................	39,000,000
4° La maison des princes, frères du roi.....	4,000,000
Pensions de monseigneur le duc d'Angoulême et de monseigneur le duc de Berri..........	700,000
5° Les pensions (2)	18,000,000
6° Les gages du conseil.................	2,774,000
7° Les régisseurs et les fermiers-généraux, au moyen de la réduction de leur nombre qui s'opérerait facilement après le remboursement des fonds d'avances......................	2,300,000
8° Les frais de la caisse d'administration, au plus	1,000,000
9° Les bureaux de l'administration générale des finances, du commerce, des monnaies, etc.	1,275,000
10° Secours accordés aux Hollandais réfugiés, dépense éventuelle....................	850,000
11° Jardin du roi......................	92,000
12° Bibliothèque du roi..................	69,000
13° Universités, académies, travaux littéraires................................	1,000,000

(1) Quelques personnes, au premier aperçu des chiffres de ce rapport des finances, pourraient croire y trouver quelques contradictions avec les calculs du premier rapport du 26 septembre dernier; mais cette différence ne consiste que dans une transposition des mêmes sommes, dans les résultats d'intérêts supprimés par les remboursemens proposés, et dans de nouvelles réductions de dépenses. Ce sont ces deux dernières opérations qui ont permis de diminuer dans ce rapport les contributions des peuples, et d'établir cependant une grande supériorité de la recette sur la dépense.

(2) Nous proposerions leur réduction successive et éventuelle à 12 millions.

14° Passeports des ambassadeurs............ 400,000
15° Dépenses imprévues................... 2,400,000

     Total............ 159,140,000 liv.

Voici les objets de recette dont vous pouvez disposer en faveur de la caisse d'administration.

État des revenus destinés à acquitter les dépenses de la caisse d'administration.

1° La ferme générale après la suppression de la gabelle................................. 91,440,000 liv.
2° Régie du Clermontois................... 107,000
3° Régie des domaines.................... 50,000,000

Nota. Si cette régie éprouve quelque diminution par la suppression de quelques droits, il y a d'un autre côté des augmentations à espérer dans les articles suivans, qui ne sont portés que dans leur état actuel.

4° La ferme des postes.................... 12,000,000
5° Des messageries (1).................... 1,100,000
6° Des marchés de Sceaux et de Poissy..... 630,000
7° Des affinages.......................... 120,000
8° Du droit du Port-Louis................. 47,000
9° Marc d'or.............................. 1,500,000
10° Régie des poudres..................... 800,000
11° Monnaies.............................. 500,000
12° Forges royales........................ 80,000
13° Caisses du commerce................... 636,000
14° Loyers des maisons des Quinze-Vingts.. 180,000

     Total............ 159,140,000 liv.

Les tableaux que nous venons de mettre sous vos yeux sont de la plus grande exactitude, puisqu'ils prennent les choses dans l'état où elles sont, et qu'ils ne s'appuient sur aucun système. Il

---

(1) La réunion des messageries aux postes offrira une amélioration considérable, lorsqu'elle aura été concentrée avec les administrations provinciales.

n'y a ici ni suppositions ni omissions; nous ne vous présentons que des revenus existans, et la totalité des dépenses. Nous ne nous sommes livrés à aucunes spéculations; nous les avons repoussées même, afin de ne tomber dans aucune erreur, et de vous laisser vos espérances d'amélioration tout entières. Vous voyez d'après ces tableaux, que toutes les dépenses seront acquittées, et que l'intérêt de toutes les dettes sera payé, sans qu'aucune nouvelle source de revenu soit ouverte. Il est certain que le peuple dégagé de la gabelle, des aides, des droits réservés, et bien plus soulagé encore par la cessation de la surcharge qui résulte de ces impôts, et des vexations de tout genre qui les accompagnaient, n'aura plus qu'un seul impôt territorial ou personnel à payer, et que cet impôt sera inférieur de quarante-neuf millions effectifs à ceux qu'il payait précédemment; enfin que l'intérêt de la dette et les dépenses publiques acquittées, la nation aurait un excédant de revenu de plus de trente-trois millions.

Nous avons compris les loteries dans les objets qui composent cet excédant; et dans cette disposition, nous avons entrevu l'espoir de faire bientôt disparaître un revenu que réprouvent tous les principes de la morale et de l'ordre public; mais ce jour heureux n'est pas encore arrivé; et il nous suffit dans ce moment-ci d'avoir pu abolir les impôts qui font essentiellement le malheur du peuple, et d'apercevoir l'anéantissement prochain de l'appât corrupteur qu'un jeu funeste ne cesse de lui présenter.

Il nous reste, comme nous croyons vous l'avoir démontré, un revenu supérieur de plus de trente-trois millions à la dépense, et nous n'avons pas encore parlé du secours dont les biens du clergé peuvent être à la chose publique. Ici plusieurs systèmes se présentent, et c'est entre eux qu'il s'agit de faire un choix.

Vous avez décrété que la nation avait la disposition des biens du clergé; mais en établissant ses droits, vous n'avez rien prononcé sur l'usage qu'elle en ferait.

Si vous adoptiez le plan aussi séduisant que vaste, et habilement combiné, qui vous a été présenté par un membre distingué de cette assemblée, vous convertiriez en simples honoraires la possession des ministres de l'église, et la nation mettrait en vente tous les capitaux, pour accroître ses revenus par l'extinction de toutes ses dettes. L'immensité de cette entreprise nous a trop effrayés peut-être ; mais nous sommes forcés d'avouer que le succès nous a semblé douteux. Il est d'ailleurs des considérations politiques, relatives à l'inégale distribution des biens du clergé dans les différentes provinces du royaume, qui pourraient s'opposer à l'exécution de ce grand projet. Enfin, il est possible que vous trouviez des inconvéniens réels à ne pas laisser à des ministres, nécessaires à l'instruction et à la consolation des peuples, un gage de subsistance qui, croissant avec la valeur des denrées, les mette à l'abri du besoin. Cette subsistance doit être honnête; c'est une dette sacrée pour la nation : peu importe comment elle soit acquittée, pourvu qu'elle le soit avec facilité et régularité.

Vous pourriez donc vous déterminer à laisser au clergé ou à une commission de l'assemblée nationale, formée à cet effet, l'administration des biens que la piété de vos pères a destinés au culte de la divinité et au soulagement des pauvres. Mais si vous diminuez le nombre des individus consacrés au service des autels, si vous ne laissez pas disposer des abbayes commandataires, et autres bénéfices vacans ; si vous supprimez, soit en partie, soit en totalité, les ordres religieux ; si, en fixant le nombre des prêtres utiles, vous anéantissez l'espoir des grâces pour les membres inutiles du clergé; si vous mettez plus de proportion et plus de modération dans les revenus des évêchés et archevêchés, à mesure qu'ils vaqueront, il est évident que la dotation du clergé excédera bientôt ses besoins réels, et que l'emploi de cet excédant à soulager le peuple du poids des impôts, est la plus juste et la plus sainte des destinations.

De quelque manière que vous établissiez l'administration des biens du clergé, elle ne pourra plus exister sans rendre un compte annuel à l'assemblée nationale, puisque sa position changerait tous les ans; et déjà vous pourriez en tirer un parti utile, sans nuire à personne, puisque les maisons religieuses supprimées, les bénéfices en commande qui sont vacans, ceux qui le deviendront, ceux qui étaient en économats vous mettraient dans le cas de disposer incessamment d'une portion considérable de revenus libres, et d'une forte masse d'immeubles non productifs, par la vente des emplacemens situés dans les grandes villes, du mobilier des maisons et des bibliothèques. Les principales conditions que vous pourriez imposer à cette nouvelle administration, pourraient donc être : 1° d'acquitter, à la décharge du trésor public, la portion qui revenait à des hôpitaux, à des établissemens de charité, ou à des maisons d'éducation, sur les 5,711,000 liv. de secours annuels que le gouvernement accordait ci-devant à des établissemens de ce genre et à des maisons religieuses; 2° d'aliéner au profit de la caisse nationale, une partie des capitaux, jusqu'à la concurrence de 400,000,000, dans l'espace de quatre années, et en outre jusqu'au montant de la somme nécessaire pour assurer le remboursement de la dette du clergé (1).

Ce plan est bien simple, et ne s'oppose à aucune combinaison ultérieure. Il nous paraît, par cette raison, préférable à ceux qui vous ont été présentés. Si cependant vous acceptiez un autre projet, ce ne pourrait être qu'en raison de sa plus grande utilité; et alors, loin d'affaiblir nos calculs, il les fortifierait.

La disposition générale des finances du royaume, dont le développement vient d'être mis sous vos yeux, présente un avenir bien consolant; et cet avenir, Messieurs, il dépend de vous de le rendre très-prochain. Arbitres des destinées de ce grand empire, pourquoi renverriez-vous à des temps éloignés un nouvel ordre de choses que toute la nation désire, et pour lequel il faut si peu de combinaisons préliminaires? Les dépenses peuvent être fixées d'ici au premier janvier prochain; l'établissement de deux caisses peut être fait alors. Les suppressions d'impôts désastreux, les remplacemens peuvent avoir lieu dès le premier avril; et l'espérance la mieux fondée aura bientôt effacé le souvenir des

---

(1) Les moyens de rendre disponibles, même avant la consommation des ventes, les fonds qu'elles doivent produire, ne sont pas difficiles à trouver.

malheurs passés. Mais, pour que la confiance publique reparaisse avec la vôtre, vous attendez la solution de notre premier problème, c'est-à-dire, la démonstration des moyens qui ne soient ni chimériques, ni même douteux, pour trouver et pour employer à leurs différentes destinations, les 878 millions nécessaires à la grande libération de l'Etat. C'est cette tâche intéressante que nous allons nous efforcer de remplir.

Remboursement des cautionnemens et fonds d'avances des compagnies de finances, de l'arriéré sur les intérêts des rentes, et d'une partie de l'arriéré des départemens.

Art. I. Nous conservons dans notre projet douze administrateurs des produits de la ferme générale, douze pour la régie des postes, et deux trésoriers, l'un pour la caisse nationale, l'autre pour la caisse d'administration. Il est juste, nécessaire même, que chacun d'eux fournisse un cautionnement. Nous estimons qu'il doit être d'un million pour chacun; et l'intérêt de ce million est calculé dans l'évaluation que nous avons faite de leurs attributions : ainsi la somme à rembourser pour cet objet se trouve réduite à 170,000,000 liv.

Quant aux recettes générales, nous pensons que chaque province fera des arrangemens particuliers pour la rentrée de ses contributions, et pour leur versement au trésor public : ainsi nous croyons que ce remboursement entier des receveurs généraux et particuliers doit être effectué : les charges des officiers de maîtrises des eaux et des forêts, des payeurs et contrôleurs des rentes, et quelques autres utiles à rembourser, font partie de cet article. Il monte à.................... 119,000,000 liv.

Les arrérages arriérés sur les rentes...... 81,000,000

Enfin, l'arriéré des départemens peut être divisé en deux parties.

Nous placerons ici un premier paiement de. 30,000,000

RÉCAPITULATION.

Compagnies de finances............... 170,000,000
Receveurs généraux et autres........... 119,000,000

Arriéré des rentes.................... 81,000,000
Premier paiement de l'arriéré des départemens................................. 50,000,000

    Total............... 400,000,000

L'obligation imposée à l'administration des biens du clergé, de payer en quatre ans une somme de 400 millions au trésor public, et de fournir aux intérêts de la portion qui en exige jusqu'au remboursement, ferait face à cet objet: d'après le décret que l'assemblée nationale pourrait rendre à cet égard, et ensuite de la liquidation qui serait faite de chaque créance en particulier, il serait expédié par l'administration les mandats nécessaires aux époques du remboursement.

Remboursemens des anticipations et du reste de l'arriéré des départemens.

II. Les anticipations dans la circulation montent, à l'époque présente, à........... 174,500,000 liv.
Les assignations sur les domaines et bois, suspendues en 1788, et qui sont de même des anticipations, montent à.................. 50,800,000
Le reste de l'arriéré des départemens...... 50,000,000

    Total........... 275,300,000 liv.

Nous ne croyons rien exagérer en estimant à cette somme les dons patriotiques, ou le quart des revenus de la France, surtout lorsque l'ordre rétabli dans toutes les parties des finances aura inspiré une juste sécurité à tous les citoyens, et qu'aucune crainte ne retiendra plus l'effet du patriotisme. Les délégations sur cette rentrée de capitaux seront aisées à faire, et seront successivement acquittées.

Besoins extraordinaires de l'année 1789 et de l'année 1790.

L'engagement que nous avons pris est en grande partie rempli; mais il nous reste à pourvoir aux besoins extraordinaires de cette année et de l'année 1790 que nous avons annoncés au commencement de ce mémoire. Le premier ministre des finances les évalue à 170 millions.

Sur cet objet, Messieurs, il nous est impossible, dans ce moment-ci, de nous expliquer aussi clairement que sur le reste. Nos ressources se trouveront dans le parti que vous prendrez pour ou contre la caisse d'escompte. Il faut indispensablement que vous la releviez ou que vous la remplaciez. Dans le premier cas, la nation sera dépositaire du gage hypothéqué à la sûreté des créanciers de la caisse ; et si vous adoptez le plan que le ministre des finances (1) vous a présenté, nous n'avons plus à discuter que le choix entre le parti qu'il propose, de rembourser la caisse d'escompte de ses avances, en laissant subsister des anticipations pour la même somme, ou le parti définitif de supprimer à jamais les anticipations, en préférant de laisser subsister la créance entière de la caisse d'escompte pendant la durée de son privilége.

Dans le second cas, celui du remplacement de la caisse d'escompte par un autre établissement de banque, le même secours sans doute vous serait offert.

Enfin, si la nation prenait elle-même la place de tous les établissemens de crédit qu'on va lui offrir, elle serait créatrice de ce nouveau gage. Ainsi, sans vouloir rien préjuger sur cette grande opération, nous osons garantir que dans toutes les hypothèses imaginables, et très-prochainement (car les délais sont désormais impossibles) le secours de 170 millions vous est assuré, et vous sera fourni à un prix très-modéré.

(1) Si le plan de la banque nationale proposé par M. Necker est adopté, les 3,500,000 liv. d'intérêts dus à la caisse d'escompte, et employés dans le compte précédent, seront portés à 7,900,000 liv. ; ainsi il y aura une augmentation d'intérêts à payer de 4,400,000 liv. : mais, l'extinction des rentes viagères de 1789 et 1790 aura produit 3 millions : ainsi, l'excédant de cette recette sera encore de 32 millions.

Si le même plan est adopté, il ne change rien à nos calculs, puisqu'il conserve au même prix pour 170,000,000 liv. d'anticipations. La seule différence consiste dans l'emploi de 170,000,000 liv. du don patriotique proposé par lui pour rembourser la caisse d'escompte, en conservant des anticipations; et par nous, pour anéantir les anticipations, en préférant de laisser subsister pendant la durée du privilége la créance entière de la caisse d'escompte.

Voilà donc, Messieurs, la preuve acquise du rétablissement possible et très-prochain de l'ordre, du bonheur et de la tranquillité publique. Nous ne vous avons pas présenté les rêves de l'imagination ; nos évaluations ne sont pas problématiques ; nous n'avons rien donné au hasard. C'est dans quelques mois que nous pourrons entrer en jouissance ; c'est dès aujourd'hui que vous pouvez poser toutes les bases. Vous pouvez dire : tel jour l'ordre immuable sera établi ; tel jour il ne sera plus permis d'être inquiet de la fortune publique. Si vous adoptez ce plan, il ne faut pour son exécution qu'un petit nombre de décrets ; et la nation, attentive à tout ce que vous faites pour elle, n'aura bientôt plus d'autre sentiment que celui de la reconnaissance.

Mais il reste un objet digne de toute votre attention. Votre loyauté a encore une obligation à satisfaire. Tous les engagemens de l'État sont sacrés pour vous, et tous les engagemens ne sont pas remplis. Plusieurs emprunts ont été faits depuis quelques années, avec la condition d'en rembourser tous les ans une partie, jusqu'à extinction totale. Au mois d'août 1788, l'autorité a suspendu l'effet de cet engagement ; et à la fin de la présente année, 72 millions (1), qui auraient dû être remboursés, ne le seront pas. Quarante-huit millions avaient été promis pour l'année prochaine, et courent le même risque ; dans les années suivantes, des sommes qui vont toujours en décroissant, devraient être acquittées successivement. On ne peut vous reprocher sans doute la violation qui a été faite de la foi publique à cet égard ; mais il serait beau qu'au moment où la nation est rendue à elle-même, l'ordre et la fidélité sortissent à la fois et de tous les côtés, du sein du chaos ! La caisse d'amortissement que vous pouvez fonder aujourd'hui au moyen de 33 millions de revenus libres qui vous restent, ne suffit pas à ces engagemens ; mais vos ressources sont entières. Vous n'avez mis aucun impôt sur le luxe, et personne ne doute que cette source de richesses ne pût s'ouvrir à

(1) Sans compter 50,800,000 liv. d'assignations suspendues sur les domaines et bois qui font partie des remboursemens proposés précédemment.

votre voix. Les provinces y applaudiraient unanimement, et enfin on verrait le luxe servir à réparer les maux qu'il a faits. Ce moyen, employé avec mesure, pourrait élever dès l'année prochaine les fonds de la caisse d'amortissement de 33 à 53 millions, qui déjà seraient accrus par des extinctions de rentes viagères; vous rétabliriez aussitôt les remboursemens annuels qui n'auraient été suspendus que pendant 18 mois. Quelle belle réponse à ceux qui naguère osaient douter des ressources de la France et calomnier vos intentions !

Chaque somme de remboursement rendrait la condition du peuple meilleure, et chaque nouvelle législature le ferait jouir, par une diminution sur les contributions, du bénéfice résultant des intérêts éteints, sans que la caisse d'amortissement suspendît un instant ses remboursemens annuels.

Une dernière observation vous frappera sans doute, et ce n'est pas la moins importante de celles qui résultent du plan que nous avons l'honneur de vous présenter.

Suivant ce plan, une somme énorme de capitaux serait en peu de temps employée en remboursemens. Ces capitaux auront besoin d'emploi, et la nation pourrait leur fournir elle-même des débouchés faciles par des emprunts constamment ouverts, et constamment employés à d'autres remboursemens. Quel bénéfice immense une opération semblable n'opérerait-elle pas, soit par le remboursement des rentes viagères nouvellement constituées, soit par la réduction des intérêts de la dette perpétuelle ! C'est à cette époque très-prochaine que vous commenceriez avec facilité le remboursement des charges de judicature. Vous remarquerez, Messieurs, qu'il n'est aucune de ces opérations qui ne tende directement et effectivement au soulagement du peuple, et à la diminution de l'impôt territorial.

C'est après avoir déterminé par vos décrets tout ce qui doit consommer pour le présent, et préparer pour l'avenir les opérations précédentes, que vous pourrez à loisir approfondir chacune des parties qui composent les revenus publics. C'est alors que le secours de toutes les lumières vous sera vraiment utile, parce que les essais seront sans danger, et vous aurez en peu d'années perfectionné toute l'administration et redressé toutes ses erreurs.

SÉANCE DU VENDREDI 10 NOVEMBRE.

Au commencement de la séance, sur la lecture d'un rapport qui annonce que les citoyens d'Issoudun font hommage à la nation de leurs boucles d'argent, « l'assemblée, sur la motion de M. Dailly, décrète que tous ses membres font don de leurs boucles d'argent. »

M. le comte de Mirabeau. Messieurs, lorsque sur un établissement aussi important que la caisse d'escompte, on s'est expliqué comme je l'ai fait dans deux motions ; lorsque l'une et l'autre de ces motions offrent des résultats infiniment graves et entièrement décisifs, surtout pour un peuple dont les représentans ont, en son nom, juré foi et loyauté aux créanciers publics ; lorsqu'on n'a été contredit que par de misérables libelles, ou des éloges absurdes, si ce n'est perfides, des opérations de la caisse d'escompte ; lorsqu'enfin une fatale expérience manifeste mieux tous les jours combien sont coupables les moyens extérieurs par lesquels mes représentations ont été jusqu'ici rendues inutiles, il ne reste peut-être qu'à garder le silence, et je l'avais résolu.

Mais le plan qu'on apporte s'adapte si peu à nos besoins ; les dispositions qu'il renferme sont si contraires à son but ; l'effroi qu'il inspire à ceux-là même qu'il veut sauver, est un phénomène si nouveau ; les deux classes d'hommes que l'on s'attend si peu à rencontrer dans les mêmes principes, les agioteurs et les propriétaires, les financiers et les citoyens, le repoussent tellement à l'envi, qu'il importe avant tout de fixer les principes, et de chercher au milieu des passions et des alarmes l'immuable vérité.

Je me propose de démontrer, non-seulement les dangers d'une opération qui n'a aucun vrai partisan, mais la futilité de cette objection banale dont on harcelle depuis quelques jours les esprits timides, ou les hommes peu instruits. *Si l'on ne relève pas la caisse d'escompte, on n'a rien à mettre à la place.*

M. Necker est venu nous déclarer que les finances de l'État ont un besoin pressant de cent soixante-dix millions. Il nous annonce que les objets sur lesquels le trésor royal peut les assigner d'après nos décrets, sont assujétis à une rentrée lente et incertaine; qu'il faut, par conséquent, user de quelque moyen extraordinaire, qui mette incessamment dans ses mains la représentation de ces cent soixante-dix millions.

Voilà, si nous en croyons le ministre, ce qui nous commande impérieusement de transformer la caisse d'escompte en une banque nationale, et d'accorder la garantie de la nation aux transactions que cette banque sera destinée à consommer.

Cependant, si nous trouvions convenable de créer une banque nationale, pourrions-nous faire un choix plus imprudent, plus contradictoire avec nos plus beaux décrets, moins propre à déterminer la confiance publique, qu'en fondant cette banque sur la caisse d'escompte?

Et quel don la caisse d'escompte offre-t-elle en échange des sacrifices immenses qu'on nous demande pour elle?.... Aucun.... Nous avons besoin de numéraire et de crédit : pour que la caisse puisse nous aider dans l'un ou l'autre de ces besoins, il faut que le crédit de la nation fasse pour la banque ce qu'il a paru au ministre que la nation ne pourrait pas faire pour elle-même.

Oui, Messieurs, par le contrat que M. Necker nous propose de passer avec la caisse d'escompte, la ressource que la banque nous offrirait, porte tout entière sur une supposition qui détruit nécessairement celle dont le ministre a fait la base de son mémoire. Si la nation ne méritait pas encore aujourd'hui un très-grand crédit, nulle espèce de succès ne pourrait accompagner les mesures que ce mémoire développe.

En effet, M. Necker nous propose, pour suppléer la lenteur des recettes sur lesquelles le trésor royal a compté, de lui faire prêter par la banque nationale cent soixante-dix millions en billets de banque. Mais quelle sera la contre-valeur de ces billets? où se trouveront les fonds représentatifs de cette somme?

1°. Vous créerez *un receveur extraordinaire*.

2° Vous ferez verser dans la caisse les fonds qui proviendront *soit de la contribution patriotique, soit des biens-fonds du domaine royal et du clergé, dont la revente serait déterminée, soit enfin de la partie des droits attachés à ces deux propriétés, et dont l'aliénation et le rachat seraient pareillement prescrits*.

3° Le trésor royal fournirait sur ces objets des rescriptions en échange de cent soixante-dix millions de billets.

4° Elles seraient livrées *à raison de dix millions par mois, à commencer de janvier 1791 jusqu'en mai 1792*.

Et que serait, dans la circulation, le passeport de ces billets de banque, le motif de la confiance que la capitale et les provinces pourraient placer dans l'usage de ce papier? — Le crédit de la nation. — *Un décret spécial de votre part, sanctionné par le roi, la rendrait caution de ces billets. Ils seraient revêtus d'un timbre aux armes de France, ayant pour légende:* GARANTIE NATIONALE.

Respirons, Messieurs; tout n'est pas perdu; M. Necker n'a pas désespéré du crédit de la France. Vous le voyez; dans treize mois, le nouveau receveur extraordinaire sera en état, par les divers objets que vous assignerez à sa caisse, d'acquitter de mois en mois les rescriptions que le trésor royal aura fournies sur lui à la banque nationale, en échange des cent soixante-dix millions qu'elle lui aura livrés en billets.

C'est donc nous qui nous confierons à nous-mêmes les soi-disant billets. Uniquement fondée sur notre crédit, la banque daignera nous rendre *le service essentiel* de nous prêter, sur le nantissement de nos rescriptions, les mêmes billets auxquels notre timbre aura donné la vie et le mouvement.

Nous érigerons donc en banque nationale privilégiée, une caisse d'escompte que quatre arrêts de surséance ont irrévocablement flétrie (1); nous garantirons ses engagemens (et je montre-

---

(1) C'est-à-dire que quatre fois le terme assigné pour la liquidation, avait été prolongé.

rai bientôt jusqu'où va cette garantie) ; nous laisserons [étendre sur le royaume entier ses racines parasites et voraces.

Nous avons aboli les priviléges, et nous en créerons un en sa faveur, du genre le moins nécessaire. Nous lui livrerons nos recettes, notre commerce, notre industrie, notre argent, nos dépôts judiciaires, notre crédit public et particulier ; nous ferons plus encore, tant nous craindrons de ne pas être assez généreux ! nous avons partagé le royaume en quatre-vingts départemens, nous les vivifions par le régime le plus sage et le plus fécond que l'esprit humain ait pu concevoir (les assemblées provinciales). Mais, comme si l'argent et le crédit n'étaient pas nécessaires partout à l'industrie, nous rendons impossibles à chaque province les secours d'une banque locale qui soit, avec son commerce ou ses manufactures, dans un rapport aussi immédiat que son administration. Car enfin, Messieurs, le privilége de la nouvelle banque fût-il limité à la capitale (ce qu'on ne nous dit pas), quelle banque particulière subsisterait, ou tenterait de s'établir à côté de celle qui verserait dans la circulation des billets garantis par la société entière ?

Osons, Messieurs, osons sentir enfin que notre nation peut s'élever jusqu'à se passer, dans l'usage de son crédit, d'inutiles intermédiaires. Osons croire que toute économie qui provient de la vente qu'on nous fait de ce que nous donnons, n'est qu'un secret d'empyrique. Osons-nous persuader que, quelque bon marché qu'on nous fasse des ressources que nous créons pour ceux qui nous les vendent, nous pouvons prétendre à des expédiens préférables, et conserver à nos provinces, à tous les sujets de l'empire, des facultés inappréciables dans le système d'une libre concurrence.

Qu'est-ce qui fait le crédit des billets de banque ? La certitude qu'ils seront payés en argent, à présentation ; toute autre doctrine est trompeuse. Le public laisse aux banques le soin de leurs combinaisons ; et en cela il est très-sage. S'il ralentissait ses besoins par égard pour les fautes ou les convenances des banques ; si l'on voulait qu'il modifiât ses demandes d'après les calculs sur lesquels le bénéfice des banques est fondé, on le menerait où il ne veut pas aller, où il ne faut pas qu'il aille : il lui importe de ne pas confondre son intérêt avec celui de quelques particuliers.

Si la banque d'Angleterre a eu des momens de crise, elle a su les cacher; jamais elle n'appela l'autorité à son secours : pour en obtenir des délais, jamais elle ne s'est tachée par des arrêts de surséance.

Pour que nous puissions retirer quelque avantage réel des billets que la banque nationale nous prêterait sous notre timbre, il faudrait évidemment qu'elle pût attacher à ces billets l'opinion, *qu'ils seront panés à représentation.* Est-ce là ce que le ministre nous promet?

Non, son mémoire ne fixe aucune époque où les paiemens en argent et à bureau ouvert pourraient être rétablis.

Il faudrait donc que l'assemblée nationale fît l'une de ces deux choses :

Ou qu'elle prolongeât indéfiniment l'arrêt de surséance. Je vous le demande, Messieurs, oseriez-vous prononcer un semblable décret?

Ou qu'elle déclarât que les billets de la banque seraient payables *à sa volonté,* et non à celle du porteur. Ici revient cette question : *Pour mettre dans la circulation de semblables billets, est-il besoin d'une banque nationale?*

Je vois bien que le ministre espère qu'un moment viendra où les billets de banque pourraient être payés à bureau ouvert; mais ce n'est qu'un espoir vague. Que d'efforts ne fait-il pas pour s'inspirer une confiance que sa raison combat encore! Examinons toutefois ce que nous pouvons espérer.

M. Necker fixe à soixante-dix millions le numéraire effectif, dont la présence dans les caisses de la banque suffirait pour établir les paiemens à bureau ouvert, de deux cent quarante millions de billets. Mais cette proportion qui représente peut-être, dans des temps calmes, la situation moyenne d'une banque parfaitement accréditée, peut-elle garantir une banque sans principes, une banque qui a d'excellens statuts, et qui les a tous violés; une banque qui se réfugie encore dans le plus dangereux et le plus destructeur des moyens, celui de nous vanter comme une preuve de patriotisme l'abandon de la foi publique; une banque enfin, dont l'unique loi a été jusqu'ici de tout assujettir à ses convenances?

Non, Messieurs, nous ne sommes plus au temps des miracles politiques; et celui-ci s'accomplirait d'autant moins que le véritable état de la caisse est dans la plus profonde obscurité.

Ainsi, sans mauvaise intention, sans encourir le reproche d'aucune manœuvre à dessein d'embarrasser la banque, le public pourrait, par de justes motifs, sonder les forces effectives de la caisse. Au moment où, munie de nouveaux fonds fastueusement annoncés, elle ouvrirait ses bureaux, chacun s'empresserait à réaliser ses billets.

On répond à cette objection embarrassante, que le public sera retenu par la garantie nationale. Mais songez donc, Messieurs, qu'il ne s'agit pas ici d'une confiance relative à la solidité générale de la banque, mais d'une certitude sur ce point d'administration : *Lorsqu'on aura besoin d'argent effectif, en aura-t-on à l'heure même?* Or, que fait à cet égard la garantie nationale?

Tel est donc le discrédit où l'ambition de la caisse l'a jetée, que ce fonds de soixante-dix millions ne suffit pas aujourd'hui pour fournir aux demandes, lorsqu'elle voudra payer ses billets à présentation.

Mais ce n'est pas tout. Ces soixante-dix millions en espèces effectives, la caisse d'escompte ne les a point; il faut, pour lui en assurer seulement cinquante, créer 12,500 actions nouvelles à 4,000 liv. Qui les achetera? Les anciennes actions sont à 3,700 liv. Beaucoup d'autres effets, déjà garantis par notre honneur et notre loyauté, offrent la perspective de bénéfices plus considérables.

Examinons les expédiens du ministre pour associer de nouveaux actionnaires à un état de choses qu'ils ne connaissent pas.

Il propose, 1° de morceler les actions, c'est-à-dire, de multiplier les alimens de l'agiotage. Or, de tous les passe-temps d'une nation, c'est là le plus dispendieux. Nous devons donc, en économes sages, mettre en ligne de compte cette dépense, quand nous évaluons le bas intérêt auquel la banque nationale nous prêtera les secours que nous lui donnerons.

2° Il demande que, non contens de garantir les opérations de la banque nationale, nous assurions encore six pour cent d'intérêt à ses actionnaires. Six pour cent! c'est peu pour des agioteurs; c'est beaucoup pour la nation. Mais voulez-vous connaître la conséquence nécessaire de cet encouragement? il enhardira les opérations de la banque (*lesquelles jamais ne doivent être hardies*). En effet, qu'elle sera son pis-aller? de nous demander annuellement neuf millions, ou le supplément de neuf millions, pour l'intérêt, à six pour cent, de trente-sept mille cinq cents actions; car enfin le fonds de la banque pourrait être altéré ou perdu, que la nation ne serait pas quitte envers les actionnaires. Autre dépense à mettre en ligne de compte, pour évaluer le bas intérêt auquel la banque nationale nous prêtera les secours que nous lui donnerons.

3° Le ministre propose que, dès le premier de janvier prochain, les 12,500 actions nouvelles, quoique non encore levées, participent au profit de la banque (c'est-à-dire qu'elles moissonnent là où elles n'auront pas encore semé). Or, cela revient précisément à prendre dans la poche des anciens actionnaires; conséquemment à dépriser les anciennes actions; conséquemment à rendre le débit des nouvelles encore plus difficile; conséquemment à multiplier les marches de l'armée des agioteurs; conséquemment à conserver le foyer de l'usure; conséquemment à multiplier les pertes nationales, bien faiblement commencées par 170 de millions de *nos* billets que la banque nous prêtera à trois pour cent.

Le ministre nous dit, il est vrai, que le produit des nouvelles actions, formant le fonds mort de la banque nationale, *cette disposition ne causera aucun préjudice aux anciennes actions.*

Mais le ministre se trompe en appelant *un fonds mort*, le

principe sans lequel les billets de banque seraient sans vie ; et mon observation reste dans toute sa force.

4° Le ministre propose, pour soulever ces 12,500 actions, d'ouvrir une souscription qui n'aurait d'effet qu'autant qu'elle serait remplie. Il ne faut pour cela, dit-il, *que bien choisir le moment*. M. Necker ignore-t-il donc que l'arène de la bourse a bien changé ? elle n'est plus comme au temps où il croyait qu'un administrateur de finances pouvait y descendre pour diriger les mouvemens du crédit. S'il est des agioteurs de bonne foi, que le ministre les interroge ; ils lui diront combien le seul projet d'une souscription en rend *le moment difficile à choisir*.

Le mémoire propose encore de faire crédit du capital des actions nouvelles, pourvu que les acquéreurs s'engagent à les payer en espèces dès la première réquisition. On a souvent essayé de fonder de cette manière le numéraire effectif, nécessaire aux banques; elle n'a jamais réussi. Il faut, pour former ce paiement, pouvoir faire vendre les actions, et cette opération est contraire au crédit de la banque. Ce moyen exposerait encore à des manœuvres d'agioteurs, dirigées contre son numéraire, pour faire baisser le prix des actions.

Enfin, une dernière ressource pour déterminer les spéculateurs à tenter fortune sur les nouvelles actions, serait de leur abandonner des primes ; c'est encore là un moyen de maintenir bas le prix des anciennes actions, et il faudrait, au contraire, l'élever. Cette création d'actions nouvelles est donc tout à la fois incertaine dans son succès, et ruineuse dans ses conséquences.

Que de pénibles efforts, que de moyens incertains et contradictoires, pour donner à la caisse d'escompte une nouvelle existence, pour rajeunir une vierge flétrie et décriée, pour l'unir indissolublement avec nos provinces, avec nos villes, qui ne la connaissent que par une réputation peu faite pour réparer une telle union !

Je n'examine pas, Messieurs, si cet acte important est en notre pouvoir, ou si nous devons nous le permettre, sans consulter du moins toutes les villes du royaume; mais j'ose répondre pour elles, et répudier en leur nom cette alliance.

Elles nous demanderaient ce que nous avons voulu favoriser, ou la dette publique, ou le commerce.

Si c'est la dette publique, elles nous diraient, *qu'une administration exclusive de tout autre objet, et indépendante des ministres, est enfin devenue absolument nécessaire, pour que cet incommode fardeau tende invariablement à diminuer.*

Elles nous diraient que cette administration est la seule qui puisse mériter leur confiance, parce que d'elle seule peut sortir cette suite indéfinie de mesures utiles, de procédés salutaires, que les circonstances feront naître successivement; parce que, rien ne la distrayant de son objet, elle y appliquerait toutes ses forces physiques et morales; parce que la surveillance nationale ne permettrait pas que l'on y troublât un instant l'ordre et la régularité, sauve gardes sans lesquelles les débiteurs embarrassés succombent enfin, quelles que soient leurs richesses. A ce prix seulement, les villes et les provinces peuvent espérer le retour de leurs sacrifices, et les supporter sans inquiétude et sans murmure.

Elles nous diraient que des billets de crédit, sortis du sein d'une caisse nationale uniquement appropriée au service de la dette, sont l'institution la plus propre à ramener la confiance. Elles nous diraient que ces billets faits avec discernement et hypothèques sur des propriétés disponibles, auraient dans les provinces un crédit d'autant plus grand, que leur remboursement pourrait se lier à des dispositions locales, dont un établissement particulier et circonscrit dans son objet est seul susceptible.

S'agit il de favoriser le commerce? Les villes et les provinces nous demanderaient pourquoi nous voulons les enchaîner éternellement à la capitale, par une banque privilégiée, par une banque placée au milieu de toutes les corruptions. Que leur répondrions-nous pour justifier l'empire de cette banque, pour leur en garantir l'heureuse influence sur tout le royaume? Leur montrerions-nous, comme dans la métrolope anglaise, une république d'utiles négocians instruits à peser les vrais intérêts du commerce, à les garantir de toute concurrence dangereuse ? La Seine réunit-elle à Paris, comme la Tamise à Londres, ces négocians par un vaste entrepôt, d'où les productions du globe puissent se distribuer dans toutes ses parties ? Vanterions-nous aux provinces les cris de la Bourse; ces agitations perpétuelles que tant de honteuses passions entretiennent, et que nous avons encore la folie de considérer comme thermomètre du crédit national ?

Quoi! nous diraient nos commettans, vous voulez que la nation se rende solidaire pour les engagemens d'une banque assise au centre de l'agiotage? Avez-vous donc mesuré l'étendue de cette garantie que le ministre vous propose de décréter?

Il réduit à deux cent quarante millions les billets qui seraient timbrés; et pour vous montrer que l'État ne courrait aucun risque par cette garantie, il réunit aux soixante-dix millions que la caisse lui a prêtés en 1787, *l'avance de cent soixante-dix millions que la banque nationale lui ferait encore contre des assignations ou des rescriptions sur les deniers publics.*

Mais ces avances seront éternelles, ou elles ne le seront pas.

Le ministre prétend-il qu'elles soient éternelles? Nous demandans alors, non-seulement s'il convient à la nation de contracter de tels engagemens, mais encore s'ils n'entraînent pas les conséquences les plus effrayantes. Car enfin, la banque nationale aurait la liberté *de négocier les rescriptions qui lui seraient délivrées par le gouvernement; et le préjudice qui pourrait résulter pour elle de ces opérations momentanées, devrait lui être bonifié par le trésor public.*

C'est là une lourde méprise : une telle disposition place au sein de la banque nationale, un levain continuel d'agiotage, et même un principe de dilapidation ; et il faut encore ajouter à cette grave erreur l'engagement qu'on ferait prendre à la nation, d'assurer à jamais aux actionnaires, neuf millions de revenus annuels pour l'intérêt de leurs actions.

Dira-t-on que la banque nationale ne vendra ces rescriptions que dans le cas où elle voudra diminuer la masse de ses billets de circulation? Mais, quoi! lorsque la banque nationale aura rompu, ou pour le gouvernement, ou pour le commerce, ou pour l'agiotage, l'équilibre qu'elle doit maintenir, il faudra que ce soit aux frais de la nation qu'il se rétablisse!

Les anticipations ont fait de tout temps le malheur et la ruine de notre royaume. Consentirons-nous à les perpétuer, pour assurer à la banque nationale des profits, ou pour que la nation ne garantisse pas sans caution 240 millions de billets?

On nous dit que ces anticipations *seront à l'avenir peu coûteuses en comparaison du passé.* Soit; mais ce n'est pas uniquement parce que les anticipations sont coûteuses, que l'homme d'état doit les proscrire ; c'est parce qu'elles fournissent d'incalculables moyens de dissiper et d'abuser.

Si notre dette envers la banque nationale, n'est pas éternelle, nous deviendrons alors caution, sans aucune sûreté; et toujours obligés à garantir neuf millions de rente aux actionnaires.

D'ailleurs, connaît-on quelque banque dont le nombre de billets soit limité, ou n'ait pas franchi ses limites? Et si l'on veut que la banque nationale répande les siens dans tout le royaume; si l'on veut que partout elle se présente pour animer nos ressources productives, la tiendra-t-on limitée à 240 millions de billets? Cette disposition est-elle compatible avec les fonctions qu'on lui assigne? ou bien faudra-t-il qu'elle ait des billets politiques et commerciaux, qu'elle fabrique du papier forcé et du papier de confiance, qu'elle soit banque nationale pour les uns, et banque privée pour les autres?

Que répondrons-nous, Messieurs, à cette pressante logique? Dirons-nous que les statuts de la caisse d'escompte seront perfectionnés? Eh! je vous le répète, on n'en fera pas de plus sages; vous serez étonnés des leçons de prudence qu'ils renferment : tout y est prévu, et les embarras du gouvernement, et les crises politiques du royaume. C'est en les violant article par article, ligne par ligne, mot à mot, que la caisse d'escompte prétend nous avoir rendu des services essentiels, comme si ce qui faisait sa sûreté ne contribuait pas à la nôtre ! comme si ces services exigeaient la violation d'un régime destiné spécialement à fonder la confiance ! comme s'il y avait de la générosité à répandre des billets, à les prêter même, lorsqu'on se dispense de les payer !

Croirons-nous rassurer nos provinces, en donnant à la banque nationale vingt-quatre administrateurs ? Mais dans toute entreprise qui repose sur des actions, plus les administrateurs sont nombreux, moins les vues sont uniformes. Voilà donc encore une fausse précaution. Le public n'a pas besoin d'administrateurs actionnaires, mais de surveillans pour son propre intérêt.

Ce système d'administration est loin de celui de la banque de Londres. Deux gouverneurs à vie sont dépositaires de son inviolable secret. Voyez, Messieurs, ce qu'exigent les banques que l'on veut lier tout à la fois aux affaires de la politique et à celles du commerce. Ce secret si critique, et cependant si nécessaire à toute banque nationale et commerciale, l'admettriez-vous ?

Eh bien ! nous dira-t-on, laisserez-vous donc périr la caisse d'escompte, *malgré son intime connexité avec les finances et les affaires publiques, malgré le souvenir des services qu'on en a tirés?*

Certes, cette ironie est trop longue et trop déplacée. Ah ! cessez de parler de ces services ! C'est par eux que notre foi publique a été violée ; c'est par eux que notre crédit, perdu au-dehors, nous laisse en proie à toutes les attaques, ou de la concurrence étrangère, ou de cette industrie plus fatale qui méconnaît tout esprit public ; c'est par ces prétendus services que toutes nos affaires d'argent sont bouleversées ; c'est par eux que nos changes, depuis que je vous en ai prédit la continuelle dégradation, s'altèrent chaque jour à un degré que personne n'eût osé prévoir ! Et cependant l'on ne doute pas maintenant que nous ne voulions acquitter notre dette. Non, ne parlez pas de ces services ; ils sont autant de piéges tendus au ministre des finances, qui, de son aveu, se voit entraîné hors de ses propres principes.

Songeons, Messieurs, aux provinces : la capitale, les créanciers de l'Etat en ont besoin, comme à leur tour les provinces ont besoin et de la capitale et des créanciers de l'Etat. Une caisse nationale, telle qu'elle a été proposée, réunira tous les intérêts. Une fois résolue, 24 heures ne s'écouleront pas sans qu'elle nous donne un plan sage, adapté à la nature des choses, exempt de fâcheuses conséquences, et tout au moins propre à ramener promptement le crédit.

La caisse d'escompte est créancière de l'Etat; nous payerons sa créance comme toutes les autres. Si elle ne se mêle pas de nos arrangemens, ils n'en seront que plus solides; ils amélioreront son sort bien mieux que ne le ferait son inutile métamorphose; tandis que si la caisse d'escompte intervient encore dans nos finances, ne pouvant nous aider que par des propriétés semblables à celles des autres créanciers, on se défiera de ses vues, on la considérera comme maîtresse de se payer par ses mains, à l'aide du maniement des propriétés de tous.

Loin de détruire la caisse d'escompte, la caisse nationale lui rendra la vie; elle créera des valeurs que la banque nationale, fondée sur la caisse d'escompte, ne créera point, des valeurs plus rapprochées du numéraire effectif que ne peuvent l'être des billets qui ne nous laissent d'alternative que de prolonger les arrêts de surséance, d'en implorer bientôt le renouvellement, ou de succomber.

Non, Messieurs, si la caisse d'escompte ne renferme pas dans son sein un mal que l'on ne guérirait pas en l'entrelaçant de plus en plus à nos finances, elle ne périra point.

Les secours pour le commerce, les affaires d'argent entre particuliers, lui resteront. M. Necker en porte les bénéfices à 3,200,000 liv., et les regarde comme susceptibles d'augmentation. N'est-ce donc rien pour une compagnie de finances que trois millions de rente? Faut-il abandonner pour elle de plus grandes vues? Le bien de l'Etat exige-t-il qu'on lui donne des affaires à proportion d'un nombre quelconque d'actions, ou qu'on l'oblige à proportionner ses actions à ses affaires? Qu'elle renonce à cette volonté impérieuse de vouloir tout forcer; qu'elle se soumette aux circonstances. C'est à ceux dont elle a favorisé les entreprises à contribuer maintenant, par leurs secours, à la remettre au rang des banques accréditées.

Je m'arrête, Messieurs; j'en ai dit assez sur cet intarissable sujet, puisque j'ai prouvé invinciblement que la caisse d'escompte, transformée en banque nationale, ne peut nous prêter que notre propre crédit.

Qu'aucune des dispositions qu'on nous propose, ne rétablit, même à une époque éloignée, le paiement immédiat des billets à bureau ouvert.

Que la garantie nationale a des conséquences qui nous font un devoir de nous y refuser.

Qu'une telle garantie ne peut s'accorder que pour des opérations parfaitement déterminées, dont tous les futurs contingens soient entièrement connus et limités.

Que le privilége exclusif accordé à une banque violerait tous nos principes; qu'il détruirait dans une partie essentielle le bienfait des assemblées provinciales.

Que le commerce des provinces et leur industrie ne pourraient recevoir aucun avantage d'une banque établie dans la capitale.

Qu'en nous refusant aux demandes du ministère, nous ne détruisons pas la caisse d'escompte, dont la ruine ne peut venir que d'un vice intérieur et caché.

Que l'établissement de la caisse nationale est plus salutaire pour la caisse d'escompte elle-même que les arrangemens, dont le succès paraît douteux au ministre qui les propose contre ses propres principes.

Avant qu'on me persuade que nous devons sacrifier des mesures plus sages et d'un succès plus certain, il faut qu'on me prouve que la caisse d'escompte n'est pas en prévarication, et que nous n'y serons pas nous-mêmes, si nous adhérons au pacte qui nous est proposé....

Qui de nous ne s'est pas attendu à voir porter une lumière pure et resplendissante dans cette administration mystérieuse, avant qu'on nous engageât à prendre une détermination? Si l'on ne veut pas nous tendre je ne sais quel piége, pourquoi ne nous a-t-on pas préparé des réponses même avant nos questions? pourquoi a-t-on laissé pour la fin ce qui devait être au commencement? Je ne puis voir dans ces manéges qu'un voile épais, qu'on veut doubler d'un autre voile.

Il faut, comme elle-même l'a voulu, mettre la caisse d'escompte au rang des créanciers de l'Etat..... On n'a pas besoin d'une banque pour la dette; la nation est l'origine de tout crédit; elle n'a pas besoin d'acheter le crédit qu'on n'aurait pas sans elle.

Je conclus à ce que le ministre des finances soit informé que l'assemblée nationale attend le plan général qu'il a annnoncé pour prendre un parti.

Qu'il soit décrété, en attendant, que les fonds destinés à l'acquittement des dettes de l'État, seront séparés des autres dépenses, et soumis à une administration particulière.

M. Dupont. Il faut commencer par savoir ce que c'est qu'une banque. C'est une invention par laquelle on fait semblant de payer quoiqu'on ne paie pas. On peut porter la perfection des banques à un point tel que, quoiqu'elles ne payassent pas, elles auraient les mêmes avantages que si elles payaient, et les créanciers ne pourraient jamais perdre. Une banque qui a une somme en effets égale au montant de ses billets, et une autre somme en argent, est une banque bien constituée : cependant il est impossible de l'obliger à payer toujours à présentation; car elle n'a jamais en caisse que la valeur du quart ou du tiers de ses billets : ainsi, quand la nation autorise une banque, elle autorise un arrangement avec lequel il n'y a rien à risquer, quoique la banque ne puisse payer la totalité de ses effets s'ils étaient tous présentés.

Quand une banque met en circulation une somme de billets égale à celle de son argent monnayé, il doit sortir une égale somme du royaume : ainsi, les banques ont l'inconvénient fondamental de diminuer le numéraire. Mais elles présentent un grand avantage, elles suppléent par une valeur nulle à une valeur réelle, et ménagent à la société les valeurs effectives. Pour jouir de cet avantage, il faut le soumettre aux inconvéniens.

Les banques peuvent prêter à meilleur marché, puisqu'elles

n'emploient que le tiers du capital de leurs opérations ; c'est un remède à la grande maladie de n'avoir pas d'argent; mais il ne faut pas en faire un régime habituel. On ne vit pas de médicamens.

Il faut, quand on veut faire usage de ce remède, ouvrir aux billets un emploi tellement attrayant, qu'il ne revienne à la caisse que pour les appoints journaliers.

En faisant l'application de ces observations à la banque nationale, dont le projet est présenté par M. Necker, je pense qu'indépendamment des ventes des biens-fonds ecclésiastiques et des domaines, il est nécessaire de tenir constamment ouvert un emprunt aussi moral, aussi utile à la nation, aussi attrayant pour les prêteurs qu'il sera possible........

La caisse d'escompte, qui n'a pas sollicité les arrêts de surséance que le gouvernement, pour son intérêt particulier lui a donnés, et qui n'est point en faillite, quoi qu'on en ait dit, a toujours payé de 100,000 à 400,000 liv. La banque d'Angleterre a, dans un temps, payé par schelings, de manière que, dans un jour, elle ne livrait que 200 liv. sterling : cependant elle n'a jamais été considérée comme en faillite.

La caisse d'escompte a mérité par de grands services la reconnaissance de l'Etat.

Lorsque M. Necker est arrivé au ministère, il n'a trouvé aucune ressource dans le trésor public. M. l'archevêque de Sens avait employé jusqu'au produit de la souscription ouverte pour les hôpitaux, jusqu'aux fonds destinés à soulager les campagnes dévastées par la grêle; rien n'avait été sacré pour ce prélat.....
On ne secourt les empires que lorsqu'ils sont dans la prospérité : on savait que les états-généraux seraient convoquées, et l'on ne savait pas que vous auriez la délicatesse de mettre les créanciers de l'Etat sous la sauve-garde de la nation. La caisse d'escompte a fourni les fonds à la faveur desquels vous avez détruit l'aristocratie, les ordres, les parlemens, le despotisme ministériel, et vous êtes devenus assemblée nationale.

M. *Dupont* demande que, dans le cas où l'on croirait nécessaire d'établir une banque, la caisse d'escompte soit préférée, si elle offrait des avantages égaux. Il représente qu'elle doit être payée de ce qu'elle a avancé à l'Etat en argent et non en billets.

Si vous employez uniquement, dit-il, le crédit à faire des billets d'Etat, il faudra qu'ils se paient quelque part, et dès-lors il sera indispensable d'établir une caisse qui fera alors le même service que la caisse d'escompte.

Le ministre des finances vous a présenté un plan qui est le résultat de l'expérience de sa vie, et nécessairement plus mûrement conçu que celui que nous pourrions faire dans 12 ou 15 jours; mais il présente des inconvéniens : 1° il n'offre pas assez de placemens pour les billets; 2° il demande un privilége exclusif; vous êtes venus pour les détruire. La caisse d'escompte n'a pas besoin de titre; elle n'a besoin que de la confiance.

La caisse d'escompte a 100 millions de capital à elle, et cette masse lui donne un grand avantage. Quand nous aurons garanti 240 millions de billets, comme nous lui devons 70 millions, et qu'elle nous en prêtera 170, je ne crois pas que nous courions quelque risque, et que notre dignité soit compromise.

Je conclus, en adoptant le plan du ministre; je demande qu'il n'y soit pas question de privilége exclusif, que toute entreprise de banque soit libre; qu'en créant des billets, il soit ouvert un emprunt privé d'immoralité, utile à la nation, et attrayant pour les prêteurs, et que les sommes dont on pourra disposer sur la banque nationale soient affectées au paiement des anticipations.

SÉANCE DU SAMEDI 21 NOVEMBRE.

Parmi les adresses dont on fait lecture, il en est deux sur lesquelles l'assemblée délibère.

L'une consiste dans un arrêté de la commune de Paris, il est relatif à l'offre faite par les Genovéfins de leur bibliothèque, et du cabinet qui y est joint. Les représentans de la commune de Paris demandent s'ils peuvent accepter cette offre (1).

(1) En effet, le 11 novembre, une députation de la communauté de sainte Geneviève, était venue offrir sa bibliothèque, et son cabinet de

M. Muguet de Nanthou. L'offre des Genovéfins ne peut être acceptée en ce moment ; ce serait un exemple dangereux. Sans contredit l'emploi qu'ils font d'une propriété aussi précieuse est très-convenable ; mais n'est-il pas certain que, d'après votre décret, la disposition en appartient à la nation. Je propose l'ajournement de cette question.

Après une très-légère discussion l'ajournement est ordonné.

M. Rabaud de Saint-Etienne représente que dans sa province beaucoup de municipalités n'ont pas encore reçu divers décrets de l'assemblée, notamment les arrêtés du 4 août, tandis que la loi martiale y a été très-exactement publiée.

Sur sa demande, l'assemblée décrète ce qui suit :

« Il sera nommé un comité de quatre membres, chargés de communiquer avec le garde-des-sceaux et les secrétaires-d'État, ayant le département des provinces, pour s'assurer de l'envoi des décrets sanctionnés ou acceptés, prendre connaissance des récépissés qui constatent cet envoi, et rendre compte à l'assemblée. »

M. le président annonce que conformément au décret d'hier, le plus grand nombre des députés a remis ses boucles sur le bureau, que plusieurs religieux, qui n'en portent pas, ont remplacé cette contribution, par une somme équivalente en argent, et que plusieurs personnes qui assistent à la séance dans les galeries publiques, viennent de joindre leur offrande à celle de l'assemblée.

Un de MM. les secrétaires fait lecture d'une lettre, par laquelle M. Mounier donne sa démission.

La suite de la discussion du plan de M. Necker forme l'ordre du jour.

M. le baron d'Allarde considère le plan de M. Necker comme impossible à exécuter, impolitique et injuste. Il est impossible qu'on trouve à placer 12,500 actions à 4,000 liv., tandis que les actions anciennes ne valant que 3,700 liv., offriraient des avan-

---

médailles à la ville de Paris. Nous aurions voulu pouvoir donner le procès-verbal de cette séance de la commune ; mais l'espace ne nous le permettait pas.

tages égaux. Il est impolitique de vouloir enfouir 50 millions dans le moment où un des plus grands maux est la rareté du numéraire. Il serait injuste de continuer à payer, avec des billets, des gens qui ne pourraient en réaliser la valeur, qu'avec une perte plus ou moins considérable.

La banque nationale ne présente qu'un impôt déguisé, qui ne peut que favoriser l'esprit d'agiotage et d'égoïsme. Je passe aux avantages. La banque prêtera à la nation à un très-faible intérêt : la nation peut créer un papier-monnaie, et se procurer ainsi des ressources sans intérêt. La caisse fournira des secours au commerce. Je n'entends pas quel avantage le commerce pourra trouver à ce qu'on retire 50 millions de la circulation. J'entends bien qu'il y aura un double bénéfice pour la caisse. Si elle avait suivi son institution, elle aurait été utile au commerce en escomptant à quatre et demi ; mais elle a toujours très-peu fait d'escompte, et les négociants obligés d'escompter sur la place, payaient un et demi par mois. Elle a, dit-on, rendu de grands services à la nation. Moi, je dis qu'elle a fait avec la nation des opérations qui n'ont été utiles qu'à elle, et dont elle a retiré un assez fort intérêt.

Il n'y a donc nulle raison de préférence et de privilége ; je ne vois rien qui ne mène à l'agiotage et ne tende à augmenter l'embarras.

Il n'y a donc de ressources que dans un plan général. Ce n'est pas seulement de l'argent qu'il nous faut, mais encore de la confiance, mais un ordre clair dans la perception de l'impôt et dans l'administration de la dette. J'ai présenté un plan d'impositions, dont le comité des finances a adopté beaucoup d'idées, et j'espère qu'il réunira et assurera la confiance.

M. le baron d'Allarde finit en présentant le tableau des effets heureux d'un ordre sagement établi dans les impositions. Il demande qu'il soit nommé, sans délai, un comité d'impositions, composé de six membres choisis dans l'assemblée, et de six autres pris dans les comités de judicature, de commerce et d'agriculture.

J'ajouterai seulement, dit-il, quelques observations sur ce qui a été dit hier par des opinans. M. Dupont a défini une banque en ces termes : « c'est une invention par laquelle on fait semblant de payer quoiqu'on ne paie pas. » Sans doute une banque n'a pas un numéraire égal à ses billets, sans cela elle ne ferait pas la banque ; mais elle a des effets qui équivalent à ses billets et qui ont à courir 60 à 75 jours ; le paiement de ces effets lorsqu'elle se trouve dans des instans de crise, vient successivement fournir à ses besoins. La banque qu'on vous propose n'aurait que des assignations à une année d'échéance, et si des circonstances amenaient une grande quantité de billets à payer, il faudrait bien lui donner des arrêts de surséance.

M. le marquis de Gouy d'Arcy considère le projet de M. Necker :
1° comme insuffisant, en ce que la somme de 170 millions comparée à nos besoins pressans, ne présente que d'inutiles palliatifs et la ressource de se traîner entre les anticipations et la banqueroute.

2° Comme ne suppléant pas au numéraire, il ne sera d'aucun secours aux provinces ; des billets ne pouvant se répandre dans les provinces et chez l'étranger, nuiront aux rapports entre la capitale et les provinces, aux changes dans les royaumes voisins.

3° Comme augmentant le besoin de numéraire, la caisse ou la banque ayant plus à payer, serait obligée de rechercher davantage l'argent monnayé ; elle se verrait forcée de le payer plus cher encore qu'elle ne le fait maintenant, et les gens qui vivent de ces opérations désastreuses étendraient leurs spéculations, et dépouilleraient de plus en plus nos provinces.

Toutes les ressources qui nous sont nécessaires peuvent se trouver dans une création modérée de billets nationaux.

1° En les portant à 500 millions, ils seront suffisans, parce qu'on peut se dispenser de rembourser dans le premier moment les cautionnemens des fermiers-généraux ; etc.

2° Ils suppléront le numéraire effectif : il leur sera donné un léger intérêt; ils seront garantis par la nation, et une partie du produit de la contribution patriotique et des biens du clergé et du domaine leur sera assignée; ils obtiendront ainsi la confiance entière et feront le service de Paris, des provinces et des particuliers.

- 3° Ils diminueront le besoin du numéraire. En effet, ainsi constitués, ils seront préférés aux écus; la banque ne sera pas obsédée, et on ne trouvera plus d'avantage à accaparer les espèces.

M. le marquis de Gouy examine quelques objections qu'on pourrait faire à sa proposition. Il conclut à l'admission du plan de M. Necker, avec l'amendement d'en retrancher ce qui concerne les 170 millions à prêter à l'État, et de créer pour 500 millions de billets nationaux remboursables par cinquième, d'année en année.

M. de Macaye présente un plan de constitution du trésor national, et celui d'une banque imaginée par quatre négocians, et présenté à plusieurs membres de l'assemblée.

Le premier fonds de cette banque consisterait en 30,000 actions à 10,000 liv.; 180 millions seraient prêtés au trésor royal à quatre et demi pour cent, et la caisse d'escompte serait remboursée. Il serait ensuite créé pour 600 millions de billets nationaux: ces billets de 1,000 liv. de 500 et de 250 liv. seraient reçus comme argent et payés comptant à la caisse; il serait accordé à chaque billet de 1,000 liv. un accroissement de valeur d'un sou par jour. Cette banque escompterait à quatre et demi, et aurait dans les provinces des bureaux, entre lesquels les fonds seraient répartis. Elle présenterait un bénéfice net de 8,000,000.

N........ interrompt la lecture de ce projet, en observant qu'avant d'examiner des plans, il faudrait savoir si l'on créera un papier-monnaie, etc., et connaître précisément l'étendue des besoins.

M. Fréteau demande que l'asssemblée se fasse remettre les états qui devaient être attachés au mémoire de M. Necker, et que ce ministre soit engagé à présenter le mémoire qui annonce et qui contient ses idées définitives et arrêtées : il faut prononcer, opter et juger, et on ne le peut que sur le vu des pièces, sur des renseignemens positifs, étendus et complets.... M. Fréteau entre dans de grands détails sur la nécessité d'étayer le mieux possible le décret qui sera rendu, parce qu'il y aurait de grandes conséquences ; il faudrait connaître au moins en masse les articles des 878 millions de dettes, et se garder de suivre, en quoi que ce soit, les erremens du gouvernement arbitraire.

La motion de M. Fréteau est décrétée.]

[Dans la séance du lundi 23 novembre suivant, une députation de la caisse d'escompte fut introduite devant l'assemblée. M. Lavoisier portait la parole. Il a, au nom de la compagnie de la caisse d'escompte, remercié l'assemblée de ce qu'elle avait bien voulu seconder ses désirs, en nommant des commissaires, qui, après un examen réfléchi fussent en état de présenter un tableau exact de sa situation, de ses moyens, de ses ressources et de son crédit. Il a représenté que la plupart des personnes qui s'élevaient contre cet établissement n'en parlaient que d'après des préventions d'autant plus injustes, qu'elles dissimulaient même le bien qu'il avait pu produire : il a fini par certifier la vérité du tableau suivant.

Secours fournis au trésor royal contre rescriptions, assignations ou autres valeurs à termes négociables, depuis le 4 septembre 1788, y compris 18 millions qui ont été remis depuis le premier de ce mois.   119,296,000 liv.

Sur quoi il faut déduire :
1° pour objets rentrés et soldés à leurs échéances....... 30,347,000 liv.
2° Pour valeurs en portefeuille, qui rentrent chaque jour, et seront recouvrées au 31 décembre.......... 28,949,000
} 59,296,000 liv.

Ainsi dû au premier janvier, sur délégations de la contribution patriotique........ 60,000,000

De plus, un prêt de 25 millions, fourni le 8 janvier dernier, sur rescriptions et assignations à quinze mois.................. 25,000,000

Total dû à la caisse d'escompte par le trésor royal 85,000,000

La somme de billets que la caisse a mis en circulation montait au 16 novembre à....... 114,500,000

Pour faire face à ce capital, la caisse a en espèces monnayées ou effets de commerce, payables presque tous à trois usances....... 57,790,000 liv. ⎫
⎬ 86,790,000
En effets négociables, tels que rescriptions, assignations et autres valeurs échues à la fin du mois prochain... 29,000,000 ⎭

La caisse pouvant rappeler pour 86 millions 790 mille livres de la circulation, elle ne sera donc à découvert que de................ 27,510,000

La caisse d'escompte est fondée à présenter pour cautionnement de ce capital en circulation, les 70 millions par elle déposés à ce titre, en janvier 1787. Enfin, ce même capital en circulation est garanti par les 60 millions d'assignations sur la contribution patriotique.]

Tels sont les discours les plus remarquables qui furent prononcés dans les premiers débats sur les finances. Dans les séances suivantes, celles des vendredi 27 et samedi 28, la discussion dégénéra : on n'attaqua plus la caisse d'escompte ; elle semblait justifiée de toutes les accusations portées contre elle, au moins pour le moment. Mais aussi on ne traita qu'accessoirement les grandes propositions agitées d'abord. En vain plusieurs membres, et particulièrement Mirabeau et Rœderer, cherchèrent à ramener la délibération sur le problème de l'organisation d'une *banque politique et industrielle*: l'attrait de la critique du moment l'emporta sur les intérêts de l'avenir; on s'amusa à chicaner le ministère ; et il faut remarquer que ce furent les orateurs du côté droit, *les noirs*, selon le langage du temps, qui entraînèrent l'assemblée dans cette voie : ils y poursuivaient l'espérance de dépopulariser un ministre odieux à leur parti, Necker, que l'opinion publique commençait d'ailleurs à quitter. Fréteau et l'abbé Maury se distinguèrent dans cette guerre de chicane. Écoutons encore un moment le *Moniteur* rendant compte de la séance du 28.

[M. Anson, membre du comité des finances, a commencé l'ordre du jour par un rapport qui a excité tour à tour et l'admiration et la critique. Il a d'abord présenté le tableau de la situation du trésor public à l'époque du premier novembre ; il a établi les différens articles de recette dont la perception est certaine, depuis cette époque jusqu'au premier janvier, et il fait monter cette rentrée, y compris le produit de la vaisselle portée à la monnaie, à 40,000,000. Les dépenses montent à une somme bien supérieure, puisque l'État doit rembourser 150,000,000 à la caisse d'escompte ; savoir : 70,000,000 déposés en janvier 1787 ; et 60,000,000 avancés en divers temps, suivant qu'il résulte du mémoire de cette compagnie, lu à l'assemblée par M. Lavoisier.

M. Anson a donné la liste de toutes les dépenses relatives aux divers départemens ; et c'est à cette occasion que les réclamations diverses se sont fait entendre. Un article de 250,000 livres pour les travaux de charité à Paris ; 900,000 livres pour la garde nationale de Paris ; 200,000 livres pour la clôture des murs de Paris ; 116,000 livres pour l'entretien de l'Opéra de Paris ; 300,000 livres pour les boues et lanternes de Paris.

Toutes ces sommes destinées pour Paris, et pendant les deux mois de novembre et décembre seulement, ont effarouché les députés des provinces, qui ont représenté qu'il était de souveraine injustice de faire contribuer l'habitant des provinces et campagnes à des dépenses dont l'objet unique était l'agrément et la commodité des Parisiens. Paris, disait-on ; Paris engloutit tout ; c'est un gouffre, un abîme sans fond. La crise est devenue plus violente encore, quand M. Anson a cité une somme de 220,000 livres à payer à la fin de décembre aux créanciers de M. le comte d'Artois. On a représenté que c'était se jouer des peuples que de leur imposer le devoir d'acquitter de semblables dettes; que les princes avaient des apanages déjà trop considérables; qu'au moins ils devaient se contenter du revenu qu'ils en tiraient, sans être encore à charge à l'État.

De l'ensemble du tableau présenté par M. Anson, il est résulté qu'il n'y avait pas d'autre parti à prendre que d'ériger la caisse d'escompte en banque nationale, ou de trouver 90,000,000 pour la rembourser de ses avances.

Dans l'état présenté par M. Anson, se trouvait une somme de 1,200,000 livres pour les indemnités dues aux députés pendant les mois de novembre et décembre. L'inexactitude de cet article a été démontrée par un grand nombre de députés, qui ont déclaré, les uns n'avoir rien reçu, les autres n'avoir reçu que les honoraires de deux ou trois mois.

Suivant le tableau de M. Anson, la dépense des assemblées de l'élection de Paris est fixée à 2,400,000 livres, et la dépense des assemblées d'élection hors Paris, mais dans la prévôté, à 110,000 livres. M. Camus s'est élevé avec indignation contre ces articles, en soutenant que tous deux étaient faux. Dans les assemblées de district, a-t-il dit, il n'y a pas eu de frais; les lumières, les chaises et le service ont été payés par les membres qui composaient les assemblées. C'est tout au plus, a-t-il ajouté, si chaque jour des assemblées à l'archevêché a coûté 3,000 livres.

Il y avait à tout cela une question préliminaire à faire, et c'est M. Fréteau qui l'a faite. Il a demandé si tous ces états de recette et dépense étaient signés, conformément à l'arrêté du 21 de ce mois. Le comité des finances a répondu qu'ils étaient certifiés et signés. On a voulu savoir par qui étaient signés les états dont M. Anson avait lu l'extrait; on a dit que c'était par M. Dufresne, directeur du trésor royal.

M. Fréteau a continué ses observations, et a dit que toutes ces dépenses, les unes folles et ridicules, les autres exorbitantes, méritaient un sérieux examen; et avant de conclure à cet examen, il a demandé que les états fussent revêtus de la signature du ministre.

M. Malouet n'a pas cru qu'on pût s'en prendre au ministre, qu'il a représenté succombant sous le poids des affaires, et attendant avec impatience la détermination de l'assemblée sur les finances ; il a ajouté que les expressions du ministre dans son dernier discours prouvaient la confiance qu'il avait dans les lumières de l'assemblée.

M. Anson a répondu à plusieurs des demandes qu'on lui a faites sur les dépenses dont il lisait l'état, et M. Fréteau a répliqué que cet état n'était que ténèbres et injustices. Il a conclu à ce qu'il fût signé du ministre, imprimé et envoyé à chaque député à son domicile.

M. Camus s'est étendu sur l'abus des pensions : elles ne se trouvèrent pas toutes sur la liste nominative qui s'imprimait ; un grand nombre avaient été arrachées d'une manière subreptice et infâme. Ceux qui les avaient obtenues sans titre se faisaient donner des effets royaux : leur pension ainsi rachetée, il ne s'en trouvait plus aucune trace ; quelquefois même ces pensionnaires revenaient à la charge ; ils profitaient de l'installation d'un nouveau ministre et de la faveur des commis et autres agens subalternes, pour alléguer leurs services et obtenir une autre pension.

M. Fréteau a confirmé cette allégation, en citant un passage de l'œuvre de M. Necker *sur l'administration des finances.* Sa mémoire l'a servi si fidèlement, qu'il a rapporté le tome, la page et les propres termes de l'auteur. Il paraît par cet extrait que l'emprunt des 80,000,000 fait en 1770 par l'abbé Terray, a été rempli en partie par des billets pareils à la charge du trésor. Cet horrible abus a causé la plus vive indignation. L'assemblée ayant décrété, d'après la motion de M. Fréteau, que le dernier état présenté serait imprimé avec la signature du ministre, et qu'un exemplaire serait distribué à chaque député, a porté plus loin la prévoyance : elle a décrété que les autres états de dépenses, depuis le mois de mai, seraient également imprimés, avec tous les documens qui pouvaient jeter du jour sur les anciennes déprédations.

Nous allons compléter le récit du *Moniteur* par une citation de Desmoulins :

« Cette séance du samedi 28 fut des plus intéressantes, et M. Camus ne s'arrêta pas en si beau chemin. Il fit une incursion sur les pensionnaires. On serait tenté de croire, dit-il, que ceux qui obtenaient deux ou trois pensions avaient prévu ce qui vient d'arriver, tant ils ont pris de mesures pour rompre la trace, et donner le change à l'assemblée nationale et au comité des finances, chargé de nettoyer les étables d'Augias ! *Ils plaçaient dans les emprunts royaux le capital de la pension*; et, au moyen de cette fiction, ils avaient l'air d'être les créanciers, les soutiens de l'Etat, lorsqu'ils en étaient le fardeau. Ce qui est tellement vrai, dit l'honorable membre, qu'il y avait dans les bureaux un livre *ad hoc*, qu'on appelait *le livre rouge*.

» M. Fréteau vint à l'appui, et nos deux présidens développèrent à merveille cette théorie financière. Ce manége infâme était si commun et le livre rouge était si volumineux, que dans l'emprunt de 1770, 40 à 50 millions avaient été ainsi prêtés fictivement à l'Etat avec ces pensions......

» Jusqu'où n'avait-on pas poussé l'art d'inventer des pensions? L'incomparable Pierre Le Noir s'était créé des pensions sur les huiles et sur les suifs, sur les boues et sur les latrines : toutes les compagnies d'escrocs, tous les vices, et toutes les ordures étaient tributaires de notre lieutenant de police, qui, par sa place, aurait dû être *magister morum*, le gardien des mœurs. Enfin, il avait su mettre la lune à contribution, et assigner à une de ses femmes une pension connue sous le nom de *pension de la lune*. Je sais un ministre qui a assigné à sa maîtresse une pension de 12,000 liv., dont elle jouit encore, sur l'entreprise du pain des galériens. »

Extrait de l'Observateur. « Dans la liste des pensions, je vois un prince allemand qui en a quatre : la première pour ses services comme colonel, la seconde pour ses services comme colonel, la troisième pour ses services comme colonel, la quatrième pour ses services comme colonel. Total des pensions du prince allemand, 40,048 liv.

» M. Claverie de Banière, quatre pensions. La première et la seconde parce qu'il était en même temps secrétaire interprète de deux régimens étrangers, qui n'avaient pas besoin d'interprète, et qui étaient en garnison l'un au levant, l'autre au couchant. La troisième parce qu'il était commis au bureau de la guerre. La quatrième parce qu'il avait été commis au bureau de la guerre. Total, 25,479 liv., dont 4,750 sont reversibles à sa femme et à ses enfans.

» M. Desgalois de la Tour, 22,720 liv. en trois pensions : la première comme premier président et intendant ; la seconde comme intendant et premier président ; la troisième *par les mêmes considérations que ci-dessus*. Je copie fidèlement le texte.

» Madame Isarn, 24,980 liv. : six pensions, *pour favoriser son mariage, et en considération de ses services*, etc. »

Il y avait en effet du scandale à tirer de ce tableau où l'on voyait entr'autres attaché au nom de Broglie, 90,000 liv. — D'Amelot, 52,000 liv. — De Bertin, 69,000 liv. — De Contades, 93,000 liv. — De Fronsac, 40,000 liv. — De dame de Muy, 42,000 liv. — De Coigny, 52,000 liv. — Miromesnil, 67,080 liv. — Joly de Fleury, 65,701 liv. — De Breteuil, 94,729 liv. — De Mirepoix, 78,000 liv. — De Rohan-Chabot, 60,000 liv. — Montbarrey, 64,000 liv. — Ségur, 85,000 liv., etc.

La question financière amena à traiter la question de l'organisation de l'armée. Depuis long-temps il existait un comité militaire qui assistait silencieusement à la dislocation des régimens, et recevait aussi silencieusement les projets de tout genre qui lui étaient adressés. Jamais, cependant, il ne fut davantage besoin de s'occuper de la formation d'une force militaire. On savait en effet qu'un corps de troupes se rassemblait sur le Rhin pour étouffer la révolte du Brabant ; et, si l'on attendait encore quelques mois, il était à craindre qu'il ne restât plus que des cadres vides de soldats : on était d'ailleurs en arrière avec beaucoup de corps pour la solde. L'apparition du budget fit donc sortir le comité de son mutisme; et il vint réclamer sa part de dépenses. C'est ici l'occasion de dire quelques mots sur l'effectif probable des forces militaires de la France.

En 1787, l'armée devait être ainsi organisée :

ARMÉE ACTIVE.	Pied de paix.	Pied de guerre.	Grand pied de guerre.
État-major et administration..	3,364	3,364	3,364
Infanterie................	135,111	156,866	184,184
Cavalerie.................	36,692	52,154	52,154
Artillerie................	11,977	11,977	11,977
Génie (Officiers).........	339	339	339
Total de l'armée active....	187,483	224,700	252,018
ARMÉE SÉDENTAIRE.			
Artillerie. (7 régimens provinciaux, et huit compagnies d'invalides).....................	10,468		
Milices...................	76,000	115,677	115,677
Troupes coloniales.........	15,000		
Invalides.................	9,600		
Maréchaussée.............	4,609		
TOTAL GÉNÉRAL...........	303,160	340,377	367,695

L'ordonnance qui établissait l'armée active sur trois pieds ne fut exécutée que sur le papier. Lorsqu'en juillet 1789, le maréchal de Broglie prit le portefeuille de la guerre, cette armée ne comptait que

   121,186 hommes d'infanterie.
   32,920   de cavalerie.
 et 9,378 officiers de toutes armes.

TOTAL 163,484

auxquels il convient d'ajouter le corps royal d'artillerie et les officiers du génie, formant environ 8,900 hommes. Le licenciement du régiment des gardes-françaises réduisit d'abord ce chiffre de 3,800 baïonnettes; ensuite la dislocation du régiment de Flandre, celle des gardes-du-corps, la désertion, et enfin l'émigration d'un grand nombre d'officiers, diminuèrent encore cet effectif. On peut évaluer la réduction totale à environ un cinquième. Il est vrai qu'après tant de liberté laissée à la désertion, on pouvait croire que les causes en étaient épuisées, et que par suite l'armée ne pouvait plus perdre un seul de ses soldats. Aussi, ce fut moins de la conservation de ces cadres que de leur augmentation, que le comité s'occupa.

Le ministre de la guerre lui adressa, le 16, un rapport dans lequel il proposait de porter l'état de guerre à 260,000 hommes, réductibles à 150,000 en temps de paix. Pour recruter l'armée et la mettre en état de passer du pied de paix au pied de guerre, il recourait à la création d'une milice de 100,000 hommes, dont le soin serait remis aux assemblées provinciales. Ensuite il annonçait la suppression d'un grand nombre de places de guerre, de châteaux et d'emplois militaires: il devait en résulter une économie de 20 millions, dont on pourrait se servir pour augmenter la paie du soldat et celle des officiers.

Le marquis de Bouthillier porta la parole dans la séance du 19 novembre. Messieurs, dit-il, quoique l'intérêt de la France, quoique le désir même présumé des Français ne soit point de faire des conquêtes, il ne nous faut pas moins une armée toujours subsistante, toujours prête à se mettre en action pour résister aux entreprises de voisins puissans et armés, les prévenir même en cas de besoin, ou les déconcerter. Alors il présenta, au nom du comité, deux moyens pour maintenir l'armée nombreuse et complète: l'un était de soumettre tous les Français, sans distinction, à un service personnel de quatre ans, service dans lequel on pourrait se faire remplacer; l'autre était le recrutement à prix d'argent, déjà en usage.

Ce rapport fut imprimé, et la discussion en fut ajournée.

Commune de Paris.

De jour en jour la municipalité de Paris prenait davantage le caractère d'un pouvoir dans l'État. Mais avant de parler des actes qui se rapportent à cette partie de son rôle, en novembre 1789, il nous faut dire quelques mots des circonstances moins défavorables où elle se trouvait placée.

Elle commençait à être plus tranquille sur les subsistances. L'approvisionnement de Paris était assuré pour quelque temps par l'arrivée de 40,000 sacs de farine; d'autres encore étaient promis, on avait appris que la récolte était très-abondante aux États-Unis. Enfin, une mesure de police bien calculée était venue mettre dans la distribution du pain un ordre qui permettait à l'avenir de tenir l'approvisionnement en rapport certain avec la consommation. On avait soumis les opérations de boulangerie à un réglement tel, que l'heure des cuissons, celle des distributions, et leur somme, étaient connues. En outre, afin d'accroître même surabondamment les approvisionnemens, on avait accordé aux boulangers une prime de 8 livres par sac de farine blanche qu'ils achetaient eux-mêmes. L'expédition de Vernon avait d'ailleurs répandu une sorte de terreur qui assurait la libre circulation des grains. Voici un épisode des violences auxquelles étaient soumis les marchands de grains, et dans lequel la commune de Paris intervint. C'est un détail, mais nous ne le croyons pas inutile pour faire comprendre cette époque. Nous le tirons d'un procès-verbal de la commune où il est compris avec divers rapports sur l'affaire de Vernon.

« Le sieur F. Roussel, fermier près des Andelys, se plaint que la municipalité d'Estrepagny, sans égards pour les décrets de l'assemblée nationale, veut le forcer de porter son grain à Estrepagny, sous peine d'amende ou de prison. Elle a menacé d'envoyer mardi douze fusiliers chez lui, s'il n'apportait pas audit marché, et s'il portait à d'autres. Il déclare que, mardi dernier, le sieur Rayer, laboureur à la Broche, paroisse d'Estrepagny, conduisant deux sacs de blé et un veau au marché de Gisors, la municipalité d'Estrepaguy a fait saisir le tout et a fait vendre à Estrepagny les blés 29 livres le setier..... La municipalité a, en outre, condamné ledit Rayer à 12 livres d'amende.

» Ledit sieur Roussel nous a déclaré, en outre, que le comte de Saint-Père, ancien officier, commandant la milice d'Estrepagny, mardi dernier, croyant que le député de la commune de Paris, envoyé dans ce canton pour acheter des grains, venait chez le déclarant, a couru après lui avec douze hommes de ladite milice, et est allé jusqu'à Richeville pour le chercher chez un aubergiste. Ne l'y ayant pas trouvé, ils ont emmené l'aubergiste en prison, à Estrepagny, après avoir tout bouleversé dans sa maison, sous prétexte qu'il cachait ledit député.

» Qu'il y a quinze jours, trois soldats de ladite milice qui braconnaient dans la campagne, ont rencontré le sieur Biquet, menuisier, qui conduisait huit sacs de blé d'Estrepagny à d'Aulieu. Ils les ont confisqués, et la milice d'Estrepagny l'a condamné, dit-on, à cent écus d'amende, et on a fait vendre son blé au marché d'Estrepagny.

» Qu'il y a lundi quinze jours, jour de la foire de Gisors, la milice d'Estrepagny a arrêté à Estrepagny même, la voiture du nommé Mazurier, laboureur, qui conduisait à Gisors, huit à neuf sacs de blé, et n'a point voulu les lui rendre qu'il n'eût payé une forte amende.

» La présente déclaration reçue par nous commissaires de la commune de Paris, soussignés. Vernon, 2 novembre, etc. »

Ce rapport fut adressé par les représentans au garde-des-sceaux. Nous ignorons si l'on y donna une suite quelconque : les faits de ce genre étaient tellement nombreux, qu'il était difficile de punir la crainte. Les expéditions violentes de la grande commune de Paris furent pour quelque temps une cause de répression suffisante.

Cependant, presque chaque jour, la municipalité recevait quelque lettre en réponse à sa circulaire aux municipalités. Nous avons vu depuis que des députations toutes politiques lui étaient adressées comme si elle eût été avec le roi et l'assemblée nationale, partie du pouvoir social. Plusieurs même de ces députations ne se trouvent mentionnées que dans ses procès-verbaux : telles sont celles d'Auch, et de Clermont-Ferrand.

Une députation de la ville d'Auch vint, le quatre novembre, déclarer ses sentimens de fraternité pour la commune de Paris, et lui faire hommage d'une rétractation qu'elle avait obtenue de la chambre ecclésiastique pour une adresse faite au roi contre la suppression des dîmes. Cette députation présenta le même hommage à l'assemblée nationale. Mais elle ne rendit pas visite au roi.

Le 9 novembre, une députation de Clermont-Ferrand, conduite par M. Biozat, membre de l'assemblée nationale, vint lire une adresse, dans laquelle, après avoir parlé des craintes que devait encore inspirer l'aristocratie, on suppliait la commune de Paris d'achever l'ouvrage si glorieusement commencé. « Nous ne voyons, disait-elle, qu'un seul moyen de sauver la France des nouveaux coups qu'on lui prépare : c'est d'organiser promptement toutes les municipalités, et de former entre elles un lien fédéral redoutable aux méchans..... Messieurs, nos bras, notre sang, nos fortunes et nos vies, n'en doutez pas, seront employés avec transport, à vous défendre. Au moindre signal de détresse que vous pourriez nous donner, nous nous disputerons à l'envi l'honneur de voler au secours d'une ville digne de servir d'exemple à tout l'univers, comme elle l'a donné à tout l'empire français.... La France, Messieurs, espère beaucoup de vos recherches des crimes de lèse-nation, et attend la juste punition de ces crimes. Cette punition prouvera que nous avons maintenant un gouvernement libre; que la loi règne; que son glaive est également suspendu sur toutes les têtes; qu'aucun criminel ne peut lui échapper; et, en imprimant une terreur salutaire aux cœurs coupables, nous sauvera d'une troisième révolution.

» Justement effrayés, Messieurs, de tous les dangers qui menacent la liberté publique, et usant du droit qui appartient à toute cité libre de s'assurer les moyens de son existence et de sa conservation, en attendant avec respect la constitution municipale, dont l'assemblée nationale et votre assemblée s'occupent en ce moment, nous avons pensé devoir fortifier encore nos liens politiques, en faisant la déclaration des droits des municipalités.... » Cette déclaration fut en effet lue et déposée; mais le procès-verbal n'en fait pas mention.

Dans la même séance, les députés du comité général et provisoire de la ville de Troyes furent introduits. Ils firent le tableau le plus affligeant de la position où se trouvaient plusieurs des membres de ce comité, qui avaient été décrétés de prise de corps par le bailliage de Troyes. Ils demandèrent, *qu'après avoir examiné leur cause, l'assemblée daignât en faire la sienne auprès de l'assemblée nationale.* En effet, les représentans de la commune, « considérant, dit le procès-verbal, qu'elle doit son secours à celles des communes qui le réclament, » désigna de suite une commission pour poursuivre cette affaire auprès de l'assemblée nationale.

Les faits, dont se plaignaient les habitans de Troyes, sont du nombre de ceux qui se répétaient alors presque partout, et dont les journaux du temps ont seulement enregistré quelques-uns. L'affaire de Troyes est une de celles sur lesquelles nous n'avons trouvé que peu de renseignemens. Le bailliage avait cassé le comité général des électeurs de cette ville. Cet acte d'autorité avait excité quelques troubles : on avait donc fait venir un régiment pour contenir les habitans, et l'on en avait fait arrêter un assez grand nombre. On assurait que la conduite de ce bailliage était un acte du plan de la conspiration déjouée les 5 et 6 octobre. On faisait remarquer, en effet, qu'une compagnie de gardes-du-corps était casernée dans cette ville, qu'elle avait fait le projet de donner un dîner au reste de la garnison le 7 octobre; qu'on avait vu des cocardes noires, etc.

Le 19, sur le rapport du comité des recherches, l'assemblée des représentans de la commune de Paris donna l'ordre à son procureur-syndic de poursuivre M. Bezenval, pour crime de lèse-nation, devant le Châtelet. Ce fut sa première dénonciation; elle fut suivie bientôt de plusieurs autres. Le rapport que l'on verra plus bas fera connaître tous ces actes judiciaires de la municipalité. Les accusations, dont nous venons de parler, étaient chose bien grave aux yeux de ceux qui les prononçaient, puisqu'ils crurent que la population en serait émue. On prit des précautions extraordinaires. On ordonna même aux gardes nationaux, qui n'étaient pas de service, de porter leurs uniformes. Cependant Paris fut tranquille; et les interrogatoires de Bezenval se poursuivirent sans exciter d'autre sentiment que celui de la curiosité.

Ainsi la commune participait, à un certain degré, au pouvoir judiciaire. Il sembla bientôt qu'elle voulût entrer en concurrence avec l'assemblée nationale. Jusqu'à ce moment, ses séances avaient eu lieu à huis-clos. On annonça que bientôt elles seraient publiques; et en effet, le public y fut admis le 30 novembre. La foule fut grande, car il s'agissait d'entendre le premier rapport du comité des recherches.

COMITÉ DES RECHERCHES.

Compte-rendu à l'assemblée générale des représentans de la commune, par M. Agier, *au nom du comité des recherches, à la séance publique du 30 novembre 1789.*

« Messieurs, arrivés à un point remarquable de la carrière que nous avons à parcourir, nous croyons devoir à l'assemblée un compte succinct de nos travaux; et il est satisfaisant pour nous que ce compte, rendu dans votre première séance publique, apprenne d'abord à nos concitoyens ce que vous avez fait, ce que vous ne cessez de faire pour remplir une de vos principales obligations.

Chargé par vous de la fonction honorable, mais délicate, de rechercher les trames formées contre cette ville et contre l'État, votre comité a pensé qu'il était de son devoir indispensable de les scruter, de les démasquer toutes, sans distinction, ni réserve, quels qu'en puissent être les auteurs.

Et, en suivant cette conduite, il a cru apercevoir clairement trois natures différentes de complots.

L'une, qu'il faut attribuer au parti aristocrate; et dans cette classe on doit ranger, soit le rassemblement de l'armée autour de Paris et Versailles, qui a déterminé l'heureuse insurrection du mois de juillet, soit le projet qui paraît avoir été formé depuis, de conduire ou d'emmener le roi à Metz, en levant, pour cet effet, un corps de troupes considérable, sous le nom de *Gardes-du-*

roi surnuméraires, que l'on prétendait opposer à la garde nationale.

La seconde espèce de complots appartient à un autre parti; et, jusqu'à ce qu'une information juridique les ait pleinement dévoilés, il convient de tirer le rideau sur les attentats qui devaient en être le terme; vous pouvez seulement en juger par les abominables excès commis au château de Versailles, dans la matinée du 6 octobre, et que le comité des recherches s'est cru obligé de dénoncer.

La troisième espèce de complots paraît appartenir à tous les partis à la fois, et elle comprend tous les genres de manœuvres successivement employées pour émouvoir ou inquiéter le peuple, tels que le marquage des maisons, les faux bruits, les écrits séditieux, les motions incendiaires, et surtout les trames relatives à nos subsistances, tant à Paris qu'au dehors.

Tels sont les divers complots qui ont dû fixer l'attention de votre comité; et puissent ses efforts avoir répondu à votre attente!

Nous avons été secondés dans nos travaux par les membres de cette assemblée, par tous les bons citoyens, par les comités et officiers de plusieurs districts. Les renseignemens nous sont venus, pour ainsi dire, de toutes mains : mais, au milieu de cette espèce d'abondance, nous avons été obligés, plus d'une fois, de reconnaître que nos moyens étaient insuffisans, particulièrement en deux points.

L'un, est le manque d'observateurs, espèce d'armée qui était aux ordres de l'ancienne police, et dont elle faisait un si grand usage. Si tous les districts étaient bien organisés, si leurs comités étaient bien choisis et peu nombreux, nous n'aurions vraisemblablement aucun sujet de regretter la privation d'une ressource odieuse, que nos oppresseurs ont si long-temps employée contre nous. Mais il s'en faut de beaucoup que les districts et leurs comités soient parvenus à cet état d'une organisation parfaite; et, en rendant sur cet objet à plusieurs la justice qui leur est due, nous sommes fâchés de ne pouvoir pas étendre ce témoignage à un plus grand nombre.

Le second obstacle que nous avons rencontré dans nos travaux, vient de cette mauvaise délicatesse, reste de nos anciennes mœurs, qui fait qu'on rougit de déclarer ce que l'on fait, même lorsqu'il est question du salut de la patrie; et cette fausse pudeur (pourquoi faut-il que je l'avoue?) nous l'avons trouvée jusque dans des hommes respectables, que leurs fonctions semblent dévouer plus particulièrement au bien public.

Qu'il soit permis de le dire, Messieurs; il est temps de déposer ces préjugés, qui ne conviennent qu'à des esclaves, et sont indignes d'un peuple libre. Autrefois on abhorrait le personnage de délateur, et l'on avait raison; car à quoi aboutissaient les délations? A faire connaître des actions souvent très-innocentes, quelquefois même vertueuses, et à livrer le prétendu coupable, ou au pouvoir arbitraire, ou à une justice presque aussi redoutable aux gens de bien, partiale dans son instruction, cruelle dans ses moyens, secrète et impénétrable dans sa marche. Aujourd'hui tout est changé. Ce ne sont plus des actes de vertus ou des démarches indifférentes qu'il s'agit de dénoncer, mais des complots funestes à la patrie; et le but des dénonciations, quel est-il? ce n'est point de perdre obscurément la personne dénoncée, ou de compromettre son existence, mais de l'amener devant ses pairs, pour y être examinée sur-le-champ; renvoyée, si elle se trouve innocente, ou, dans le cas contraire, livrée à la justice, mais à une justice humaine, publique, impartiale, qui ne peut être terrible qu'aux malfaiteurs. Cessons donc d'appliquer, par une fatale prévention, au temps actuel ce qui n'appartenait qu'à l'ancien régime, et ne déshonorons pas le règne de la liberté par les flétrissures de l'esclavage. Le silence, en matière de délation, est vertu sous le despotisme; c'est un crime, oui, c'en est un sous l'empire de la liberté.

Ces obstacles ont nécessairement ralenti les opérations de votre comité des recherches: mais il en a triomphé par sa persévérance; et, malgré son défaut de moyens, il croit, en ce moment, tenir les principaux fils des conspirations tramées contre la tranquillité publique.

Voici l'état de tous les procès actuellement soumis au tribunal national, et dénoncés par M. le procureur-syndic, au nom de la Commune.

Le premier est celui du prince de Lambesc, dénoncé par ordre exprès de l'assemblée.

Vous avez su la mauvaise direction que prenait d'abord cette affaire. Quinze témoins oculaires avaient été entendus, tous déposaient de l'assassinat commis dans les Tuileries par le prince de Lambesc; mais aucun ne disait le connaître personnellement, et tous se bornaient à déclarer qu'on leur avait dit que le particulier, auteur du crime, était le prince de Lambesc. De là le premier décret décerné, il y a trois semaines, contre un quidam qu'on dit être le prince de Lambesc.

Votre comité a été informé de cette indétermination, et de sa cause; il a craint que le public ne fût privé d'un exemple utile. Aussitôt il a multiplié les recherches; et, grâce au zèle des citoyens, il est parvenu à en découvrir un fort grand nombre qui, connaissant antérieurement le prince de Lambesc, lui avaient vu commettre le délit dont il est accusé. Vingt-cinq de ces nouveaux témoins ont déjà été entendus; et, sur leurs dépositions, il a été rendu, il y a huit jours, un décret de prise-de-corps décerné nominativement contre le prince de Lambesc. Vingt-cinq autres témoins sont encore à entendre: on nous en indique tous les jours; et nous n'en négligeons aucun, pour rassembler dans cette affaire toute la masse de preuves dont elle est susceptible. On a sursis, pour le moment, à l'audition de ces derniers témoins, afin de ne pas retarder le cours de la procédure; lorsque la contumace sera instruite, ces témoins seront entendus dans une addition d'information.

Nous devons, à ce sujet, observer que nos recherches nous ont fait voir le prince de Lambesc plus coupable qu'on ne le croyait. La voix publique n'avait désigné qu'un particulier assassiné dans les Tuileries, par le prince de Lambesc (le sieur Chauvel, maître de pension, âgé de 64 ans, demeurant rue Montmartre, passage du Saumon). Mais ce citoyen n'est pas le seul qui ait ressenti les effets de la férocité du prince de Lambesc; il en a sabré également plusieurs autres; il a déchargé sur d'autres ses pistolets; ses cavaliers, en sa présence et par ses ordres, se sont livrés à des excès semblables.

Il y a plus, et nous avons appris que le prince de Lambesc, en fuyant avec sa troupe, après la prise de la Bastille, a commis, dans une ville voisine, un autre acte de barbarie qui suffirait seul pour fonder une plainte en assassinat. Nous avons envoyé sur les lieux pour vérifier le fait : nous attendons incessamment le résultat de cette recherche.

Par cet exposé, Messieurs, vous voyez qu'il est difficile que le coupable échappe à la vengeance des lois.

Le second procès poursuivi devant le tribunal national, sur la dénonciation de la commune, est celui du baron de Bezenval.

Quoique l'assemblée eût manifesté, depuis long-temps, le vœu que le baron de Bezenval fût conduit à Paris, il a été amené, pour ainsi dire, à l'improviste, et sans que le comité en fût prévenu. Il a fallu préparer à la hâte les matériaux de l'instruction, et rien n'a été omis pour les assembler. Vous nous avez autorisés à compulser les papiers recueillis en grand nombre par les électeurs, et nous y avons trouvé beaucoup de renseignemens utiles. En même temps, nous nous sommes adressés au ministre de la guerre, pour avoir communication des ordres donnés par son prédécesseur, et nous l'avons obtenue, du moins en partie. Nous nous sommes fait délivrer des expéditions des deux lettres originales de M. de Bezenval, interceptées par le district de St.-Gervais. Nous avons cherché à tirer un résultat de tous ces documens.

Mais, en les combinant, il nous a semblé qu'on envisageait l'affaire d'une manière bien imparfaite, si l'on ne voulait y voir que le baron de Bezenval et ses deux lettres relatives à la Bastille. Nous y avons aperçu la preuve générale d'un complot formé contre Paris et contre l'assemblée nationale, dont le rassemblement des troupes, et les différens ordres donnés n'étaient que l'exécution ; et c'est sous ce point de vue plus étendu que nous avons présenté l'affaire.

En l'envisageant ainsi, nous avons été conduits à dénoncer, non-seulement le baron de Bezenval, mais M. Barentin, ci-devant garde-des-sceaux; le comte de Puységur, ci-devant secrétaire-d'état au département de la guerre, le maréchal de Broglie, commandant-général, et le marquis d'Autichamp, major-général de l'armée, tous comme ayant eu une part plus ou moins directe à la conspiration dont nous avons failli être les victimes.

Au sujet du comte de Puységur, nous devons dire quelque chose à l'assemblée, d'une lettre de cet ex-ministre, qu'elle nous a renvoyée pour lui en rendre compte.

M. de Puységur n'est probablement pas le plus coupable, entre les cinq personnes qui ont été dénoncées. Non-seulement il n'était pas ce qu'on appelle proprement *ministre*, c'est-à-dire qu'il n'entrait pas au Conseil-d'Etat; mais quelles qu'aient été ses vues, il paraît ne s'être prêté qu'avec une sorte de répugnance à l'exécution des dernières résolutions qui ont été prises; ce qui avait déterminé sa retraite dès l'époque du 11 juillet. Sur la nouvelle qu'il était dénoncé, il a quitté aussitôt son gouvernement, quoique malade, et s'est empressé de venir à Paris, pour y rendre compte de sa conduite. Il a informé M. le maire de son arrivée : ce procédé franc et loyal est propre, sans doute, à lui concilier l'esprit de ses juges, et même de ses dénonciateurs. Il reste contre le comte de Puységur, le fait constant des ordres par lui signés, en sa qualité de secrétaire-d'état, pour le rassemblement des troupes; et c'est au Châtelet de décider jusqu'à quel point ces signatures l'ont rendu répréhensible.

Le point de fait est notoire. On a tenté, dans la séance du 3 juin, de renverser tous les droits de la nation; et, pour assurer l'état de cette violence, on a rassemblé une armée autour de Versailles et de Paris, afin d'en imposer tout à la fois et aux représentans de la nation et aux habitans de la capitale. On s'est servi de cette armée contre l'assemblée nationale, en la tenant captive dans le lieu de ses séances, dont on lui avait ôté jusqu'à la police, afin d'en interdire l'utile publicité; et d'empêcher la réunion des trois ordres; on s'est servi de cette armée contre

Paris : témoin l'irruption violente dans les Tuileries et le siège meurtrier de la Bastille. Voilà des faits qui ne peuvent pas être déniés, et assurément ils sont condamnables.

Mais peut-on en faire un crime aux agens du pouvoir, lorsque le décret qui les déclare responsables n'a été rendu que le 15 juillet, et n'a pas même été prononcé dans la forme légale? Voilà le point de droit.

Nous croyons que, malgré la date du décret, et le manque de solennité dans sa publication, les agens du pouvoir n'en sont pas moins coupables d'avoir exécuté les ordres rigoureux qu'ils avaient reçus; que la responsabilité n'a été que déclarée, et non pas établie par le décret du 15 juillet; qu'elle a son fondement dans les lois antérieures, et dérive de la nature même du contrat social. Les ordres de la cour n'excusaient pas les assassins qui ont commis le massacre de la Saint-Barthélemi; ils n'ont pas excusé l'avocat-général Guérin, auteur des sanglantes exécutions de Cabrières et Mérindol, qui, malgré des lettres-patentes du roi François Ier, qu'il croyait lui servir d'égide, a porté sa tête sur l'échafaud. Pourquoi donc, dans l'affaire du mois de juillet, les agens civils et militaires de l'autorité se mettraient-ils à couvert de la poursuite des lois, en prétextant les ordres qu'ils ont reçus?

Voilà nos principes, voilà notre thèse. C'est au tribunal de la nation à prononcer.

Un troisième procès pendant actuellement au tribunal, sur la poursuite de la commune, est celui du sieur Augeard, auteur d'un projet pour conduire le roi à Metz.

Un mémoire dicté par le sieur Augeard, et corrigé de sa main, forme la base de cette accusation.

Le sieur Augeard prétend que ce mémoire est sa pensée, et ne peut pas conséquemment servir de matière à un procès. Il aurait raison, si le fait était vrai; *nemo cogitationis pœnam patitur*. Mais peut-on dire que le mémoire du sieur Augeard n'ait été que sa pensée, lorsque ce mémoire même annonce qu'il avait communiqué son projet à une personne de considération, en lui remettant par écrit l'itinéraire qu'il prétendait faire suivre à S. M.?

Quoique ce mémoire eût pu paraître suffisant pour opérer la condamnation du sieur Augeard, on n'a pas cru devoir négliger le secours de l'information. On a fait assigner divers témoins; ils sont éloignés, et cette seule circonstance empêche que la procédure ne soit plus avancée.

Un quatrième procès dénoncé, sous le nom de la commune, au tribunal national, est celui des *Enrôlemens*, dans lequel se trouvent impliqués l'abbé Douglas, le sieur du Reynier et plusieurs autres.

Il n'est que trop constant que, pour favoriser la conduite du roi à Metz, on avait entrepris de lever un corps de troupes, sous le nom de *Gardes du roi surnuméraires*, probablement ainsi appelés par opposition à nos gardes nationales. L'abbé Douglas et compagnie étaient les recruteurs de cette armée; le comte d'Astorg, officier aux gardes-du-corps, recevait les déclarations des enrôlemens. Il est en fuite, et là se rompt le fil de cette conspiration.

L'abbé Douglas, le chevalier du Reynier et deux autres, ont été décrétés de prise de corps par le Châtelet vendredi dernier; il est à présumer que leurs interrogatoires indiqueront d'autres coupables.

Le cinquième procès pendant au tribunal national, et dénoncé sous le nom de la commune, est celui du chevalier de Rutledge, qui, en annonçant une mission du gouvernement qu'il n'avait pas, faisait venir les boulangers, recevait leurs soumissions, et leur promettait un prêt de deux à trois millions pour acheter des grains; prêt bien plus avantageux, disait-il, que celui offert aux mêmes boulangers par la commune, sous caution, suivant lui et à gros intérêt.

Le chevalier de Rutledge est encore auteur, ou coopérateur de différens mémoires imprimés sous le nom de la communauté des boulangers, qui ont causé le plus grand scandale : il a été question de lui plus d'une fois dans cette assemblée.

Son procès avait d'abord été porté devant le juge ordinaire, qui est le lieutenant-criminel du Châtelet; mais il a paru tenir au crime de lèse-nation; et, en conséquence, il vient d'être renvoyé devant le tribunal national, c'est-à-dire le Châtelet même, tous les services assemblés, et présidés par le lieutenant civil.

Un sixième procès, également pendant à ce tribunal, sur la dénonciation de la commune, est celui du nommé Deschamps, prévenu d'être allé chez les fermiers pour les engager à ne pas battre leurs grains, et à ne point les porter au marché.

Ce délit avait encore été déféré au tribunal ordinaire; mais il vient d'être renvoyé, comme le précédent, au tribunal national.

Le dernier procès pendant au tribunal national, sur la poursuite de la commune, est celui relatif aux attentats commis dans le château de Versailles le 6 octobre. La dénonciation vient d'en être formée; vous avez entre les mains l'avis du comité, qui en détermine l'objet; et, quant aux détails, il n'est pas encore temps de les dévoiler au public.

Je me contenterai de dire, que si les autres délits portaient atteinte à notre sûreté, celui-ci a compromis un autre intérêt qui nous est plus précieux encore, celui de notre honneur, l'honneur de cette capitale, indignement calomnié dans les provinces, et jusque dans les nations étrangères.

Il importe à ce qu'on sache à qui l'on doit imputer les attentats commis à Versailles dans la matinée du 6 octobre; quel en était le but, et principalement combien ils sont étrangers aux bons habitans d'une ville renommée dans tout l'univers par son respect pour ses rois, et qui, après avoir manifesté ce sentiment dans tous les âges de la monarchie, n'aurait garde de l'affaiblir sous le règne d'un prince si digne de sa soumission, de sa reconnaissance et de son amour.

Tels sont, messieurs, les objets dont nous avions à vous entretenir.

Après avoir préparé, par nos recherches, l'instruction des procès soumis au tribunal national, nous nous proposons de suivre cette instruction. On doit nous donner des copies de tous les interrogatoires, de toutes les informations qui ont été faites, et de celles qui sont à faire; nous assisterons autant qu'il nous sera possible, à toutes les séances publiques de la procédure; en un mot, nous ne négligerons aucun moyen pour tâcher d'opérer la conviction des coupables, et procurer à la justice un triomphe éclatant. Heureux si, par nos travaux, nous pouvons contribuer à rétablir l'ordre public, et assurer le repos de nos concitoyens!

Nous n'ignorons pas que nos fonctions, désagréables pour nous-mêmes, ne sont pas vues de bon œil par ceux qui peuvent les redouter; nous savons qu'elles nous exposent à des haines et à des inimitiés puissantes, dont l'obscurité d'une vie privée semblait devoir nous garantir.

Mais à Dieu ne plaise qu'une pareille crainte nous fasse jamais oublier nos devoirs! Vous nous avez confié vos plus chers intérêts, votre sûreté, l'honneur de cette capitale, le salut de la patrie; voilà les grands objets qui nous occupent; et, quoi qu'il puisse arriver, ce seront toujours les seuls que nous appréhendions de compromettre. »

Cependant cette omnipotence de la municipalité éprouvait quelque opposition de la part des districts, qui lui élevaient de nombreuses chicanes; mais elles étaient facilement écartées, soit, quelquefois, parce qu'elles étaient déplacées, soit à cause du défaut d'unanimité. L'institution du bureau du district promettait un contrôle autrement redoutable; mais il restait inactif, parce qu'il était loin d'avoir obtenu l'assentiment général. La presse s'occupait particulièrement de l'assemblée nationale; il n'y avait guère que les *Révolutions de Paris* et l'*Ami du peuple* qui lui fissent une guerre soutenue.

« J'ai dénoncé, écrivait Marat dans sa retraite, le chef de la municipalité comme indigne de la confiance publique, pour avoir travaillé sourdement à attirer à lui toute l'autorité municipale....

» J'ai dénoncé le bureau de l'assemblée des représentans, comme indigne de la confiance publique; pour avoir mis en œuvre d'odieuses supercheries, afin d'empêcher le vœu des districts d'être connu sur le choix des administateurs......

» J'ai dénoncé l'assemblée des représentans comme indigne de la confiance publique, pour s'être érigée en cour de justice contre tout droit......

» J'ai dénoncé l'assemblée des représentans comme indigne de la confiance publique, pour s'être opposée aux assemblées du Palais-Royal, et avoir attenté aux droits du citoyen de s'assembler partout où bon leur semble, etc..... (n° XXXI.)

» *Maintenant* (n° XXXIII),.... je les dénonce comme coupables d'avoir cherché à écarter l'assemblée nationale de Paris..... Je les dénonce comme coupables d'avoir jeté sur les boulangers tout le blâme de l'incapacité du comité des subsistances, d'avoir tenu sur le sein de ces malheureux le poignard dont se serait armé le bras de ceux qui viendraient à manquer de pain, et d'avoir été les premiers auteurs des scènes sanglantes dont quelques-uns ont été l'objet.

» Je les dénonce comme auteurs de tous les désastres que va occasionner l'affreuse loi martiale qu'ils viennent d'arracher au législateur........

» Je les dénonce pour avoir violé à mon égard le droit du citoyen, en faisant enlever de force de chez mon imprimeur, la minute, les feuilles et les planches d'un écrit patriotique.

» Je les dénonce pour avoir usurpé les droits de leurs commettans, en s'arrogeant celui de faire des réglemens, sans consulter les districts.

» Je les dénonce pour avoir attenté aux droits inaliénables des districts, en les dépouillant de celui de pouvoir révoquer à volonté leurs mandataires, etc., etc.

» Après tant d'inculpations...... ai-je eu tort de les suspecter de connivence avec le ministre favori, auquel ils ont voté une statue par acclamation? Ai-je eu tort de le regarder comme la cheville ouvrière de la conjuration qui a éclaté, et qui aurait remis le peuple aux fers,..... si quelques citoyens déterminés n'avaient forcé les chefs à marcher droit à Versailles. » (N° XXXII.)

DÉCEMBRE 1789.

Quelques actes de l'assemblée nationale, son indulgence pour les parlemens, la dissolution de l'ancien comité des recherches et le remplacement, à cette occasion, des membres du côté gauche qui le composaient par des noms inconnus qui n'avaient marqué dans aucune circonstance grave; l'influence qu'obtinrent sur les délibérations quelques représentans dont l'opinion anti-révolutionnaire était connue; les noms des présidens élus de quinze en quinze jours, par exemple, en décembre, Fréteau succédant à l'archevêque d'Aix, toutes ces choses montraient que l'esprit qui animait la commune de Paris s'introduisait dans l'assemblée nationale.

« Français, écrivait Loustalot au commencement de décembre, Français! car désormais je ne puis appeler citoyens des hommes destinés à l'esclavage; Français, vous n'avez été libres que peu de jours; troublés par les horreurs de l'anarchie, ces jours ne vous ont peut-être point appris à aimer assez votre liberté, pour la défendre contre vos représentans!

» Contre vos représentans: ô douleur! trahir la patrie par un lâche silence sur la nouvelle organisation des municipalités, ou altérer la confiance de la Nation en cette assemblée, de laquelle dépend, sans doute, le salut de l'État; telle est l'alternative où nous sommes réduits.

» Le décret du *marc d'argent* (1) a produit tous les mauvais décrets dont il était le germe. Déjà l'aristocratie *pure* des riches est établie sans pudeur; eh! qui sait si déjà ce n'est pas un crime de lèse-nation, que d'oser dire : LA NATION EST LE SOUVERAIN.?

» Le titre imposteur de *citoyen actif*, a empêché les Français de suivre la marche rapide du comité de constitution, et de réprimer, par l'action un peu lente de l'opinion publique, ses attentats à la liberté.

».... On conçoit maintenant le projet du comité; il est décrété

(1) Le marc d'argent valait huit écus de six livres trois dixièmes.

en partie ; les hommes qu'on a si adroitement endormis par une fréquente répétition du mot *citoyen actif*, ne seront actifs que pour *payer, servir et élire*; c'est à cela que se borneront les droits des citoyens.

» Nous allons parcourir la nouvelle organisation des municipalités. Puissent nos concitoyens ne point trouver dans nos réflexions assez de motifs pour désespérer de la cause publique !

» L'organisation d'une nation, d'une communauté, est l'arrangement de leurs diverses parties, selon lesquelles elles peuvent agir sur elles-mêmes.

» L'organisation doit être relative au but que le corps politique doit atteindre.

» Le but auquel tout corps politique doit atteindre est l'exécution de la volonté générale.

» Pour que la volonté générale soit exécutée, il faut qu'elle soit connue ; pour qu'elle soit connue, il faut que chaque citoyen puisse voter dans les affaires publiques ; car la volonté générale est le produit des volontés particulières. Donc une nation ou une commune qui serait organisée de manière que le plus petit nombre pourrait seul faire connaître son vœu sur les affaires publiques, serait organisée *aristocratiquement*.

».... Quand le roi, ses ministres et les parlemens faisaient les lois, nous étions esclaves, parce que nous n'obéissions point à la volonté de la nation française, mais à la volonté de quelques centaines d'hommes.

» Si une nouvelle organisation tendait seulement à augmenter le nombre des centaines d'hommes qui feraient les lois, nous ne serions pas moins esclaves. Les décrets actuels de l'assemblée nationale n'ont cependant pas eu d'autre but.

» On se rappelle qu'il a été décrété que, pour être membre du corps-législatif, il faudrait payer une contribution d'un marc d'argent. Cette décision était absurde et choquante ; mais elle n'anéantissait pas la liberté nationale, parce qu'en excluant la plus forte partie des Français, elle ne les privait pas de la faculté de concourir à la *ratification* des lois.

» .... Mais, d'après les décrets sur l'organisation des communes, il n'est plus possible au patriote le plus porté à voir les choses sous l'aspect le plus favorable, de douter que les *douze cents* ne veuillent être souverains, et que leur *volonté* tienne la place de la *volonté* de toute la nation.

» Il n'est plus possible de douter que l'intention des *douze cents* ne soit que la volonté des municipaux, c'est-à-dire des familles riches, ne tienne lieu de la volonté des communes.

» *En effet*, il est réglé par les nouveaux décrets qu'il n'y aura qu'une seule assemblée périodique des communes par individus.

» Il est réglé que le seul objet de ces assemblées par individus, sera les élections.

» Il est réglé que les affaires qui, même sous le régime ministériel, étaient décidées dans les assemblées des communes par individus, les achats, les aliénations, les octrois, etc., ne seront plus décidées que par un conseil-général de la commune, composé d'un corps municipal et de quelques adjoints. Quelle régénération !

» Il est réglé que les citoyens *actifs* pourront se réunir en assemblées *particulières*, pour rédiger des adresses et des pétitions, et non pas en *assemblées publiques* pour *ratifier* les lois et statuer sur leurs intérêts, etc.

» .... Dans le plan du comité de constitution, jamais la volonté générale de la nation ne sera consultée.

» Selon le comité, les assemblées primaires s'assembleront pour nommer les électeurs ; ceux-ci choisiront des députés dont la volonté fera les lois nationales.

» Selon ce comité, les communes choisiront des municipaux et des adjoints ; et la volonté de ce conseil-général fera les lois municipales.

» Y a-t-il autre chose dans ce plan qu'une aristocratie élective, qu'une aristocratie représentative ?

» .... Il faut remarquer, au reste, comment l'adroit comité est parvenu à faire décréter cette spoliation par l'assemblée nationale; il s'est bien gardé de donner son projet en entier; les députés auraient pu l'étudier, le juger et s'y opposer. Ce comité qui est composé de sept membres, dont trois sont députés de Paris, et hommes de lettres, ne l'a présenté que par tiers; et la troisième partie s'est trouvée décrétée, avant même qu'elle fût imprimée; d'où il faut conclure que cette partie était absolument inconnue aux députés, lorsque M. Target en a fait lecture, or, plusieurs articles ont été décrétés sur la simple lecture.

» L'adroit comité a bien senti que son *espèce de législature* pour le petit état municipal, n'aurait pas pour lui l'opinion publique à Paris; il a donc séparé la cause de Paris de celle des provinces, et ainsi il a éludé les nombreuses et rigoureuses adresses des assemblées générales des districts de Paris... »

».... O Louis XVI! ô restaurateur de la liberté française, vois les trois quarts de la nation exclus du corps-législatif, par le décret du *marc d'argent*; vois la nation dépouillée du droit de voter les lois; vois les communes avilies sous la tutelle d'un conseil municipal. Sauve les Français... Purifie le *veto suspensif....* Conservateur des droits du peuple, défends-le contre l'insouciance, l'inattention, l'erreur, ou le crime de ses représentans : dis-leur, lorsqu'ils te demanderont la sanction de ces injurieux décrets. « *La nation est le souverain; je suis son chef; vous n'êtes que ses commissaires, et vous n'êtes ni ses maîtres, ni les miens.* »

On voit que Loustalot raisonnait contre l'assemblée nationale avec la doctrine du *Contrat social* de J.-J. Rousseau.

« Il n'y a qu'une voix dans la capitale, s'écrie à son tour C. Desmoulins, bientôt il n'y en aura qu'une dans les provinces contre le décret du marc d'argent: il vient de constituer la France en gouvernement aristocratique, et c'est la plus grande victoire que les mauvais citoyens aient remportée à l'assemblée nationale. Pour faire sentir toute l'absurdité de ce décret, il suffit de dire que J.-J. Rousseau, Corneille, Mably, n'auraient pas été éligibles. Un journaliste a publié que, dans le clergé, le cardinal de Rohan seul a voté contre le décret; mais il est impossible que les Grégoire, Massieu, Dillon, Jallet, Joubert, Gouttes, et un certain moine, qui est des meilleurs citoyens, se soient déshonorés à la fin de la campagne, après s'être signalés par tant d'exploits. Le journaliste se trompe.

» Pour vous, ô prêtres méprisables, ô bonzes fourbes et stupides, ne voyez-vous donc pas que votre Dieu n'aurait pas été éligible. Jésus-Christ, dont vous faites un Dieu dans les chaires, dans la tribune vous venez de le reléguer parmi la canaille! et vous voulez que je vous respecte, vous prêtres d'un Dieu *prolétaire*, et qui n'était pas même un *citoyen actif!* Respectez donc la pauvreté qu'il a ennoblie. Mais que voulez-vous dire avec ce mot de *citoyen actif* tant répété? Les citoyens actifs, ce sont ceux qui ont pris la Bastille ; ce sont ceux qui défrichent les champs, tandis que les fainéans du clergé et de la cour, malgré l'immensité de leurs domaines, ne sont que des plantes végétatives, pareils à cet arbre de votre Évangile qui ne porte point de fruits, et qu'il faut jeter au feu.

» Les champions de ce décret étaient Renaud de Saintes, Maury, Cazalès, Virieu, Richier, Mongis de Roquefort, Malouet: c'est tout dire. Bazile, s'écrie Figaro, c'est un de ces hommes à qui on ne peut rien dire de pis que son nom!

» On connaît mon profond respect pour les saints décrets de l'assemblée nationale. Je ne parle si librement de celui-ci, que parce que je ne le regarde pas comme un décret. Je l'ai déjà observé dans la Lanterne, et on ne saurait trop le répéter, il y a dans l'assemblée nationale six cents membres qui n'ont pas plus droit d'y voter que moi. Sans doute il faut que le clergé et la noblesse aient le même nombre de représentans que le reste des citoyens, un par vingt mille. Le dénombrement du clergé et de la noblesse s'élève à trois cent mille individus : c'est donc quinze représentans à choisir parmi les six cents. Il me paraît plus clair que le jour que tout le reste est sans qualité pour opiner, et qu'il faut les renvoyer dans la galerie: ils ne peuvent avoir tout au plus que voix consultative. C'est parmi ces six cents que se trouvent presque tous ceux qui ont fait passer le décret du marc d'argent. Il en est donc de ce décret comme de celui qui établit un culte exclusif: il faut le regarder comme non-avenu ; et puisque la minorité apparente était en effet la majorité, et même la presque unanimité, il est vrai de dire *que le décret que je dois respecter, c'est celui qui a été rejeté*: quant à celui qui *a passé*, je le regarde comme le parchemin de M. de Chagnac. *Voy.* le n° 1, page 20 (1).

» Je n'ai plus qu'un mot à dire: lorsqu'à l'approche de Xercès, Cyrsilus s'opposa au décret de Thémistocle, *que les Athéniens abandonneraient la ville*, Cyrsilus fut lapidé par le peuple, à qui Démosthène remarque que cette lapidation fit infiniment d'honneur.

» Ici la comparaison serait entièrement à l'avantage de Cyrsilus ; et si, au sortir de la séance, les dix millions de Français non éligibles, ou leurs représentans à Paris, les gens du faubourg Saint-Antoine, etc., s'étaient jetés sur les sieurs Renaud de Saintes, Maury, Malouet et compagnie ; s'ils leur avaient dit : Vous venez de nous retrancher de la société, parce que vous étiez les plus forts dans la salle ; nous vous retranchons à notre tour du nombre des vivans, parce que nous sommes les plus forts dans la rue ; vous nous avez tués civilement, nous vous tuons physiquement : je le demande à Maury, qui ne raisonne pas mal quand il veut, le peuple eût-il fait une injustice ? et si Maury ne me répond pas que la représaille était juste, il se ment à lui-même. Quand il n'y a plus d'équité, quand le petit nombre opprime le grand, je ne connais plus qu'une loi sur la terre, celle du talion.

(1) Voici le fait que rappelle ici Desmoulins : « M. Cagnac, ou Chagnac, membre de la commission intermédiaire du Dauphiné, était chargé de porter à Valence, les lettres de convocation des états de la province; mais quand il eut sondé le terrain, il perdit si bien envie de notifier sa mission, qu'il cacha la patente dans sa culotte. Cependant, disaient les patriotes de Valence, que vient faire ici M. Cagnac ? ne serait-ce pas pour convoquer nos états ? M. Cagnac a beau renier, on le questionne, on le tourne, on le visite, on sent le parchemin. — Ah ! voyons cela. La peur avait saisi le pauvre M. Cagnac, et il avait étrangement sali les lettres de convocation, qui semblèrent avoir été mises là exprès, pour servir à l'usage qu'elles méritaient. » (*Révolutions de France et de Brabant*, n° 1, p. 20.)

» Je m'explique, afin que M. Mounier ne me dise pas encore que je dévoue tous ces honnêtes gens à la lanterne. Je déclare que si le peuple avait ramassé des pierres, je me serais opposé de toutes mes forces à la lapidation ; j'aurais invoqué le premier la loi martiale, parce qu'il faut des formes et un arrêt pour condamner des citoyens : tout ce que j'ai voulu dire, c'est que la justice n'est pas toujours entourée de juges et greffiers ; et si cette insurrection fût arrivée, la postérité aurait absous le peuple de Paris comme elle absout le peuple d'Athènes. » *Révolutions de France et de Brabant*, 108, 112.

L'accusation que porte Desmoulins contre le côté droit n'était que trop justifiée. Il suffisait d'assister une fois aux débats de l'assemblée pour être au courant de sa tactique, et pour chercher en lui la cause première et vivace du mouvement réactionnaire qu'on apercevait dans les décrets. Voici comment le marquis de Ferrières parle, dans ses mémoires, du parti auquel il appartenait.

« Il n'y avait à l'assemblée nationale qu'à peu près trois cents membres véritablement hommes probes, exempts d'esprit de parti, voulant le bien, le voulant pour lui-même, indépendamment d'intérêts d'ordres, de corps, toujours prêts à embrasser la proposition la plus juste et la plus utile, n'importe de qui elle vînt et par qui elle fût appuyée. Ce sont des hommes dignes de l'honorable fonction à laquelle ils avaient été appelés, qui ont fait le peu de bonnes lois sorties de l'assemblée constituante ; ce sont eux qui ont empêché tout le mal qu'elle n'a pas fait. Adoptant toujours ce qui était bon, et éloignant toujours ce qui était mauvais, ils ont souvent donné la majorité à des délibérations qui, sans eux, eussent été rejetées par un esprit de faction ; ils ont souvent repoussé des motions qui, sans eux, eussent été adoptées par un esprit d'intérêt.

» Je ne saurais m'empêcher à ce sujet de remarquer la conduite impolitique des nobles et des évêques. Comme ils ne tendaient qu'à dissoudre l'assemblée, qu'à jeter de la défaveur sur ses opérations, loin de s'opposer aux mauvais décrets, ils étaient d'une indifférence à cet égard que l'on ne saurait concevoir. Ils sortaient de la salle lorsque le président posait la question, invitant les députés de leur parti à les suivre; ou bien, s'ils demeuraient, ils leur criaient de ne point délibérer. Les clubistes, par abandon, devenus la majorité de l'assemblée, décrétaient tout ce qu'ils voulaient. Les évêques et les nobles, croyant fermement que le nouvel ordre de choses ne subsisterait pas, hâtaient, avec une sorte d'impatience, dans l'espoir d'en avancer la chute, et la ruine de la monarchie, et leur propre ruine. A cette conduite insensée ils joignaient une insouciance insultante, et pour l'assemblée, et pour le peuple qui assistait aux séances. Ils n'écoutaient point, riaient, parlaient haut, confirmant ainsi le peuple dans l'opinion peu favorable qu'il avait conçue d'eux; et au lieu de travailler à regagner sa confiance et son estime, ils ne travaillaient qu'à acquérir sa haine et son mépris. Toutes ces sottises venaient de ce que les évêques et les nobles ne pouvaient se persuader que la révolution était faite depuis long-temps dans l'opinion et dans le cœur de tous les Français. Ils s'imaginaient, à l'aide de ces digues, contenir un torrent qui grossissait chaque jour. Ils ne faisaient qu'amonceler ses eaux, qu'occasionner plus de ravages, s'entêtant avec opiniâtreté à l'ancien régime, base de toutes leurs actions, de toutes leurs oppositions, mais dont personne ne voulait. Ils forçaient, par cette obstination maladroite, les révolutionnaires à étendre leur système de révolution au-delà même du but qu'ils s'étaient proposé. Les nobles et les évêques criaient alors à l'injustice, à la tyrannie. Ils parlaient de l'ancienneté et de la légitimité de leurs droits à des hommes qui avaient sapé la base de tous les droits. » (*Ferrières*, tome 2, page 122.)

Ces réflexions, au reste, étaient celles d'une grande partie du public. Aussi le comité de constitution crut devoir faire une concession aux exigences de l'opinion publique, en amoindrissant la sévérité du *marc d'argent*. Le 5 décembre, il proposa un article ainsi conçu :

[« La condition d'éligibilité, relative à la contribution directe déclarée nécessaire pour être citoyen actif, électeur ou éligible, sera censée remplie par tout citoyen qui, pendant deux ans consécutifs, aura payé volontairement un tribut civique égal à la valeur de cette contribution, et qui aura pris l'engagement de le continuer. »

La lecture de cet article fut écoutée avec une impatience marquée de la part du côté droit; on voulait aller aux voix de suite. Ce ne fut qu'avec peine qu'on obtint quelque silence.

M. Mallet a vu dans un pareil article un moyen de favoriser les intrigues des riches, qui achèteraient les suffrages des pauvres dont ils auraient payé les taxes volontaires.

M. Milscent a pensé que l'éligibilité étant de droit naturel, il fallait ne la restreindre que le moins possible.

M. Target a dit que l'article ne pouvait tourner qu'à l'avantage de la chose publique, en multipliant les hauts contribuables.

M. Destourmel a demandé la question préalable contre l'article qu'il a soutenu devoir exclure les propriétaires, en leur donnant des concurrens qui, n'ayant pas de possessions, ne pouvaient pas prendre un aussi grand intérêt à la chose publique.

M. Chapelier a eu peine à se faire entendre : cependant il a profité d'un moment de silence pour développer les inconvéniens d'admettre la question préalable contre un article proposé par le comité de constitution. Il a fait l'observation que l'article obviait aux injustices ou aux erreurs des officiers municipaux, qui, voulant exclure un citoyen, le cotiseraient à 53 liv., au lieu de l'imposer à 55 liv., valeur du marc d'argent; il a enfin ajouté que c'est un aiguillon puissant pour le patriotisme, que d'attacher des faveurs ou des honneurs aux contributions volontaires.

M. de Cazalès a dit que le décret, qui règle à un marc d'argent la contribution directe et forcée de tout citoyen éligible, s'opposait à l'admission de l'article proposé.

M. Pétion de Villeneuve a parlé au contraire en faveur de l'article, qui, suivant lui, ne propose autre chose si ce n'est d'assimiler les avantages de la contribution volontaire à ceux de la contribution forcée.

M. de Richier a combattu l'article avec beaucoup de chaleur; il a soutenu que le patriotisme seul devait enflammer les citoyens qui voudraient contribuer volontairement, et qu'il ne résultait de cette contribution aucune nécessité de les rendre éligibles. Il a représenté qu'admettre l'article, c'était faire baisser la valeur des biens-fonds, puisqu'il ne serait plus nécessaire d'en acquérir pour être admis à payer la contribution de la valeur du marc d'argent.

Plusieurs autres membres ont dit qu'ils ne voyaient dans l'article aucun avantage qui pût balancer l'inconvénient des moyens de corruption qu'il offrait.

M. le comte de Mirabeau a répliqué que cette corruption n'était pas à craindre, puisqu'il fallait avoir payé pendant deux ans consécutifs pour devenir éligible, etc.

M. Mirabeau fut interrompu par les cris du côté droit, par les appels *aux voix! aux voix!* Une première épreuve, par assis et levé, parut douteuse. On passe à l'appel nominal.

L'article a été rejeté à la majorité de 445 contre 417, et au grand étonnement de ses partisans, qui croyaient, cette fois, avoir cette majorité en leur faveur.]

La formation de la loi sur l'organisation administrative et électorale de la France occupa une partie du mois de décembre, sans présenter plus de détails utiles à noter que les articles eux-mêmes, que nous donnerons ensemble en terminant cette histoire de la constituante; articles votés, d'ailleurs, la plupart sans discussion, ou sans autres débats que des disputes de rédaction, et que le *Moniteur* lui-même déclare *fastidieuses,* en ajoutant qu'on ne lui pardonnerait pas de les rapporter. (T. II, p. 75.) Seulement, plusieurs fois, l'esprit, qui avait conquis la majorité dans l'assemblée, eut occasion de se montrer. Il s'agissait toujours de cette question d'éligibilité si débattue au-dehors. L'opinion qui voulait augmenter le nombre des éligibles vint représenter de nouveau la question. Ainsi elle reparut, sous une nouvelle forme, dans la séance du 7 décembre.

SÉANCE DU LUNDI 7 DÉCEMBRE, AU MATIN.

[Après les remercîmens de M. Freteau à l'assemblée, en qualité de président pour la seconde fois, on a lu quelques adresses de différens bourgs et villages qui demandent tous à devenir chef-lieu de district.

Cela amenait tout naturellement l'ordre du jour; et M. Target, au nom du comité de constitution, a lu l'article suivant :

« Indépendamment de l'inscription civique, à l'âge de 21 ans, il sera dressé tous les ans dans chaque municipalité un tableau des citoyens actifs, avec désignation des éligibles. Ce tableau ne comprendra que les citoyens qui réuniront les conditions prescrites, qui rapporteront l'acte de leur inscription civique, et qui, ayant l'âge de 25 ans, auront prêté publiquement à l'administration du district, entre les mains de celui qui présidera, le serment de maintenir de tout leur pouvoir la constitution du royaume, d'être fidèles à la nation, à la loi et au roi, et de remplir avec zèle et courage les fonctions civiles et politiques qui leur seront confiées. »

Cet article a éprouvé, non pas une opposition, mais une simple observation. On a demandé s'il ne serait pas plus séant que le serment fût prêté aux municipalités plutôt qu'aux districts ; mais cet amendement a été rejeté, et l'article a été décrété à la presque unanimité.

M. Target a fait ensuite lecture de l'article suivant :

« Tous les citoyens français qui auront rempli la condition de leur inscription civique et du serment patriotique, seront dispensés des autres conditions d'éligibilité pour l'assemblée nationale, si, dans le premier scrutin, ils réunissent les trois quarts des suffrages des électeurs. »

Cet article n'a pas été d'abord entendu dans le même sens ; quelques membres pensaient qu'il favorisait l'admission des personnes au-dessous de 25 ans ; d'autres allaient jusqu'à croire que les étrangers seraient capables d'être nommés pour les assemblées législatives.

Aussitôt après la lecture de l'article, M. Lanjuinais déclara que sa disposition remédierait au moins à l'inconvénient, et même à l'injustice du décret relatif à la contribution du marc d'argent, qui donnait une exclusion humiliante aux cinq sixièmes de la nation, et qui avait attiré à l'assemblée nationale de vifs reproches, tant de la part de la capitale que des provinces; il a proposé pour amendement de dire que la nomination faite avec les trois quarts des voix des électeurs, ne dispensât que de la seule règle d'éligibilité, qui exige une contribution directe de la valeur d'un marc d'argent.

M. le comte de Virieu s'est élevé contre l'article, et a soutenu que dispenser les éligibles de posséder des biens-fonds, c'était préparer une aristocratie plus dangereuse que toute autre, etc. Il a fini par soutenir qu'il ne devait y avoir lieu à délibérer sur l'article.

M. l'abbé Grégoire a représenté que si le peuple français, qui a tant approuvé les décrets de l'assemblée, avait su que par l'exigence d'une contribution directe de la valeur d'un marc d'argent, les trois quarts de la nation étaient exclus de la nomination aux assemblées législatives, il n'aurait pas reçu ces décrets avec autant d'enthousiasme.

M. de Foucault a demandé la question préalable sur l'article, attendu que le comité de constitution l'avait déjà présenté plusieurs fois sous des formes différentes, quoique toujours rejeté.

M. Rœderer a considéré la question sous ses grands rapports d'utilité et de justice; il a répondu aux objections précédemment faites, qui ne consistaient qu'à trouver dans l'article proposé des moyens faciles de corruption et de composer toute une assemblée législative de membres non propriétaires. « Il me semble, a-t-il dit, que dans une grande assemblée d'hommes, on ne devrait pas concevoir tant de défiance contre des hommes. Il y a une grande erreur de fait dans un des reproches que l'on fait à l'article; on suppose que les citoyens pourraient être élus à 21 ans, et cependant il faut en avoir 25, puisque cet âge, suivant l'article VII, est absolument nécessaire pour être admis à prêter le serment patriotique. Mais quand il s'agirait de la question de droit, quand l'article aurait le sens qu'on veut lui trouver, il ne mériterait pas d'être rejeté, et je pense qu'il serait d'un bon esprit de proposer que l'on peut être admis aux assemblées nationales à 21 ans. L'on n'a pas, il est vrai, à cet âge toute l'expérience nécessaire pour être parfait législateur ; mais en revanche on porte un cœur pur, et un cœur pur est un des plus grands inspirateurs du bien : c'est un cœur pur qui fait les grands hommes ; c'est avec un cœur pur enfin que l'on est véritablement digne de servir la patrie. Si l'on ne trouve pas toujours les connaissances chez les jeunes gens, on y trouve du moins une qualité bien plus précieuse, l'ignorance des intérêts qui corrompent tous les hommes.

» Il est certain que la contribution de la valeur du marc d'argent exclut non-seulement le citoyen qui n'a aucune propriété, mais celui qui a des talens et des vertus, sans avoir de fortune ; et cependant combien n'avons-nous pas eu d'hommes pauvres dignes d'être les législateurs du genre humain ? Vous auriez donc exclu J.-J. Rousseau et l'abbé de Mably d'une assemblée nationale ? Votre article exclut encore les pasteurs ; il exclut les artisans, cette classe de citoyens plus précieuse que la classe des grands propriétaires ; les artisans consacrent leurs capitaux à l'emploi de tous les moyens de vous procurer votre subsistance et vos plaisirs, etc. » Toutes ces raisons, dont la prépondérance est cependant si sensible, n'ont pu déterminer la majorité de l'assemblée en faveur de l'article, qui a été rejeté par 453 voix contre 443.]

SÉANCE DU 10 DÉCEMBRE.

[*M. Target* annonce que le grand ouvrage de la constitution administrative est terminé, et aussitôt la salle retentit d'applaudissemens.

Il ajoute que M. Thouret a préparé un réglement sur les objets de détail, qui sera incessamment présenté.

Mirabeau. Ce que j'ai à vous proposer, Messieurs, n'est point une chose nouvelle ; le mérite de l'invention en appartient à plusieurs peuples anciens, qui ont ainsi maintenu leur constitution et leur liberté. La proposition que j'ai à vous faire me paraît une sauvegarde essentielle de la constitution. Je renferme en un seul mot l'esprit de la motion pour laquelle je sollicite votre attention.

Il s'agit de savoir s'il faut asservir à une marche graduelle la députation aux assemblées administratives et nationales. C'est dans les anciens gouvernemens que j'ai trouvé cette idée; elle s'adapte merveilleusement à la constitution que nous avons établie sur une égalité qui doit en être le principe indestructible.

Il faut que les institutions se rapportent aux lois, comme les lois à la nature des choses. Si nous ne mettons pas les hommes en harmonie avec les lois, nous aurons fait un beau songe philosophique, et non une constitution. Enchaîner l'homme à la loi, tel doit être le but du législateur......

Cette loi vous présente un second moyen bien puissant. Vous répandez dans les municipalités l'émulation de la vertu et de l'honneur; vous rehaussez le prix des suffrages du peuple, lors même qu'ils ne confèrent que des emplois subalternes; vous n'avez plus à craindre de voir les municipalités abandonnées à un petit nombre de concurrens...... Les places ne valent souvent aux yeux des hommes que par ceux qui les sollicitent ou les occupent. Si les Romains n'avaient tout concentré dans Rome; s'ils avaient attaché plus d'éclat aux administrations municipales; s'ils en avaient fait des échelons pour arriver aux honneurs, ils auraient prévenu les révoltes nombreuses qui éclataient dans toutes les parties de leur empire. Ce qui servit cependant à entretenir l'émulation et à mettre dans cette république fameuse les talens à leur place, c'est que dans les emplois importans, il fallait avoir passé par des offices subalternes. Pour être consul, il fallait avoir été questeur. Dans le système graduel les fonctions les plus obscures s'ennoblissent, lorsqu'il faut les traverser pour arriver aux premiers emplois.

La politique est une science, l'administration est une science et un art. La science qui fait les destinées des Etats, est une seconde religion et par son importance et par sa profondeur...... La nature et la raison veulent qu'on marche des fonctions simples à des fonctions compliquées ; qu'on passe par l'exécution des lois avant de concourir à leur confection, et que par cette épreuve, la chose publique soit à l'abri des dangers de l'incapacité des agens.... Si vous décrétez qu'il faudra avoir réuni deux fois les suffrages du peuple pour être éligible à l'assemblée nationale, vous donnerez une double valeur aux élections ; vous établirez l'heureuse nécessité de la probité, vous opérerez une révolution tant désirée dans une jeunesse qui passe de la frivolité à la corruption, de la corruption à la nullité. Vous direz aux jeunes citoyens qu'à chaque pas ils seront obligés de justifier la confiance, qu'ils seront pesés dans la balance de l'expérience, qu'ils seront comparés à leurs rivaux. Ainsi, en accordant tout au mérite et aux vertus, cette loi serait un noble moyen de prévenir la régénération d'une classe qui semble s'abaisser dans l'ordre moral, à proportion qu'elle s'élève dans l'ordre de la société.

Evitons ces fautes, cultivons les provinces, anéantissons cet ancien préjugé, qui, sur les débris des classes et des ordres, créeraient de nouvelles classes et de nouveaux ordres. Nous mettrons de la fraternité entre toutes les fonctions publiques, si la plus subalterne est nécessaire pour s'élever, si la plus haute tient par des liens nécessaires à la plus subordonnée ; et les honneurs publics sont comme une eau pure coulant dans des canaux différens, mais toujours limpide, mais toujours la même.....

Que le législateur est puissant quand il a su montrer aux citoyens leurs intérêts dans la probité !.... Vous avez fait de sages décrets pour assurer la responsabilité ; mais vous savez trop bien que réprimer et punir c'est peu de chose ; il faut que le bien se fasse par d'autres moyens.....

Nous allons, dira-t-on, restreindre la confiance. Vous la restreindriez, en exigeant telle quotité de fortune, tel degré de naissance ; vous déshériteriez d'un droit naturel ceux qui seraient hors de ces conditions ; mais prescrire des règles, les mêmes pour tous ; mais accorder les mêmes droits ; mais attaquer les exceptions en faveur de l'égalité, ce n'est pas blesser le principe, c'est le reconnaître.....

Je vous prie de faire sur la confiance une observation particulière à un gouvernement représentatif tel que le nôtre.

Le député, élu par une petite partie d'un département, représente la totalité de la nation : la puissance dont jouira le corps législatif sera précaire, si elle n'est doublée en quelque sorte. Et voyez quel est l'effet du système graduel! Un plus grand nombre de citoyens aura intérêt aux élections. Les électeurs diront : nous ne vous donnons pas un homme inconnu, nommé par l'intrigue, par la cabale, par le caprice, par les passions; il arrive précédé de ses services.

Les provinces seront plus calmes, sous la foi de la raison publique; les représentans seront plus respectés..... On ne peut donc faire une objection d'un aussi grand avantage.

Cet ordre serait dans ce moment difficile à établir; mais dans dix ans, il y aurait un fonds d'hommes suffisans pour fournir aux élections.

Je propose de décréter les articles suivans :

« A compter du 1er janvier 1797, nul ne pourra être élu membre de l'assemblée nationale, s'il n'a réuni au moins deux fois les suffrages du peuple, comme membre des assemblées administratives de département ou de district, ou de municipalité, ou s'il n'a rempli trois ans une place de judicature, ou enfin s'il n'a été membre de l'assemblée nationale.

» A compter de l'année 1795, nul ne pourra être élu membre de l'assemblée de département, s'il n'a été élu membre d'une assemblée de district ou de municipalité.

» Pour que les lois ci-dessus ne renvoient pas à un âge trop avancé la faculté d'être membre de l'assemblée nationale, tout citoyen actif pourra être élu membre d'un corps municipal à l'âge de 21 ans. » (*Vifs applaudissemens.*)

M. Barnave. Si pour anéantir la constitution, il suffisait d'envelopper des principes contraires de quelque idée morale, et de quelques preuves d'érudition, le préopinant pourrait se flatter de produire de l'effet sur vous; mais heureusement il vous a aguerris contre les prestiges de son éloquence, et plusieurs fois nous avons eu l'occasion de chercher la raison et le bien parmi les traits élégans dont il avait embelli ses opinions. Cette occasion se présente aujourd'hui d'une manière plus éclatante.

Le bon sens le plus ordinaire suffit pour démontrer que les pouvoirs doivent être répartis entre nous ; le même bon sens prouve que sans cette égale répartition, l'égalité sociale ne peut exister. La déclaration des droits a consacré ces principes. La motion de M. de Mirabeau tend à réunir dans un petit nombre de personnes les pouvoirs municipaux, administratifs et législatifs, et l'on prétend qu'elle doit établir l'égalité et la liberté.

Elle est contraire aux décrets : la majorité pour les municipalités est fixée à 25 ans ; l'auteur de la motion la réduit à 21 : il l'étend à 35 pour l'assemblée nationale. En effet, on devrait avoir occupé deux fois des places dont les fonctions durent 4 ans ; il faut au moins deux années d'intervalle : ainsi, voilà 10 années à ajouter à la majorité de 25 ans.

Cette motion étant opposée aux précédens décrets, aux termes du réglement, on pourrait l'attaquer par la question préalable.

Elle est de plus contraire à la nature des choses, aux convenances et à l'intérêt public.

C'est dans les assemblées administratives qu'il faut porter une expérience qui ne s'acquiert qu'avec le temps : ces assemblées sont moins nombreuses que les assemblées nationales ; et l'effet d'un petit nombre de jeunes gens inexpérimentés y serait bien plus fâcheux. Les hommes qui se seront, par leurs études, destinés à l'assemblée nationale, se verront forcés de passer par des places auxquelles ils ne seront pas propres : il faudra qu'ils renoncent à leur fortune pour se livrer à un noviciat d'une aussi grande durée ; et les gens riches, seuls capables de ce sacrifice, concourront seuls à la représentation nationale.

Ma conclusion m'est offerte par le préopinant. Je ne conçois pas comment on peut proposer, à une nation, de faire une loi qui ne pourra être exécutée que dans dix ans ; je ne sais pas si elle conviendra à cette époque. Vous aurez besoin dans quelques années, d'une convention nationale, pour réformer les erreurs que l'expérience aura fait reconnaître dans la constitution. Je demande l'ajournement de la motion à cette convention.

M. le comte de Mirabeau a répliqué ce peu de mots :

« Le préopinant paraît oublier que si les rhéteurs parlent pour vingt-quatre heures, les législateurs parlent pour le temps. Je demande à lui répondre ; mais comme un comité, dont je suis membre, m'appelle, je prie l'assemblée d'ajourner la discussion. »

Sur la motion de M. Dufraisse Duchey, l'ajournement a été prononcé.

Pendant cet espace de temps, tout l'intérêt des séances émanait des faits extérieurs qui venaient retentir dans l'assemblée, et lui donner encore quelque chose de cette vie révolutionnaire qu'elle avait il y a quelques mois. Nous en parlerons bientôt, et dans un chapitre à part. Ce ne fut pas cependant la seule interruption que l'ordre du jour éprouva. D'abord, dans la séance du 1ᵉʳ décembre, le rapporteur de l'ancien comité des recherches réclama la parole. Elle lui fut refusée au milieu d'un violent tumulte que causa cette intempestive demande. Ensuite, dans la même séance, M. le docteur *Guillotin* vint lire un long discours sur la réformation du Code pénal, dont le *Moniteur* n'a pas jugé à propos de conserver un seul mot. C'est dans ce discours qu'il proposa de décréter qu'il n'y aurait plus qu'un seul genre de supplice pour les crimes capitaux ; de substituer au bras du bourreau l'action d'une machine, de cette machine qu'on appelle aujourd'hui *guillotine* *Avec ma machine*, dit M. Guillotin, *je vous fais sauter la tête d'un clin d'œil, et vous ne souffrez point* (1). L'assemblée se mit à

(1) Les expériences et les observations des physiologistes modernes ont constaté que l'avantage attribué à la guillotine, celui de ne pas faire souffrir, est une erreur. Il est en effet, démontré que la tête séparée du tronc peut conserver, encore pendant un certain temps, la capacité de sentir, d'où l'on doit inférer qu'elle conserve également celle de penser. En effet, lorsqu'on tranche la tête à des animaux (Voyez les expériences de Legallois), on remarque à des signes certains, qu'ils voient, qu'ils entendent, qu'ils sentent encore. Ces phénomènes durent cinq, dix, quinze, dix-huit minutes. On avait d'ailleurs, déjà recueilli des observations du même genre, sur les hommes ; on avait remarqué

rire. Elle écoute cependant le reste du rapport avec attention. Il fut terminé par les propositions suivantes.

Art. Ier Les délits du même genre seront punis par le même genre de peine, quels que soient le rang et l'état du coupable:

II. Dans tous les cas où la loi prononcera la peine de mort contre un accusé, le supplice sera le même, quelle que soit la nature du délit dont il se sera rendu coupable : le criminel sera *décapité*. Il le sera par l'effet d'un simple mécanisme.

III. Le crime étant personnel, le supplice quelconque d'un coupable n'imprimera aucune flétrissure à la famille. L'honneur de ceux qui lui appartiennent ne sera nullement entaché ; et tous continueront d'être également admissibles à toutes sortes de professions, d'emplois et de dignités.

IV. Nul ne pourra reprocher à un citoyen le supplice quelconque d'un de ses parens : celui qui osera le faire sera publiquement réprimandé par le juge. La sentence qui interviendra sera affichée à la porte du délinquant. De plus elle sera et demeurera affichée au pilori pendant trois mois.

V. La confiscation des biens des condamnés ne pourra jamais être prononcée en aucun cas.

VI. Le cadavre d'un homme supplicié sera délivré à sa famille, si elle le demande. Dans tous les cas, il sera admis à la sépulture

---

que des têtes séparées du tronc avaient donné des preuves de conservation de la volonté, soit en fixant les yeux sur certains objets, soit en regardant des individus sur lesquels ils avaient promis de jeter leurs premiers regards, soit en agitant les lèvres, comme pour parler, etc. Il est très-vrai que la plupart des criminels sont tellement affaiblis, et plongés dans un tel état de stupeur, à l'attente de la mort, qu'il est probable que le coup de la guillotine suffit pour éteindre la dernière lueur de sensibilité qui leur soit restée. Mais il n'en est pas de même des hommes énergiques, des hommes qui périssent martyrs d'une cause politique noblement soutenue : ceux-là doivent sentir et penser long-temps encore après que leur tête est tombée dans le fatal panier ; dix minutes alors sont un siècle.

Les réflexions que nous présentons sont d'ailleurs parfaitement d'accord avec les nouvelles théories sur le système nerveux. Voyez un article de nous, dans le tome IX, an 1828, du *journal des Progrès des Sciences et Institutions médicales*, ayant pour titre *Essai de Coordination des phénomènes qui ont pour siége le système nerveux.*

ordinaire, et il ne sera fait, sur le registre, aucune mention du genre de mort.

« Arrêté en outre que les six articles ci-dessus seront présentés à la sanction royale pour être envoyés aux tribunaux, et qu'en les présentant, M. le président suppliera le roi de donner des ordres pour que le mode actuel de décapitation soit changé, et qu'à l'avenir elle soit exécutée par l'effet d'un simple mécanisme. »

L'article premier fut aussitôt mis en discussion, et voté à la presque unanimité. Ensuite venait l'article deux. L'abbé Maury prit la parole : on crut qu'il allait proposer de déclarer que les coupables pussent participer aux sacremens de l'église, comme les autres citoyens qu'une maladie conduit au tombeau ; mais il n'a porté ses réflexions que sur le genre de supplice proposé ; il a pensé que la décapitation pouvait accoutumer le peuple à l'effusion du sang, et le rendre barbare et féroce, il a dit qu'il n'y avait aucun inconvénient de graduer les supplices suivant la nature des crimes, et conserver l'usage du feu et de la corde, etc.

M. *Target* a paru adopter l'observation du préopinant ; mais comme il était près de quatre heures, la discussion a été ajournée au lendemain matin. Mais le lendemain, il n'en fut plus question. On s'occupa d'une querelle entre un ministre et un membre de l'assemblée ; ce débat sans intérêt politique fut étouffé ; et l'on rentra dans l'ordre du jour, c'est-à-dire qu'on revint à voter la constitution administrative.

Cette constitution, bien que terminée, occupa encore d'une manière intermittente l'assemblée pendant tout le mois. D'abord, à la séance du 14, on fit lecture des soixante articles dont elle était formée ; et il s'éleva une discussion pour savoir s'ils seraient présentés à la *sanction* royale, ou à la simple *acceptation*. C'était une question assez délicate, propre à faire juger l'esprit de l'assemblée. Aussi les tribunes étaient-elles remplies de spectateurs qui prenaient en quelque sorte part aux débats par leurs applaudissemens et par leurs murmures. Enfin, au milieu du tumulte, la *simple acceptation* fut décrétée à une majorité très-faible, et qui resta douteuse. Ensuite Thouret vint lire l'instruction proposée par le comité sur l'exécution des décrets pour les municipalités.

SÉANCE DU MARDI 15 DÉCEMBRE AU MATIN.

Il y eut quelques débats sur la préférence que l'on accorderait aux matières présentées à la discussion ; il fut enfin décidé que M. Malouet serait entendu d'abord sur une proposition relative aux municipalités. Ce député a fait une motion tendante à *interdire aux villes capitales et municipales de s'immiscer dans le département de la haute-police.*

Cette motion a été combattue par M. Charles de Lameth, qui l'a présentée comme prématurée et même comme tendante à introduire les inconvéniens les plus funestes, parce que ce n'était qu'en étendant la juridiction au-delà de ses limites, que la capitale pouvait assurer régulièrement la subsistance de ses habitans; que si la motion de M. Malouet était adoptée, il arriverait qu'un particulier, puissant dans une municipalité de province, pourrait s'opposer à l'exécution des ordres que la municipalité de Paris aurait donnés d'acheter des grains et des farines, et que l'ordre et la paix seraient continuellement troublés. Il a demandé que cette motion fût ajournée.

M. Frémont a appuyé cet avis, en disant qu'il était nécessaire, avant tout, de déterminer le mode du pouvoir judiciaire qui serait assigné aux municipalités.

On a représenté, contre cette opinion, que si l'on accordait quelque supériorité aux grandes villes, il en résulterait une espèce d'aristocratie ; mais cette observation n'a pas fait fortune, et l'assemblée a décrété qu'il n'y avait pas lieu à délibérer quant à présent sur la motion de M. Malouet.

M. le comte de Mirabeau a proposé de nouveau sa motion sur la gradation à adopter pour parvenir à l'assemblée nationale. Le premier mouvement de l'assemblée a été de mettre en question si cette motion serait ajournée. M. le comte de Clermont-Tonnerre a suspendu la décision, en faisant observer que dans une loi il y avait deux choses à distinguer, l'exécution et l'effet; qu'il était intéressant qu'on attachât de l'importance aux fonctions municipales, parce que sans cela elles ne seraient ambitionnées par personne ; que cependant du succès de l'organisation des municipalités dépendait la stabilité de la constitution.

M. Rœderer a enchéri sur cette opinion, en soutenant que l'on reconnaîtrait au premier instant l'effet de la loi ; qu'il était naturel de penser que les personnes qui ne chercheraient pas à occuper de places dans les nouvelles municipalités, auraient des raisons pour s'en éloigner à toujours.

MM. Duport et de La Rochefoucault se sont élevés contre ce sentiment. M. le vicomte de Mirabeau surtout a particulièrement demandé si on pouvait envisager comme bon citoyen quiconque chercherait à s'éloigner des emplois municipaux, s'il n'avait pas la perspective d'une mission plus relevée. Il a ajouté qu'une pareille disposition décrétée serait un germe de cabales et d'intrigues.

M. le comte de Mirabeau a répondu au préopinant en l'interpellant de déclarer si, lorsqu'il est entré dans la carrière militaire, il n'avait pas compté arriver au grade de colonel qu'il a obtenu et dont il jouit aujourd'hui....... L'assemblée a ajourné la question à un temps indéfini.

On continuait, sauf les jours consacrés aux finances ou consommés par les événemens du dehors, à donner une seconde lecture des articles de la constitution ; et l'assemblée les votait au fur et à mesure une seconde fois. Il résulta de là qu'une multitude de nouvelles questions étaient soulevées, débattues, et des changemens quelquefois introduits.

Dans la séance du 21 décembre, il fut question des difficultés qu'éprouvait le comité de constitution pour l'établissement des circonscriptions départementales. L'assemblée décida qu'il lui en serait fait un rapport. Profitant de cette occasion, M. de Clermont-Tonnerre proposa l'addition suivante : « Aucun citoyen actif, réunissant les qualités d'éligibilité, ne pourra être exclu du tableau des électeurs ou éligibles, à raison de la profession qu'il exerce ou du culte qu'il professe. » Cette motion fut ajournée au lendemain.

SÉANCE DU 22 DÉCEMBRE.

Elle commença par la seconde lecture de quelques articles de la contitution qui furent admis. M. de Clermont-Tonnerre vint rappeler sa motion. Elle fut encore remise au lendemain, ordre de deux heures.

M. Thouret, rapporteur du comité judiciaire, a la parole.

« Messieurs, le rapport de M. Bergasse sur l'organisation du pouvoir judiciaire a obtenu les suffrages de l'assemblée : le comité de constitution, ayant suivi les principes de ce rapport, est arrivé à plusieurs résultats différens, et il se flatte d'avoir trouvé des combinaisons plus favorables encore à la liberté publique.

» La réforme des abus dans l'administration de la justice offre aux représentans de la nation une grande tâche à remplir. Le comité a examiné avec beaucoup de soin ce qu'on pourrait conserver des institutions anciennes, et il pense qu'en cette partie, ainsi qu'en beaucoup d'autres, la régénération doit être complète.

» Il serait superflu de dire quelle a été la progression des abus dans l'ordre judiciaire; avec quelle imprudence on a corrompu la plus sainte des institutions; comment le fisc, pour on ne sait quelle misérable somme d'argent, a dénaturé et confondu cette partie de l'ordre public, et établi, sous les plus frivoles prétextes, des tribunaux d'exception qui semblaient devoir accabler à jamais les justiciables. Ajoutons que l'indulgence est un devoir envers ces anciens administrateurs qui vécurent dans des temps peu éclairés, ou envers les corps qui ont étendu leurs priviléges aux dépens des individus; un généreux oubli de tant de fautes est digne de l'assemblée, et l'immense travail qu'elle doit entreprendre pour les réparer n'effraiera point son courage.

» Le comité s'est à peu près borné aux lois constitutionnelles sur l'organisation du pouvoir judiciaire; les détails seront déterminés par des réglemens particuliers, et malgré cette précaution son ouvrage est d'une longue étendue. Pour faciliter son travail et celui de l'assemblée, il s'est fait un plan d'une simplicité extrême. Il présentera d'abord des décrets généraux sur l'administration de la justice, sur les tribunaux et leur composition ; il présentera ensuite la distribution et la gradation de ces mêmes tribunaux. Après avoir organisé les cantons dans l'ordre de la justice distributive par l'établissement des juges de paix, il passe à l'organisation des districts et des départemens sous le même rapport ; il arrive à celle des cours supérieures ; de là il s'élève à la cour suprême de révision, qui, maintenant l'exécution des lois et les formes de la procédure, doit remplacer le conseil des parties, dont la composition avait été calculée pour d'autres temps et pour un autre régime. Mais l'assemblée ne remplirait pas dans toute leur étendue les fonctions dont elle est chargée, si elle n'assurait pas à la nation les moyens de punir légalement les corps administratifs et les juges qui tomberaient dans l'insubordination, et si la peine légale n'arrivait pas sans trouble jusqu'aux ministres prévaricateurs. Il faut donc une haute-cour nationale, revêtue d'un assez grand pouvoir pour venger par des formes paisibles les attentats contre la constitution. Cette haute-cour nationale, dont la composition exige l'attention la plus profonde, affermira tout l'édifice politique. La perfection de l'ordre judiciaire est en effet que la justice se trouve pour ainsi dire à la portée de chaque citoyen ; que le roi, éclairé par le peuple, ne se trompe plus dans le choix des juges ; que la désobéissance aux lois ne soit plus impunie, et que, du fond des campagnes jusqu'aux marches du trône, l'homme imprudent ou téméraire qui osera manquer à ses devoirs soit réprimé ou puni par une force constitutionnelle et inévitable.

» Le comité a senti combien il importe de rendre à la justice ordinaire tout ce qu'on en a détaché en faveur des tribunaux d'exception : il a examiné scrupuleusement les diverses parties de leur compétence ; voulant rétablir l'ordre et suivre les principes, il est parvenu, après des détails pénibles, à classer et mettre à sa place tout ce qu'on avait déplacé mal à propos, tout ce qu'on avait confondu par ignorance, ou par des motifs moins excusables encore. Mais telle est la complication des affaires d'un grand royaume, telle est leur immense variété, que les juges de paix, les tribunaux de district, les tribunaux de département et les cours supérieures ne pourraient, sans de graves inconvéniens, juger certaines discussions d'une nature particulière. Il proposera donc de donner aux municipalités le jugement de diverses matières de police, de conserver les juridictions sur les objets du commerce partout où elles seront nécessaires ou utiles; enfin d'établir dans chaque département un tribunal d'administration qui jugera, d'après des lois précises et des formes déterminées, les affaires contentieuses qui peuvent s'élever à l'occasion de l'impôt, ou relativement à l'administration.

» Ces réflexions générales s'appliquent à toutes les parties du plan qui seront mises sous les yeux de l'assemblée. Il en est d'autres que le comité lui présentera ensuite sur les objets de police, d'administration et de commerce, ainsi que sur l'établissement des jurés en matière criminelle: peut-être faudra-t-il que cette dernière institution, appelée par le patriotisme, soit retardée par la sagesse pour acquérir plus de stabilité.

» Le comité supplie l'assemblée de croire qu'il n'a pas perdu de vue ce rapport trop souvent oublié entre les institutions politiques et les moyens pécuniaires de l'exécution. Il a calculé à diverses reprises que le service entier de la justice dans le royaume ne s'élevera pas aux neuf ou dix millions employés aujourd'hui au paiement des gages des tribunaux actuels; en sorte que les droits domaniaux sur l'expédition des actes judiciaires, remplacés par des impôts moins onéreux, et la finance des offices de judicature une fois remboursée, une administration parfaite de la justice coûterait moins aux citoyens que ne leur a coûté jusqu'à présent le régime abusif sous lequel ils ont vécu. »

M. Thouret a fait ensuite lecture des dix premiers titres du travail du comité.

TITRE PREMIER.

Des tribunaux et des juges en général.

La justice sera rendue au nom du roi et sans frais. Les juges seront librement élus. Ils transcriront purement et simplement les lois sur leurs registres. Ils ne pourront faire aucun réglement; mais ils s'adresseront au corps-législatif quand il faudra changer une loi, ou quand une loi nouvelle sera nécessaire. Ils n'auront aucune juridiction sur les administrations et sur les administrateurs. Les juges seront à vie et ne pourront être destitués que pour crime de forfaiture. L'instruction sera publique. Tout citoyen aura le droit de défendre lui-même sa cause. Tous les priviléges, en fait de justice, seront supprimés, ainsi que toutes commissions, attributions et évocations arbitraires. Il sera tenu un registre exact pour l'ordre invariable des causes. Le code de la procédure civile et le code pénal seront rédigés sur ce principe, que toute peine qui n'est pas nécessaire, est une violation des droits de l'homme.

TITRE II.

De la formation et des gradations des tribunaux.

Des juges-de-paix seront établis dans chaque canton. Dans chaque district il y aura un tribunal de district, et dans chaque département un tribunal de département. Il sera établi une cour supérieure qui renfermera dans son ressort trois ou quatre départemens, une cour suprême de révision, une haute-cour nationale qui siégera auprès des législatures.

TITRE III.

Des juges de paix.

Le juge de paix sera choisi parmi les éligibles, au scrutin individuel, et nommé à la majorité absolue. L'acte de nomination tiendra lieu de provisions. Des prud'hommes seront élus de la même manière. Leurs fonctions, ainsi que celles des juges de paix, dureront deux ans. Les uns et les autres pourront être réélus. Le juge de paix, assisté de deux prud'hommes, pourra juger sans appel les causes personnelles jusqu'à 50 liv., et avec appel jusqu'à 200 liv.; sans appel, les causes sur des dégâts commis, sur des réparations, jusqu'à la somme de 50 liv.; et à la charge de l'appel au-dessus de cette somme. Les parties seront entendues devant le juge de paix, sans qu'elles puissent fournir d'écritures, ni employer le ministère d'aucun homme de loi ni de pratique. L'appel sera porté au tribunal de district. Dans les villes de plus de 4,000 âmes, il y aura autant de juges de paix que d'assemblées primaires.

TITRE IV.

Des tribunaux royaux de districts.

Le tribunal de district sera composé de cinq juges et d'un procureur du roi, qui sera en même temps avocat du roi. Ils seront nommés au scrutin par un corps électoral composé des membres de l'administration de district, des électeurs anciens et de cinq hommes de loi. Nul ne pourra être élu juge avant l'âge de 27 ans, et s'il n'a exercé les fonctions d'homme de loi pendant trois ans près d'un tribunal supérieur, et cinq ans près d'un tribunal inférieur. On ne pourra jamais dispenser de ces conditions. Il faudra au candidat un revenu de la valeur de 25 à 35 setiers, eu égard au prix des choses nécessaires à la vie dans chaque département. Un président sera élu parmi les juges, et par eux, pour trois ans. Le tribunal de district connaîtra de toutes ces causes, en premier et dernier ressort, jusqu'à la somme de 250 liv.; et ces jugemens seront exécutoires, en donnant caution, jusqu'à celle de 500 liv.

TITRE V.

Des tribunaux de département.

Ces tribunaux seront composés de dix juges, d'un avocat et d'un procureur du roi. Les conditions d'éligibilité seront les mêmes que pour les juges des tribunaux de district. Ils seront nommés au scrutin par un corps électoral, composé des membres du département et du district, des anciens électeurs, et de dix hommes de loi. Le président sera élu de même que ci-dessus. Le tribunal de département connaîtra de l'appel des jugemens du tribunal de district, jusqu'à la concurrence de 3,000 livres. Le corps électoral nommera dix assesseurs choisis parmi les hommes de loi.

TITRE VI.
Des cours supérieures.

Ces cours seront composées de vingt juges, d'un avocat et d'un procureur-général. Il faudra, pour être éligible à ces fonctions, avoir exercé celles de juge pendant cinq ans, ou avoir rempli celles d'homme de loi, pendant le même temps, près d'un tribunal supérieur, ou sept ans près d'un tribunal inférieur. Ces juges éliront deux présidens pour trois ans; ils seront eux-mêmes élus au scrutin par le corps électoral.

TITRE VII.
Formes des élections pour les cours de justice et pour les tribunaux de département ou de district.

TITRE VIII.
De l'installation des cours supérieures et des tribunaux de district et de département.

TITRE IX.
Des bureaux de paix et des tribunaux de famille.

Aucune action ni aucun appel ne seront reçus au civil entre parties domiciliées dans le ressort du juge de paix, s'il n'est prouvé, par un certificat de cet officier public, qu'une des parties a refusé de comparaître, ou que la médiation du juge de paix a été inutile. Le bureau de paix sera composé de six membres, nommés par les officiers municipaux. Il sera payé des amendes de 9 liv. pour appel mal fondé, au tribunal de district; de 30 liv. au tribunal de département, et de 60 liv. à la cour supérieure. Il sera également payé une amende de 60 liv. par celui qui succombera dans un appel interjeté contre l'avis du bureau de paix, et une amende du double si cet appel a été fait sans que ce bureau ait été consulté. Ces amendes seront appliquées à un bureau charitable, dont les membres examineront, poursuivront et plaideront les causes des pauvres.

Aucune femme ne pourra plaider contre son mari, aucun mari

contre sa femme, aucun fils contre son père, aucun frère contre son frère, aucun pupille contre son tuteur, avant l'expiration de trois années après sa majorité, sans avoir consulté un tribunal de famille, composé au moins de six parens, qui jugeront par arbitrage. Si un père, une mère, ou un tuteur, ont des plaintes à former contre un pupille ou contre un fils, ils les porteront au tribunal domestique, qui pourra convenir d'une détention d'un an au plus s'il s'agit d'un jeune homme de 15 à 20 ans. Cette détermination sera communiquée au président du tribunal royal, et au procureur du roi, qui vérifiera les motifs.

TITRE X.
De la cour suprême de révision.

Cette cour sera composée de trente-six juges, qui se nommeront trois présidens. Le corps électoral pour chaque cour supérieure indiquera, tous les deux ans, au roi le sujet qui aura le mieux rempli ses fonctions de juge dans les autres tribunaux. Il sera dressé une liste des sujets indiqués ; elle sera imprimée, et le roi choisira, parmi les personnes qui s'y trouveront inscrites, celles qui devront remplir les places vacantes dans la cour suprême. Cette cour sera chargée de la révision en matière criminelle, de connaître des prises à partie contre les tribunaux ou contre les gens du roi, etc.

(Il est facile de voir que le comité a suivi les principes du rapport de M. Bergasse, lu par ce député à la séance du 17 août dernier.)

SÉANCE DU 23 DÉCEMBRE.

M. le comte de Clermont-Tonnerre développe la motion qu'il avait faite la veille sur l'admissibilité de tous les citoyens aux emplois civils, quel que soit leur état et quelque culte qu'ils professent. Il était principalement question des juifs et des comédiens. M. de Clermont-Tonnerre a observé que si l'on prononçait l'exclusion contre ces deux classes d'hommes, on agirait contre l'expression de la déclaration des droits qui est en tête de la constitution ; que cette exclusion serait contraire à la politique, etc. Il a ajouté qu'un grand nombre de juifs étaient actuellement incorporés dans les milices bourgeoises; que dans le temps de sa présidence il avait reçu plusieurs dons patriotiques de la part des juifs: il a même étendu les principes jusqu'à dire qu'il n'y avait aucune raison pour exclure des emplois civils l'exécuteur de la haute-justice; que les hommes n'étaient vils qu'autant qu'ils étaient avilis par la loi, et que dès-là que la loi ne prononçait point cet avilissement, les hommes avaient tous le même caractère et la même capacité à tous les emplois. M. de Clermont-Tonnerre a fini par renouveler les termes exprès de sa motion.

M. l'abbé Maury est monté à la tribune, a combattu l'opinion de M. de Clermont-Tonnerre, et a établi des divisions.

1° On ne peut accorder aux comédiens un droit dont les domestiques sont exclus. La profession des comédiens est vicieuse, surtout en ce qu'elle soustrait les enfans au pouvoir paternel, etc.

2° L'exécuteur de la haute-justice s'est de lui-même voué à l'infamie attachée à ses fonctions, et il ne peut réclamer aucune prérogative, puisque l'opinion publique le prive de toutes.

3° Les juifs, non-seulement composent une secte particulière, mais encore une nation particulière : on ne peut donc les regarder comme citoyens. Ils ne peuvent donc être ni laboureurs, ni soldats, ni citoyens publics. M. l'abbé Maury a surtout appuyé sur la qualité de soldats que les juifs ne pouvaient remplir, parce que, a-t-il dit, un général ne pourrait s'en faire obéir un jour de sabbat. Toute leur industrie se porte vers le commerce.

Dans le Palatinat, par exemple, où ils ont des terres, ils ne les cultivent pas; ils les font cultiver par des chrétiens qu'ils réduisent à un travail d'esclaves, tandis que ces Israélites, dans leur cabinet, calculent le profit qu'ils peuvent faire sur un ducat, sans être recherchés par la loi.

M. Robespierre a défendu la motion de M. de Clermont-Tonnerre.

M. l'évêque de Nancy a, comme de raison, appuyé celle de M. l'abbé Maury. Il a ajouté que l'on devait prendre en considération la haine que le peuple avait pour les juifs, et il a mêlé dans son discours des anecdotes absolument déplacées dans la bouche d'un prélat et devant une assemblée respectable.

M. Duport a parlé dans les mêmes principes que M. de Clermont-Tonnerre avait manifestés : son discours a paru long. Le résumé est qu'en détruisant des barrières injustes et attentatoires aux droits imprescriptibles de l'homme, il n'y avait aucune conséquence fâcheuse à en appréhender; que les juifs seraient exclus par le fait sans l'être par le droit; que si un juif, un protestant, un comédien réunissait la pluralité des suffrages, c'était une preuve qu'il réunirait aussi les qualités nécessaires à être utile à la société, etc. M. Duport a conclu par la motion suivante :

« Qu'il ne pourra être opposé à aucun citoyen actif aucune exclusion que celle prononcée par les précédens décrets, dérogeant à toutes lois et ordonnances à ce contraires. »

Un grand nombre de membres ont demandé à parler sur cette question; l'assemblée a trouvé qu'elle était suffisamment discutée, et de tous côtés on demandait à aller aux voix.

M. Rewbell s'est présenté à la tribune, et a demandé que la discussion ne fût pas fermée avant que l'on eût entendu le député d'une province où les juifs étaient en plus grand nombre que partout ailleurs dans le royaume.

Alors M. Brunet de la Tuque a remis, sous les yeux de l'assemblée, la motion qu'il avait déjà présentée. Elle était conçue en ces termes.

« 1° Les non-catholiques, qui auront d'ailleurs rempli toutes les conditions d'éligibilité, pourront être élus dans tous les degrés d'administration;

» 2° Les non-catholiques sont capables de posséder les emplois civils et militaires comme les autres citoyens. »

Aussitôt on a demandé la priorité pour la motion de M. Duport, et on a pris les voix sur cette question de priorité. L'épreuve a paru douteuse, et il a fallu avoir recours à l'appel nominal, dont le résultat a été 405 voix en faveur de la motion de M. Duport, et 408 voix en faveur de celle de M. Brunet de la Tuque.

SÉANCE DU 24 DÉCEMBRE AU MATIN.

A l'ouverture de la séance, plusieurs membres ont proposé diverses questions. M. de Foucault a demandé qu'on fixât l'époque à laquelle l'assemblée se séparerait. On a refusé de prendre cette demande en considération.

Sur l'ordre du jour, M. le prince de Broglie a proposé une rédaction à peu près semblable à celle de M. Duport sur l'admissibilité aux emplois civils et militaires, et il a demandé le renvoi de la discussion de la question relative aux juifs; enfin, tenant, pour le reste, aux principes déjà consacrés par les décrets de l'assemblée.

M. l'abbé Maury s'est plaint que les comédiens aient écrit à M. le président de l'assemblée, pour s'informer si on avait décidé en leur faveur (1); il a ajouté qu'il était de la dernière indécence que des comédiens se donnassent la licence d'avoir une correspondance directe avec l'assemblée. M. le président a rappelé formellement à l'ordre M. l'abbé Maury. La vérité est que

(1) Voici la copie de la lettre des comédiens à M. le président.

Paris, ce 24 décembre 1789.

« Monseigneur, les comédiens français ordinaires du roi, occupant le théâtre de la nation, organes et dépositaires des chefs-d'œuvre dramatiques, qui sont l'ornement et l'honneur de la scène française, osent vous supplier de vouloir bien calmer leur inquiétude.

» Instruits par la voix publique qu'il a été élevé dans quelques opinions prononcées dans l'assemblée nationale, des doutes sur la légitimité de leur état, ils vous supplient, monseigneur, de vouloir bien les instruire si l'assemblée a décrété quelque chose sur cet objet, et si elle a déclaré leur état incompatible avec l'admission aux emplois à la participation aux droits de citoyen. Des hommes honnêtes peuvent braver un préjugé que la loi désavoue; mais personne ne peut braver un décret, ni même le silence de l'assemblée nationale sur son état.

Les comédiens français, dont vous avez daigné agréer l'hommage et le don patriotique, vous réitèrent, monseigneur, et à l'auguste assemblée, le vœu le plus formel de n'employer jamais leurs talens que d'une manière digne de citoyens français, et ils s'estimeraient heureux si la législation, réformant les abus qui peuvent s'être glissés sur le théâtre, daignait se saisir d'un instrument sur les mœurs et sur l'opinion publique. »

Nous sommes, etc. *les comédiens français ordinaires du roi.*

Signé, DAZINCOURT, *secrétaire*.

les comédiens du Théâtre-Français avaient adressé une lettre à M. Desmeuniers; mais cette lettre est restée sans réponse.

Il s'est élevé un grand tumulte et des réclamations de la part d'une partie de l'assemblée, sur la question de savoir si M. le président avait pu rappeler M. l'abbé Maury à l'ordre; mais cette affaire n'a eu aucune suite.

M. de Clermont-Tonnerre ramenant les esprits vers la question à l'ordre du jour, a appuyé la motion de M. le prince de Broglie.

M. Rewbel a représenté combien la prévention contre les juifs était profonde, ce qui la rendait presque incurable; que si l'assemblée nationale fondait trop ouvertement ce préjugé par un décret, il ne répondait pas des suites dans sa province (Alsace); que leur conduite dans tous les temps avait laissé des traces de haine tellement empreintes dans les esprits, qu'il serait imprudent d'accorder, au moins quant à présent, aux juifs les mêmes droits dont jouissaient les autres citoyens.

M. Barnave a pris la parole, et n'a fait, pour ainsi dire, que s'appuyer sur la déclaration des droits de l'homme, d'après laquelle il a soutenu qu'un citoyen ne pouvait être exclu à raison de sa croyance ou de sa profession; que cependant si l'assemblée jugeait dans sa sagesse devoir prononcer à cet égard, il pensait qu'elle devait ne se permettre d'énonciations particulières qu'en faveur des protestans.

M. l'évêque de Clermont a fait remarquer que la majeure partie de l'assemblée avait manifesté qu'elle n'avait aucune répugnance à accorder aux protestans tous les droits des autres citoyens, mais qu'elle ne montrait pas la même disposition en faveur des juifs et des comédiens; en conséquence, il a proposé de diviser la question.

Des débats se sont élevés sur la manière de la poser. Celle de M. Brunet de la Tuque semble avoir, par le décret prononcé la veille, acquis la priorité sur celle de M. Duport: cependant une multitude d'amendemens se présentaient : M. de la Galissonnière voulait surtout qu'on ajoutât à l'expression de *non-catholiques*, celle de *chrétiens*.

M. de Beaumetz. La question sur les juifs doit être ajournée, et j'ai de fortes raisons pour le penser. Peut-être les juifs ne voudraient pas des emplois civils et militaires que vous les déclareriez capables de posséder, et sans doute alors votre décret serait une générosité mal entendue. Il faut, avant de prononcer sur ce peuple long-temps malheureux, savoir de lui ce qu'il veut être, à quel prix il veut obtenir sa liberté, et enfin s'il est digne de la recevoir. Mais, Messieurs, il n'en est pas ainsi des comédiens : ils sont Français, ils sont citoyens, ils sont hommes; ils travaillent autant que nous à la régénération des mœurs, en donnant aux peuples des plaisirs doux, une morale encore plus douce. Je ne connais point de lois qui aient déclaré les comédiens infâmes; ils sont flétris par le préjugé; et ce préjugé qui les flétrit, fut l'enfant de l'ignorance et de la superstition. Mais le règne de la superstition est passé, et sans doute vous ne pensez pas que les lois que vous faites doivent être plus sévères que celles qui régnaient déjà. A Rome même, ceux qui condamnent les comédiens vivent avec eux, et souvent dans une intime familiarité. Cette familiarité n'existerait pas, si les comédiens avaient été reconnus infâmes. Et ne serait-ce pas les frapper du cachet de l'infamie, que de leur refuser les droits de citoyen? Le Français a besoin de plaisirs, il est juste qu'il puisse estimer ceux qui font ses plaisirs. Diriez-vous à vos compatriotes, ce que disait aux siens le citoyen de Genève : N'élevez jamais de théâtre dans vos murs, vous feriez un premier pas vers la corruption. Qu'avez-vous besoin des plaisirs qu'ils vous offriraient? N'avez-vous pas vos femmes et vos enfans?

» Eh! Messieurs, peut-on s'exprimer ainsi dans notre monarchie, où déjà les spectacles sont établis, où depuis long-temps ils sont aimés! Peut-être un jour devrez-vous détruire ces petits théâtres, trop nombreux à Paris, qui rapprochent le peuple de la corruption en l'éloignant des ateliers publics. Cette destruction et votre décret feront des théâtres français des écoles utiles, où nous nous instruirons d'autant mieux, que nous en estimerons les auteurs et les acteurs.

Je propose deux amendemens à la motion, et les voici :

1° Sans entendre rien préjuger sur les juifs, sur le sort desquels l'assemblée se propose de statuer;

2° Et au surplus, sans qu'aucun citoyen puisse être éloigné des emplois civils et militaires, par d'autres motifs que par ceux déjà déterminés dans les précédens décrets de l'assemblée, sanctionnés par le roi.

Ce discours obtient les plus grands applaudissemens.

M. le comte de Mirabeau est monté à la tribune, et a parlé en faveur des comédiens. On avait cité contre eux l'opinion de J.-J. Rousseau; mais Rousseau avait seulement demandé qu'on se gardât bien *d'inoculer* une pareille institution dans les pays où elle n'existait pas; dans les pays où les mœurs sont moins pures, la comédie est plutôt un contre-poison qu'un poison.

M. de Mirabeau s'est surtout attaché à montrer qu'à l'égard des comédiens, c'était une question de possession, attendu qu'il n'y avait contre eux aucune loi civile; il a au contraire cité ce passage du procès-verbal des états d'Orléans : «Quand les comédiens régleront les actions du théâtre de manière qu'elles soient exemptes d'impureté, l'exercice de leur profession, qui peut divertir innocemment les peuples, ne peut leur être imputé à blâme. »

Quant aux juifs, on avait (continue M. de Mirabeau) insinué qu'eux-mêmes ne désiraient pas l'admission aux emplois qu'on voulait leur accorder; mais cette assertion n'était pas exacte, puisque dans une adresse à l'assemblée, ils s'expriment en ces termes : « Régénérateurs de l'empire français, non, vous ne voudrez pas que nous cessions d'être citoyens, lorsque, depuis six mois, nous en remplissons si assidument tous les devoirs.»

M. de Mirabeau a donc soutenu que quand les juifs seraient assez avilis pour refuser de rentrer dans le droit inaliénable et imprescriptible de la nature humaine, il faudrait le leur accorder, pour les tirer de la dégradation dans laquelle ils sont plongés.

Enfin, après beaucoup de débats, de réclamations, de clameurs, l'amendement de M. Beaumetz ayant été adopté avec la motion principale, le décret a été prononcé en ces termes :

« Les non-catholiques qui auront d'ailleurs rempli toutes les conditions prescrites dans les précédens décrets pour être électeurs ou éligibles, pourront être élus dans tous les degrés d'administration sans exception.

» Les non-catholiques sont capables de tous les emplois civils et militaires comme les autres citoyens; sans entendre rien préjuger relativement aux juifs, sur lesquels l'assemblée se réserve de prononcer, et au surplus sans qu'il puisse être opposé à l'éligibilité d'aucun citoyen, d'autre exclusion que celle résultant des décrets constitutifs. »

Organisation financière et organisation militaire.

Tout convergeait vers l'assemblée nationale; elle réunissait en réalité tous les pouvoirs. A chaque instant elle était appelée à décider les questions les plus étrangères à ses fonctions de constituante. En effet, dès qu'un fait sortait des voies ordinaires, dès que l'administration était quelque part mise en doute, le ministère, aussi bien que la justice, était sans force, et obligé de recourir au seul pouvoir dans lequel la nation eût confiance.

La nécessité de tant d'affaires de toute nature ne permettait guère à l'assemblée de suivre la marche régulière qui semblait indiquée et commandée même par la nature de ses travaux. A défaut de l'ordre logique, elle avait cherché à y mettre un ordre matériel. Ainsi, il y avait d'abord les séances du matin, qu'on devait employer particulièrement aux débats constitutionnels; puis on établit celles du soir pour la discussion des faits accidentels; enfin, comme il survenait des propositions incidentes, on imagina d'établir dans la séance du matin, ce que l'on appelait *l'ordre de deux heures*, destiné à rappeler toutes les motions hors de série. Nous avons vu enfin que deux jours par semaine avaient été destinés à traiter la question financière. Mais, tous ces arrangemens ne furent suivis qu'à peu-près. Ainsi, les affaires financières manquant aux vendredis et samedis, jours qui leur étaient primitivement destinés, on les employa à discuter les principes d'organisation militaire. C'est pour suivre l'ordre matériel créé par l'assemblée que nous les réunissons sous un même titre.

En effet, les séances des vendredi et samedi 4 et 5 décembre furent employées à traiter de finances. Mais on ne s'occupa que de l'actualité ; les divers discours tournèrent autour des projets présentés. Il n'y eut aucune idée nouvelle émise. On parla encore de la caisse d'escompte ; on prouva que son actif excédait son passif de 102 millions ; et l'on apprit qu'elle avait avancé 60 millions à l'Etat sur les dons patriotiques.

La majorité des orateurs parla en faveur du projet du ministre des finances. L'évêque d'Autun vota pour une espèce d'amortissement. En conséquence, il proposa d'ajourner le projet d'une banque nationale, qui ne lui paraissait pas suffisamment éclairci ; de ranger la caisse d'escompte au nombre des créanciers de l'Etat ; de diviser les dettes arriérées en billets de 1,000 liv.; de les rembourser par vingtièmes, en vingt ans, avec les intérêts de cinq pour cent par an.

Un autre membre du clergé, l'abbé d'Abbecourt monta à la tribune pour proposer d'employer les biens des abbayes et des autres bénéfices sans fonctions au secours de l'Etat, sous la réserve cependant des portions nécessaires pour entretenir les titulaires actuels, après la mort desquels tous les revenus entreraient dans le trésor public. Il proposait de créer, à l'aide de ces revenus, un fonds d'amortissement.

M. *Regnault de Saint-Jean-d'Angely* s'attacha particulièrement à la critique du plan proposé par M. l'évêque d'Autun. Il convint que la véritable base d'un crédit national, comme crédit particulier, était la réunion de la puissance et de la volonté de satisfaire à ses engagemens ; mais il fit observer que M. l'évêque d'Autun n'offrant que dans l'avenir les moyens de pourvoir aux besoins du moment, il ne présentait qu'une bonne volonté dont les créanciers de l'État ne se contenteraient pas, et que lorsqu'il parlait de puissance pour l'avenir, ce n'était qu'une faculté éventuelle qui ne pouvait pas fonder la confiance, indispensable pour le moment. Il n'a vu dans la proposition du remboursement de l'arriéré dans vingt ans vingt jours, que tous les caractères d'un contrat d'attermoiement forcé par l'autorité, dénué du consentement des créanciers : dès-lors c'est une banqueroute partielle.

M. Regnault passa ensuite à l'examen du plan de M. Necker, dans lequel il a trouvé de graves imperfections; et cependant dans le cas où il serait adopté, faute de meilleur dans les circonstances pressantes où l'on se trouve, il a proposé, pour augmenter la confiance des créanciers, de mettre en vente une portion des biens domaniaux et ecclésiastiques de valeur égale à celle des effets que l'on mettrait en circulation. Il a fini par présenter un plan particulier qu'il a développé, et dont le résultat est de mettre en circulation pour 170 millions de billets nationaux, depuis 50 liv. jusqu'à 1,000 liv., dont le remboursement serait affecté sur la partie des biens domaniaux et ecclésiastiques exposée en vente.

Enfin, sur la motion de M. Cazalès, appuyée et amendée par M. Target, l'assemblée décréta qu'il serait nommé dix commissaires qui conféreraient sur ce plan avec l'auteur, avec le premier ministre des finances, et les actionnaires de la caisse d'escompte.

—Le vendredi suivant, le rapport n'était pas prêt, et la séance fut consommée par diverses propositions dont une seule relative à la conservation des forêts, fut plus tard convertie en décret, sur les plaintes qu'on vint porter à l'assemblée contre les dévastations dont la misère et le froid étaient causes.

Le samedi 12 fut employé à traiter la question militaire.

[*M. Dubois de Crancé.* La nation doit veiller dans un silence imposant, jusqu'à ce que le temps et l'opinion aient consolidé le grand ouvrage de la constitution, et que les ennemis de la patrie, disparus de la surface du globe, aient fait place à de meilleurs citoyens. Si la nation s'endort, son sommeil sera celui de la mort.... Voilà mon avis. Dans cette position dangereuse, quel parti indiquent à la France la prudence et la raison? Un seul, celui de rester sous les armes, si elle ne veut pas reprendre des fers plus pesans que ceux qu'elle portait.

M. Dubois de Crancé entre dans quelques détails sur les moyens de composer une milice, et pour ce, il exige une *conscription nationale*, qui comprenne la seconde tête de l'empire et le dernier citoyen actif. Mais alors comment incorporer cette milice avec notre armée, si cette armée n'est pas citoyenne, si elle n'est pas purgée de tous les vices qui l'ont infectée jusqu'ici? Est-il un patriotisme qui ne recule devant l'horreur de la corruption des mœurs? Est-il un père de famille qui ne frémisse d'abandonner son fils, non aux hasards de la guerre, mais au milieu d'une foule de brigands inconnus, mille fois plus dangereux? etc.

Ces dernières expressions ont excité les réclamations de la très-majeure partie de l'assemblée, qui a dit que c'était lui manquer essentiellement, que de l'entretenir dans des termes si peu mesurés. M. de Mortemar a relevé l'expression de brigands, donnée inconsidérément aux soldats français. M. de Juigné n'a pas balancé à demander que M. Dubois de Crancé fût tenu de faire excuse au corps militaire en général, qu'il avait insulté. Les autres membres ont soutenu que ce rapport n'étant pas l'ouvrage du comité, il n'y avait pas lieu à permettre d'en lire la suite. Cette motion n'a pas été accueillie, et M. Dubois de Crancé a continué; mais il a éloigné tout ce qui n'était que phrases accessoires, et s'est renfermé absolument dans son plan. Il proposait :

I. Que tout homme ayant droit d'électeur, et en état de porter les armes, fut inscrit au rôle de sa municipalité comme garde national, et que le roi fut supplié d'aviser aux moyens de pourvoir incessamment chaque citoyen des armes nécessaires à sa défense, sur la demande et aux frais de chaque département.

II. Que tout homme libre ayant droit d'électeur, âgé de 18 à 40 ans, fut inscrit dans un deuxième registre, comme faisant partie de l'armée active, et plus particulièrement destiné que la milice nationale, à repousser les ennemis de l'Etat.

» III. Qu'en conséquence de ce principe, il soit incessamment proposé à l'assemblée, par le comité, un plan d'organisation de ces milices provinciales, actives, destinées à maintenir l'ordre public en temps de paix, et à doubler l'armée en temps de guerre.

» IV. Que les conventions et traités faits avec les Suisses et Grisons, soient respectés ; que la nation les approuve, et que le roi soit supplié de les renouveler au besoin.

» V. Qu'excepté les bataillons légers, toute l'infanterie française soit divisée en régimens nationaux, dont chacun sera attaché à un ou deux départemens et en portera le nom.

» VI. Que les officiers et soldats de chacun de ces régimens, ne puissent être choisis que dans les départemens dont le régiment portera le nom.

» VII. Que la composition de la cavalerie soit renouvelée sur les mêmes principes que l'infanterie.

» VIII. Que les régimens nationaux, soit en cavalerie, soit en infanterie, ne puissent, en temps de paix, être en quartier à plus de trente lieues du chef-lieu de leur département.

» IX. Que cette base étant adoptée, le comité fixe l'emplacement de chaque corps, de toutes les armes, de concert avec un député de chaque département.

» X. Que le sort des soldats et celui des officiers soit fixé par des ordonnances primaires et constitutionnelles, d'une manière indépendante du caprice et de la légèreté des supérieurs.

» XI. Que les lois militaires qui régiront l'armée, soient déterminées et arrêtées par l'assemblée.

» XII. Qu'aussitôt après que le travail du comité aura été agréé de l'assemblée et du pouvoir exécutif, lecture en soit faite, dans chaque quartier, aux troupes actuellement en activité, et le serment exigé.

» XIII. Qu'il soit demandé à chaque individu, s'il désire s'incorporer au régiment du département dans lequel il est né, ou s'il entend rester attaché au département dans lequel il se trouve.

» XIV. Que la même proposition soit faite aux officiers et bas-officiers, pour être remplacés dans le même grade, ou un meilleur, s'il y a lieu.

» XV. Que les agens du pouvoir exécutif soient tenus de prendre toutes les précautions nécessaires pour que ces changemens amiables puissent s'opérer librement et sans danger pour la chose publique.

» XVI. Enfin, qu'il soit sursis à la nomination de tous les emplois militaires jusqu'après l'établissement de la nouvelle constitution. »

Le baron de Menou. Notre but doit être la conservation de la liberté. Il faut que l'organisation militaire ne puisse jamais fournir à des moyens d'oppression. Le premier droit et le premier devoir de chaque citoyen, est de porter les armes pour le service de la patrie : il faut une conscription militaire. L'armée doit être, en temps de paix, de cent vingt millle hommes, tant d'infanterie que de cavalerie. En temps de guerre, elle doit être portée à deux cent mille hommes.

Tout citoyen ayant atteint l'âge de quinze ans, le roi et l'héritier présomptif de la couronne exceptés, seront inscrits sur un registre public. On formera une milice nationale de cent cinquante mille hommes ; elle se renouvellera tous les trois ans. On ne sera dispensé de service qu'à l'âge de cinquante ans.

L'armée agissante et soldée sera du nombre exprimé ci-dessus ; chaque citoyen servira pendant un temps déterminé, après lequel il sera exempt de service. S'il ne peut servir lui-même, il fournira un homme avoué et connu, agréé de la commune de son domicile ; ou bien il paiera, une seule fois, une contribution qui ne pourra pas s'élever à plus de 200 liv.

Avec ce plan, on aurait des armées excellentes, quoique peu nombreuses, et qui seraient certainement les soutiens de la liberté....... On éviterait les engagemens immoraux, dangereux, inconstitutionnels...... Les milices étaient avilies ; il faut qu'il soit avilissant d'être déchu du droit de servir la patrie.... Les paysans ne craindront plus d'avoir des enfans livrés dès leur naissance au despotisme.... Les gardes nationales, ces établissemens précieux auxquelles nous devons en partie notre liberté, seraient assujéties à un régime calme et uniforme.... La conscription militaire favorise le despotisme chez quelques peuples, parce qu'elle y est une loi du despote; elle devient la sauvegarde de la liberté, lorsqu'elle est ordonnée par la nation. Vous avez à choisir entre l'armée royale du despotisme, et l'armée citoyenne de la liberté. En deux mots, si les troupes sont vénales, elles serviront le despotisme; si elles sont choisies, elles conserveront la liberté.]

La question de l'organisation militaire fut à partir de ce jour, ramenée sous les yeux de l'assemblée, par divers orateurs, toutes les fois que les discussions courantes laissèrent une lacune. Mais il ne fut rien dit de remarquable. Aucuns de ces discours n'ont été conservés par les journaux. Rien ne prouve mieux qu'ils n'offraient rien qui touchât le sens public. Quelques-uns seulement furent imprimés par les ordres de l'assemblée. Nous ferons mention ici seulement des pensées que les journalistes de l'époque prirent en note. *Le duc de Liancourt*, s'opposa à la conscription, parce que le pauvre en porterait, en définitif, tout le poids; lui seul n'étant pas en position de payer des remplaçans. *Le baron de Weimpffen*, déclara que c'était moins du mode de recrutement qu'il fallait s'occuper, que de la rédaction d'un nouveau *code militaire*. Cette discussion fut enfin fermée par un décret de l'assemblée porté à une immense majorité. Il ordonnait que les troupes continueraient à été recrutées par enrôlement volontaire.

SÉANCE DU 17 DÉCEMBRE.

[Après la lecture du procès-verbal et de quelques adresses, on s'attendait à voir paraître à la tribune un membre du comité des finances; mais au contraire, ce fut le comité de judicature qui ouvrit la séance par un rapport qui consistait à observer que le remboursement des offices de magistrature serait un objet de plus de 500 millions. Il pria l'assemblée de déterminer si la vénalité des offices ministériels serait pareillement abolie; il proposa aussi à l'assemblée de lui donner communication d'un plan général dressé par le comité; mais sur la représentation de M. Mougins de Roquefort, il fut arrêté que le comité s'attacherait particulièrement à présenter à l'assemblée un plan pour la liquidation des offices.

[Depuis long-temps on demandait pourquoi le comité ecclésiastique ne faisait aucun rapport des affaires qui lui avaient été renvoyées. M. Treilhard, l'un des membres de ce comité, a dit qu'il était prêt à parler, et l'assemblée a désiré l'entendre.

M. *Treilhard* a débuté par dire qu'il y a dans l'état religieux une grande partie des profès qui désirent passer leur vie entière sous l'empire de la règle qu'ils ont embrassée; qu'une autre partie de ces religieux demandait à être restituée au siècle; que cette diversité de vœux et d'opinions, fait un devoir à l'assemblée de ne pas adopter un système unique, soit de conservation, soit de destruction. Le comité est d'avis de conserver, pour les religieux constans dans leur ferveur, les monastères situés dans les lieux les moins habités, d'où il résultera deux avantages, celui d'éloigner le moins possible les religieux de la vie contemplative à laquelle ils se sont voués, et celui de revivifier, par la consommation que font les maisons religieuses, des pays abandonnés ou négligés.

1° Que tout religieux qui a fait des vœux solennels, fût tenu de déclarer dans trois mois, s'il veut rester dans le cloître ou rentrer dans le monde.

2° Que ceux qui sortiront des monastères, seront tenus de porter l'habit clérical, pour n'être plus soumis qu'à la juridiction de l'évêque.

3° Qu'il sera fourni à tous les religieux sortis des cloîtres une pension.

4° Qu'aux abbés réguliers qui sortiront du couvent, il sera assigné un revenu de deux mille livres.

5° Que les religieux pourront être employés comme vicaires et curés; mais qu'alors ils ne percevront que la moitié de leur pension.

6° Que les religieux qui voudront vivre dans la règle, seront placés préférablement dans les maisons situées à la campagne ou dans les petites villes.

7° Que dans les grandes villes on pourra conserver ceux des religieux qui voudront se consacrer aux soins des malades, à l'éducation publique, ou aux progrès des sciences et des arts.

8° Qu'à dater de leur sortie, les religieux seront capables de successions et donations.

9° Que le nombre des religieux réunis devra être de quinze au moins; faute de quoi ils seront obligés de se réunir à une autre maison.

10° Que tout privilège est anéanti, et les religieux seront désormais soumis à la juridiction de l'ordinaire.

11° Les maisons qui seront conservées comme utiles aux sciences, à l'éducation publique et au soulagement des malades, pourront seules se perpétuer; mais les effets civils de la solennité des vœux sont abrogés. En conséquence, les postulans qui seront admis demeureront toujours libres de quitter leur ordre, et capables de successions et donations entre-vifs et testamentaires.

12° Il sera désigné, pour chaque ordre qui aura des maisons destinées à se perpétuer en conséquence de l'article précédent, une maison d'épreuve, dans laquelle les postulans passeront le temps prescrit par les statuts avant leur admission.

13° Lorsqu'une maison aura cessé d'être habitée pendant trois ans par le nombre de sujets fixé par l'article X, elle sera supprimée, et les religieux en seront aussitôt répartis dans les autres maisons du même ordre.

14° Qu'à chaque maison religieuse il sera assigné 800 livres pour chaque religieux; mais chaque maison restera chargée des réparations d'édifices, de l'entretien du culte, etc.

M. *l'évêque de Clermont*, président du comité ecclésiastique, a déclaré qu'il croyait devoir à son caractère et à sa délicatesse (ce sont ses propres expressions) de protester contre ce plan, à la rédaction duquel il n'a eu directement ni indirectement aucune part.

Enfin, M. le duc d'Aiguillon a paru à la tribune, et a annoncé le rapport tant attendu sur les finances. Un grand silence a régné sur-le-champ dans l'assemblée, et a prouvé combien on attachait d'importance à cette matière.

M. le duc d'Aiguillon a d'abord donné lecture d'un mémoire du premier ministre des finances, qui contient des vues générales sur les finances, un tableau alarmant de leur situation, la perspective déchirante d'un produit peu avantageux pour l'année prochaine, à cause de la destruction des barrières et de l'insurrection du peuple contre les employés à la perception des droits. M. Necker croit que les billets dont il propose la création n'ont aucune similitude avec les billets appelés papier-monnaie, puisqu'ils ont une hypothèque spéciale; puisque l'époque de leur remboursement est fixe; puisqu'enfin ces billets sont garantis par la nation. M. Necker ne veut pas non plus que les billets soient pris pour billets de banque, puisqu'ils n'ont rien de commun avec tous les billets connus jusqu'à présent.

Vient ensuite une apologie de la caisse d'escompte, relativement aux arrêts de surséance, et des réflexions nouvelles sur les services que cet établissement a rendus à l'État.

M. Necker a annoncé qu'il a été trompé dans l'espoir qu'il avait conçu, que le produit de la contribution patriotique serait d'un grand secours; jusqu'à ce moment les déclarations n'ont monté, pour Paris, qu'à sept millions et demi. La raison en est simple, toutes les fortunes sont ou bouleversées, ou menacées d'une subversion. Le ministre invite néanmoins l'assemblée à prendre conseil de sa sagesse pour hâter les déclarations sur la contribution patriotique dans tout le royaume, et il finit par démontrer qu'on ne peut se passer de prolonger jusqu'au premier juillet la surséance accordée à la caisse d'escompte, et qu'il est difficile de se dispenser d'accepter les offres qu'elle fait de nouveaux secours.

A M. le duc d'Aiguillon a succédé M. le Couteulx de Canteleu. Il a fait lecture du plan concerté avec M. le premier ministre et les administrateurs de la caisse d'escompte.

1° Les billets de la caisse d'escompte seront reçus comme par le passé, en paiement dans les caisses particulières et publiques, jusqu'au 1ᵉʳ juillet 1790.

2° La caisse d'escompte fournira dans cet intervalle 80 millions au trésor public.

3° Les 70 millions que la caisse a déposés lui seront remboursés en annuités de 8 pour cent, payables pendant 20 ans.

4° Il sera donné à la caisse 170 millions en assignats sur les biens-fonds à vendre, tant du domaine de la couronne que du clergé. Ces billets porteront un intérêt de cinq pour cent.

5° La caisse d'escompte est autorisée à créer 25 mille actions nouvelles, qui seront payées moitié en argent, moitié en effets royaux.

6° Le dividende de la compagnie est fixé à six pour cent; du surplus il sera formé un fonds d'accumulation qui sera joint au capital.

7° Il sera formé une caisse extraordinaire, dans laquelle sera versé le produit de la contribution patriotique, et de la vente des biens du domaine et du clergé.

8° Il sera mis en vente pour 400 millions de biens du domaine et du clergé.

9° Il sera fait sur la caisse extraordinaire, des assignats portant cinq pour cent d'intérêt, et qui seront admis pour argent comptant dans la vente desdits biens.

10° Il ne sera vendu de ces biens que pour cent millions en 1790, pour cent autres millions en 1791, et ainsi de suite.

Les ecclésiastiques avaient proposé d'ajouter à ce plan un autre article tendant à borner à 400 millions la vente des biens du clergé, et à laisser subsister le surplus, dont la propriété même serait délaissée au clergé pour subvenir aux frais du culte, etc. Mais la proposition n'a pas eu un assez grand nombre de suffrages dans le comité pour être admise. La discussion sur cet article a été remise au lendemain.

L'addition consiste dans les dix articles suivans.

1° Le clergé est et demeurera déchu à perpétuité du droit de former un ordre dans l'État. Il ne sera plus regardé comme un corps particulier; en conséquence, toute administration spéciale lui est interdite.

2° Il sera fourni, sur les revenus et aliénations des biens du clergé, 400 millions payables, par sommes égales, en quatre années.

3° Ces sommes seront fournies en argent ou en effets que l'assemblée indiquera.

4° Il sera formé sur-le-champ une commission de douze personnes, et particulièrement d'ecclésiastiques, chargée de désigner, dans l'espace de six semaines, des biens en valeur de 400 millions, pour être mis en vente.

5° L'état de cette vente sera imprimé.

6° Elle sera faite au plus offrant, en présence de commissaires nommés à cet effet.

7° Il sera fait incessamment un réglement pour établir la forme et les conditions de cette vente.

8° L'assemblée se chargera d'acquitter les dettes du clergé et des diocèses.

9° Moyennant les dispositions ci-dessus, les paroisses qui voudront se libérer de la dîme auront le droit de rachat, conformément aux décrets du 4 août; et en attendant ce rachat, la dîme continuera à être perçue comme par le passé.

10° En conséquence, l'assemblée nationale confirmera aux bénéfices et établissemens ecclésiastiques la possession des biens qui leur sont actuellement attribués, se réservant néanmoins le droit d'en surveiller l'emploi, et de régler les suppressions qui paraîtront nécessaires.]

SÉANCE DU 18 DÉCEMBRE.

[Parmi les adresses dont un de MM. les secrétaires donne lecture, on distingue celle des Genevois, qui supplient l'assemblée nationale et le roi d'agréer, à titre de don patriotique, une somme de 900 mille livres.

M. de Volney représente que si cette offrande est faite par des Genevois, à titre de citoyens français, il y a lieu à l'accepter; que si c'est à titre d'étrangers, il n'est pas de la dignité de l'assemblée de la recevoir.

M. le marquis de Montesquiou a parlé le premier sur l'ordre du jour ; il déclare que le plan des commissaires n'offre rien de lumineux et de satisfaisant ; qu'il n'offre qu'une ressource provisoire, et ne donne que des espérances : il veut que l'on désintéresse la caisse d'escompte, et que l'on se procure la somme jugée nécessaire aux besoins de l'Etat, en créant des obligations nationales. Il fixe la masse de ces obligations à 350 millions, remboursables en sept années, à raison de 50 millions par chaque année.

Le premier terme du remboursement aurait lieu sur le produit de la troisième et dernière année de la contribution patriotique, en sorte que ce ne serait qu'en 1793 qu'il faudrait trouver des ressources pour continuer ce remboursement, et alors les domaines de la couronne et les biens ecclésiastiques, dont la valeur serait suffisamment étudiée et connue, offriraient des ressources inappréciables. M. de Montesquiou propose de faire chaque assignation nationale de la somme de 1000 livres, et de déterminer, par la voie du sort, le remboursement de chacune d'elles.

Le zèle le plus ardent anime une foule de membres de l'assemblée. Les avenues de la tribune sont remplies, chacun veut y monter, on se presse, on se foule.... on se sollicite réciproquement en assurant qu'on n'a qu'un mot à dire. Un membre propose de décréter, que l'on ne se séparera pas le lendemain sans avoir pris un parti sur cette affaire, la plus urgente de toutes.

On accueille par acclamation une proposition qui flatte la majorité de l'assemblée ; et M. Camus, président, saisit le moment de l'enthousiasme, et prononce le décret qui décide que l'assemblée ne se séparera pas le lendemain sans avoir pris une détermination sur le projet du comité des finances, et sans avoir statué s'il serait rejeté ou admis.

M. Treilhard paraît alors à la tribune pour entretenir l'assemblée au nom du comité ecclésiastique.

Il annonce à l'assemblée que le résultat de tous les renseignemens que le comité s'est procurés, est que la nation peut vendre pour quatre cents millions de biens du clergé, sans que les titulaires actuels éprouvent aucune privation de revenus. M. Treilhard entre à cet égard dans des détails qui paraissent fastidieux à M. de Foucault, qui se lève et prononce à voix fort intelligible, en adressant la parole à M. Treilhard : « Ou vous devez être mis à l'ordre, ou je dois y être mis moi-même »; et M. Camus, président, déclare que M. de Foucault a eu tort d'interrompre.

M. Treilhard continue et montre la possibilité de procurer les quatre cents millions qu'il a annoncés dans le produit de la vente des maisons dont les religieux se seront fait séculariser. Il estime (et avec grande raison) les maisons religieuses à vendre, dans la seule ville de Paris, à plus de cent cinquante millions. (En 1773, nous avons vu un calcul fait par un homme de mérite, qui avait trouvé qu'à 150 livres la toise, les maisons religieuses de Paris donnaient un produit de 217 millions 509 mille livres.)

Les biens ecclésiastiques peuvent valoir, suivant M. Treilhard, ou suivant le comité ecclésiastique dont il est l'organe (exception toujours faite de M. l'évêque de Clermont, qui a protesté, comme l'on sait), un capital de QUATRE MILLIARDS.

M. Treilhard demande que tout titulaire n'ait plus la faculté de passer des baux à l'amiable, mais que les locations se fassent désormais à la chaleur des enchères, en présence des officiers municipaux;

Que le terme de ces baux puisse être porté à dix-huit ans, et que les fermiers fournissent caution;

Que le prix de ces baux soit versé dans une caisse formée dans chaque district;

Qu'il soit fixé un revenu pour les titulaires futurs;

Que dans chaque département il y ait au moins un hôpital;

Et enfin que le produit de la vente des biens ecclésiastiques soit versé dans la caisse nationale, pour être employé aux besoins de l'Etat.]

En effet, le lendemain, malgré l'opposition du côté gauche, le projet du comité, présenté le 17, fut voté en entier et sans modifications. Bien que nous en ayons donné déjà une analyse suffisante, nous croyons devoir répéter ici le texte même de tous les articles qui se rapportent à la création des assignats.

« I. Il sera donné à la caisse d'escompte, pour ses avances de l'année présente et des six premiers mois de 1790, une valeur de 170 millions en assignats sur la caisse de l'extraordinaire, ou billets d'achats sur les biens-fonds qui seront mis en vente, portant intérêt de cinq pour cent, et payables à raison de 5,000,000 par mois, depuis le 1er juillet 1790 jusqu'au 1er juillet 1791, et ensuite à raison de 10,000,000 par mois.

» II. Il sera formé une caisse de l'extraordinaire, dans laquelle seront versés les fonds provenant de la contribution patriotique, ceux des ventes qui seront ordonnées par le présent décret, et toutes les autres recettes extraordinaires de l'État. Les deniers de cette caisse seront destinés à payer les créances exigibles et arriérées, et à rembourser les capitaux de toutes les dettes dont l'assemblée nationale aura décrété l'extinction.

» III. Les domaines de la couronne, à l'exception des forêts et des maisons royales dont sa majesté voudra se réserver la jouissance, seront mis en vente, ainsi qu'une quantité des domaines ecclésiastiques suffisante pour former ensemble la valeur de 400,000,000.

» IV. L'assemblée nationale se réserve de désigner incessamment lesdits objets, ainsi que de régler la forme et les conditions de ladite vente, après avoir reçu les renseignemens qui lui seront donnés par les assemblées de département, conformément à son décret du 2 novembre.

» V. Il sera créé sur la caisse de l'extraordinaire, des assignats de dix mille livres chacun, portant intérêt à cinq pour cent, jusqu'à concurrence de la valeur desdits biens à vendre; lesquels assignats seront admis de préférence dans l'achat desdits biens. Il sera éteint desdits assignats, soit par les rentrées de la contribution patriotique, et par toutes les autres recettes extraordinaires qui pourraient avoir lieu, 100,000,000 en 1791, 100,000,000 en 1792, 80,000,000 en 1793, et le surplus en 1795. Lesdits assignats pourront être échangés contre toute espèce de titres de créance sur l'État, ou de dettes exigibles, arriérées ou suspendues, portant intérêt. »

C'est par cette création que l'assemblée nationale crut avoir terminé le problème financier. Elle ne s'occupa plus pendant les dernières séances de décembre, consacrées par l'ordre du jour aux questions de cet ordre, que de solutions de détail qui, dans tout autre temps, eussent été du ressort de l'administration. Ainsi elle accorda un sursis de deux mois pour les déclarations ordonnées par la loi qui avait établi l'impôt du quart du revenu. Croirait-on que cet impôt, dont il est vrai, les ouvriers et journaliers étaient exempts, n'avait encore produit à Paris que 8,000,000? En définitive, il n'en produisit qu'un peu plus de quarante.

FIN DU TOME TROISIÈME.

TABLE DES MATIÈRES

DU TROISIÈME VOLUME.

Préface. — L'assemblée nationale fut dirigée par les événemens; elle ne sut s'en rendre maîtresse. Sa déclaration des droits n'est que négative. Examen des conditions nécessaires à une déclaration des principes sociaux, p. iij. — Examen de la doctrine historique des races humaines, et réfutation de cette doctrine, p. v, viij.

HISTOIRE PARLEMENTAIRE.

Septembre 1789. — Dénonciations de Rutledge sur le monopole, p. 1. — Manœuvre des agens du monopole, p. 3. — Dons patriotiques, p. 5. — Discussion de la motion de Volney pour une réélection de l'assemblée, p. 6. — M. Lavie propose un impôt extraordinaire sur la propriété, p. 9. — Bruits de conspiration, p. 14. — Le régiment de Flandres à Versailles, p. 15. — Décret sur les gabelles, p. 17. — Finances, p. 19. — Agitation de Paris, dénonciation de la presse, troubles au Palais-Royal, p. 20. — Projet d'évasion du roi, p. 24. — Rapport de Thouret sur la division de la France en départemens et sur les élections, p. 27. — Curieux exemple de l'ancien système de supplice, p. 47. — Conversion de l'argenterie des églises en monnaie, p. 46.

Octobre 1789. — Projet de la contribution du quart du revenu, p. 50. — Versailles, repas des gardes-du-corps, p. 52. — Réflexion de l'*Ami du peuple* sur les subsistances, p. 55. — Nouvelles de la Cour, p. 58. — Défiances à Paris, p. 60. — Procès-verbal de la commune sur les moyens de se procurer des farines, p. 61. — Nouveau repas à Versailles, p. 62. — Avis de la presse, p. 62. — Emeutes à Paris, p. 63, 67. — Avis de Marat, p. 67. — Séance des représentans de la commune de Paris, p. 68, 70. — Journée du 5 octobre, p. 70. — Récit de Desmoulins, p. 108. — Lettre secrette du roi, p. 111. — Récit de

TABLE DES MATIÈRES.

Lecointre, commandant la 2ᵉ division de la garde nationale de Versailles, p. 111. — Journée du 6 octobre, p. 117. — Procès-verbal de la commune du lundi 5 octobre, p. 120. — Rapport des commissaires de la commune à Versailles, p. 123. — Arrivée du roi à Paris, p. 126. — Paris, 7 octobre, p. 126. — Séance des représentans de la commune, p. 128. — Accusation diverses à l'occasion des journées des 5 et 6, p. 133. — Mesures de police contre la presse prises par la commune, décret d'arrestation de Marat, p. 138. — Versailles veut conserver l'assemblée, p. 142. — Panique des membres de la droite, p. 142. — Le roi invite l'assemblée à se rendre à Paris, p. 147. — Réforme provisoire de la procédure criminelle, p. 147. — L'évêque d'Autun, Talleyrand, propose la confiscation des biens du clergé, p. 156. — Bruits sur d'Orléans et Mirabeau, p. 166. — *Domine salvum fac regem*, brochure, p. 167. — Proclamation de la commune de Paris aux provinces, p. 179. — Nomination d'un procureur-syndic de la commune; dénonciations contre la presse, p. 172. — Doutes sur le ministère, p. 178. — Sur le remplacement des députés démissionnaires, p. 177 et 289. — Troubles en Bretagne, p. 182. — Troubles dans les autres provinces, p. 185. — Arrestation du duc d'Orléans à Boulogne, p. 187. — Émigration, p. 187. — Club des Jacobins, p. 189. — Meurtre du boulanger François, p. 190. — Proposition d'une loi martiale, par Foucault et Barnave, p. 196. — Objections de Robespierre, p. 201. — Vote de la loi, p. 205. — Publication de la loi, p. 208. — Discussion sur les conditions d'éligibilité, p. 211. — Réclamations des districts de Paris contre la loi martiale, formation d'un bureau central de correspondance entre eux, p. 219. Résistance dans les provinces, p. 227. — Mirabeau, sur l'inscription civique, p. 234. — Troubles en province, p. 238. — Décret sur les conditions d'éligibilité, p. 243. — Réclamations de la presse, p. 247. — Événemens dans le Brabant, p. 249. — Pologne, p. 250. — Expédition militaire des volontaires de Brest sur Lannion, p. 251.

Novembre 1789. — Projet de Mirabeau, sur la division de la France en départemens, p. 260. — Nouveau décret sur l'exercice provisoire de la justice, p. 278. — Discussion sur la division en départemens, p. 279, 284, 294, 307, 318. — Dénonciation contre la presse, p. 283. — Rapport sur Paris considéré comme département, p. 291. — Décret provisoire sur la police de Paris, p. 289, 301, 303. — Troubles de Marseilles, p. 304. — Résistance des Parlemens, p. 306, 314, 335. — Séance de l'assemblée transportée dans la salle du manège; noms des divers côtés de la salle, p. 307. — Attaques de la presse, contre les usurpations des représentans de la commune de Paris, p. 321. —

Discussion du district des Cordeliers avec la commune, p. 530. — *Oppositions dans les provinces*, p. 534. — Parlement de Metz, p. 535 et 538. — États du Cambrésis, p. 536. — Noblesse de Toulouse, p. 541. — Insurrection des campagnes, p. 542. — Emeute en Corse, p. 543. — Réclamation du grand-maître de Malthe, p. 554. — *Finances*, p. 546. — Dons patriotiques, p. 547. — *Presse*, projet d'une caisse de crédit et de secours, p. 549. — Projet de banque nationale, brochure par Linguet, p. 549. — Divers autres projets, p. 551. — Mirabeau, projet d'une caisse nationale, p. 553. — Décret sur l'incompatibilité des fonctions de ministre et de députés, p. 557. — Necker propose de convertir la caisse d'escompte en banque nationale, p. 558. — Réflexions de la presse sur ce projet, p. 562. — Rapport de Montesquiou sur l'état des finances et le budget, p. 565. — Mirabeau, contre le projet de Necker, p. 585. — Comptes rendus de la caisse d'escompte, p. 406. — Discussion sur les pensions à charge du trésor, p. 408, 412. — État de situation de l'armée, p. 413. — *Commune de Paris*, p. 414; subsistance, p. 415; son omnipotence, p. 415 et 417. — Rapport de son comité des recherches, p. 419. — Attaques de la presse, p. 428.

DÉCEMBRE 1789. — Coup d'œil général sur les travaux de ce mois, p. 430. — Nouvelle discussion sur le décret du marc d'argent, p. 430 439. — Nouvelle proposition de Mirabeau sur l'éligibilité, p. 442. — Proposition de la guillotine, p. 447. — Décret sur la pénalité, p. 448. — Fin de la constitution départementale, p. 449. — Rapport de Thouret sur l'organisation du pouvoir judiciaire, p. 452. — Discussion sur les juifs, p. 461. — Discours de Dubois de Crancé, sur l'organisation militaire, conscription, p. 467. — Rapport sur la suppression des ordres religieux, p. 472. — Rapport de Lecoulteux sur la vente des biens du clergé et les assignats, p. 474. — Décret sur la formation des assignats, p. 479.

FIN DE LA TABLE DES MATIÈRES.

www.ingramcontent.com/pod-product-compliance
Lightning Source LLC
Chambersburg PA
CBHW060223230426
43664CB00011B/1538